本书受国家自然科学基金项目（编号：71403179）和山西省优秀青年学术带头人项目（编号：154010149-S）的资助

# 汇率与资产价格的动态交互机制研究

——基于异质性经济主体和资产组合配置的视角

刘　林　著

中国财经出版传媒集团

中国财政经济出版社

图书在版编目（CIP）数据

汇率与资产价格的动态交互机制研究：基于异质性经济主体和资产组合配置的视角/刘林著.—北京：中国财政经济出版社，2018.3
ISBN 978-7-5095-8075-2

Ⅰ.①汇… Ⅱ.①刘… Ⅲ.①人民币汇率-汇率波动-关系-资本市场-经济波动-研究-中国 Ⅳ.①F832.63 ②F832.5

中国版本图书馆 CIP 数据核字（2018）第 040468 号

责任编辑：卢元孝　　　　　责任印制：刘春年
封面设计：孙俪铭　　　　　责任校对：黄亚青

中国财政经济出版社 出版

**URL**：http://www.cfeph.cn
E-mail：cfeph@cfeph.cn

（版权所有　翻印必究）

社址：北京市海淀区阜成路甲28号　邮政编码：100142
营销中心电话：010-88191537　北京财经书店电话：64033436　84041336
北京财经印刷厂印装　各地新华书店经销
710×1000 毫米　16 开　17.5 印张　310 000 字
2019 年 1 月第 1 版　2019 年 1 月北京第 1 次印刷
定价：68.00 元
ISBN 978-7-5095-8075-2
（图书出现印装问题，本社负责调换）
本社质量投诉电话：010-88190744
打击盗版举报热线：010-88191661、QQ：2242791300

# 前　言

近年来，我国明显加快了国内金融市场对外开放的节奏和步伐，金融开放程度显著提升，同时人民币汇率形成机制也不断完善。在新的形势下，如何防范金融风险跨市场、跨境传染和蔓延，保持我国金融体系的安全和稳定已成为监管层当前和未来需要重点关注的问题。防范金融风险跨市场、跨境传染和蔓延的前提是要明确风险传染的路径和机制。开放经济中外汇市场作为联系国内和国际金融市场的重要桥梁，风险传染和蔓延往往会引起汇率和国内资产价格的先后波动，汇率与国内资产价格的动态交互作用机制能够反映出金融风险传导的路径。在国际金融市场环境纷繁复杂，我国国内金融体系尚不健全的状况下，本书立足于我国经济金融发展的现状和未来趋势，基于全局性的宏观视野，以异质性经济主体和资产组合配置的视角，采用理论建模和实证研究相结合的研究方法，对汇率与资产价格的动态交互作用机制展开剖析，在此基础上从宏观经济政策角度研究了如何将货币政策与宏观审慎政策相匹配，以提高金融市场稳定性和增加社会福利，破除汇率与资产价格的关联效应。

作者<br>
2018 年 1 月

# 目　　录

## 第一章　绪论 … 1
### 第一节　选题背景及选题意义 … 1
### 第二节　相关研究综述 … 4
### 第三节　本书研究内容与结构安排 … 11

## 第二章　理论研究：基于异质性主体的行为金融——宏观经济模型 … 15
### 第一节　基于异质性交易者的汇率与资产价格的关系分析 … 17
### 第二节　汇率、股价与宏观经济动态模型系统 … 23
### 第三节　家庭部门的资产需求 … 51
### 第四节　汇率、房价与宏观经济动态模型系统 … 59
### 本章小结 … 81

## 第三章　实证框架：时变参数 VAR 模型 … 85
### 第一节　非线性与时变参数模型 … 85
### 第二节　TVP-VAR 模型 … 92
### 第三节　TVP-FAVAR 模型 … 97
### 本章小结 … 101

## 第四章　汇率与资产价格的动态关系实证研究：我国经验 … 103
### 第一节　汇率与股价动态关系的实证研究 … 104
### 第二节　汇率与房价动态关系的实证研究 … 132
### 第三节　基于 TVP-FAVAR 模型的汇率与资产价格动态关系实证研究 … 159
### 本章小结 … 185

## 第五章　汇率与资产价格的动态关系实证研究：美国经验 …… 187
### 第一节　数据选取与变量设定 …… 187
### 第二节　数据初步处理与分析 …… 195
### 第三节　基于线性 VAR 模型的实证研究 …… 198
### 第四节　基于 TVP-VAR 模型的实证研究 …… 200
### 本章小结 …… 209

## 第六章　汇率、资产价格与宏观经济政策 …… 210
### 第一节　汇率、股价与宏观经济政策 …… 215
### 第二节　汇率、房价与宏观经济政策 …… 228
### 本章小结 …… 237

## 第七章　主要结论与政策建议 …… 239
### 第一节　主要结论 …… 239
### 第二节　政策建议 …… 242
### 本章小结 …… 244

## 参考文献 …… 245
## 后记 …… 272

# 第一章

# 绪　　论

## 第一节

### 选题背景及选题意义

近年来,在党的十八大精神和金融"十二五"规划的指导下,我国金融市场对外开放不断提速,金融开放程度显著提升(Hua et al., 2017)。QFII、RQFII、QDII 投资额度不断扩容和继续放开(见图 1.1),加上沪港通、深港通、债券通,以及准许具有资格的外资机构进入银行间债券市场等一系列开放政策举措的实行,我国国内金融市场与国际市场的联系更加紧密,金融一体化程度进一步加深,我国金融市场也进入了一个新的双向开放的时代。

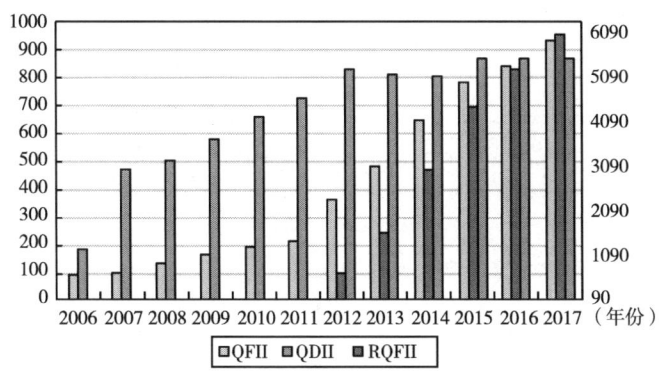

**图 1.1　QFII、RQFII 和 QDII 投资额度**

注：QFII 和 QDII 单位为亿美元,RQFII 单位为亿元,右轴表示 RQFII。数据来源于 WIND 资源金融终端。2017 年的数据截至 11 月。

与此同时,人民币汇率形成机制不断完善,逐步摆脱单向升值趋势,汇率双向浮动的特征日益显著(见图1.2)。在相关政策的推动下,人民币国际化程度也显著提升(见图1.3)。

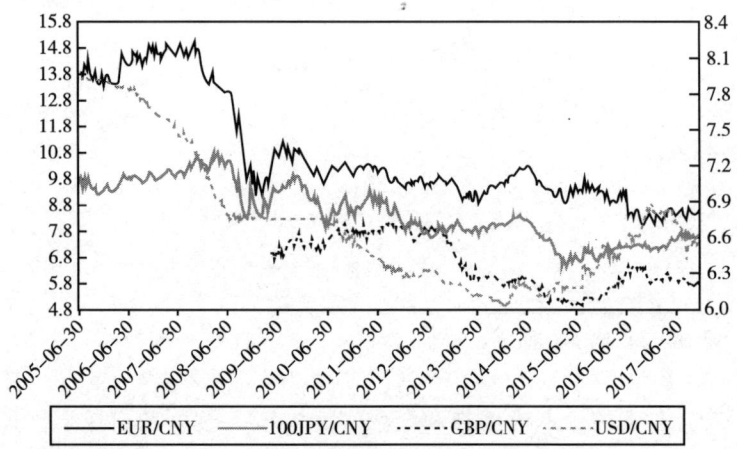

**图1.2 人民币兑主要国际储备货币走势(2005年6月30日至2017年12月6日)**

注:数据来源于WIND资讯金融终端。

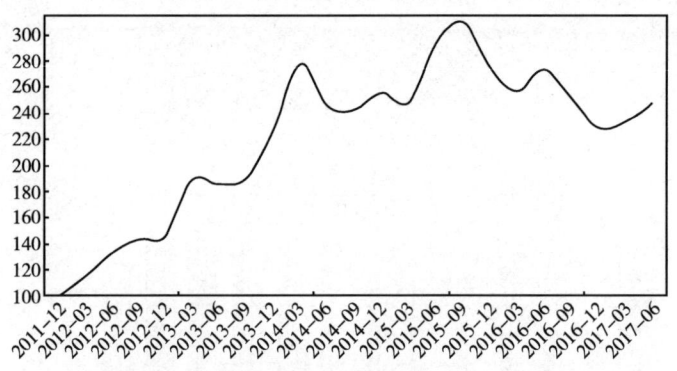

**图1.3 人民币跨境指数**

注:人民币跨境指数由人民币跨境流出、境外流转、跨境回流三个部分构成,涵盖了所有经常项目和有代表性的资本项目和境外流转项目,能综合反映人民币跨境及境外使用的活跃程度。数据来源于WIND资讯金融终端。

随着金融创新与金融自由化,以及全球经济金融一体化进程加快,金融市场波动日益频繁,金融风险的跨境和跨市场传染异常迅速。历史上不断上演的金融经济危机告诉我们,在金融自由化和金融全球化融合之后,很少有国家能够避免危机①。不管是发达国家还是发展中国家,发生金融危机的机会都是均等的,金融危机爆发的历史频率都是类似的(Reinhart and Rogoff,2013)。

开拓金融市场对外开放新局面和新格局,在能够推动国内金融市场不断成熟完善的同时也对监管层如何防范风险,维护金融安全提出了新的要求和挑战。近年来,我国央行多次强调"要加强跨行业、跨市场风险的防范"②。党的十九大更鲜明地指出要健全金融监管体系,守住不发生系统性金融风险的底线。为强化宏观审慎监管和防范系统性金融风险,在2017年11月我国成立了国务院金融稳定发展委员会。因此,在我国金融市场对外开放步伐加快的背景下,如何防范国际金融风险跨市场和跨国界的传染和蔓延,构建金融风险防范的长效机制,维护稳定健全健康的金融生态,加强我国金融体系的稳健性,保持我国金融体系的安全和稳定已经成为我国监管层当前和未来需要重点关注的问题,这既是我国在新的形势下金融体系发展中的重要任务,也是提升我国金融体系整体稳健性的重要环节。

防范风险的前提和基础是要明确风险传染的路径和机理。开放经济中外汇市场作为联系国内和国际金融市场的重要桥梁,风险传染和蔓延往往会引起汇率和国内资产价格的先后波动,汇率与国内资产价格的动态交互作用机制能反映出金融风险在国内外金融市场间传播的路径。在国际金融市场环境纷繁复杂、我国国内金融体系尚不健全的状况下,通过研究汇率与资产价格的交互作用机制和路径,由此理顺和厘清风险传染的路径和渠道,对于我国政府监管层在加快国内金融市场对外开放过程中建立防范金融风险及其蔓延的隔离制度和措施具有重要的现实参考价值。

金融创新和金融深化,以及金融体系的扩展和支付手段的创新,一方面拓宽了投资渠道,丰富了资产种类,增加了投资者资产配置的选择范围;另一方面也增强了不同资产之间的替代性。此外,随着我国金融市场对外开放程度的提高,我国市场逐渐成为国际资本进行资产配置的重要场所,我国投资者也将

---

① 20世纪90年代初期的日本、90年代末的墨西哥、俄罗斯、东南亚等地区爆发的危机,以及2008年爆发的全球性危机,还有2009年的欧债危机。

② 中国人民银行2016年《中国金融稳定报告》中指出:"强化对跨行业、跨市场风险及风险传染的分析研判,⋯⋯"。2017年第三季度货币政策报告中直接明确提出,要"加强对企业债务风险、银行资产质量和流动性变化情况、房地产市场、互联网金融、跨境资金流动、跨行业跨市场风险等领域的风险监测和防范"。中国人民银行行长周小川也在多个场合强调跨市场风险的监测与管理。

有更多的渠道投资于国外资产。同时，金融市场上投资者存在异质性已是被众多研究证明的事实。在金融市场上，投资者行为是影响资产价格的重要因素。投资者并非完全理性，投资者的非理性和市场的脆弱性使金融风险很容易在国内市场和外汇市场间传染和蔓延。投资者的投资策略依赖于其对某种资产未来价格的预期，预期的差异也就引起投资策略的不同，资产价格就在异质性投资者的相互作用下不断变化。然而投资者异质性在时间上具有易变性，投资者异质性的演化会引起市场混沌和过度波动，导致市场脆弱性的上升。因此，从资产组合配置和投资者异质性角度研究汇率与资产价格的动态作用机制更贴近我国金融市场当前和未来发展的趋势和特征，同时也能在一定程度上拓展已有理论研究。

## 第二节 相关研究综述

对于汇率与资产价格之间的关系，国内外已有研究成果可以分成以下四个方面。

### 一、汇率与资产价格（股价）动态关系的理论研究及趋势解释

汇率与股价动态关系比较成熟的理论是 Dornbusch 和 Fischer（1980）、Branson（1983）和 Frankel（1983）分别提出的流量导向模型（flow - oriented model）和存量导向模型（stock - oriented model）。流量导向模型描述的是汇率变化如何影响资产价格的变动：汇率变动会对一国贸易收支和经济状况产生影响，因而股价根据经济状况作出调整；而存量导向模型则是关注资本与金融账户在汇率决定中所起的作用，阐述了股价变动如何影响汇率，因而又称作是汇率决定的资产组合模型，这一理论认为股价变动也引起居民货币需求的变化，从而导致汇率发生变化。这两个理论较为直观地从宏观角度解释了汇率与股价的动态关系，但是模型中所考虑的因素相对较少，模型结构和形式也相对比较简单。之后，一些学者在此基础上加入其他因素建立了更为复杂的模型，如跨境资本流动和跨国投资角度（Hau and Rey, 2004, 2006; Oreiro, 2005; 朱孟楠和刘林，2010a；赵进文和张敬思，2013），多因素的跨国资本资产定价模型

(Pavlova and Rigobon，2007）都在宏观层面进一步证明了汇率与资产价格存在互动关系。

汇率在本质上也是一种资产价格，在汇率与资产价格的形成中投资者行为起着重要作用。传统资产定价模型假定市场上的投资者是同质的，但行为金融理论和众多的实证研究证明市场上的投资者是异质的。Campbell（2000）将投资者异质性分为四个方面：异质约束、异质收入、异质偏好和异质信念。投资者异质性将体现在对资产价格的预期上的差异，从而其交易策略也不同。在大多数异质交易者模型中，将投资者分为两大类：基本面交易者和技术交易者。Hommes 等（2005）、Menkhoff 和 Taylor（2007）、Menkhoff 等（2009）、Heemeijer 等（2009）的研究表明金融市场的投资者依赖于技术和基本面交易策略来决定他们的订单流是相当盛行的。近年来，国内外一些研究从投资者异质性角度研究了汇率与资产价格的关系，如 Dieci 和 Westerhoff（2010，2013a）假设存在国内和国外两个股票市场和一个外汇市场，并假定股票市场和外汇市场上都存在基本面交易者和技术交易者两类异质的投资者，模型结果表明，股票市场和外汇市场是以一种非线性的方式相互交杂在一起，而且市场间的相互作用既可能引起内生性动态变化，同时也是引起国际金融市场不稳定的重要因素。朱孟楠等（2011）基于我国现实扩展了 Dieci 和 Westhoff（2010）的模型发现汇率和房价存在相互促进的关系。同样，何诚颖等（2013）在 Dieci 和 Westhoff（2010）模型基础上结合我国实际研究发现汇率和股价的关系存在动态性，而这种动态性正是由于投资者异质性所引起的。但朱孟楠等（2011）和何诚颖等（2013）的研究都仅针对金融市场本身，而忽略了实体经济对金融市场的作用，为此，刘林等（2015）在基于异质性交易主体的股价与汇率形成模型中，加入货币供给这一宏观变量因素，从理论角度研究了股价与汇率关系及其决定因素，并得出股价与汇率的关系在理论上可能时变的结论。

## 二、汇率与股价动态关系的实证研究趋势

外汇市场上汇率的变化和股价的变动可能存在溢出效应。国内外一些文献采用多元 GARCH 模型利用不同地区或国家的数据检验了汇率和股价的溢出效应，如 Kanas（2000）、Hartmann 和 Pierdzioch（2007）、Zhao（2010）、吕江林等（2007）、陈云等（2009）、巴曙松和严敏（2009）、严武和金涛（2010）、

Chkili 等（2012）、陈云（2013）、Caporale 等（2014）、Wong（2017）等。这其中，一些研究发现汇率和股价的溢出效应依赖于某些特殊的经济变量或者经济事件，例如，Hartmann 和 Pierdzioch（2007）发现，当日本央行干预外汇市场时，日元汇率波动与日本股市收益的联系会发生显著变化。陈云等（2009）的研究指出 2005 年人民币汇率体制改革前后人民币汇率与我国股市收益率的波动溢出效应的方向完全相反。陈云（2013）研究认为人民币汇率对我国股市的长期信息溢出效应在 2008 年金融危机前后发生了结构突变。

从类型上分类，溢出效应包括价格溢出和波动溢出。在溢出效应中，均衡溢出或价格溢出可以反映变量间是否存在相互引导关系，但如果不存在 ARCH 效应就没有必要采用 GARCH 模型，因此对于汇率与股价是否存在相互引导关系，已有国内外一些研究采用 Granger 因果关系检验、协整检验、VAR 模型及其他回归方法来检验现实数据结果是否符合存量导向模型和流量导向模型。国外研究如 Hwang（1999）、Wu（2000）、Granger 等（2000）、Nieh 和 Lee（2002）、Hatemi-J 和 Irandoust（2002）、Grambovas（2003）、Stavarek（2005）、Vygodina（2006）、Pan 等（2007）、Alagidede 等（2011）、Kollias 等（2012）、Iqbal 等（2012）、Liu 和 Wan（2012）、Liang 等（2013）、Tsagkanos 和 Siriopoulos（2013）Liang 等（2015）、Ho 和 Huang（2015）、Lee 和 Wang（2015）、Boako 等（2016）、Parsva 和 Tang（2017）、Tursoy（2017）等，这些研究由于样本选取存在差异，导致实证结论千差万别，即使对于同一个经济体，所得到的结论相差较大甚至相互矛盾。然而一些研究不是单纯利用相关计量统计方法去检验汇率与股价是否存在因果关系，而有所突破的研究发现汇率与股价的关系受经济环境或其他变量的影响，如经济开放程度越高，外汇市场和股票市场的正向关系也就越显著（Friberg and Nydahl，1999）。Phylaktis 和 Ravazzolo（2005）、Diamandis 和 Drakos（2011）分别研究了东南亚国家和拉美国家的状况后得出了一致的结论，即美国股市是这两个地区国家的汇率和股价相互联系的一个渠道，而且汇率与股价的联系不受外汇市场管制影响。Filipe（2012）研究认为如果相对于国外股市，国内股市波动率较高（较低），股市订单流与汇市收益呈正相关（负相关）。Lin（2012）指出汇率与股价的联动是由资本与金融账户驱动的。Groenewold 和 Paterson（2013）发现商品价格在汇率与股价的关系中起着关键作用。Moore 和 Wang（2014）选取 5 个亚洲新兴经济体和 4 个发达经济体，以各自股市与美国股市收益差为研究对象发现贸易收支是影响亚洲新兴经济体汇率与股市收益差关系的主要因素，而对于发达经济体，决定因素是利差。Abouwafia 和 Chambers（2015）研究得出，对于实施相对更独立货币政策和灵活汇率制度的经济体而言，短期内货币政策和实际汇率冲击对股价具有显著影响。Cheah 等（2017）得出样本区间和汇率制度的变化对汇率—股价关系具有影响。而在研究方法上，Yang 等（2014）实证分析得出，应用分位数方法要比传统最小二乘方法更易发现汇率与股价之间双向因果关系。Tsai（2012）运用分位数回归对 6 个亚洲国家研究发现，当汇率过高或过低时，股价与汇率的负向关系将更为明显。

对于 2007~2009 年的金融危机给汇率与股价关联带来的影响，Caporale 等（2014）、Inci 和 Lee（2014）、Lupu 和 Asandului（2014）、Sui 和 Sun（2016）、Zeren 和 Koc（2016）、Han 和 Zhou（2017）针对不同的样本检验后都认为危机期间汇率与股价的关联更明显、更强烈。但对此，Iqbal 等（2012）利用巴基斯坦的数据认为危机前后汇率与股价都无显著关联效应。

2000 年以后，随着我国市场化机制的逐步建立和健全，外汇市场和股票市场相关制度日趋完善，国内学者采用与国外研究类似的方法检验人民币汇率与我国股价的因果和协整关系，并以此来判断是否符合存量导向模型和流量导向模型，如张碧琼和李越（2002）、邓燊和杨朝军（2007）、郭彦峰等（2008）、Zhao（2010）、刘柏和张艾莲（2014）研究都认为人民币汇率与我国股市存在长期均衡关系，但与张碧琼和李跃（2002）不同，邓燊和杨朝军（2007）、郭彦峰等（2008）、刘柏和张艾莲（2014）认为人民币汇率与我国股价只存在从汇率到股价的单向因果关系。同样，张兵等（2008）和吴志明等（2009）根据他们的研究结果认为我国在长期内符合流量导向模型，但在短期内符合存量导向模型。然而袁怀宇和张宗成（2009）得出，人民币汇率与我国股价不存在长期均衡关系的结论，但存在汇率到股价的单向因果关系。但刘莉和万解秋（2011）利用窗口滚动检验发现 2008 年后股价与汇率具有协整关系，且互相存在 Granger 引导关系。

20 世纪 90 年代以来，金融市场中的非线性特征逐渐被学术界所认识并加以分析。然而，非线性特征不仅仅存在于金融市场领域，由于受多重因素影响，宏观经济时间序列可能会产出不同的结构性变化（李子奈和周建，2005），因而宏观经济有时也是非线性的（Mishkin，2011）。因此，在研究汇率和资产价格关系时忽略非线性因素可能导致结论可信度下降。随着非线性计量技术的发展，国外一些研究综合运用线性和非线性 Granger 因果关系检验和非线性协整检验来判断汇率和股价是否存在非线性因果关系或非线性长期均衡关系，如 Yau 和 Nieh（2006，2009）、Tabak（2006）、Alagidede 等（2011）、Lean 等（2011）、Lin（2012）、Fowowe（2015）、Kollias 等（2016）、Zeren 和 Koc（2016）等。国内学者也采用这些非线性方法检验了人民币汇率和我国股价是否存在非线性因果关系和协整关系，如刘林和倪玉娟（2011）、Liu 和 Wan（2012）等。然而一些研究不仅仅是单纯检验汇率股价是否存在关系，而运用其他非线性方法剖析汇率与股价的动态互联机理，Walid 等（2011）研究发现股票市场和外汇市场的联系依赖于模型机制（regime）。Cao（2012）、何诚颖等（2013）、刘林等（2015）分别利用不同非线性计量方法对我国数据研究后都发现我国外汇市场和股票市场存在时变关系。与何诚颖等（2013）和刘林等（2015）使用的方法相同，吴丽华和傅广敏（2014）、杨冬和张月红（2014）都利用 TVP-VAR 模型对人民币汇率、短期资本流动与股价之间的互动关系进行了实证研究。Koulakiotis 等（2015）应用非对称门限模型检验后证实汇率与股价的关系对短期好坏消息和短期大小信息很敏感。Saman（2015）运用门限误差修正模型研究也发现，汇率与股价存在长期均衡关系，而根据门限模型划分的较少样本的机制下两者之间短期非线性关系易受短期好坏消息的影响。此外，Bahmani-Oskooee 和 Saha（2016）、Ajaz 等（2017）、Cheah 等（2017）都运用非线性 ARDL 模型针对不同样本对汇率与股价的关系进行了实证研究，但结论却存在较大差异。Bahmani-Oskooee 和 Saha（2016）、Cheah 等（2017）认为汇率变动对股价的影响具有短期性和非对称性。而 Ajaz 等（2017）对印度研究发现危机前和全样本环境下，股价对利率和汇率变化的响应具有非对称性，但危机后不存在对称影响关系。

### 三、汇率与其他资产价格（房价）动态关系的实证研究

伴随金融创新和金融自由化的发展，资产的种类愈加丰富，其他资产价格波动（如房价）对宏观经济的影响越来越明显。国外已有研究主要研究汇率在房价决定中所起的作用，如 Mahalik 和 Mallick（2011）、Zhang 等（2012）等。Ohno 和 Shimizu（2015）对包括中国在内的 8 个亚洲国家研究发现，限制汇率波动的安排和资本管制将会导致房价上涨。近年来由于我国房价快速上

涨，一些国内研究着重考察了人民币汇率与我国房价的动态关系，杜敏杰和刘霞辉（2007）、王爱俭和沈庆劼（2007）、Ohno 和 Shimizu（2015）、袁东等（2015）都认为人民币汇率升值（或升值预期）会导致我国房价上涨。然而，韩鑫韬和刘星（2017）研究却指出人民币汇率变化对我国房价波动没有直接作用，但可能通过货币供给量而存在间接波动溢出效应。朱孟楠等（2011）则运用 Markov 向量自回归模型研究发现我国房价上涨会刺激人民币汇率升值，但是人民币汇率升值能否引起房价上涨要依赖于模型机制。采用与朱孟楠等（2011）同样的方法，李芳和李秋娟（2014）研究得出人民币升值与我国房价上涨存在互动关系。

### 四、基于国际资本流动角度的汇率与资产价格动态关系的实证检验

在金融自由化和全球经济金融一体化的趋势下，跨境资本流动日益频繁，也导致一国资产价格、汇率，甚至宏观经济很容易受到资本流动的影响。Calvo 等（1996）研究发现国际资本流入往往会导致外汇储备增长、名义和实际货币供给快速增长以及实际汇率升值，同时也会伴随着股价和房地产价格的上涨。Jara 和 Olaberría（2013）研究再次支持了大量国际资本流入会导致房价泡沫的观点。2000 年以来，人民币升值预期成为影响国际资本流入我国的重要因素（王世华和何帆，2007；陈学彬等，2007；张谊浩和沈晓华，2008），而且刘莉亚（2008）发现国际资本进入我国在等待人民币升值的同时会大量进入房地产市场，特别是豪华住宅商品房市场，但是没有发现境外投机资本推动我国股市上涨的证据。但梅鹏军和裴平（2009）、肖卫国和袁威（2011）却发现国际资本流动是导致我国股市动荡的重要原因。反过来，赵然和苏治（2012）研究结果认为房价和股价是驱动短期国际流入我国的主要因素，但国际资本流入并不受人民币升值预期的影响。林辉等（2012）的研究也支持股市波动刺激短期国际资本的观点。然而，张明和谭小芬（2013）基于实证结果称人民币升值预期是驱动我国短期资本流动的最重要的因素，其次是股价，房价的驱动作用相对较弱。进一步，赵进文和张敬思（2013）研究得出人民币升值会导致短期国际资本流出，股票价格下跌。但袁东等（2015）的研究却表明人民币汇率升值将会导致热钱流入，进而刺激房价上涨。此外，陈浪南和陈云（2009）、朱孟楠和刘林（2010a）、朱孟楠和闫帅（2017）都对国际资

本流动、汇率、股价和房价之间的动态关系进行了实证研究，但得到的结论却不尽一致。

## 五、对国内外已有研究的简要述评

通过综述已有研究，不难发现其中存在的问题和不足：

第一，随着一国金融市场对外开放程度的加深，市场投资者行为将可能影响其他市场的波动。而且金融风险的传染通常会以投资者的异常行为提前表现出来。历次金融危机已经向我们展示了极端情况，例如，2008年金融危机中韩国和东欧国家的证券市场上由于外国投资者的抛售导致证券价格暴跌，并引发了外汇市场的急剧波动。传统的资产定价模型和经济理论模型都假设经济主体的预期是理性的，但越来越多的证据表明现实中交易主体很难做出完全的理性预期（Hommes，2011；Hommes et al.，2014）。Farmer 和 Foley（2009）就呼吁传统经济学需要加入以市场交易主体为基础的模型。因此从理论上研究汇率与资产价格内在关联更需要考虑经济主体行为，Dieci 和 Westerhoff（2010，2013a）、何诚颖等（2013）已经在这方面作出了初步的研究。但值得注意的是，这些已有相关研究只是针对金融市场本身，而忽略了金融市场与实体经济的互动。2008年的全球性金融风暴显示出了金融市场崩溃对实体经济的巨大破坏性。这次危机也使经济学家不得不重新审视宏观经济与金融市场的关系。因此，在建立理论模型时，还需要纳入金融市场与宏观经济的互动反馈机制或效应。

第二，在开放经济中，外汇市场扮演着联系国内市场和国际市场桥梁的角色，研究汇率与资产价格的内在关系目的在于分析外汇市场和国内市场的内在联系机制，防范风险在外汇市场和国内市场之间传染，避免引发系统性危机。目前对于汇率与资产价格关系的研究更多集中于实证研究，计算机技术的发展使实证研究与检验变得易于实现，但也因此出现由于变量设定、数据区间和实证方法不同而导致得到的结论差异悬殊，甚至出现相互矛盾的结论，使相关研究对汇率与资产价格的内在交互作用机制尚不非常明晰；而且很多实证研究只是检验汇率与某种资产价格之间是否存在相互关系，鲜有就汇率与资产价格之间更深层次的互联机制展开深入讨论。因而这些实证结论很难为政府决策部门制定相关的政策提供实际有益的参考。

第三，国内外已有相关实证研究基本都是分析汇率与某种单一资产价格

（如股价或房价）的动态关系。随着居民财富积累迅速增长，管理财富的需求日趋多样化，未来金融市场的发展会提供越来越多的投资产品，这势必会引起家庭资产组合配置的多元化。此外，国际资本进入一国市场出于风险分散的目的也可能出现持有多元资产的倾向。资产多元化将可能增强资产替代性，投资者对某种资产的需求变化可能会引起多个资产价格发生波动。虽然持有由多种资产组成的资产组合会面临"监测成本"（monitoring cost）（Perraudin and Sørensen，2000），使现实中投资者只持有可投资资产中的一小部分，但在金融创新的背景下，研究汇率与资产价格的关系时只选取某一种资产的价格作为研究对象难以反映真实经济行为，也可能无法发现风险的跨市场波动路径，因此需要考虑一个包含尽可能多的资产价格的实证模型框架。

因此，本书将立足于我国经济金融发展的现状和未来趋势，基于全局性的宏观视角，从异质性交易主体和资产组合配置的角度，采用理论建模和实证研究相结合的基本分析思路，对汇率与资产价格的内在联系机理展开剖析，在我国金融市场日益加快对外开放的背景下，力图为政府相关部门防范金融风险跨市场传染和蔓延、促进外汇市场和国内金融市场的健康有序发展和金融稳定提供相应的政策参考。

## 第三节

### 本书研究内容与结构安排

#### 一、研究对象的界定

本书研究需要对研究对象（汇率和资产价格）进行界定，避免出现歧义。

#### （一）汇率

对于汇率，一般经济学教材都定义为两种货币的兑换比率。这种定义下汇率又称作双边汇率。如果没有特殊限定，通常所说汇率就是双边汇率。基于报价主体所属国别不同，双边汇率就有两种标价法：直接标价和间接标价。在两种标价法下，汇率值大小变动所反映的信息是不同的。根据有无剔除物价变动影响，双边汇率又可分为名义双边汇率和实际双边汇率。

依据定义,双边汇率是本币对另一种外币的汇率。对不同外币就有一个双边汇率。如何整体上反映一国货币在国际市场上的升贬值情况?双边汇率显然无法做到这一点。因而就有了有效汇率。有效汇率是将众多(或主要)双边汇率根据某种权重加权平均后得到一个指数。这里的权重最常见的是国际清算银行(BIS)使用的贸易权重。当然也有利用其他权重来构建有效汇率。所以有效汇率是一个指数形式。与双边汇率不同,有效汇率没有标价法的区别,其值变大表明本币在国际市场上总体是升值的,反之则说明是总体上贬值。同样,按照有无剔除物价变动影响,有效汇率也可分为名义有效汇率和实际有效汇率。

在已有实证研究中,对于汇率的变量选取既有双边汇率也有有效汇率,因而也没有一致标准,具体选择哪种汇率作为代理变量主要取决于研究的问题和所研究的样本主体。

本书如没有特殊说明,所提起的汇率都是指双边汇率。尤其是在理论模型的研究中,汇率就是双边名义汇率,具体是采用何种标价法则结合研究的具体问题来定。在实证研究中也会选取有效汇率来作为汇率的代理变量,详细所指在书中均有说明。

### (二) 资产价格

资产是一个很宽泛的概念,所有可以给所有者带来收益的东西都可以称作资产。从有无具体形态看,资产可分为有形资产和无形资产。机器、厂房、设备、住房等都属于有形资产的范畴,而知识产权、采矿权、林权、货币性和权益性资产、债权性资产都属于无形资产。

本书研究的资产为金融资产和住房所代表的不动产。金融资产既包括股票、债券等基础金融资产,也包括以基础性资产或实物为基础的衍生性金融资产。从理论上讲,股票、债券和住房三种资产的属性会存在较大差别,债券属于固定收益型证券,其内在价值(或理论价值)是确定的,因而一般情况下债券价格不会出现泡沫[1]。而股票和住房则不同,股票是由于无法准确获知其

---

[1] 在2017年7月的电视采访中,美联储前主席 Alan Greenspan 警告称美国债券市场正陷入泡沫中。此观点一出引起了不少人的反驳。Greenspan 的观点是基于美国10年期国债收益率高达2.27%。但收益率高并不意味着债券价格存在泡沫,只要债券到期不会违约。根据资产定价理论,债券这类固定收益证券不会出现市场价格高于内在价格的情形。因此,债券市场存在泡沫只有一种可能,就是到期债务人破产违约,无法偿付债券。

内在价值,在非理性交易者的作用下可能出现价格泡沫而暴涨暴跌;住房则是因为缺乏有效的做空机制,加上可以利用杠杆,房价会一直偏离基本面变动(Glaeser and Nathanson, 2014; Ling et al., 2015)。历史上严重的经济金融危机基本上都以股市、楼市的暴涨暴跌为显著特征,1929年股市暴跌导致美国经济"大萧条"、20世纪80年代日本股市、楼市暴跌导致日本经历长期经济低迷、最近的2008年全球性金融危机更明显向人们展示了房价暴涨暴跌带来的严重后果。而从投资者角度,如前所述,在资产组合中分散投资会加重投资的"监测成本",从而使现实中投资者仅投资于可投资资产中的一小部分。此外,由于受投资门槛的限制,一般投资者也不会涉足复杂金融产品。

根据2009年奥尔多中心对我国家庭资产配置状况的调查数据,房产在我国家庭财富中占有绝对比重,达到74%,房价的波动对我国家庭的财富状况有较大影响;住房抵押贷款也将银行与房地产市场紧密联系在一起,房价波动的风险可能会传递到银行系统甚至整个金融系统。因此,本书理论模型研究将主要针对股价和房价进行研究。但由于股票和住房在本质属性的不同,为此不将股价和房价放在同一模型框架进行研究,而分别建立汇率与股价、汇率与房价的理论模型进行分析。此外,出于全局性的考虑,在实证研究中除了考虑股价和房价外,资产价格还包括可能的债券、基金、期货等金融产品的价格。

## 二、本书结构安排

本书共分为7章。

第一章为绪论。阐述了本书研究的现实背景和研究意义,并就与本书主题直接相关的国内外已有研究进行了综述,界定了本书关于汇率和资产价格的范畴和边界。

第二章为汇率与资产价格关系的理论研究。本章分四节。第一节重点关注汇率与资产市场本身,构造包含以异质性交易主体为基础的外汇市场和资产市场模型框架,纳入货币供给这一宏观经济变量在汇率和资产市场中的作用,通过数学推导分析汇率与资产价格的动态关系。第二节和第四节分别构建以异质性交易主体为基础的包含外汇市场、股票市场或房地产市场,以及宏观实体经济的模型框架,除了在外汇市场和股票市场或房地产市场中引入异质性交易者外,在基于新凯恩斯主义用来表征宏观实体经济的模型中也加入对通胀和产出缺口预期的异质性经济主体，由于考虑异质性经济主体及其形成机制，以及汇率、股价和房价与宏观经济的互动，使模型结构变得高度非线性，无法直接采用数学推导分析变量间的关系，因而通过对模型中的参数进行设定，设定不同情境，在分析模拟的模型的基础上，利用脉冲响应函数，对模型中变量的关系进行讨论。本章第三节是针对家庭部门，通过构造两种不同的效用函数，从局部均衡角度求解分析了家庭部门的资产需求和影响因素。

第三章对本书实证研究将要运用的方法进行概述。本章分成三节。第一节从非线性的定义、非线性成因、常见的非线性实证模型，以及非线性与时变的关系进行阐述。第二节和第三节分别从模型发展、模型结构和模型估计对时变参数 VAR 模型（TVP-VAR）和时变参数 FAVAR 模型（TVP-FAVAR）作了简单介绍。

第四章和第五章为实证研究。第四章针对我国状况进行了实证分析与检验。第四章分三节。第一节和第二节采用线性 VAR 和 TVP-VAR 分别对汇率与股价、汇率与房价的关系展开实证检验。第三节选取包含股票、债券、基金、期货和住房的资产价格体系，通过运用 TVP-FAVAR 模型分析了汇率与资产价格的动态关系。第五章以美国为例运用 TVP-VAR 模型进行了实证研究，第一节对变量设定和数据选取进行了详细介绍，第二节运用线性 VAR 模型估计和检验，为建立 TVP-VAR 模型奠定基础，最后构建了 TVP-VAR 模型作实证检验。

第六章是政策研究。本章分成两节。本章在第二章和第四章研究的基础上，通过对第二章理论模型进行拓展，运用数值模拟手段，分析了货币政策和宏观审慎政策（财政政策）如何搭配以提高社会福利，隔离汇率与股价和房价的关联。

第七章是本书的结论和政策建议。本章总结本书研究的主要结论，并以本书研究的结论为基础，从宏观和微观层面提出了相关政策建议。

# 第二章

# 理论研究：基于异质性主体的
# 行为金融——宏观经济模型

传统经济模型，如新凯恩斯主义宏观经济模型（NKM）、动态随机一般均衡模型（DSGE 模型）等都以理性预期作为前提假设。理性预期假设意味着经济主体知悉潜在的模型结构和冲击分布。由于所有经济主体使用相同的信息集，从而可以用代表性个体来反映整体群体的行为和决策。然而，个体只能获知总信息集中的一小部分，而且个体也没有足够的能力去掌握模型结构和冲击分布。也就是说，个体存在认知局限（cognitive limitations）。认知局限性的客观事实使得个体往往采用启发式（heuristics）这一简单规则作出决策（De Grauwe，2011）。

心理学证据和行为金融学研究表明，由于信息不对称和不完全，人们常常表现出过度自信、恐惧和同辈压力（peer presure or social pressure）[①]。在决策过程中会做出有偏差的判断（黄润鹏等，2015）。此外，即使人们了解潜在的复杂经济系统，但因受到计算能力限制也未必能够对变量的变化作出准确判断，因而在现实中交易主体很难做出完全的理性预期（Hommes，2011；Hommes et al.，2014）。

由于传统资产定价模型无法对一些金融市场异象，如暴涨暴跌（泡沫形成和破灭）、过度波动、波动率聚集（volatility clustering）等，给出合理解释，一些研究开始从经济主体行为角度探求对这些现象的解释，这些基于交易主体的金融市场模型在过去的 20 多年里取得了较大发展。与经典经济理论模型不

---

① 同辈压力又称群组压力、社会压力或朋辈压力，指的是因为担心被处于同一社会团体的同伴排挤给行为主体带来心理压力，而放弃自我做出顺应他人的选择。这里的同伴排挤主要是指行为主体臆想出来的隐性排挤。同辈压力可能会导致从众行为或"羊群效应"。

同,基于交易主体的模型(agent-based models,ABM)并不要求经济系统将向事先确定的均衡状态运动。ABM模型能够纳入人类适应性和学习机制,而且建立复杂的经济系统,这些都是基于理性预期的经济模型(如DSGE模型)无法处理的[①]。而且利用ABM模型进行模拟可以处理比传统均衡模型更广的非线性行为特征,政策制定者可以模拟不同政策情境下的经济系统以量化分析政策效应。Farmer和Foley(2009)就呼吁传统经济学需要加入以市场交易主体为基础的模型。

但ABM模型大多只是针对金融市场,而忽略了与实体经济的互动(Westerhoff,2012)。2008年的全球性金融风暴显示出了金融市场崩溃对实体经济的巨大破坏性。这次危机也使经济学家不得不重新审视宏观经济与金融市场的关系。

近年来,不少研究将基于经济主体的行为金融模型与宏观经济模型(如NKM)结合起来研究金融市场与宏观实体经济的关系。这类模型尚未有统一名称,Westerhoff(2012)将其称作行为宏观模型(behavioral macromodel,BM),Lengnick和Wohltmann(2013)称其为基于经济主体的可计算经济学(agent-based computational economics,ACE)。这类模型放弃理性预期、同质性个体、完美事前调和(ex ante coordination),以及市场均衡的假设,转而假设适应性预期(adaptive learning)、异质性经济主体的相互作用和更为复杂的宏观经济现象。最早将NKM和金融市场联系起来的是Kontonikas和Ioannidis(2005)、Kontonikas和Montagnoli(2006)。

本章将从市场异质性主体出发,构建基于经济(交易)主体的行为金融—宏观经济模型,建立金融市场与宏观经济相互联系的机制,以分析汇率与资产价格的相互作用。本章安排如下:第一节将焦点集中于金融市场,构造国内资产市场与外汇市场的ABM模型系统,通过简单的数学推导分析汇率与资产价格的关系;第二节建立股票市场、外汇市场与宏观经济的ACE模型系统,通过数值模拟分析股价、汇率与宏观经济之间的联系机制;第三节通过建立局部均衡模型分析家庭部门的资产需求;第四节将在第三节研究的基础上,建立房地产市场、外汇市场与宏观经济的ACE模型系统,同样

---

① 如果在DSGE模型中考虑行为异质性预期及学习规则将可能因为引入过多的非线性而使得模型无法求解。

通过数值模拟分析房价、汇率与宏观经济之间的互动关系;最后是本章小结。

## 第一节
### 基于异质性交易者的汇率与资产价格的关系分析[①]

本节将主要从金融市场自身出发,将市场上的交易者分为基本面交易者和技术交易者两类,同时,引入货币供给,分析汇率与资产价格的动态关系。存量导向模型和流量导向模型从不同角度简单地解释了汇率与资产价格(股价)之间的直接引导关系,但忽略了一些可能的间接互联机制。对于小型开放经济体而言,出于稳定汇率的目的,货币当局将干预外汇市场。外汇市场干预主要通过资产投资组合渠道(portfolio channel)和信号渠道(signaling channel)直接影响汇率(Mussa,1981),而如果冲销不完全,由于外汇干预造成的基础货币的变化可能通过投资者预期、资产组合效应、资产内在价值等渠道对资产价格产生影响。因而汇率与资产价格将可能由于外汇市场干预而存在某种联系。为此,本文建立包含汇率、外汇干预和资产价格的离散型动态模型,从理论角度分析三者之间的动态关系。结合中国实际,对理论模型作如下假设:(1)该国国内资产市场上存在国外投资者;(2)国内资产市场和外汇市场上存在两类异质性投资者,基本面交易者(fundamentalist)和技术交易者(chartist),且市场上两类异质性交易者所占比例随时间变动;(3)该国实行有管理的浮动汇率制度,本国货币当局是外汇市场上的重要参与主体,根据需要对外汇市场进行冲销式干预;(4)该国经济并未达到充分就业状态,经济体系中货币供给的变化将导致社会总产出发生变动。

### 一、国内资产市场

假定 $P_t$ 为 t 期对数资产价格,借鉴 Dieci 和 Westerhoff(2010,2011)的研究,定义 t+1 期资产价格的线性动态调整方程为:

---

[①] 本节部分内容曾发表在《国际金融研究》2015 年第 5 期。

$$P_{t+1} = P_t + \alpha [ w_t(D_t^{HC} + D_t^{AC}) + (1 - w_t)(D_t^{HF} + D_t^{AF}) ] \qquad (2.1)$$

其中，$\alpha > 0$ 是价格调整参数，$D^C$ 和 $D^F$ 分别表示技术交易者和基本面交易者的投机需求，H 和 A 分别表示国内投资者和国外投资者。$w \in [0, 1]$ 表示技术交易者所占比例。假设市场上的投资者根据市场状况在两种交易规则中变换，资产偏离其基本面价值越高，市场上技术交易者的比重就越低（He and Westerhoff, 2005; Dieci and Westerhoff, 2010）。

技术交易者的策略是从价格的历史变动中获得交易信号（Murphy, 1999）。根据 Westerhoff 和 Dieci（2006）、Dieci 和 Westerhoff（2010），假定技术交易者依据线性交易规则确定其需求，定义国内技术交易者的投机需求 $D^{HC}$ 和国外技术交易者的投机需求 $D^{HF}$ 为：

$$D_t^{HC} = \beta^H (P_t - P_{t-1}) \qquad (2.2)$$
$$D_t^{AC} = \beta^F (S_t + P_t - S_{t-1} - P_{t-1}) \qquad (2.3)$$

其中，$\beta^i (i = H, A)$ 是大于 0 的反应系数，S 是间接标价法下的汇率的对数值[①]。技术交易者认为价格会持续向某一个方向运动，因而依据最近可观测到的价格变动趋势确定其需求。相对于国内投资者，国外投资者的需求还受到汇率变动的影响，如果汇率和资产价格同时上涨，国外技术交易者将采取买入的策略；但如果汇率和（或）资产价格下降，都可能导致国外投资者的需求下降。

与技术分析不同，基本面分析的思路是长期内资产价格会向其基本面价值回复（Graham and Dodd, 2002）。因此，基本面交易者在对基本面价值判断的基础上，形成其需求。设 F 表示资产基本面价值的对数值。与已有文献不同，本书假定基本面价值 F 是随时间变动的，且 F 是关于货币供给增长率的某种函数。Westerhoff（2012）假设企业单位产出的利润和利率不变，认为如果经济处于稳态，股票的基本面价值与国民收入成正比。经济理论表明，当经济未达到充分就业时，货币供给变动会带来社会总需求的变化，进而会引起国民收入的变动；而当经济处于充分就业状态时，货币供给的变化并不能影响国民收入，只会带来物价水平的涨跌。因此，在经济未达到充分就业状况的假设下，假定资产的基本面价值 F 是关于广义货币供给增长率 M

---

[①] 为分析方便，理论模型中所涉及的汇率都是间接标价法下的汇率。

的某种函数，表示为：

$$F_t = f(M_t) \text{ 且 } f' > 0 \tag{2.4}$$

根据 Dieci 和 Westerhoff（2010，2013a）、何诚颖等（2013）[①]，将国内和国外基本面交易者的需求表示成：

$$D_t^{HF} = \eta^H (f(M_t) - P_t) \tag{2.5}$$

$$D_t^{AF} = \eta^A [(f(M_t) - P_t) + \vartheta(F_t^S - S_t)] \tag{2.6}$$

其中，$\eta^i (i = H, A)$ 是反应参数，且 $\eta^i \geq 0$，$\vartheta > 0$，$F^S$ 是汇率的基本面价值（对数值），也可理解为均衡汇率水平。如前所述，在经济尚未达到充分就业状态时，货币供给变动将引起社会总产出的变化，且姜波克等（2004）认为经济增长通过本外币交易性需求、资源配置、预期影响均衡汇率。同时，Balassa - Samuelson 效应（Balassa，1964；Samuelson，1964）表明经济增长率提高将伴随着实际汇率的上升。因此，与资产的基本面价值类似，汇率的基本面价值也可以表示为货币供给增长率的某种函数，$F_t^S = g(M_t)$，且 $g' > 0$。那么式（2.6）可以改写成：

$$D_t^{AF} = \eta^A \{ [f(M_t) - P_t] + \vartheta [g(M_t) - S_t] \} \tag{2.7}$$

式（2.5）和式（2.6）表明，基本面交易者试图从股价向均值回复过程中获取利润，当股价高估时需求为负值，而股价低估时需求为正。但与国内投资者不同，国外投资者的需求中还考虑了汇率因素。如果 $\eta^H = \eta^A$ 反应参数，如果股价和汇率都被低估，国外投资者要比国内投资者做多更多国内股票；然而，如果汇率是被高估的，即使股价是被低估的，国外投资者有可能变得谨慎，甚至有可能做空国内股票，系数 $\vartheta$[②] 反映了国外投资者对于汇率偏离其基本面价值的敏感程度。

## 二、外汇市场

假设在外汇市场上存在三类交易主体：基本面交易者、技术交易者和中央

---

[①] 与他们不同，本书在设定国外基本面投资者的需求时将汇率的基本面价值设为时变的。

[②] $\vartheta > 0$。

银行。不失一般性,假设国外投资者投资的资产只有股票一种,对 Dieci 和 Westerhoff (2010)、朱孟楠等 (2011)、何诚颖等 (2013) 中对数汇率变动方程进行拓展,t+1 期对数汇率可以表示为:

$$S_{t+1} = S_t + e[\exp(P_t)(D_t^{AF} + D_t^{AC}) + \varpi_t E_t^c + (1 - \varpi_t) E_t^f - L_t] - rI_t \quad (2.8)$$

其中,e 是大于 0 的价格调整参数。$\exp(P_t)(D_t^{AF} + D_t^{AC})$ 是国外投资者投资于国内股市上形成的货币需求,L 表示资本流出①。$E^c$ 和 $E^f$ 分别表示外汇市场上技术交易者和基本面交易者的货币需求,$\varpi \in [0,1]$ 是外汇市场上技术交易者所占的比重,外汇市场上汇率错配程度越高,市场上技术交易者认为汇率发生价格修正的风险越高,技术交易者所占比例越低,越多的技术交易者转变为基本面交易者。I 是央行外汇市场干预量(对数值),系数 r 表示外汇市场干预的有效性参数②。

与资产市场一样,定义外汇市场上技术交易者的货币需求 $E_t^c$ 为:

$$E_t^c = \gamma(S_t - S_{t-1}) \quad (2.9)$$

其中 $\gamma > 0$,外汇市场上技术交易者关注汇率的历史变动,认为汇率将持续向某个方向变动。

同样,定义外汇市场基本面交易者的货币需求 $E_t^f$ 为:

$$E_t^f = \rho[g(M_t) - S_t] \quad (2.10)$$

其中 $\rho > 0$③。

## 三、货币供给

在开放经济条件下,t 期广义货币供给 MS 可以表示成④:

$$MS_t = MS_{t-1} + m[CR_t + (1-\xi)\exp(I_t)] \quad (2.11)$$

---

① $\exp(P_t)(D_t^{AF} + D_t^{AC}) - L_t$ 可以理解为资本净流动。

② r 越接近 0,央行干预越无效;r 小于 0 表示央行干预出现超调现象(朱孟楠和刘林,2010b)。

③ 参数 e 和 f,以及股票市场上的参数 $\beta^i$、$\eta^i(i=H,A)$ 的大小取决于交易者对于价格修正速度的信念、每种类型交易者的数量和交易者风险规避等因素(Dieci and Westerhoff, 2010)。

④ 注意,这里式 (2.11) 中的 MS、CR 和 m 都是实际值,而非对数值。

其中，m 是货币乘数，CR 是国内信贷，$\xi \in [0, 1]$ 是冲销系数。为分析简便，将货币乘数 m 设定为 1，国内信贷设为常量，对式（2.11）两边同时取自然对数，得到 t 期广义货币供给对数增长率 M：

$$M_t = \ln[CR + (1-\xi)\exp(I_t)] \quad (2.12)$$

## 四、动态系统

将式（2.2）、式（2.3）、式（2.5）、式（2.7）代入式（2.1）中得到：

$$P_{t+1} = (1 + \alpha\beta^H w_t + \alpha\beta^A w_t - \alpha\eta^H + \alpha\eta^H w_t - \alpha\eta^A + \alpha\eta^A w_t)P_t - (\alpha w_t \beta^H + \alpha w_t \beta^A)P_{t-1}$$
$$+ (\alpha\beta^A w_t - \alpha\vartheta\eta^A + \alpha\vartheta\eta^A w_t)S_t - \alpha\beta^A w_t S_{t-1}$$
$$+ (\alpha\eta^H - \alpha\eta^H w_t + \alpha\eta^A - \alpha\eta^A w_t)f(M_t) + (\alpha\vartheta\eta^A - \alpha\vartheta\eta^A w_t)g(M_t) \quad (2.13)$$

将式（2.9）和式（2.10）代入式（2.8）中得到：

$$S_{t+1} = [1 - e\vartheta\eta^A H_t + e\beta^A H_t + e\varpi_t\gamma - e\rho(1-\varpi_t)]S_t + (e\beta^A H_t - e\eta^A H_t)P_t$$
$$- (e\beta^A H_t + e\varpi_t\gamma)S_{t-1} - e\beta^A H_t P_{t-1} + e\eta^A H_t f(M_t)$$
$$+ [e\vartheta\eta^A H_t + e\rho(1-\varpi_t)]g(M_t) - eL_t - rI_t \quad (2.14)$$

其中，$H_t = \exp(P_t)$。式（2.13）和式（2.14）构成一个动态系统。

根据动态系统中式（2.13）和式（2.14），令 $\Delta P_t = P_{t+1} - P_t$，$\Delta S_t = S_{t+1} - S_t$，改写式（2.13）和式（2.14）得到：

$$\Delta P_t = (\alpha\beta^H w_t + \alpha\beta^A w_t - \alpha\eta^H + \alpha\eta^H w_t - \alpha\eta^A + \alpha\eta^A w_t)P_t - (\alpha w_t \beta^H + \alpha w_t \beta^A)P_{t-1}$$
$$+ (\alpha\beta^A w_t - \alpha\vartheta\eta^A + \alpha\vartheta\eta^A w_t)S_t - \alpha\beta^A w_t S_{t-1}$$
$$+ (\alpha\eta^H - \alpha\eta^H w_t + \alpha\eta^A - \alpha\eta^A w_t)f(M_t) + (\alpha\vartheta\eta^A - \alpha\vartheta\eta^A w_t)g(M_t) \quad (2.15)$$

$$\Delta S_{t+1} = [-e\vartheta\eta^A H_t + e\beta^A H_t + e\varpi_t\gamma - e\rho(1-\varpi_t)]S_t + (e\beta^A H_t - e\eta^A H_t)P_t$$
$$- (e\beta^A H_t + e\varpi_t\gamma)S_{t-1} - e\beta^A H_t P_{t-1} + e\eta^A H_t f(M_t)$$
$$+ [e\vartheta\eta^A H_t + e\rho(1-\varpi_t)]g(M_t) - eL_t - rI_t \quad (2.16)$$

根据式（2.15）和式（2.16），可得到如下关系：

$$\frac{\partial \Delta P_t}{\partial S_t} = \alpha\beta^A w_t - \alpha\vartheta\eta^A(1-w_t) \quad (2.17)$$

$$\frac{\partial \Delta P_t}{\partial I_t} = \alpha(1-\xi)\left[(\eta^H + \eta^A)f' + \alpha\vartheta\eta^A g'\right](1-w_t)\frac{\exp(I_t)}{M_t} \quad (2.18)$$

$$\frac{\partial \Delta S_t}{\partial P_t} = (F_t^S - S_t)e\vartheta\eta^A H_t + (S_t - S_{t-1})e\beta^A H_t + (F_t - P_t)e\eta^A H_t$$
$$+ (P_t - P_{t-1})e\beta^A H_t + (\beta^A - \eta^A)eH_t \quad (2.19)$$

$$\frac{\partial \Delta S_t}{\partial I_t} = \{e\eta^A H_t f' + [e\vartheta\eta^A H_t + e\rho(1-w_t)]g'\}(1-\xi)\frac{\exp(I_t)}{M_t} - r \quad (2.20)$$

在均衡状态下，$\Delta P_t = \Delta S_t = 0$，将其他因素归为冲击变量，得到均衡状态下汇率与资产价格的关系式①。

$$\bar{P} = \frac{\beta^A \bar{w} - \vartheta\eta^A(1-\bar{w})}{(\eta^H + \eta^A)(1-\bar{w}) - (\beta^H + \beta^A)\bar{w}}\bar{S} + \bar{\zeta} \quad (2.21)$$

$$\bar{S} = \frac{\beta^A \bar{H} - \eta^A \bar{H}}{\vartheta\eta^A \bar{H} - \beta^A \bar{H} - \bar{\omega}\gamma + \rho(1-\bar{\omega})}\bar{P} + \bar{\varepsilon} \quad (2.22)$$

## 五、分析结果

（1）汇率变化能否引起资产价格变动取决于资产市场上技术交易者和基本面交易者所占比重、国外投资者中两类交易者对于资产价格变动的反应系数，以及国外基本面投资者对于汇率偏离基本面价值的敏感程度 $\vartheta$。只有当资产市场上技术交易者占主导地位且 $\beta^A > \vartheta\eta^A$，或基本面交易者占主导且 $\beta^A < \vartheta\eta^A$ 时，汇率升值（贬值）才能导致资产价格上涨（下跌）；而当市场上两类交易者所占比重相同时，汇率变化并不能引起资产价格变动。

（2）在汇率和资产价格都低于基本面价值的状况下，当前一期汇率升值、资产价格上涨，如果满足 $\beta^A > \eta^A$，资产价格上涨（下跌）将导致汇率升值（贬值）。否则，资产价格变动并一定会带来汇率同方向的变化。

---

① $\zeta_t = \pi_t(\eta^H - \eta^H w_t + \eta^A - \eta^A w_t)f(M_t) + \pi_t(\vartheta\eta^A - \vartheta\eta^A w_t)g(M_t) - \pi_t(w_t\beta^H + w_t\beta^A)P_{t-1} - \pi_t\beta^A w_t S_{t-1}$, $\pi_t = 1/[(\eta^H + \eta^A)(1-w_t) - (\beta^H + \beta^A)w_t]$; $\varepsilon_t = \tau_t\eta^A H_t f(M_t) + \tau_t[\vartheta\eta^A H_t + \rho(1-\varpi_t)]g(M_t) - \tau_t(\beta^A H_t + \varpi_t\gamma)S_{t-1} - \tau_t\beta^A H_t P_{t-1} - \tau_t L_t - (\tau_t r/e)I_t$, $\tau_t = 1/[\vartheta\eta^A H_t - \beta^A H_t - \varpi_t\gamma + \rho(1-\varpi_t)]$.

(3) 当外汇干预有效性参数满足，r = {eη^A H_t f′ + [eϑη^A H_t + eρ(1 - \bar{ω}_t)] g′}(1 - ξ)$\frac{\exp(I_t)}{M_t}$时，外汇干预完全能起到稳定汇率的作用；

当 r > {eη^A H_t f′ + [eϑη^A H_t + eρ(1 - \bar{ω}_t)] g′}(1 - ξ)$\frac{\exp(I_t)}{M_t}$时，外汇干预将导致汇率出现超调现象（朱孟楠和刘林，2010b）；

当 r < {eη^A H_t f′ + [eϑη^A H_t + eρ(1 - \bar{ω}_t)] g′}(1 - ξ)$\frac{\exp(I_t)}{M_t}$时，外汇干预并不能完全起到稳定汇率的作用。此外，外汇市场干预能否引起国内资产价格上涨取决于冲销系数 ξ。如果达到完全冲销，即 ξ = 1，$\partial \Delta P_t / \partial I_t = 0$，此时外汇干预对国内资产价格不存在影响。如果没有达到完全冲销，$\partial \Delta P_t / \partial I_t > 0$，外汇干预将导致资产价格上涨。

(4) 在均衡状态下，汇率对资产价格影响的大小和方向取决于资产市场上技术交易者与基本面交易者所占比例，各自对资产价格变动的反应程度的对比（$β^i$ 和 $η^i$），以及国外基本面交易者对汇率偏离基本面价值的敏感程度；而资产价格对汇率的影响则取决于外汇市场上两类交易者所占的比重，各自对汇率变动的反应程度，以及资产市场上国外投资者中技术交易者与基本面交易者对于资产价格变动的反应程度和国外基本面交易者对汇率偏离基本面价值的敏感程度。考虑到市场上交易者的比重是时变的，均衡状态下汇率与资产价格之间的关系也将是时变的。

## 第二节

### 汇率、股价与宏观经济动态模型系统

第一节从总量角度构造包含资产市场与汇率市场动态系统以分析资产价格与汇率的动态关系。在模型系统中，在特定假设下将资产价格和汇率的基本面价值设定为货币供给的函数，即仅考虑了实体经济对金融市场的作用。但值得注意的是，常说"金融是经济的血液"，作为虚拟经济的金融市场，其发展对实体经济的正常运转起到不可或缺的作用。金融市场将通过鼓励信息收集和传播，以及专业化经营，降低储蓄转移成本，从而利于社会投资；金融市场越发达，就越能通过减轻代理人问题以增强企业控制（corporate control）（Arestis et al.，2001）。因此，在模型系统中仅考虑实体经济对金融市场的作用明显存在一定的局限性。其一，在第一节的基础上，将金融市场对实体经济存在的作用纳入模型框架；其二，放弃传统宏观经济模型（如 DSGE 模型）对理性预期的假设，不管是对于实体经济还是金融市场，因为存在认知局限（cognitive limitation），对于复杂的实际环境，任何预期都不可能是完全理性的。此外，即使对于同一经济变量，不同经济主体的预期都可能存在差异，即存在异质性（heterogeneity）。设定经济主体的预期并不遵循理性预期不意味着经济主体是非理性的，经济主体采取"尝试—错误—纠正"的规则[①]，不断调整预期策略，以期获得准确预期。在本节，本书将引入实体经济中预期异质性和实体经济与金融市场的互动作用，建立包含股价、汇率和实体经济（产出、通胀和利率）的以市场主体为基础的行为金融—宏观经济模型，分析股价与汇率的动态关系。

本节构建的理论模型涵盖了由股票市场、外汇市场构成的金融市场和实体经济两个部门；同时，考虑到跨境投资，将外国股票市场纳入模型结构。所以股票市场就可分为国内股票市场和外国股票市场。与第一节相同，假设金融市场上存在两类采取不同交易策略的交易者：基本面交易者与技术交易者。国内外股票市场上都可能存在国外投资者，与 Grinblatt 和 Keloharju（2000）及 Richards（2005）不同[②]，设定国内外投资者中都可能采取两类异质性交易策略。此外，将采用新凯恩斯主义宏观经济模型表示实体经济，且设定经济主体对于通胀和产出缺口的预期也存在异质性。

## 一、实体宏观经济

对于实体经济，Westerhoff（2012）、Naimzada 和 Pireddu（2015）都仅考虑封闭经济下产出动态调整的商品市场；而 Lengnick 和 Wohltmann（2013，2016）采用封闭经济下混合（hybrid）新凯恩斯宏观经济模型来表示实体经济。本书在 Lengnick 和 Wohltmann（2013）的基础上，考虑汇率的价格传递效应[③]，将模型

---

[①] 后面将这种预期策略称作"启发式"规则。
[②] Grinblatt 和 Keloharju（2000）发现芬兰股市中国外投资者倾向于采取动量交易策略（即技术交易），Richards（2005）也得出同样的实证结论。
[③] 当然，汇率还可能通过贸易渠道直接影响产出，这里为了模型简单，仅考虑汇率的价格传递效应，在第六章的政策分析将拓展至考虑所有效应的完整模型。

拓展至小型开放经济。一般新凯恩斯主义宏观经济模型由供给方程（IS 曲线）、需求方程（菲利普斯曲线）和货币政策规则方程三部分构成。将模型表示为：

$$y_m = \chi \tilde{E}_m[y_{m+1}] + (1-\chi) y_{m-1} - \frac{1}{\theta}(i_m - \tilde{E}_m[\pi_{m+1}]) + \epsilon_m^y \quad (2.23)$$

$$\pi_m = \beta(\phi \tilde{E}_m[\pi_{m+1}] + (1-\phi) \pi_{m-1}) + \gamma y_m - k_s s_m - k_e e_m + \epsilon_m^\pi \quad (2.24)$$

$$i_m = \delta_\pi \tilde{E}_m[\pi_{m+1}] + \delta_y \tilde{E}_m[y_{m+1}] + \epsilon_m^i \quad (2.25)$$

根据 De Grauwe（2011）、Lengnick 和 Wohltmann（2013），假设实体经济中经济主体对于未来通胀和产出缺口的预期均非完全理性。即使是中央银行也可能因为信息不对称和信息不完全而对未来宏观变量作出不完全理性的预期①。$\tilde{E}_m[\cdot]$ 表示非完全理性预期。y、π 和 i 分别表示产出缺口、通胀和利率。m 表示时间（月度）②。模型中所有参数均大于 0。$\epsilon^j$，$j \in \{y, \pi, i\}$ 表示模型扰动项，设定其服从均值为 0，同方差的独立同正态分布，即 $\epsilon_m^j \sim$ i.i.d. $N(0, \sigma^j)$，$\sigma^j$ 是标准差。

方程（2.23）为 IS 曲线或称作供给方程。该方程表明，当期产出缺口取决于对后一期产出缺口的预期、前一期产出缺口，以及事前实际利率③。扰动项 $\epsilon_m^y$ 可视为供给冲击。

需求方程（2.24）为包含股价和汇率作用的开放经济下菲利普斯曲线。按照 Lengnick 和 Wohltmann（2013），股价 $s_m$ 变化将引起企业融资成本变动，进而影响物价水平。汇率 $e_m$（间接标价法）将通过价格传递效应直接对物价产生影响。具体而言，股价上涨（下跌）将会引起企业借贷能力增强（降低），从而可以降低（提高）企业融资成本，成本降低（增加），最终产品价格下降（上升）；而汇率变化将会直接影响进口产品的价格，汇率升值将会降低进口产品的国内价格，如果一国进口以原材料为主，汇率升值将可能引起国内物价水平下降。当然，汇率变化对国内物价水平的影响（即汇率的价格传

---

① 在后面数值模拟分析中，为分析简便，设定中央银行与其他经济主体采用同样的预期规则。
② Lengnick 和 Wohltmann（2013）考虑的是季度状况。
③ 根据费雪效应，按照所参照的物价变动率的不同，实际利率可分为事前实际利率和事后实际利率。事前实际利率指的是名义利率剔除预期的物价变动率，本书这里考虑的正是事前实际利率；而事后实际利率指的是名义利率剔除已实际发生的可观测的物价变动率。

递效应）要依赖于一国的贸易结构和所实行的汇率制度。经过前述设定和分析，可以看到汇率和股价主要通过成本效应影响通胀。除此之外，方程表明当期通胀水平取决于预期的通胀水平、前一期通胀水平和当期产出缺口。根据 Gali 和 Monacelli（2005）、Di Giorgio 和 Nistico（2007）、Nistico（2012）[1]，方程中 β 为 DSGE 模型中广泛定义的代表性家庭（消费者）的效用函数贴现因子。扰动项 $\epsilon_m^\pi$ 即为需求冲击。

式（2.25）为货币政策规则方程。通常，DSGE 模型都以货币政策规则方程来结束模型，且大多采用泰勒规则。一般地，标准泰勒规则仅包含物价（通胀）和经济增长（产出缺口）两个变量。这也是目前各国货币政策最终目标的直观反映。如我国货币政策最终目标的官方表述即为"维持物价稳定，并以此促进经济增长"。中央银行在制定货币政策时通常也会考虑到政策的持续性和稳健性，不大可能会急剧调整利率，因而利率具有一定的惯性或平滑性（smoothing）；此外，对于货币政策是否需要对资产价格变动作出响应学术界一直存在争论，一些研究将资产价格引入货币政策规则，分析如果货币政策对资产价格作出反应的福利效应。例如，Adolfson 等（2008）加入了利率平滑和实际汇率，但 Lubik 和 Schorfheide（2007）、Justiniano 和 Preston（2010）、Zheng 和 Guo（2013）等则考虑的是名义汇率变动。此外，对于股价，Nistico（2012）加入股市溢价（Premium），Bask（2012）加入股价变动偏离基本面的程度。当然，对于货币政策规则设定，还有麦考勒姆规则。麦考勒姆规则所考虑的变量为货币供给量，即意味着中央银行能直接控制货币供给。但随着金融创新和金融深化程度的不断提高，即使是基础货币，中央银行也不具有完全的控制力，更何况是经过货币乘数扩张的广义货币供给，货币供给的内生性越来越强。同时，随着我国利率市场化的初步实现和逐步完善，货币政策工具也将从数量型向价格型转换。因此，本书这里将应用泰勒规则。且为分析简便，暂不考虑利率平滑和资产价格[2]。方程中 $\epsilon_m^i$ 即表示货币政策（利率）冲击。

对于模型系统（2.23）~模型（2.25），首先需要确定经济主体的预期。根据 De Grauwe（2011），假设市场主体采用简单的启发式（heuristic）进行

---

[1] 他们经过模型分析将国内通胀表示为：$\pi_m = \beta \pi_{m+1} + \zeta \hat{mc}_m$，$\hat{mc}$ 是企业边际成本偏离稳态程度。

[2] 在第六章分析中将考虑利率平滑性。

预期。所谓"启发式",其实就是根据历史经验来作出对未来的判断,或者可理解为试错法。模型系统中涉及对产出缺口 y 和通胀水平 π 的预期。

对于产出缺口的预期,根据 De Grauwe(2011)、Lengnick 和 Wohltmann(2013),将市场主体分为乐观者(opt)和悲观者(pes)两类,乐观者认为产出缺口将继续扩大,而悲观者认为产出缺口将缩小,两类主体对产出缺口的预期分别用 $\tilde{E}_m^{opt}[y_{m+1}]$ 和 $\tilde{E}_m^{pes}[y_{m+1}]$ 表示:

$$\tilde{E}_m^{opt}[y_{m+1}] = g_m \qquad (2.26)$$

$$\tilde{E}_m^{pes}[y_{m+1}] = -g_m \qquad (2.27)$$

其中,$g_m > 0$ 表示产出缺口的估计偏差程度(degree of bias)。De Grauwe(2011)认为,当产出缺口的波动率增大时,产出缺口的不确定性随之上升,这也就导致经济主体对于产出缺口的预期差异变大。假设乐观预期和悲观预期之差 $2g_m$ 是关于产出缺口波动率的单调正函数,即:

$$g_m = 0.5[\mu + \nu std(\{y_{m-1}\})] \qquad (2.28)$$

其中,std(.) 表示标准差,$\{y_{m-1}\}$ 表示固定时间窗口的产出缺口序列①。市场对于产出缺口的预期就可以表示为两类主体预期之和:

$$\tilde{E}_m[y_{m+1}] = \omega_m^{opt} \tilde{E}_m^{opt}[y_{m+1}] + \omega_m^{pes} \tilde{E}_m^{pes}[y_{m+1}] \qquad (2.29)$$

$\omega_m^{opt} \in [0,1]$ 表示市场上乐观者的比重,悲观者比重 $\omega_m^{pes} = 1 - \omega_m^{opt}$。

根据 Brock 和 Hommes(1997)、Hommes 等(2005)、De Grauwe(2011),采用离散选择理论确定市场主体采取乐观预期和悲观预期的概率以表示乐观者和悲观者所占比例,即:

$$\omega_m^j = \frac{\exp(l\mathring{A}_m^j)}{\sum \exp(l\mathring{A}_m^j)}, j \in \{opt, pes\} \qquad (2.30)$$

其中,$l > 0$ 为选择敏感性参数,$\mathring{A}$ 为每个预期策略的吸引力(attractiveness)或拟合度(fitness)。借鉴 De Grauwe(2011)、Lengnick 和 Wohltmann

---

① 这里将时间窗口设为 24 个月,即两年。

(2013),将两种预期的预测表现或吸引力分别定义为：

$$\mathring{A}_m^{opt} = -(y_{m-1} - \tilde{E}_{m-2}^{opt}(y_{m-1}))^2 + \lambda^y \mathring{A}_{m-1}^{opt} \qquad (2.31)$$

$$\mathring{A}_m^{pes} = -(y_{m-1} - \tilde{E}_{m-2}^{pes}(y_{m-1}))^2 + \lambda^y \mathring{A}_{m-1}^{pes} \qquad (2.32)$$

参数 $\lambda^y \in [0, 1]$ 表示经济主体对历史收益的记忆性。

同样，经济主体对通胀的预期也可能存在异质性。有部分经济主体认为央行将严格执行其通胀目标，所以预测未来通胀为央行设定的通胀目标；而另一部分经济主体可能认为央行的通胀目标不可信，并判断下一期通胀（至少）为当前已知的通胀水平。本书分别将两类预期称作目标预期和静态预期。De Grauwe（2011）设定所有经济主体都采用第一种预期策略，而 Lengnick 和 Wohltmann（2013）设定了这两种预期策略，他们将第一类称作为目标者（targeter），将第二类称作外推者（extrapolator）。当然第二类的称谓是不准确的，因而 Lengnick 和 Wohltmann（2016）重新定义第二类为静态预期者，而另设置了一类外推型预期。这里，本书只考虑上述两种通胀预期，即目标预期（tar）和静态预期（sta）。两种预期可表示为：

$$\tilde{E}_m^{tar}(\pi_{m+1}) = \pi^* \qquad (2.33)$$

$$\tilde{E}_m^{sta}(\pi_{m+1}) = \pi_{m-1} \qquad (2.34)$$

$\pi^*$ 表示央行通胀目标值①。市场预期就由这两类预期共同确定：

$$\tilde{E}_m(\pi_{m+1}) = \omega_m^{tar} \pi^* + (1 - \omega_m^{tar}) \pi_{m-1} \qquad (2.35)$$

其中，$\omega^{tar}$ 表示持目标预期的经济主体在市场中所占比例，$\omega^{sta} = 1 - \omega^{tar}$。同样，持不同预期的经济主体所占比例按离散选择规则确定：

$$\omega_m^j = \frac{\exp(\delta \mathring{B}_m^j)}{\exp(\delta \mathring{B}_m^{tar}) + \exp(\delta \mathring{B}_m^{sta})}, \quad j \in \{sta, tar\} \qquad (2.36)$$

其中 $\mathring{B}_m^j = -(\pi_{m-1} - \tilde{E}_{m-2}^j(\pi_{m-1}))^2 + \lambda^\pi \mathring{B}_{m-1}^j$，$j \in sta, tar$。参数 $\lambda^\pi \in [0, 1]$ 表示经济主体对历史收益的记忆性。

---

① 近年来我国政府将通胀目标设置在 3%~5% 之间。

## 二、股票市场

### (一) 国内股票市场

根据 Dieci 和 Westerhoff (2010, 2013a)、Westerhoff (2012)[①],结合本书假设,设定(对数) t 到 t+1 期国内股价调整方程为[②]:

$$s_{t+1} = s_t + a(W_t^{HC}D_t^{HC} + W_t^{HF}D_t^{HF} + W_t^{AF}D_t^{AF} + W_t^{AC}D_t^{AC}) + \epsilon_t^s \qquad (2.37)$$

其中,s 表示股价,$D^{HF,HC}$ 分别表示国内基本面交易者和技术交易者的超额需求,$D^{AF,AC}$ 分别表示国外基本交易者和技术交易者对国内股票的超额需求。a 为大于 0 的价格调整参数,$W^{HC}$、$W^{HF}$、$W^{AC}$ 和 $W^{AF}$ 分别表示国内技术交易者、国内基本面交易者,以及国外技术交易者和国外基本面交易者在市场中所占比重。式(2.37)表明,如果市场上存在超额需求,股价将上涨。由于技术交易和基本面交易并未反映所有股票投资策略,根据 Lengnick 和 Wohltmann (2013,2016),加入服从正态分布的噪声项(Noise Term)$\epsilon^s$,且其均值为 0,标准差设为 $\sigma^s$。

国内交易者对股票的超额需求函数可以表示为:

$$D_t^j = b^j \tilde{E}_t^j [s_{t+1} - s_t] + \epsilon_t^j, j = \{HC, HF\} \qquad (2.38)$$

其中,b 是大于 0 的反应参数。$\epsilon^{j,j \in \{HC,HF\}} \sim i.i.d. N(0, \sigma^j)$ 表示除了预期因素外其他影响股票需求的因素。这里与 Lengnick 和 Wohltmann (2013) 不同[③],假定不同交易者对于预期价格变动的反应程度也不同。不同交易者对股价变动的预期采取不同策略。技术交易者认为股价将沿趋势运动[④],借鉴 Westerhoff (2010),将其预期表示成:

---

① 严格而言,股票价格调整取决于股票供给和需求两个方面,Westerhoff (2012) 假设股市需求来源于两类异质投机性交易者和非投机性交易者,但他假定非投机性交易者的需求与股票供给相等,这样处理之后两类异质交易者的股票需求就变成对股票的超额需求 (excessive demand)。
② 时间标量 t 表示天,区别与实体经济中的时变标量 m。
③ Lengnick 和 Wohltmann (2013) 设定基本面交易者和技术交易者的反应系数相同。
④ 对于技术交易者的需求,还有一种设定,如 Day 和 Huang (1990)、Dieci 和 Westerhoff (2010)、Westerhoff (2012),假设技术交易者认为市场将持续偏离其基本面价值,即牛市或熊市具有持续性 (persistence),因而将其需求函数设定为:$E^C[s_{t+1} - s_t] = k^c(s_t - s_t^F)$。

$$\tilde{E}_t^{HC}[s_{t+1} - s_t] = k^{HC}(s_t - s_{t-1}) \tag{2.39}$$

而基本交易者则预期股价将向基本面价值回复,即:

$$\tilde{E}_t^{HF}[s_{t+1} - s_t] = k^{HF}(s_t^{HF} - s_t) \tag{2.40}$$

$k^{HC} > 0$ 和 $k^{HF} > 0$ 分别表示顺趋势外推的强度和(猜想的)股市错误定价被纠正的力度或程度。这里的基本面价值 $s^{HF}$ 是基本面交易者所猜想的基本面价值。由于受知识水平、计算能力等多方面因素制约,其猜想的基本面价值并不一定等于真实基本面价值。根据 Westerhoff(2010)、Lengnick 和 Wohltmann(2013)的研究,将真实股市基本面价值假设为 0,$s_t$ 就反映了股价偏离基本面价值程度(即错误定价程度)。

将式(2.39)和式(2.40)代入式(2.38),得到国内交易者的超额需求函数:

$$D_t^{HC} = \alpha^{HC}(s_t - s_{t-1}) + \epsilon_t^{HC}, \alpha^{HC} = b^{HC}k^{HC} \tag{2.41}$$

$$D_t^{HF} = \alpha^{HF}(s_t^F - s_t) + \epsilon_t^{HF}, \alpha^{HF} = b^{HF}k^{HF} \tag{2.42}$$

与国内交易者不同,国外交易者在确定股票需求时还需要纳入汇率因素,根据 Dieci 和 Westerhoff(2010)的研究,但与他们不同,本书将股市和汇市的(猜想)基本面价值设定为时变的,将国外交易者的超额需求函数定义为:

$$D_t^{AC} = \alpha^{AC}(s_t^F - s_t + e_t^F - e_t) + \epsilon_t^{AC} \tag{2.43}$$

$$D_t^{AF} = \alpha^{AF}(s_t - s_{t-1} + e_t - e_{t-1}) + \epsilon_t^{AF} \tag{2.44}$$

其中,$e$ 是用间接标价法表示的(对数)汇率,$e^F$ 是投资者所猜想的基本面汇率。与国内投资者一样,$\epsilon^{j}, j \in \{AC, AF\} \sim i.i.d. N(0, \sigma^j)$ 表示除预期外其他影响国外投资者股票需求的因素。反应参数 $\alpha^{AC, AF} \geq 0$。当 $\alpha^{AC, AF} = 0$ 时,国外投资者的股票需求为 0,此时国内股市无国外投资者。从式(2.43)~式(2.44)可以看到,如果国外投资者采取技术交易策略,其对股价和汇率变动的预期均为趋势外推;而如果采取基本面交易策略,则都为均值回复。所以相对于国内基本交易者,国外投资者的股票需求将更大。尽管理论上而言,由于所获信息和处理信息的能力可能存在差异,国内外投资者对于股价和汇率的基本面价值的判断可能存在差异,但本书为简便分析,对此不作严格区分,假定国内外投资者对股价和汇率基本面价值的猜测相同。

对于股市上各类投资者所占比重，$W^{HC}$、$W^{HF}$、$W^{AC}$和$W^{AF}$。与本章第一节不同，与定义实体经济中不同预期所占比例相同，借鉴Westerhoff（2010）、De Grauwe（2011）、Lengnick和Wohltmann（2013，2016）、Schmitt和Westerhoff（2014），根据Brock和Hommes（1997）、Hommes等（2005），同时考虑到市场上采取其他策略交易者，采用离散选择理论确定各自所占比例[①]：

$$W_t^{\{HC,HF,AC,AF\}} = \frac{\exp(rA_t^{\{HC,HF,AC,AF\}})}{\exp(rA_t^{HC})+\exp(rA_t^{HF})+\exp(rA_t^{AC})+\exp(rA_t^{AF})+1} \quad (2.45)$$

其中，$r > 0$是选择敏感性参数[②]，衡量投资者对于交易策略吸引力（attractiveness）A差异的敏感性。r越大（越小），更多（越少）投资者将采用较高吸引力的投资策略。例如，股市中技术交易吸引力提升，那么市场中运用技术交易策略的投资者比率将提高，r越大，引起采取技术交易策略的投资者增加比例也就越高。

根据Westerhoff（2010）、Lengnick和Wohltmann（2013）的研究，定义投资策略对于国内外投资者的吸引力A为以往收益或利润的函数[③]，即：

$$A_t^j = (\exp(s_t)-\exp(s_{t-1}))D_{t-2}^j + \rho A_{t-1}^j, j \in \{HC,HF,AC,AF\} \quad (2.46)$$

参数$\rho \in [0,1]$为投资者"对历史收益贴现程度"，或者理解为投资者对以历史收益的记忆性（Lengnick and Wohltmann，2013）。当$\rho = 0$时，投资者完全不受历史收益的影响；而当$\rho = 1$时，投资者对历史收益具有完全记忆性。

---

[①] Westerhoff（2010）、Lengnick和Wohltmann（2013，2016）还假定市场上存在不交易的投资者。尽管现实中的确存在这类投资者，但本书的重点分析是书中三种投资者，考虑不交易投资者不会有实际影响，所以本书并不将这类投资者纳入模型结构。

[②] 这一参数通常又被称作理性参数（Lengnick and Wohltmann，2013；Schmitt and Westerhoff，2014）。

[③] Franke和Westerhoff（2012）、Schmitt和Westerhoff（2014）认为股市交易者有采取技术交易的偏好，而且在股价偏离基本面价值时，倾向于从众并向基本面交易策略转换，因此他们设置了不同于本书设定的交易策略吸引函数。有兴趣的读者，可详细阅读这两篇论文。

## （二）外国股票市场

与国内股票市场一致，同样假设外国股票市场存在异质性交易者，且国内投资者也可以参与外国股票市场进行交易。由于外国股票市场并不是本书研究重点，设置外国股票市场目标主要是考察跨境股票投资对汇率的影响。因此，不再对外国股票市场上不同交易者比重进行分析。定义外国对数股价调整方程为：

$$s_{t+1}^f = s_t^f + a^f(\mathring{D}_t^{AC} + \mathring{D}_t^{AF} + \mathring{D}_t^{HC} + \mathring{D}_t^{HF}) + \epsilon_t^{fs} \quad (2.47)$$

其中，$\mathring{D}^{AC,AF}$ 分别表示外国股票市场本国技术交易者和基本面交易者的超额股票需求，$\mathring{D}^{HC,HF}$ 表示国内技术交易者和基本面交易者对外国股票的超额需求。$a^f > 0$，$\epsilon_t^{fs} \sim i.i.d. N(0, \sigma^{fs})$。

对于股票需求函数，结合国内股票市场需求函数，作如下定义：

$$\mathring{D}_t^{AC} = \alpha^{fac}(s_t^f - s_{t-1}^f) \quad (2.48)$$

$$\mathring{D}_t^{AF} = \alpha^{faf}(s_t^{fF} - s_t^f) \quad (2.49)$$

$$\mathring{D}_t^{HC} = \alpha^{fhc}(s_t^f - s_{t-1}^f + e_{t-1} - e_t) \quad (2.50)$$

$$\mathring{D}_t^{HF} = \alpha^{fhf}(s_t^{fF} - s_t^f + e_t - e_t^F) \quad (2.51)$$

其中，$\alpha^j > 0$，$s_t^{fF}$ 表示外国股票基本面价值[①]。

## 三、外汇市场

根据 Dieci 和 Westerhoff（2010）、何诚颖等（2013）和刘林等（2015）的研究，假设外汇市场上存在技术交易者和基本面交易者两类异质性投资者。外汇市场上对本国货币的超额需求就来源于市场上投资者的投机需求和国外投资者因对国内股票的投资需求，以及国内投资者参与外国股票市场交易，而引起的货币需求。将 t 到 t+1 期的（对数）汇率调整方程表示为：

---

① 在数值模拟分析中，假定外国股票基本面价值为外生的随机变量。

$$e_{t+1} = e_t + d\left[\exp(s_t)(D_t^{AC} + D_t^{AF}) - \frac{\exp(s_t^f)}{\exp(e_t)}(\overset{\circ}{D}_t^{HC} + \overset{\circ}{D}_t^{HF}) + \omega_t^C D_t^C + \omega_t^F D_t^F\right] + \epsilon_t^e \tag{2.52}$$

其中，$d>0$ 为价格调整参数。$\omega^C$ 和 $\omega^F$ 分别是外汇市场上技术交易者和基本面交易者所占比例，$D^C$ 和 $D^F$ 则表示外汇市场上技术交易者和基本面交易者的超额货币需求。$\epsilon_t^e \sim$ i. i. d. $N(0,\sigma^e)$ 表示其他影响汇率变动的因素，如外汇干预（何诚颖等，2013；刘林等，2015）。

与股票市场一样，假设基本交易者和技术交易者的外汇需求分别为：

$$D_t^C = \beta^C(e_t - e_{t-1}) + \epsilon_t^C \tag{2.53}$$

$$D_t^F = \beta^F(e_t^F - e_t) + \epsilon_t^F \tag{2.54}$$

$\beta^{\{C,F\}}$ 为大于 0 的反应参数。$\epsilon^{\{C,F\}} \sim$ i. i. d. $N(0,\sigma^{\{C,F\}})$ 表示除采取的交易策略影响需求的因素。$e^F$ 是投资者猜想的汇率基本面价值（即均衡汇率）。

不考虑市场上采取其他交易策略的投资者，同样采用离散选择理论确定两类交易者的市场比例：

$$\omega_t^j = \frac{\exp(\rho B_t^j)}{\exp(\rho B_t^C) + \exp(\rho B_t^F) + 1}, j \in \{C, F\} \tag{2.55}$$

其中，$\rho > 0$ 为外汇市场市场投资者对交易策略的选择敏感性参数。定义交易策略吸引力 B 函数为：

$$B_t^j = [\exp(e_t) - \exp(e_{t-1})]D_{t-2}^j + nB_{t-1}^j, j = \{C, F\} \tag{2.56}$$

参数 $n \in [0, 1]$ 体现外汇市场投资者对历史收益的记忆性。

## 四、金融市场与宏观经济的关联

从数据统计频率看，金融市场数据更新要比实体经济快速。股市、汇市的相关数据最高可以是按分钟计的高频数据；而实体经济的数据就相对滞后很多，频率最高也只有月度数据，像一些数据，如 GDP 也仅有季度和年度数据。前面本书也分别用 t 和 m 来表示金融市场和实体经济在频率上的差异。因此，要将金融市场和实体经济联合起来或关联建模，就需要在时间维度上进行处理，以让两个部门的数据具有可比性。Lengnick 和 Wohltmann（2013，2016）

设置了季度实体经济和日股票市场,且假定每季度股市交易 64 天。借鉴 Lengnick 和 Wohltmann（2013，2016）的做法,但与之不同,本书设置月度实体经济和日度金融市场,假设每个月交易 20 天①,也就是 20 个 t 构成一个 m,在一个 m 中包含交易日为 20(m-1)+1,…,20m。用时间轴可以表示为图 2.1。

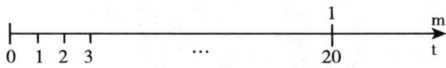

图 2.1　两部门时间维度关系

采用简单算数平均,将日股价和汇率转换月度股价和汇率:

$$s_m = \frac{1}{20}\sum_{t=20(m-1)+1}^{20m} s_t \quad (2.57)$$

$$e_m = \frac{1}{20}\sum_{t=20(m-1)+1}^{20m} e_t \quad (2.58)$$

在实体宏观经济部分模型中通过设置股价和汇率的成本效应,建立了股价和汇率对宏观经济的作用。在本章第一节,假定股价和汇率的基本面价值都取决于货币供应量。但本节并未将货币供给纳入模型结构,因此不能继续采取第一节的设定。对于股市的基本面价值,Westerhoff（2012）认为应响应于实体经济的发展,因此,他在假定企业单位利润和利率不变的条件下,将股市的基本面价值设定为国民收入的正比例函数。Lengnick 和 Wohltmann（2013，2016）则设定为与产出缺口成正相关的函数。Westerhoff（2012）也指出如果经济处于非稳态,投资者对基本面价值的判断可能存在偏差:在经济景气时投资者可能高估基本面价值;相反则可能低估。为了简单起见,根据 Lengnick 和 Wohltmann（2013，2016）,假设投资者不能完全理性的预期到基本面价值,投资者所认为的基本面价值并非股市的实际基本面价值,设定基本面投资者所认为的股市基本面价值为产出缺口的函数,即:

$$s_t^f = h^s y_m, m = \text{floor}((t-1)/20) \quad (2.59)$$

对于汇率的基本面价值,第一节中将其表示为货币供给的函数,但这里不

---

① 从我国股市实际运行状况看,考虑到节假日等不交易时段,平均每个月交易大约有 20 个交易日。

## 第二章 理论研究：基于异质性主体的行为金融——宏观经济模型

适合再沿用此假设。汇率基本面价值决定于货币供给、货币需求冲击、劳动生产率冲击等（Engel and West，2005）。Mark（1995）在 PPP 和 UIP 成立假设下，将汇率基本面价值设定为国内外对数货币供给差与国内外对出实际产出差之和[①]。Taylor 和 Peel（2000）、Abhyankar 等（2005）也采用了同样的设定。这类模型被称作"货币—收入"汇率决定或货币主义模型。Engel 和 West（2005）将汇率基本面价值分为由宏观经济变量决定的可观测部分和不可观测部分。按照 Engel 和 West（2005），即使存在完全预期，经济主体也不可能完全了解汇率的基本面价值。因此，在本书假设下，外汇市场上的交易者也不可能完全掌握汇率基本面价值，基本面交易者所认知的基本面价值也是有偏差的。这里，本书不考虑货币供给的影响，因此，结合 Balassa – Samuelson 效应（Balassa，1964；Samuelson，1964），不考虑国外产出，将基本面交易者（包括跨境股票投资者和外汇市场基本面交易者）所认为的汇率基本面价值设定为国内产出缺口的正函数，即：

$$e_t^f = h^e y_m, m = \text{floor}((t-1)/20) \tag{2.60}$$

其中，$h^{s,e} \geq 0$ 表示产出缺口对基本面价值的决定程度或影响程度。floor(.) 函数表示"向下取整"，即 m 的值取不大于 (t-1)/20 的最大整数。

通过前述设定，股票市场、外汇市场与宏观经济之间的关联可以用图 2.2 表示：

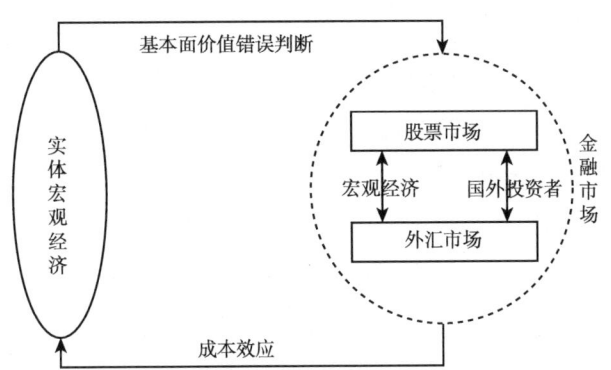

**图 2.2　金融市场与宏观经济内在关联机制**

---

[①] 即 $e_t = -(m_t - m_t^*) + \lambda^*(y_t - y_t^*)$，带 * 表示国外相对应变量，m 和 y 分别是货币供给和产出。$\lambda^* \in [0,1]$ 表示货币—产出弹性。

从图 2.2 中可以看到，股票市场与外汇市场由于国内股市存在国外投资者而存在相互关联，此外，通过各自与宏观经济的交互作用也使汇率与股价存在相互影响。对于金融市场与宏观实体经济的关联，实体经济主要通过基本面投资者对于基本面价值的判断影响金融市场；而汇率和股价将通过成本效应对实体经济产生影响。

由于设定了异质性预期，且设定采用离散选择模型确定持不同预期经济主体所占比重，模型系统是高度非线性的，很难通过数学推导计算得出模型系统的动态特征以及变量间的动态关系，因此接下来将采用数值模拟进行分析。

## 五、数值模拟分析

### （一）参数设定

沿用 Lengnick 和 Wohltmann（2013）对实体宏观经济模型的参数设定，但根据已有相关实证研究，设定 $\gamma=0.1$[①]；设定汇率的成本效应参数 $k_e$ 与股价的成本效应参数 $k_s$ 相同，都设为 0.1。对于股票市场和外汇参数相关参数，沿用 Westerhoff（2010），设定 $a=1$，$a^f=1$，将国内外股票市场上基本面交易者反应参数 $\alpha^{HF}$ 和 $\alpha^{faf}$ 都设定为 0.02，技术交易者的反应参数 $\alpha^{HC}$ 和 $\alpha^{fac}$ 均设定为 0.05，设定记忆参数 $\rho=0.95$。借鉴 Lengnick 和 Wohltmann（2013）将选择敏感性参数 r 设为 300。国内外技术交易者股票需求函数扰动项标准差设为 0.02，而基本面交易者股票需求函数扰动项标准差设为 0.01。对于外汇市场，参照股票市场作相同设置。股价和汇率方程扰动项标准差 $\sigma^s$ 和 $\sigma^e$ 都等于 0.01。最后，将宏观经济影响金融市场的参数 $h^s$ 和 $h^e$ 都设定为 0.5。以上参数在数值模拟分析将保持不变，详细参数设定见表 2.1。

表 2.1　　　　　　　　　　参数设定

| 实体宏观经济 | | 股票市场 | | 外汇市场 | |
|---|---|---|---|---|---|
| χ | 0.8 | a | 1 | d | 1 |
| θ | 1 | $a^f$ | 1 | $\beta^c$ | 0.05 |

---

[①] 对于该参数，一些国内实证研究认为是负数，如林清泉和孙国良（2014）；何启志和范从来（2014）等。卞志村和胡恒强（2016）估计的结果为 0.0717。由于应用模型不同、回归方法差异，以及样本区间不同都可能导致回归结果差异较大。

续表

| 实体宏观经济 | | 股票市场 | | 外汇市场 | |
|---|---|---|---|---|---|
| $\beta$ | 0.99 | $\alpha^{HC}$ | 0.05 | $\beta^F$ | 0.02 |
| $\phi$ | 0.8 | $\alpha^{HF}$ | 0.02 | $\rho$ | 300 |
| $\gamma$ | 0.1 | $\alpha^{fac}$ | 0.05 | $n$ | 0.95 |
| $k_s$ | 0.1 | $\alpha^{faf}$ | 0.02 | $\sigma^C$ | 0.02 |
| $k_e$ | 0.1 | $r$ | 300 | $\sigma^F$ | 0.01 |
| $\delta_\pi$ | 1.5 | $e$ | 0.95 | $\sigma^e$ | 0.01 |
| $\delta_y$ | 0.5 | $\sigma^{HC}$ | 0.02 | $h^e$ | 0.5 |
| $\mu$ | 0.5 | $\sigma^{HF}$ | 0.01 | | |
| $v$ | 2 | $\sigma^{AC}$ | 0.02 | | |
| $l, \delta$ | 10 | $\sigma^{AF}$ | 0.01 | | |
| $\lambda^y, \lambda^\pi$ | 0.5 | $\sigma^s$ | 0.01 | | |
| $\sigma^y$ | 0.15 | $h^s$ | 0.5 | | |
| $\sigma^\pi$ | 0.15 | | | | |
| $\sigma^i$ | 0.15 | | | | |

在模型参数中，跨境股票投资者的反应参数未作明确设定。以下将通过针对跨境股票投资者的反应参数作不同设置以分析不同状况下模型动态特征及变量间的关系。对于股价和汇率的真实基本面价值，根据 Westerhoff（2010）、De Grauwe（2011）、Lengnick 和 Wohltmann（2013）将真实基本面价值设为 0。而对于外国股市基本面价值，将其假设为服从均值为 0、标准差为 0.01 的独立同分布。根据 Westerhoff（2010）、De Grauwe（2011）、Lengnick 和 Wohltmann（2013），为分析简便，设定目标通胀率 $\pi^* = 0$。

此外，式（2.28）中计算历史产出缺口标准差的窗口期（Window）设定为 24 个月（2 年）。

### （二）模型系统动态特征

考虑三种状态：不存在跨境股票投资（情境 1），即 $\alpha^{AC} = \alpha^{AF} = \alpha^{fhc} = \alpha^{fhf} = 0$；国内股市存在国外投资者，但国内投资者不作跨境股票投资（情境 2），此时 $\{\alpha^{AC}, \alpha^{AF}\} \neq 0$，$\alpha^{fhc} = \alpha^{fhf} = 0$，设置 $\alpha^{AC} = 0.05$，$\alpha^{AF} = 0.02$，$\alpha^{fhc} = \alpha^{fhf} = 0$；国内股市存在国外投资者，同时国内投资者也进行跨境股票投资（情境 3），此时 $\{\alpha^{AC}, \alpha^{AF}, \alpha^{fhc}, \alpha^{fhf}\} \neq 0$，设置 $\alpha^{AC} = 0.05$，$\alpha^{AF} = 0.02$，$\alpha^{fhc} = 0.05$，$\alpha^{fhf} = 0.02$。设定参数后，通过模拟 600 个月，其中前 500 个月用于预烧

（burnin），得到三种状态下模型系统的动态特征（见图 2.3 ~ 图 2.5）。

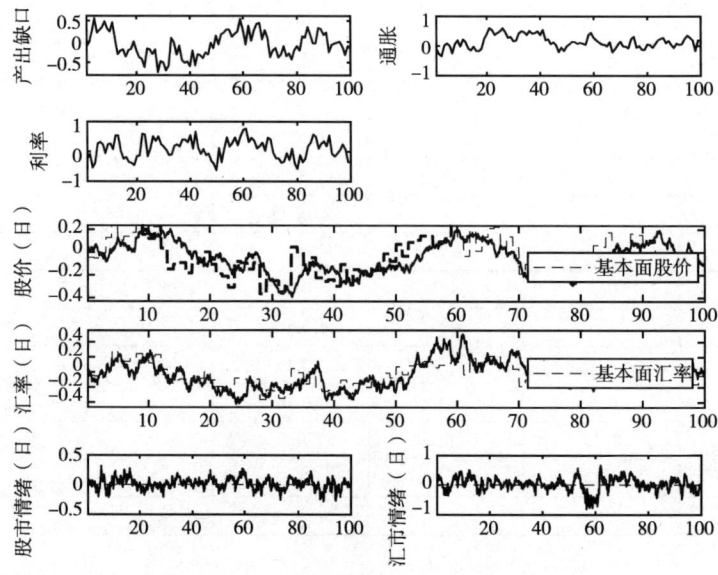

图 2.3　情境 1 下模型系统动态模拟

注：股市情绪 $ss_t = (W_t^{HF} + W_t^{AF}) - (W_t^{HC} + W_t^{AC})$；汇市情绪 $es_t = \omega_t^F - \omega_t^C$。下同。

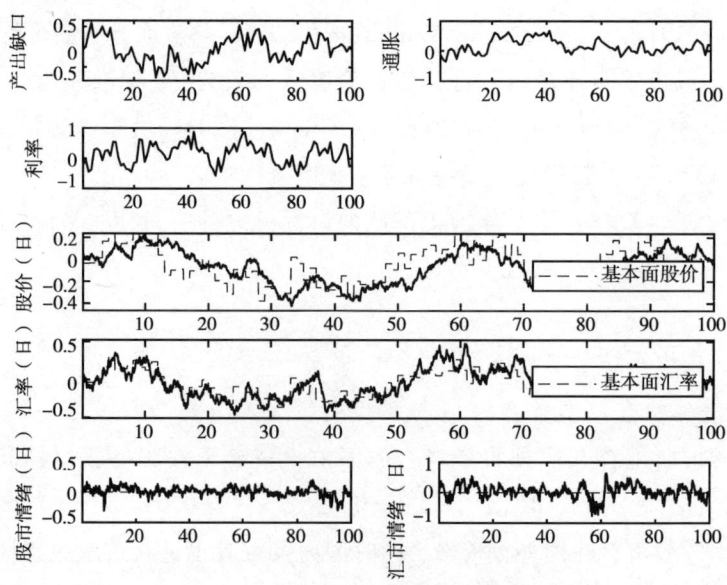

图 2.4　情境 2 下模型系统动态模拟

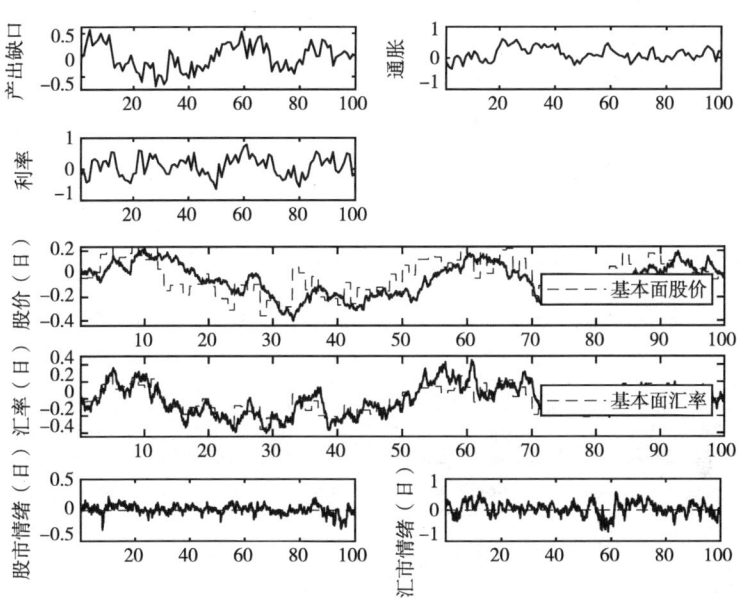

**图 2.5　情境 3 下模型系统动态模拟**

从模型系统动态模拟结果看，所构建的模型系统会内生性地产生宏观经济波动和股价与汇率的波动。从图 2.3～图 2.5 可以看到，不管是在哪种情境下，产出缺口、通胀和利率的波动性都较大；在三种情境下，股价与汇率几乎保持同步变化态势，即股价上涨（下跌）、汇率升值（贬值）。此外，在情境 1 下股市情绪波动要比情境 2 和情境 3 下波动较明显，但汇市情绪在不同情境下变动态势相差不大，且汇市情绪波动要比股票情绪波动剧烈。表 2.2 给出了不

**表 2.2　　　　不同情境下变量波动率及股价与汇率相关性**

| | 情境 1 | 情境 2 | 情境 3 |
|---|---|---|---|
| vol($i_m$) | 0.1854 | 0.1866 | 0.1839 |
| vol($y_m$) | 0.1270 | 0.1252 | 0.1265 |
| vol($\pi_m$) | 0.2376 | 0.2385 | 0.2397 |
| vol($s_t$) | 0.0098 | 0.0092 | 0.0092 |
| vol($e_t$) | 0.0201 | 0.0200 | 0.0203 |
| vol($ss_t$) | 0.0185 | 0.0143 | 0.0145 |
| vol($es_t$) | 0.0369 | 0.0362 | 0.0370 |
| corr($s_t$, $e_t$) | 0.6464 | 0.5897 | 0.5844 |

注：vol(.) 表示波动率，这里借鉴 Westerhoff（2008）和 Lengnick 和 Wohltmann（2013）计算波动率，以股价 s 为例，其波动率 $vol(s_t) = \frac{1}{T-2}\sum_{t=2}^{T}|s_{t-1} - s_t|$；corr(.) 表示 Pearson 线性相关系数。

同情境下模型系统中变量的波动率以及股价与汇率的相关系数。从表 2.2 中可以直观地发现，跨境股票投资的出现使通胀的波动率和汇率的波动率[①]变大，但却会降低产出缺口、利率、股价及市场情绪的波动率。另外，汇率与股价的相关系数随着跨境股票投资而有所下降。

### （三）基于脉冲响应分析的变量间动态关系

DSGE 模型常用脉冲响应分析分析变量间的动态关系。本书也通过在不同情境下设定 5 种冲击（产出缺口冲击、通胀冲击、利率冲击、股价冲击、汇率冲击），重复试验 2000 次，得到响应期为 24 个月的脉冲响应函数图，用来分析变量间的动态关系。特别的，通过将股市情绪分成 $ss>0$ 和 $ss<0$，以及汇市情绪 $es>0$ 和 $es<0$[②]，分别考察股市和汇市中基本面交易者占优和技术交易者占优情势下股价和股价对于特定冲击的响应状况。

#### 1. 产出缺口冲击

产出缺口冲击又称作供给冲击。设定 1 单位的正向产出缺口冲击，得到三种情境下，模型系统中变量的响应状况。图中实线表示响应函数，两条虚线表示 90% 的分位点，下同。

图 2.6 ~ 图 2.8 显示，对于正向供给冲击，在三种情境下，通胀、利率、股价和汇率都表现出正向响应；同时，股市和汇市中基本面交易者将占优。这表明，经济增长将会导致通胀上升，由此将引起利率水平的提高。经济增长将使股市和汇率的基本面价值随之增加，引起股市和汇市上采用基本面交易策略的交易者比例上升并占优，按照基本面交易者的交易策略，从而股价上涨，汇率升值。此外，股市和汇率不管采用哪种策略的交易者占优，股价和汇率对供给冲击的响应没有太大差异。但在情境 2 和情境 3 下，由于存在国外投资者，市场情绪的响应程度要更大。

#### 2. 通胀冲击

通胀冲击通常又被称作需求冲击。设定 1 单位的正向通胀冲击，得到三种情境下，模型系统中变量的响应状况。

---

① 但与无跨境股票投资相比，在仅国内股市存在国外投资者的情境下，汇市情绪的波动率反而呈小幅下降。

② 尽管在理论上可能出现基本面交易者和技术交易者占比相同，但数值模拟的结果未出现 ss 或 es 等于 0 的时点。

# 第二章 理论研究：基于异质性主体的行为金融——宏观经济模型

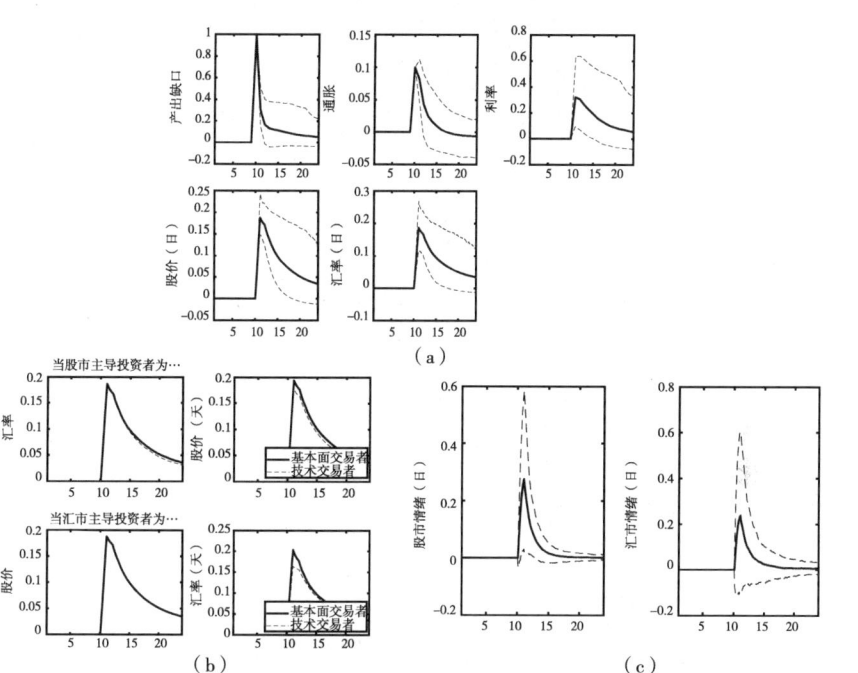

图 2.6 情境 1 下模型系统对产出缺口冲击的响应

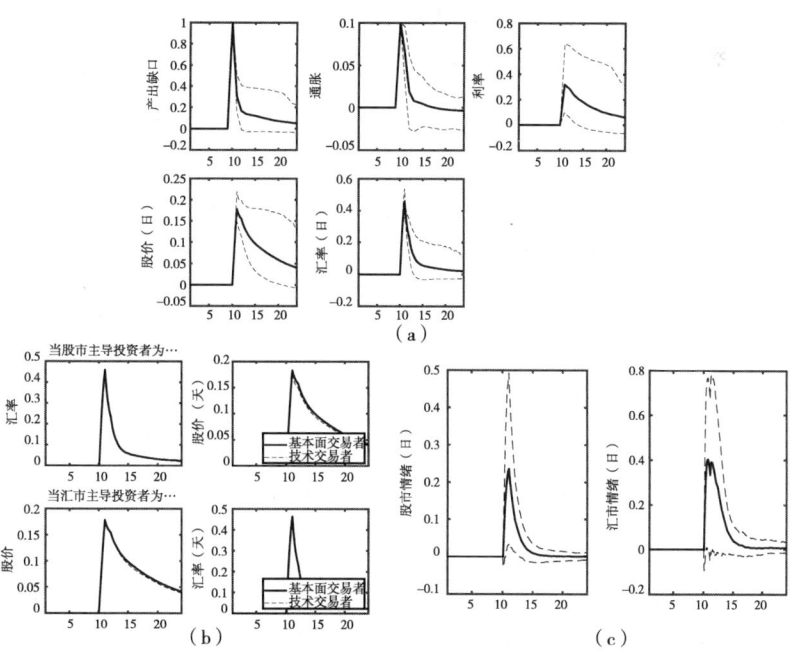

图 2.7 情境 2 下模型系统对产出缺口冲击的响应

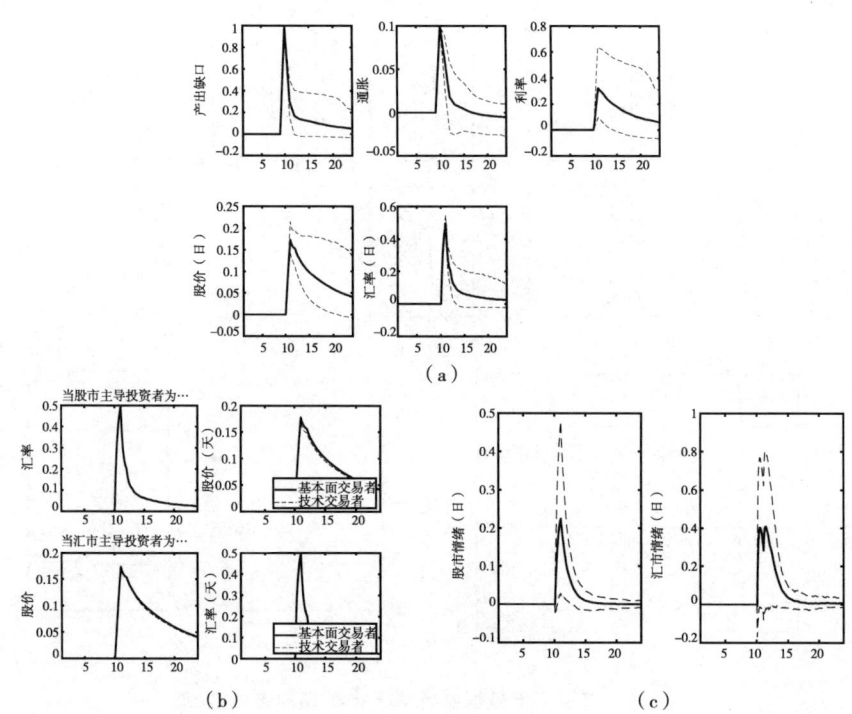

图 2.8　情境 3 下模型系统对产出缺口冲击的响应

从图 2.9～图 2.11 中可以发现，在三种情境下，对于通胀冲击的影响，由于设定的货币政策规则给予了通胀较大的反应参数，利率将提高；产出缺口、股价和汇率均表现出负响应；股市和汇市上基本面交易者均占优，但市场情绪对冲击响应的 90% 分位点所组成的区间包含 0 值而可能并不显著。此外，发生通胀冲击后，模型系统并不会回复到初始的均衡状态，实体经济和金融市场都会收敛到一个低于初始水平的新的均衡状态。不管是在哪种情境下，变量的响应并无太大差异。股市不同交易者占优特征对于股价和汇率面对需求冲击的响应稍有差异，当技术交易者占优时响应程度要稍大。这表明，如果实体经济发生通胀，货币当局通过提高利率抑制通胀，将会引起产出下降，进而通过投资者基本面价值判断，在市场情绪的作用下，股价下跌、汇率贬值。这一结果支持了相对购买力平价理论。而通胀对股价影响的结论支持了 Modigliani 和 Cohn（1979）假想，Modigliani 和 Cohn（1979）认为由于高通胀将会导致未来实际收益率下降，从而会抑制股价。

# 第二章 理论研究：基于异质性主体的行为金融——宏观经济模型

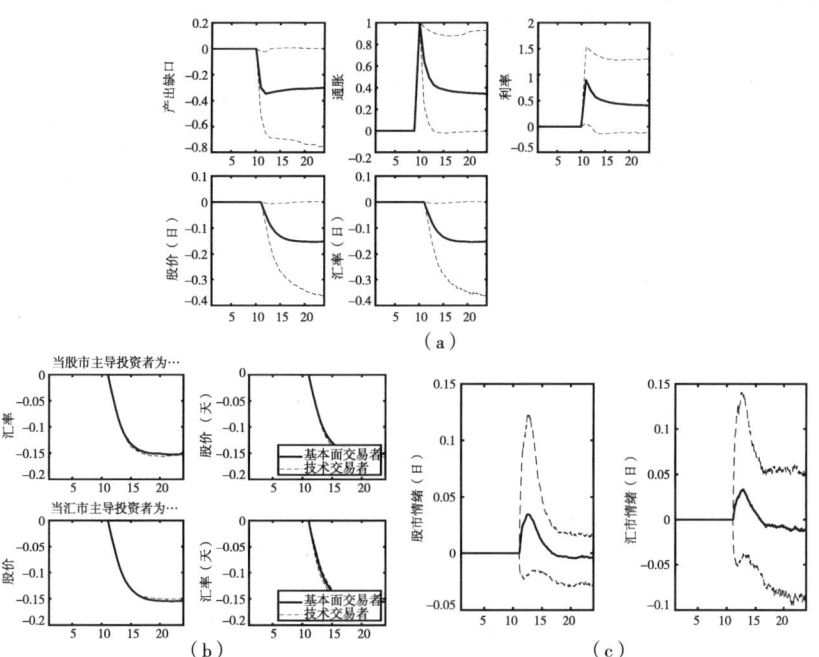

图 2.9 情境 1 下模型系统对通胀冲击的响应

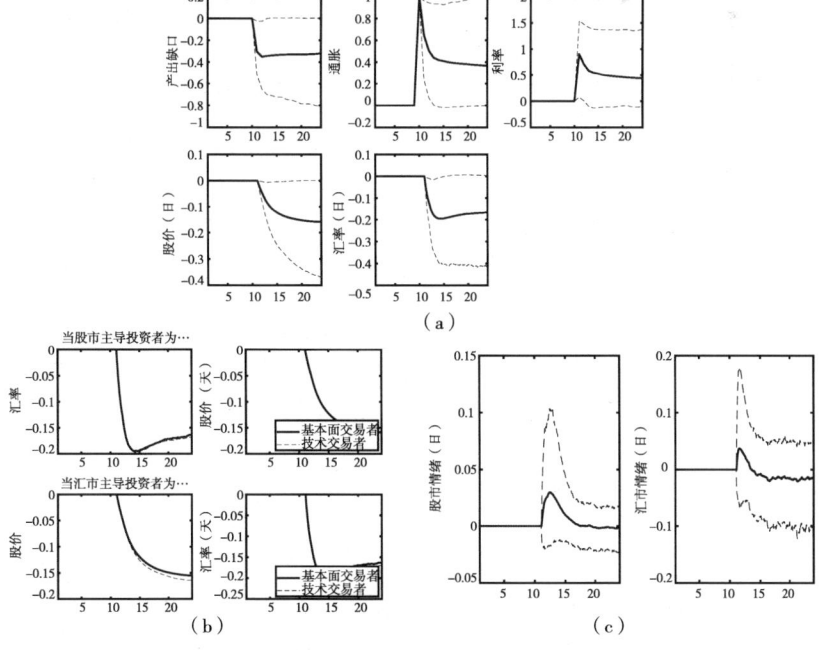

图 2.10 情境 2 下模型系统对通胀冲击的响应

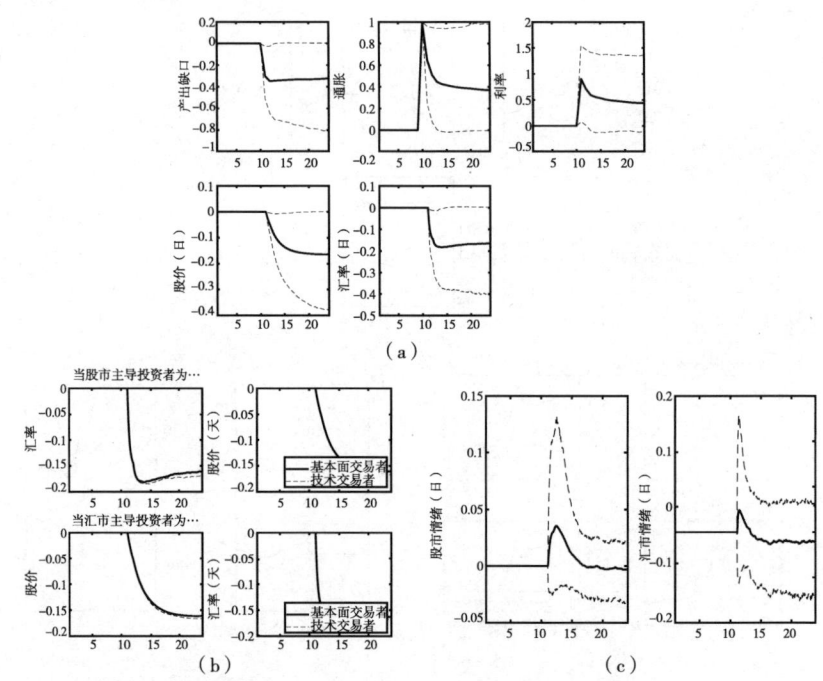

图 2.11　情境 3 下对通胀冲击的响应

3. 利率冲击

设定 1 单位的正向利率冲击，得到三种情境下模型系统中变量的响应状况。利率上升冲击意味着紧缩性货币政策，根据模型设定，紧缩性货币政策将会导致产出和通胀下降，图 2.12～图 2.14 描述了不管是否存在跨境股票投资，利率正向冲击将引起通胀、产出缺口负向响应。此外，利率正向冲击还会引起市场情绪正向响应，以及股价和汇率的负响应。在存在跨境股票投资时，市场情绪的响应程度要更大。所有变量对于冲击的响应都会向初始状态收敛。这说明，提高利率将直接导致通胀下降和产出减少，进而引起市场中基本面交易策略占优，股价下跌，汇率贬值。该结论表明，如果考虑宏观经济对金融市场的作用，利率平价理论并不成立。

4. 股价与汇率冲击

分别给定股价和汇率 1 单位正向冲击，分析不同情境下变量的响应，结果分别如图 2.15～图 2.17 和图 2.18～图 2.20 所示。

图 2.15～图 2.17 和图 2.18～图 2.20 分别显示了模型系统对于股价冲击和

# 第二章 理论研究：基于异质性主体的行为金融——宏观经济模型

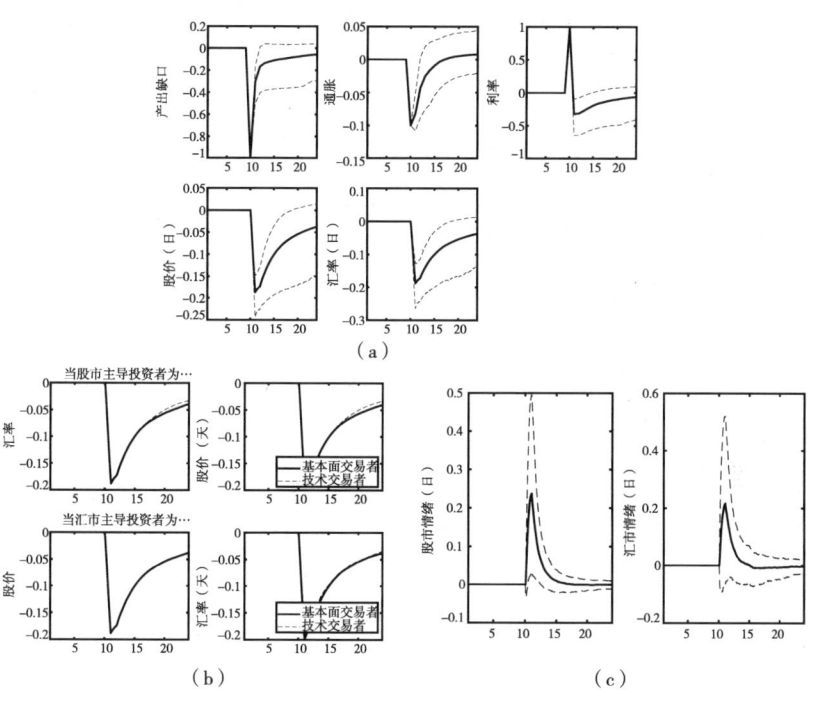

图 2.12 情境 1 下模型系统对利率冲击的响应

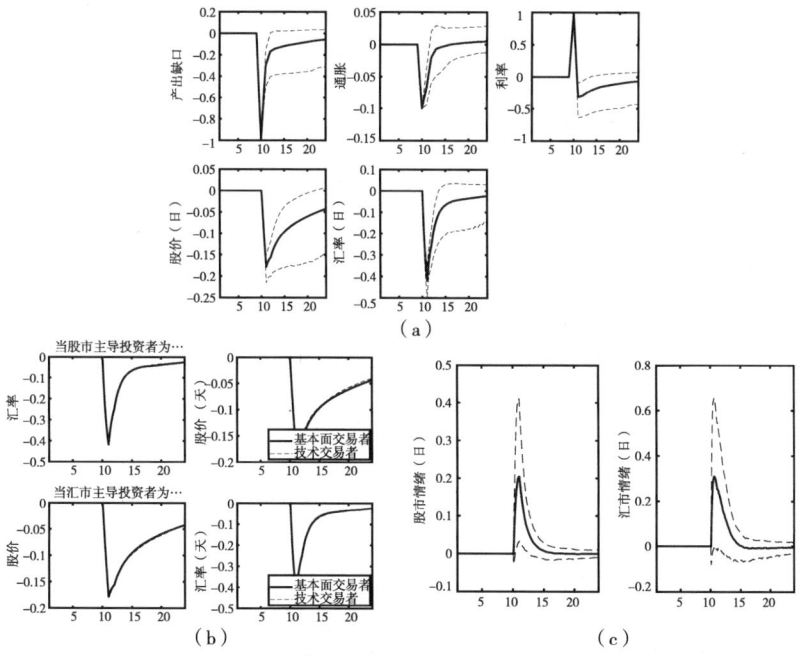

图 2.13 情境 2 下模型系统对利率冲击的响应

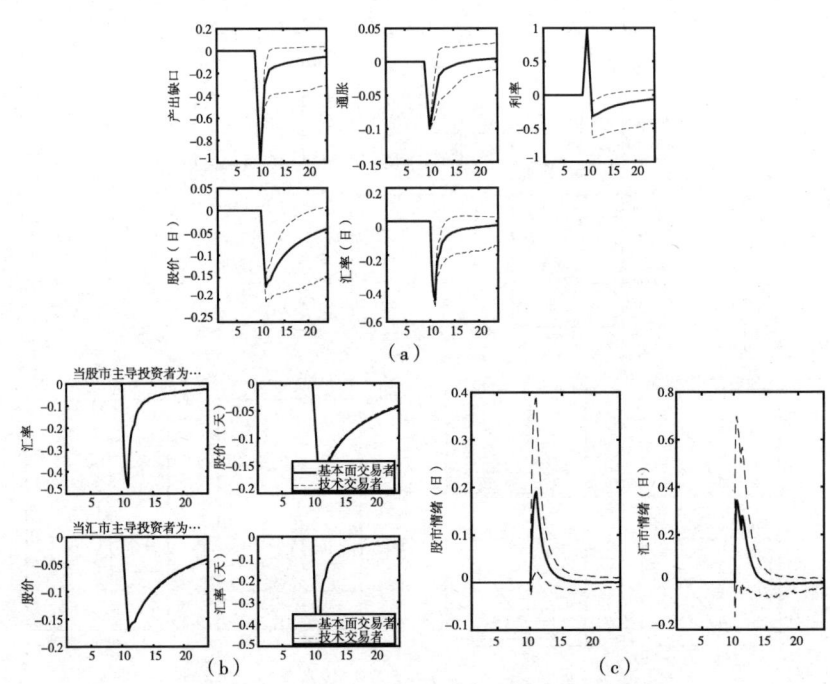

图 2.14 情境 3 下模型系统对利率冲击的响应

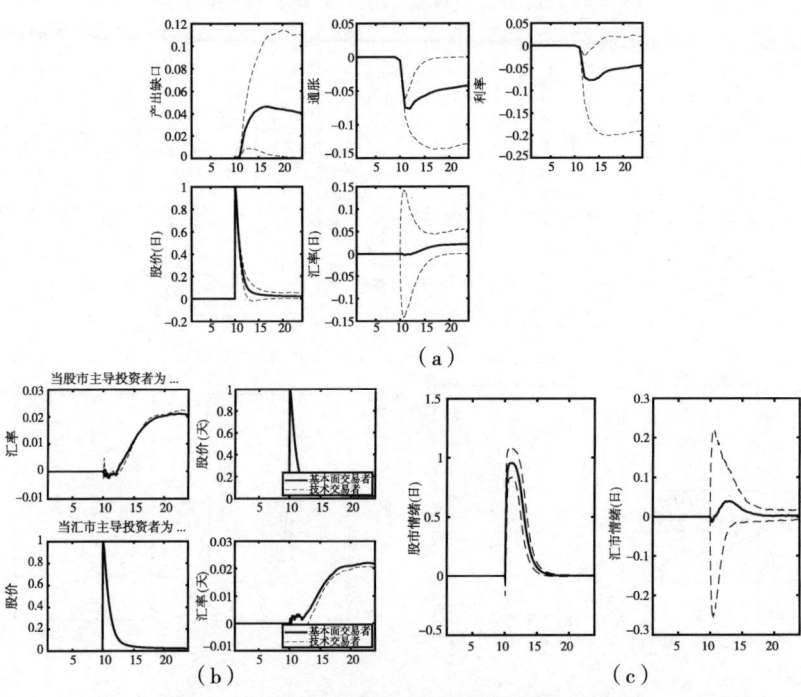

图 2.15 情境 1 下模型系统对股价冲击的响应

# 第二章 理论研究：基于异质性主体的行为金融——宏观经济模型

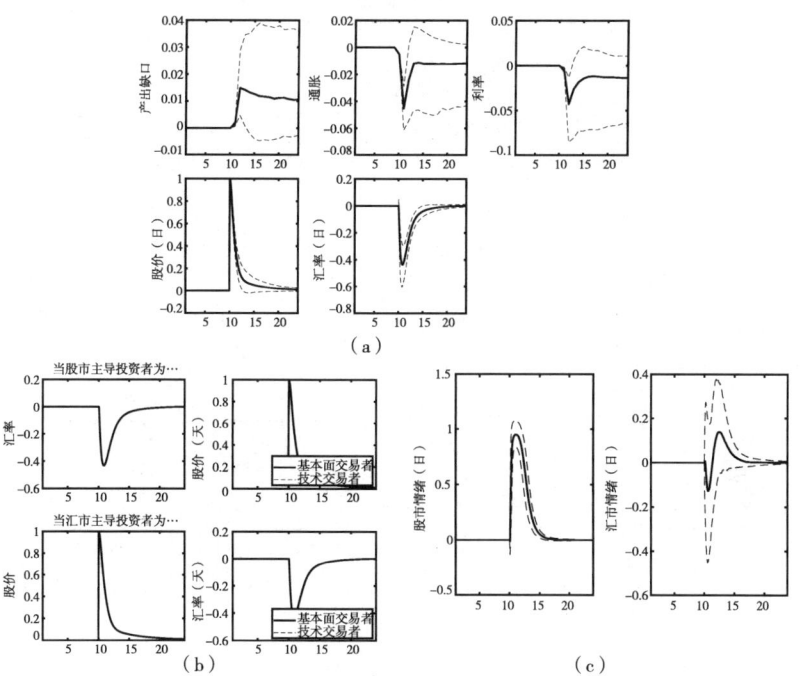

**图 2.16** 情境 2 下模型系统对股价冲击的响应

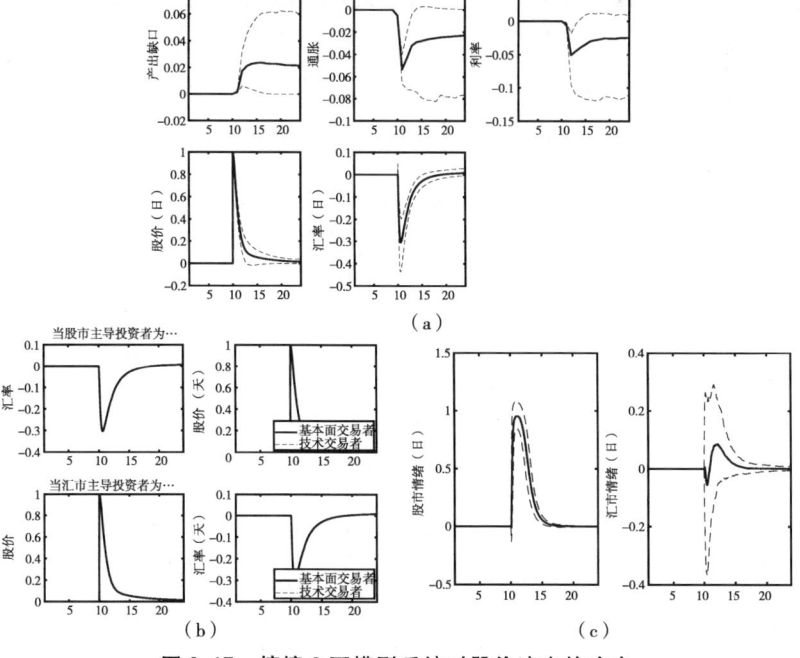

**图 2.17** 情境 3 下模型系统对股价冲击的响应

# 汇率与资产价格的动态交互机制研究

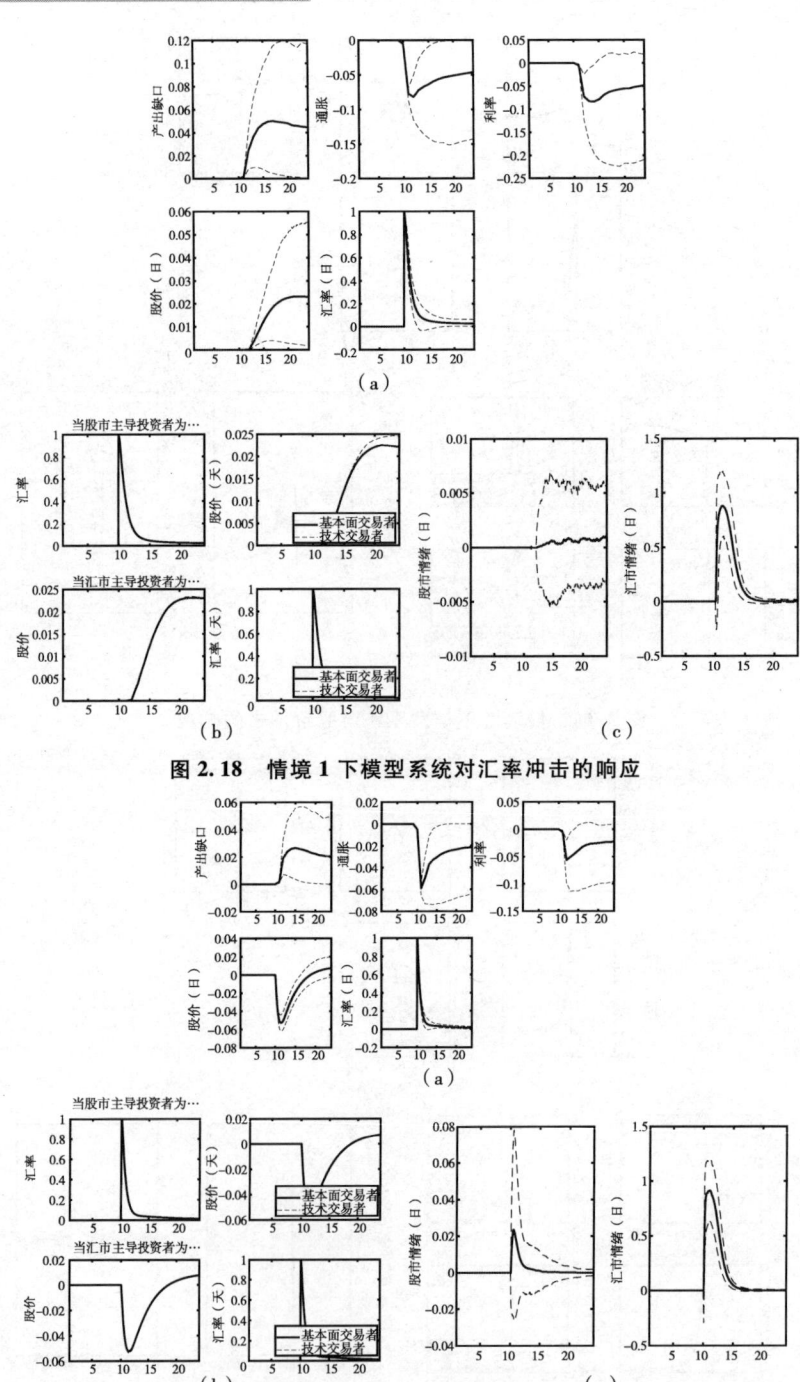

图 2.18 情境 1 下模型系统对汇率冲击的响应

图 2.19 情境 2 下模型系统对汇率冲击的响应

· 48 ·

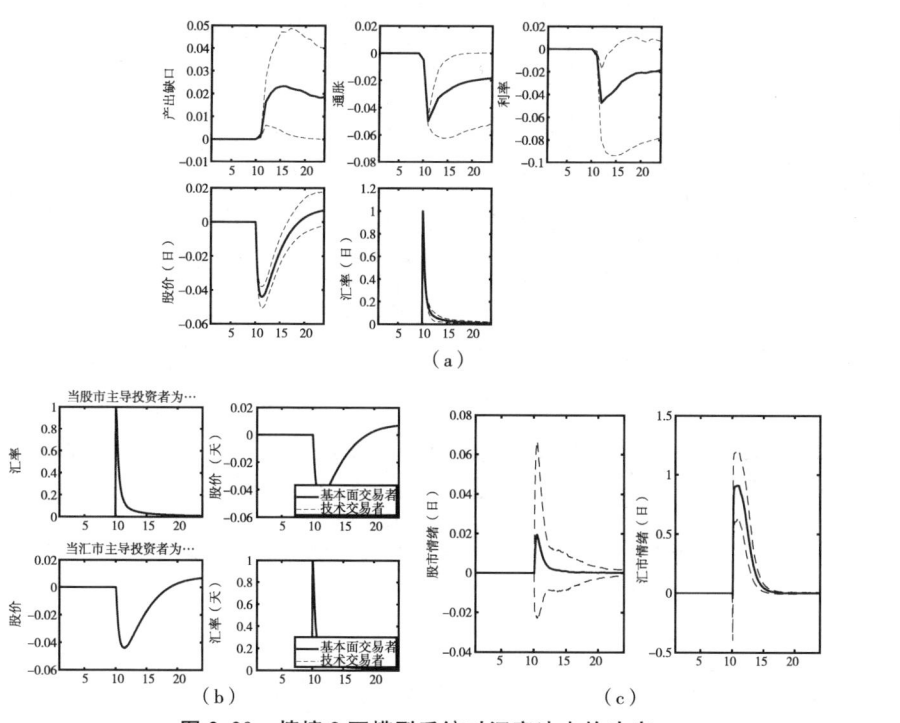

图 2.20 情境 3 下模型系统对汇率冲击的响应

汇率冲击的响应状况。对于意外股价上涨冲击，股市上将有更多交易者采用基本面交易策略，使股价很快收敛。同样，面对汇率意外升值冲击，汇市上也将有更多的交易者采取基本面交易策略，汇率很快收敛。股价和汇率冲击将通过成本效应导致通胀水平下降，进而利率下跌，产出缺口上升的响应。而且股价和汇率冲击会使实体经济收敛到新的均衡状态。在不存在跨境股票投资的情境下，股价冲击对汇率没有显著影响，但汇率升值冲击却能显著引起股价上涨。而在存在跨境股票投资的情境 2 和情境 3 下，股价上涨冲击可能会引起汇市上基本面交易者比例上升，从而导致汇率贬值；同样，汇率升值冲击也可能会通过影响股市情绪，导致股价下跌。此外，市场上不管哪类交易者占优，汇率和股价对冲击的响应无显著区别。

从脉冲响应分析可以看到，模型系统对实体经济冲击的响应，以及实体经济对金融市场冲击并不依赖于是否存在跨境股票投资，但股价对汇率冲击响应与汇率对股价冲击响应却在某种程度上依赖于市场中是否存在国外投资者。

具体而言，当国内股市无国外投资者时，股价与汇率存在相互促进的作用,但股价对汇率的影响可能并不显著;而当国内股市存在国外投资者时,股价与汇率间的关系呈反向抑制,即股价上涨将导致汇率贬值;或汇率升值将导致股价下跌。这是因为,在国内股市没有国外投资者时,股价上涨将会显著地引起通胀和利率下降,以及产出增长,从而经济基本面得以改善,但股价一次外生冲击并不能显著地影响汇市情绪,所以汇率并没有体现出对股价冲击的显著响应。但在国内股市存在国外投资者下,股价冲击对国内宏观经济基本面的影响具有不确定性(情境2下90%的分位区间包含0值线),然而尽管汇市情绪也没有表现对股价冲击的显著响应,但由于股市上国外投资者的情绪转变而导致资本外流,进而汇率贬值。同样,当国内股市不存在国外投资者时,在成本效应的作用下,汇率升值冲击将导致通胀下降,利率下降,产出增长,虽然股市情绪并无显著响应,因基本面改善还使股价小幅上涨。但如果国内股市存在国外投资者,虽然股市情绪并未发生显著变动,但由于国外投资者的股票需求会因为预期汇率回调而减少导致股价下跌。

### (四) 国外投资者股票需求对模型系统的影响

脉冲响应分析的结果表明,模型系统中变量间的动态关系,特别是汇率与股价的动态关系取决于国外投资者的股票需求。假设国内投资者不投资于外国股市市场,即 $\alpha^{fhc} = \alpha^{fhf} = 0$。假设国内股市只存在一种类型的国外投资者,即设置两种情形:只存在国外基本面交易者 ($\alpha^{AC} = 0$) 和只存在国外技术交易者 ($\alpha^{AF} = 0$)。控制国外交易者的反应参数在 0~0.06,模拟600个月(前500个月用于预烧),重复试验1000次,分析随着国外交易者股票需求增加,模型系统中变量的反应。

从图中2.21和图2.22可以看到,国外投资者反应参数提高(即股票需求增加)将会导致国内股市波动性先下降后上升的"U"型状态,但股价扭曲程度或偏离基本面价值的程度总体呈下降态势;但汇率的波动性将会加大,这是因为随着国外投资者股票需求增加,对本币的需求也跟着增加,频繁股票需求变动势必导致汇率波动性较大;此外,产出缺口的波动性和偏离程度都随着国外投资者股票需求增加而下降,而通胀的波动率会随之上升。因此,适度的国外投资者可以降低股价波动程度和扭曲程度,提高产出的稳定性,但需要警惕由此可能导致的汇率和通胀波动性上升的问题。

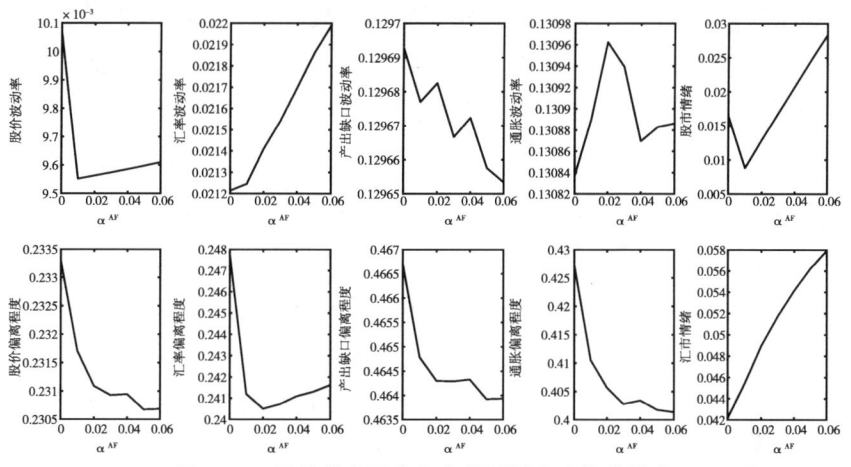

图 2.21 国外基本面交易者股票需求变化的影响

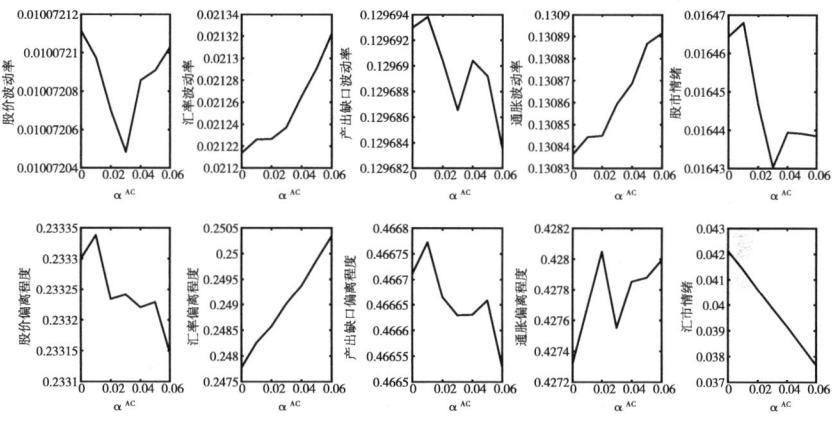

图 2.22 国外技术交易者股票需求变化的影响

## 第三节

### 家庭部门的资产需求

本章前两节构建的模型都假设并未在金融市场中区分机构投资者和个人（家庭）投资者，当然可以假定以家庭部门并不直接参与金融市场交易，而通过投资于基金等产品而间接参与市场交易。但实际上，随着家庭部门收入提高和资产配置的需要，家庭部门已成为金融市场重要的投资主体。以股票市场为例，截至 2017 年 8 月，我国股市中个人投资者数（A、B 开户数）就达到了 12885.88 万人，占总投资者数近 99.8%。

已有相关研究表明，年龄、受教育程度、收入水平、财富状况、婚姻状况、收入风险、健康风险，以及社会关系、个人性格和股票投资经验等都是影响家庭资产组合投资影响因素[①]。近年来，一些研究认为其他因素也会对家庭资产配置产生影响，如监测成本（monitoring cost）（Perraudin and Sørensen, 2000）[②]、经济周期（Apergis, 2015）、生命周期阶段（Tin, 1998; Chai et al., 2011）[③]、风险/不确定性规避（Dimmock and Kouwenberg, 2010; Dimmock et al., 2016）、家庭内部结构（Addoum, 2016）[④] 等。

不管是从理论学术研究还是实际状况，家庭部门的资产需求都不容忽视。从家庭角度看，投资于各类资产目的主要是获得预期投资收益。理论上，家庭的资产需求其实就是储蓄的意愿，至于投资于哪种资产，每种资产投资多少，就是家庭对储蓄形式的安排，即资产配置选择。所以说，如果预期将获得更多投资收益，家庭可能会减少消费增加储蓄以用于投资。此外，住房作为一类特殊的资产，兼具投资品和消费品的属性，如果对住房的需求或偏好增加，家庭消费也可能受到影响。因此，本节将通过局部（家庭部门）最优化框架，分析家庭部门的资产需求与消费的关系，以便于后续将家庭部门的资产需求纳入模型结构。

理论研究中通过用代表性家庭的跨期效用函数和家庭面临的预算约束来构建最优化问题，分析家庭的决策策略。对于效用函数，常见的以消费和闲暇来获得效用。除此之外，由于家庭资产的流动性状况（Stern and Stern, 2008）和用于满足消费的购物时间（Hueng, 1999）会对闲暇产生影响，而将实际货币余额纳入效用函数，如 Gali（2008）、Wei（2010）等。鉴于资产需求会直接影响实际货币需求，本书直接将家庭的资产需求纳入效用函数。根据 Gali（2008），根据资产需求是否和消费合并构成混合消费，将效用函数分为可分离型和不可分离型。接下来，本书将构造这两种效用函数进行分析。

---

① 相关综述可参见 Addoum（2016）。
② 由于家庭部门持有多种资产组合，不管从时间还是费用上，都会面临监测成本，因此家庭部门可能只投资于所有可投资资产中的一小部分。
③ 由于不同金融资产有不同的属性，在不同生命阶段，个体对金融资产的需求也不同。
④ Dimmock 等（2016）认为往往一个家庭中女性风险规避程度要比男性高。Addoum（2016）实证研究认为退休后一对夫妻的家庭将会减少股票投资，而是否退休对单身家庭的股票投资行为没有影响。

## 一、可分离型效用函数下家庭资产需求

模型基于以下三个基本假设：第一，家庭由单一成员构成且连续存续；第二，家庭是损失厌恶的，且与 Markowitz 的资产组合理论一致，同时家庭投资缺乏远见，仅关注短期收益与财富状况；第三，家庭只有三种资产配置方式可选择：现金、银行存款和一种风险资产（如股票）。

家庭成员参加工作获得劳动报酬，每期期初家庭在现金、银行存款和风险资产间进行资产组合配置。家庭通过消费、闲暇和在三类资产之间进行组合配置最大化预期效用。由于存在财富效应，财富状况的变化会影响经济主体的心理满足感，借鉴 Ang 和 Bekaert（2002）、Cocco（2005），将家庭的当期期末的财富状况作为影响家庭效用的重要因素，结合 Cocco（2005）、Stern 和 Stern（2008），拓展 Harrison（2011）对效用函数的设定，建立代表性家庭的离散型效用函数：

$$E_0 \sum_{t=1}^{\infty} \beta^t [U(C_t, L_t) + V(W_t)] \qquad (2.61)$$

其中，$\beta$ 为主观贴现因子或时间偏好，且 $\beta \in (0, 1)$。$C_t$ 是 t 期消费，$L_t$ 是 t 期闲暇时间，$W_t$ 是 t 期期末的账面财富水平，函数 $U(.)$ 和 $V(.)$ 是连续二次可导，严格凸且满足稻田条件。此外，财富 $W_t = M_{t-1} + (1 + r_t^d)D_{t-1} + (1 + r_t^s)S_{t-1}$，$M_{t-1}$、$D_{t-1}$ 和 $S_{t-1}$ 分别表示 t 期期初家庭资产配置中现金余额、银行存款余额和持有风险资产的市值，$r^d$ 和 $r^s$ 分别为存款利率和风险资产回报率。

假设家庭的工作时间是固定的，可自由支配的闲暇总时间为 Z。设定实际闲暇时间 L 为消费水平和资产组合中各类资产的函数。

$$L_t = l(C_t, M_{t-1}, D_{t-1}, S_{t-1}) \qquad (2.62)$$

消费越高，相应用于购物的时间越长，实际闲暇时间越少，$l_1 < 0$。资产组合配置将影响当期家庭拥有资产的流动性状况（Stern and Stern，2008）和用于满足消费的购物时间（Hueng，1999），从而对闲暇时间产生影响。现金能提供足够流动性，几乎不需要占用额外时间，$l_2 > 0$。银行存款的流动性要弱于现金但要高于风险资产，$l_3 > 0$，且 $l_3 < l_2$。资产组合配置需要家庭在不同

资产间进行选择,资产配置越分散,需要花费的时间越多;同时,如果资产配置于风险资产,家庭由于损失厌恶而可能出现焦虑(Shiller,1990;Gili et al.,2012),且风险资产的流动性明显要低于现金和银行存款,所以家庭持有风险资产越多,实际闲暇时间越少,$l_4<0$。

在 t 期家庭通过工作获得劳动收入 $Y_t$,并消费 $C_t$。家庭的预算约束可表示成:

$$M_t + D_t + S_t \leq [M_{t-1} + (1 + r_t^d)D_{t-1} + (1 + r_t^s)S_{t-1}] + Y_t - C_t \quad (2.63)$$

家庭的目标是在式(2.63)的约束下,通过选择消费 $C_t$ 和 t 期期初的资产组合配置($M_{t-1}$,$D_{t-1}$,$S_{t-1}$),最大化跨期效用。

解此最优化问题,得到一阶条件:

$$U_1 + U_2 l_1 = -\lambda_t \quad (2.64)$$

$$U_2 l_2 + V' = \lambda_t - \lambda_{t-1}/\beta \quad (2.65)$$

$$U_2 l_3 + V'E_{t-1}(1 + r_t^d) = E_{t-1}\lambda_t(1 + r_t^d) - \lambda_{t-1}/\beta \quad (2.66)$$

$$U l_4 + V'E_{t-1}(1 + r_t^s) = E_{t-1}\lambda_t(1 + r_t^s) - \lambda_{t-1}/\beta \quad (2.67)$$

其中,$\lambda$ 是拉格朗日算子。在 t-1 时刻,$r_t^d$ 已知,$r_t^s$ 未知,$E_{t-1}r_t^s$ 表示在 t-1 时刻对 $r_t^s$ 的预期。

根据式(2.65)~式(2.67)得:

$$\frac{l_3 - l_2}{l_4 - l_2} = \frac{r_t^d}{E_{t-1}r_t^s} \quad (2.68)$$

式(2.68)中包含 $C_t$、$M_{t-1}$、$D_{t-1}$、$S_{t-1}$、$r_t^d$ 和 $E_{t-1}r_t^s$。根据式(2.68),只须对闲暇函数(2.62)的具体形式作出假定,即可进一步推导出家庭对风险资产需求。

拓展 Hueng(1999)的闲暇函数,纳入现金、银行存款和风险资产需求,假定闲暇函数 L 为:

$$L_t = \left(\frac{M_{t-1} + \phi D_{t-1} - \vartheta_{t-1}(S_{t-1})^2}{C_t}\right)^\theta \quad (2.69)$$

其中,根据 Guiso 等(2013),假设 $\vartheta$ 是时变的。$\theta \in (0,1)$。$\phi \geq 0$ 表示交易技术参数,反映了相对于现金和风险资产,存款的流动性(变现能力)。

$\vartheta>0$ 表示家庭对风险资产投资的态度（或对于风险的态度），可理解为风险规避程度。

根据式（2.69），对式（2.65）求解得到家庭风险资产需求：

$$S_{t-1} = \frac{1}{2\vartheta_{t-1}r_t^d}((1-\phi)E_{t-1}r_t^s - r_t^d) \quad (2.70)$$

式（2.70）中 $\phi$ 与 $r_t^d$ 具有"流动性结构"关联，一般来说，存款流动性越高，利率相对就越低[①]。$(1-\phi)E_{t-1}r_t^s - r_t^d$ 项可理解为考虑流动性因素的预期超额收益率。式（2.70）表明，家庭对待风险的态度（Keller and Siegrist，2006）和预期风险资产投资超额收益率是影响家庭风险资产需求投资的主要因素。

## 二、不可分离型下家庭资产需求

假设经济存在连续生存的家庭部门。借鉴 Gali（2008）构建不可分离型效用函数（non-separable utility function），根据 Lengnick 和 Wohltmann（2016），引入资产需求，定义代表性家庭的效用函数：

$$U_t = \frac{X_t^{1-\theta}}{1-\theta} - \frac{L_t^{1+\phi}}{1+\phi} \quad (2.71)$$

X 是由消费和资产需求构成的复合函数。即：

$$X_t = [(1-\vartheta)C_t^{1-v} + \vartheta D_t^{1-v}]^{\frac{1}{1-v}} \quad (2.72)$$

其中，C、L、D 分别表示实际消费、劳动供给（参加劳动时间）和风险资产需求。参数 $\theta$，$\phi>0$ 分别是消费和劳动供给的跨期替代逆弹性。v 是风险资产需求和消费之间的逆替代弹性。$\vartheta$ 表示家庭对风险资产的偏好。

假设家庭持有无风险资产（包括货币性资产和政府债券），家庭面临的预算约束可写为：

$$P_tC_t + B_t + S_tD_t = W_tL_t + D_{t-1}(S_{t-1} + \tilde{d}_{t-1}) + (1+i_{t-1})B_{t-1} \quad (2.73)$$

---

[①] 排除期限结构，由于流动性差异，通常定期存款的利率要高于活期存款，而且如果定期存款提前支取，利息计算则是按活期利率。

其中，$P_t$ 表示物价水平，$S_t$ 为资产价格，$B_t$ 为无风险资产持有量，$W_t$ 为工资率，$\tilde{d}_t$ 为每份风险资产的回报，$i_t$ 表示名义利率。

效用函数关于 $C_t$、$L_t$ 和 $D_t$ 的偏导数为：

$$U_{C_t} = (1-\vartheta)X_t^{v-\theta}C_t^{-v}, \quad U_{L_t} = -L_t^{\phi}, \quad U_{D_t} = \vartheta X_t^{v-\theta}D_t^{-v} \tag{2.74}$$

联合式（2.71）~ 式（2.73），求解最优化问题，得到如下一阶条件：

$$\frac{\partial L}{\partial C_t} = \frac{\partial U}{\partial C_t} - \lambda P_t = 0 \Leftrightarrow (1-\vartheta)X_t^{v-\theta}C_t^{-v} = \lambda_t P_t \tag{2.75}$$

$$\frac{\partial L}{\partial B_t} = \lambda_{t+1}\beta(1+i_t) - \lambda_t = 0 \tag{2.76}$$

$$\frac{\partial L}{\partial D_t} = \frac{\partial U}{\partial D_t} + \lambda_{t+1}\beta(S_t + \tilde{d}_t) - \lambda_t S_t = 0 \tag{2.77}$$

由式（2.75）和式（2.76）得到欧拉方程：

$$\beta(1+i_t) = \left(\frac{X_t}{X_{t+1}}\right)^{v-\theta}\left(\frac{C_t}{C_{t+1}}\right)^{-v}\frac{P_{t+1}}{P_t} \tag{2.78}$$

由式（2.77），得到：

$$\vartheta\frac{D_t^{-v}}{C_t^{-v}} + \frac{(1-\vartheta)}{P_{t+1}}\frac{X_{t+1}^{v-\theta}C_{t+1}^{-v}}{X_t^{v-\theta}C_t^{-v}}\beta(S_t + \tilde{d}_t) - \frac{(1-\vartheta)}{P_t}S_t = 0 \tag{2.79}$$

将欧拉方程（2.78）代入式（2.79），得：

$$\frac{D_t^{-v}}{C_t^{-v}} = \frac{(1-\vartheta)}{\vartheta}\frac{1}{P_t}\left(S_t - \frac{S_t + \tilde{d}_t}{1+i_t}\right) \tag{2.80}$$

根据 Gorton 传统资产定价模型，资产价格应取决于持有该资产未来所有现金流的贴现值，因此有：

$$S_t = \sum_{k=0}^{\infty}\tilde{\beta}^k E_t[\tilde{d}_{t+k}] \tag{2.81}$$

其中 $\tilde{\beta}$ 为贴现因子。这里遵循 Lengnick 和 Wohltmann（2016），设定静态预期，即：

$$E_t[\tilde{d}_{t+k}] = \tilde{d}_t \quad \forall\, k = 0,1,\cdots \tag{2.82}$$

因此，将式（2.82）代入式（2.81），就有：

$$S_q = \tilde{d}_q \sum_{k=0}^{\infty} \tilde{\beta}^k = \frac{\tilde{d}_q}{1-\tilde{\beta}} \quad (2.83)$$

$$\Leftrightarrow \tilde{d}_q = (1-\tilde{\beta})S_q = \Omega S_q \quad (2.84)$$

将式（2.84）代入式（2.80）有：

$$\frac{D_q^{-v}}{C_q^{-v}} = \frac{(1-\vartheta)}{\vartheta} \frac{S_q}{P_q} \left( \frac{i_q - \Omega}{1+i_q} \right) \quad (2.85)$$

对于（$i_q - \Omega$）与 0 的关系，Lengnick 和 Wohltmann（2016）对三种情形作了分析，为保证式（2.85）有意义，同时结合 Lengnick 和 Wohltmann（2016），本书认为（$i_q - \Omega$）> 0 较为合理。

进一步，对式（2.85）两边取自然对数：

$$-v\ln D_t + v\ln C_t = \ln\frac{(1-\vartheta)}{\vartheta} + \ln S_t - \ln P_t + \ln\left(\frac{i_t - \Omega}{1+i_t}\right) \quad (2.86)$$

取对数后，小写字母表示自然对数值。

$$d_t = c_t - \frac{1}{v}\ln\frac{(1-\vartheta)}{\vartheta} - \frac{1}{v}(s_t - p_t) - \frac{1}{v}\ln\left(\frac{i_t - \Omega}{1+i_t}\right) \quad (2.87)$$

对于 $\ln\left(\frac{i_t - \Omega}{1+i_t}\right)$，是关于唯一变量 $i_t$ 的函数，考虑将其在利率的稳态值附近即 $i_t = \bar{i}$ 作一阶泰勒展开，得到：

$$\ln\left(\frac{i_t - \Omega}{1+i_t}\right) \approx \ln\left(\frac{\bar{i} - \Omega}{1+\bar{i}}\right) + \frac{1+\Omega}{(1+\bar{i})(\bar{i}-\Omega)}(i_t - \bar{i}) \quad (2.88)$$

忽略与 $i_t$ 无关的常数项部分，就有：

$$\ln\left(\frac{i_t - \Omega}{1+i_t}\right) \approx \frac{1+\Omega}{(1+\bar{i})(\bar{i}-\Omega)}(i_t - \bar{i}) \quad (2.89)$$

代入式（2.87）得到关于家庭风险资产需求在稳态附近的对数线性方程：

$$d_t = c_t - \frac{1}{v}(s_t - p_t) - \frac{1}{v}\frac{1+\Omega}{(1+\bar{i})(\bar{i}-\Omega)}(i_t - \bar{i}) \qquad (2.90)$$

在封闭经济下,如果不考虑投资和政策消费,具有均衡条件 $c_t = y_t$,即产出缺口等于消费偏离稳态的程度,式(2.90)就可改写为:

$$d_t = y_t - \frac{1}{v}(s_t - p_t) - \frac{1}{v}\frac{1+\Omega}{(1+\bar{i})(\bar{i}-\Omega)}(i_t - \bar{i}) \qquad (2.91)$$

式(2.91)表明家庭部门对风险资产的需求取决于产出缺口 $y_t$、实际资产价格 $s_t - p_t$ 以及利率水平 $i_t$。产出缺口提高,意味着家庭部门收入增加,对风险资产需求相应增加;实际资产价格上升,家庭将会减少对风险资产的需求;而利率的变化反映了无风险资产的收益率的变动,利率上升则意味着投资于无风险资产的收益增加,家庭因而减少对风险资产的需求。从式(2.91)中可以看到,家庭对风险资产的需求并不取决于自身对风险资产价格或利率的预期,因此家庭对风险资产的需求并非投机性的(Lengnick and Wohltmann,2016)。

而在开放经济下,由于存在进出口,本国生产的产品除了供国内消费外,还有部分用于出口,而且本国消费也包含从国外进口产品的消费,因此,$y_t = c_t + nx_t$。将式(2.91)改写为:

$$d_t = y_t - nx_t - \frac{1}{v}(s_t - p_t) - \frac{1}{v}\frac{1+\Omega}{(1+\bar{i})(\bar{i}-\Omega)}(i_t - \bar{i}) \qquad (2.92)$$

其中净出口 $nx_t$ 主要受国外经济增长、国内经济增长和汇率的影响,不失一般性,可将其表示为:$nx_t = \sigma_1 y_t^* - \sigma_2 e_t - \sigma_3 y_t$,代入式(2.92),得到:

$$d_t = (1+\sigma_3)y_t + \sigma_2 e_t - \frac{1}{v}(s_t - p_t) - \frac{1}{v}\frac{1+\Omega}{(1+\bar{i})(\bar{i}-\Omega)}(i_t - \bar{i}) - \sigma_3 y_t^*$$

$$(2.93)$$

其中,$e_t$ 表示汇率偏离稳态程度(间接标价法),$y_t^*$ 为国外产出缺口。与封闭经济相比,在开放经济下,汇率变化也会影响家庭部门的资产需求,汇率升值将会引起家庭增加对风险资产的需求。

## 第四节

### 汇率、房价与宏观经济动态模型系统

第三节利用两种类型效用函数分析了家庭部门的资产需求，可以看到设置家庭资产需求函数形式取决于设定的效用函数。由于存在监测成本和受知识储备和认知限制，家庭部门可能只在可投资的资产中的一小部分作资产配置（Perraudin and Sørensen，2000）。从实际看，我国家庭居民部门资产配置中，仍以实物资产，特别是房地产为主，占家庭总资产50%以上；而在金融资产配置中，银行存款占最大比例，约占20%，债券、股票、基金等金融产品比重相对较少（见图2.23）。

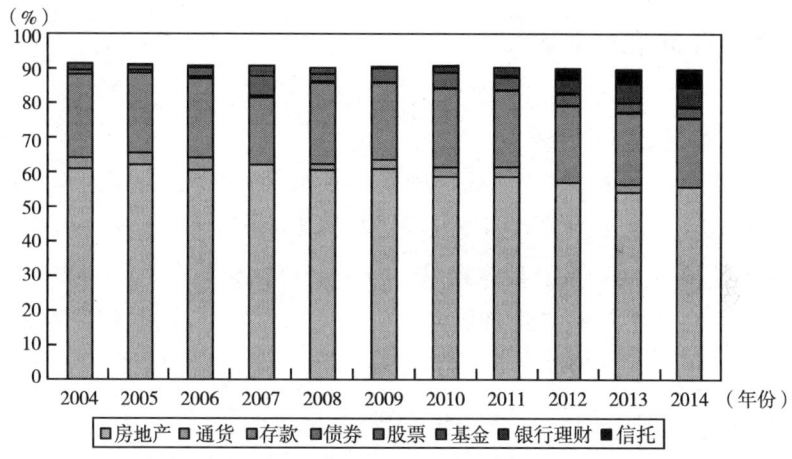

图2.23 我国家庭居民部门资产配置

注：数据来源于WIND资讯金融终端。

与其他类型的资产不同，住房作为一类特殊的资产，兼具耐用消费品和投资品的双重属性。与股票、债券等金融产品不同，住房还是人们生活的必需品。所以相对于金融资产而言，住房对于家庭部门而言不仅仅是资产配置的方式，更为重要的是住房能直接给人们带来效用上的满足。因此，应将住房提供的服务纳入效用函数。一般来说，住房提供的服务包括面积大小、装修程度、地理位置、楼层位置等满足消费者居住的功能。本书这里只考虑面积大小这项住房服务属性，为简单起见，将住房面积等同于住房数量。住房面积越大，消费者从住房服务获得的效用越多。

除了家庭部门外,国内房地产市场上还可能存在国内外机构投资者。2005年后在人民币升值预期下,国际资本通过各种隐蔽途径进入参与到国内房地产市场。虽然政策上允许外国个人可以在我国国内购置房产,但由于资本管制和购房条件限制,外国个人在我国购置房产的比例相对仍有限①。朱孟楠等(2011)在国内房地产市场上纳入了国外投资者的需求。Dieci 和 Westerhoff(2012,2013b)只考虑了国内投资者的需求。Ascari 等(2017)只考虑了家庭部门对住房的需求。

这一节将在考虑家庭部门住房需求的基础上,假设房地产市场上存在国内和国外机构投资者,建立实体宏观经济、房地产市场与外汇市场的模型系统,分析房价与汇率的互动关系。

## 一、国内房地产市场

### (一)家庭部门住房需求

家庭部门从非耐用品消费、住房服务、闲暇中获得效用。家庭部门提供劳动获得工资收入,用于消费和购置住房。根据 Kiyotaki 和 Moore (1997)将家庭分为储蓄家庭(saver)和借款家庭(borrower),储蓄家庭比借款家庭更有耐心。储蓄家庭按市场利率进行储蓄,借款家庭从市场获得贷款用于购买住房。根据 Iacoviello (2005)与 Iacoviello 和 Neri (2010),借款家庭面临接待约束(borrowing constraints)。为了能得到住房需求的解析解,在 Adam 等(2012)和 Ascari 等(2017)的基础上,构造家庭的效用函数。

1. 储蓄家庭

储蓄家庭的目标是最大化以下跨期效用函数:

$$\tilde{E}_0 \sum_{n=0}^{\infty} \beta^n \left( C_n + j\ln H_n - \frac{N_n^{1+\eta}}{1+\eta} \right) \quad (2.94)$$

其中,$\tilde{E}$ 表示不完全理性预期,H 表示住房服务(即住房数量),η 为劳

---

① 2010 年住建部联合国家外汇局发布《关于进一步规范境外机构和个人购房管理的通知》,规定境外个人在我国境内只能购买一套用于自住的住房,且需满足在我国境内学习和工作满一年以上。各地对于境外个人购买住房也有不同要求。

动供给的逆弹性，j 表示住房偏好①，n 表示时间维度，这里用来表征季度。储蓄家庭的预算约束为：

$$C_n + [H_n - (1-\delta)H_{n-1}]Q_n + B_n = W_n N_n + R_{n-1} B_{n-1} \quad (2.95)$$

其中，Q 为房价，R 为借贷名义利率，W 为名义工资率，δ 表示时间频率 n 下的住房折旧率，B 是储蓄（或持有债券）的金额。

求解由式（2.94）和式（2.95）构成的最优化问题，得到②：

$$H_n = j[Q_n - \beta(1-\delta)\tilde{E}_n[Q_{n+1}]]^{-1} \quad (2.96)$$

2. 借款家庭

同样，借款家庭的跨期效用函数为：

$$\tilde{E}_0 = \sum_{n=0}^{\infty} \beta'^n \left( C'_n + j' \ln H'_n - \frac{N'^{1+\eta'}_n}{1+\eta'} \right) \quad (2.97)$$

预算约束为：

$$C'_n + [H'_n - (1-\delta)H'_{n-1}]Q_n + R_{n-1}B'_{n-1} = W_n N'_n + B'_n \quad (2.98)$$

且面临如下借款约束：

$$B'_n \leq m \frac{Q_n H'_n}{R_n} \quad (2.99)$$

其中 m∈(0, 1-δ] 表示房产价值可用于抵押的比例或称作为贷款—资产价值比（loan to value, LTV），反映了如果借款人违约，贷款人发生的损失。

求解式（2.97）~式（2.99）的最优化问题，得到：

$$H'_n = j' \left\{ \left[ 1 - (1-\beta' R_n)\frac{m}{R_n} \right] Q_n - (1-\delta)\beta' \tilde{E}_n Q_{n+1} \right\}^{-1} \quad (2.100)$$

由式（2.96）和式（2.100）在稳态下，储蓄家庭和借款家庭的住房需求分别为，

---

① 在一些利用 DSGE 模型分析住房偏好冲击的效用的文献中将住房偏好冲击设置为服从一阶自回归过程的时变参数，如 Iacoviello 和 Neri（2010）等。本书重点并不是为了研究住房偏好冲击的效应，这里将住房偏好设置为常数。

② 在此最优化问题中，拉格朗日算子为常数 1。

$$\bar{H} = j[\bar{Q} - \beta(1-\delta)\bar{Q}]^{-1}, \quad \bar{H}' = j'\left\{\left[1 - (1-\beta'\bar{R})\frac{m}{\bar{R}}\right]\bar{Q} - (1-\delta)\beta'\bar{Q}\right\}^{-1}。$$

将式 (2.96) 和式 (2.100) 在稳态附近作对数线性化得到:

$$h_n = \frac{1}{1-\beta(1-\delta)}[\beta(1-\delta)\tilde{E}_n q_{n+1} - q_n] \qquad (2.101)$$

$$h'_n = \frac{1}{\left[1 - (1-\beta'\bar{R})\frac{m}{\bar{R}}\right] - (1-\delta)\beta'}\left[(1-\delta)\beta'\tilde{E}_n q_{n+1} - \left(1 + \beta'm - \frac{m}{\bar{R}}\right)q_n - \frac{m}{\bar{R}}r_n\right]$$

$$(2.102)$$

其中小写字母表示偏离稳态的程度。

按照 Iacoviello 和 Neri (2010),将两类家庭的住房需求加总得到家庭总住房需求①:

$$h_n^h = (\rho_1\beta + \rho_2\beta')(1-\delta)\tilde{E}_n q_{n+1} - \left[\rho_1 + \rho_2\left(1 + \beta'm - \frac{m}{\bar{R}}\right)\right]q_n - \rho_2\frac{m}{\bar{R}}r_n$$

$$(2.103)$$

其中,$\rho_1 = [1-\beta(1-\delta)]^{-1}$, $\rho_2 = \left\{\left[1-(1-\beta'\bar{R})\frac{m}{\bar{R}}\right] - (1-\delta)\beta'\right\}^{-1}$。

假设由于受知识储备等认知能力限制,家庭部门中对房价的预期采取三种简单规则:上涨预期、下跌预期和静态预期(即房价将保持不变)。

$$上涨预期: \tilde{E}_n^c q_{n+1} = g_c q_n \qquad (2.104)$$

$$下跌预期: \tilde{E}_n^d q_{n+1} = g_d q_n \qquad (2.105)$$

$$静态预期: \tilde{E}_n^s q_{n+1} = q_n \qquad (2.106)$$

其中,参数 $g_c > 1$, $0 < g_d < 1$。

假设家庭部门根据三种预期策略的历史(前一期)表现在三种策略间进行调整,定义三种预期策略的吸引力或表现为:

$$A_n^j = -(q_{n-1} - \tilde{E}_{n-2}^j(q_{n-1}))^2 + \gamma A_{n-1}^j, j = c, d, s \qquad (2.107)$$

---

① 隐含的假设为将借款和储蓄家庭都标准化为1。

$\gamma \in [0, 1]$ 反映了家庭部门对前一期吸引力的记忆程度。

与本章第二节类似，采用离散选择模型确定采取两种交易策略的家庭部门所占的比例，同时考虑到其他可能的预期策略：

$$W_n^j = \frac{\exp(\theta A_n^j)}{1 + \sum_j \exp(\theta A_n^j)}, j = c, d, s \qquad (2.108)$$

$\theta > 0$ 是预期策略敏感性参数。因而，家庭部门的房地产需求就可改写为：

$$h_n^h = (\rho_1 \beta + \rho_2 \beta')(1-\delta) q_n \Big( \sum_{j=c,d,s} W_n^j g_j \Big) - \Big[ \rho_1 + \rho_2 \Big(1 + \beta'm - \frac{m}{\overline{R}}\Big) \Big] q_n - \rho_2 \frac{m}{\overline{R}} r_n$$

$$(2.109)$$

### （二）房地产供给

假设家庭部门提供给房地产企业①的劳动力为 $N_n^h$。由于房地产建设周期较长，假设房地产企业采用以下生产函数：

$$S_n = (N_n^h)^\alpha \qquad (2.110)$$

假设家庭部门的劳动力供给在非房地产部门和房地产部门间等比例分配，且 $\eta = \eta'$，那么由一阶条件就有 $W_t = (N_t^h)^\eta$。房地产企业的目标是最大化其预期利润：$\tilde{E}_n S_n Q_{n+1} - W_n N_n^h$。根据一阶条件得到：

$$\alpha \tilde{E}_n Q_{n+1} = (N_t^h)^{1+\eta-\alpha} \qquad (2.111)$$

对式（2.110）和式（2.111）作对数线性化后合并得到（对数）住房供给函数为：

$$s_n = \frac{\alpha(\ln\alpha + \tilde{E}_n q_{n+1})}{(1 + \eta - \alpha)} \qquad (2.112)$$

假设生产要素弹性不变，忽略常数 $\ln\alpha$，同时，根据 Ascari 等（2017），假定房地产企业对于房价的预期采用静态预期，即 $\tilde{E}_n q_{n+1} = q_n$，改写式（2.112）：

---

① 这里的房地产企业是一个宽泛意义上的概念，包括房地产开发、投资、建造和销售等环节。

$$s_n = \frac{\alpha}{(1+\eta-\alpha)} q_n \tag{2.113}$$

根据 Iacoviello 和 Neri（2010）、Dieci 和 Westerhoff（2012），市场上住房存量方程为：

$$H_n = (1-\delta) H_{n-1} + S_n \tag{2.114}$$

对式（2.114）作对数线性化①：

$$h_n = (1-\delta) h_{n-1} + \delta s_n \tag{2.115}$$

将式（2.113）代入式（2.115），得到（对数）住房存量调整方程：

$$h_n = (1-\delta) h_{n-1} + \frac{\alpha \delta}{(1+\eta-\alpha)} q_n \tag{2.116}$$

### （三）国内房地产市场

假设国内房地产市场上存在国内和国外机构投资者。机构投资者以投资收益最大化为目标，国内外机构投资者有两种交易策略，即技术交易和基本面交易。技术交易者从趋势外推中形成其需求，而基本面交易者通过与其设想（perceived）基本面价值作比较进而形成需求。此外，相对于国内机构投资者，国外机构投资者对国内房地产需求的形成频率要低，这里假设国内机构投资者按天形成需求，而国外机构投资者以季度形成需求。

国内外技术交易者的需求为：

$$h_{H,t}^C = a^{HC} (q_t - q_{t-1}) \tag{2.117}$$

$$h_{H,t}^F = b^{HF} (q_t^f - q_t) \tag{2.118}$$

国内外基本面交易者的需求为：

$$h_{A,n}^C = a^{AC} (q_n - q_{n-1} + e_n - e_{n-1}) \tag{2.119}$$

$$h_{A,n}^F = b^{AF} (q_n^f - q_n + e_n^f - e_n) \tag{2.120}$$

其中，H 和 A 分别表示国内交易者和国外交易者，$a^j > 0$，$j \in \{HC, AC\}$ 是反应参数，$e_t$ 是间接标价法表示的汇率，t 表示天数。$b^j > 0$，$j \in$

---

① 稳态下，$S/H = \delta$。

{HC, AC} 是反应参数，$q^f$ 和 $e^f$ 分别表示交易者所设想的住房和汇率的基本面价值，这里为简单起见，假设国内外基本面交易者所猜想的基本面价值相同。

由于时间维度不同，参照 Lengnick 和 Wohltmann（2016），将季度家庭部门和国外机构投资者的房地产需求按简单平均折算成日度需求（假设每季 60 天）。因此，国内房地产市场上（对数）房价动态调整方程可表示为：

$$q_{t+1} = q_t + \mu^h \left( h_{H,t}^C + h_{H,t}^F + \frac{(h_{A,n}^C + h_{A,n}^F)}{60} + \frac{\Delta h_n^t}{60} - h_t \right) + \epsilon_t^q \quad (2.121)$$

其中，$\mu^h$ 为大于 0 的价格调整参数，$\epsilon_t^q \sim i.i.d. N(0, \sigma^q)$ 为外生随机扰动项，表示其他影响房价变动因素。$h_t$ 表示 t 期房地产供给，且 $h_t = h_{n-1}$。

## 二、外汇市场

与本章第二节类似，将 t 到 t+1 期的（对数）汇率调整方程表示为：

$$e_{t+1} = e_t + d[\exp(q_t)(h_{A,t}^C + h_{A,t}^F) + \omega_t^C \mathscr{D}_t^C + \omega_t^F \mathscr{D}_t^F] + \epsilon_t^e \quad (2.122)$$

其中，$d > 0$ 为价格调整参数，$\omega^C$ 和 $\omega^F$ 分别是外汇市场上技术交易者和基本面交易者所占比例，$\mathscr{D}^C$ 和 $\mathscr{D}^F$ 则表示外汇市场上技术交易者和基本面交易者的超额货币需求。$\epsilon_t^e \sim i.i.d. N(0, \sigma^e)$ 表示其他影响汇率变动的因素。定义基本交易者和技术交易者的外汇需求分别为：

$$\mathscr{D}_t^C = \beta^C(e_t - e_{t-1}) \quad (2.123)$$

$$\mathscr{D}_t^F = \beta^F(e_t^F - e_t) \quad (2.124)$$

其中，$\beta^{\{C,F\}}$ 为大于 0 的反应参数，$e^F$ 是投资者猜想的汇率基本面价值。

不考虑市场上采取其他交易策略的投资者，同样采用离散选择理论确定两类交易者的市场比例：

$$\omega_t^j = \frac{\exp(\varepsilon \mathscr{B}_t^j)}{\exp(\varepsilon \mathscr{B}_t^C) + \exp(\varepsilon \mathscr{B}_t^F)}, j \in \{C, F\} \quad (2.125)$$

其中，$\varepsilon > 0$ 为外汇市场市场投资者对交易策略的选择敏感性参数。定义交易策略吸引力 $\mathscr{B}$ 函数为：

$$\mathscr{B}_t^j = [\exp(e_t) - \exp(e_{t-1})]\mathscr{D}_{t-2}^j + \varphi\mathscr{B}_{t-1}^j, j = \{C, F\} \qquad (2.126)$$

参数 $n \in [0, 1]$ 体现外汇市场投资者对历史收益的记忆性。

## 三、实体宏观经济

本章第二节构建的开放经济下实体宏观经济模型仅考虑了资产价格（股价）和汇率的成本效应。理论上，资产价格将可能通过财富效应和资产负债表效应（Bernanke and Gertler, 2000）影响产出；特别的，房价将会通过对其他生产性部门的关联效应影响社会产出（朱孟楠等，2011）。此外，如果在满足 M-L 条件且 J 曲线效应不明显，汇率变动也可能通过进出口渠道直接影响产出。对于开放经济下 DSGE 模型，具有开创性的研究是 Gali 和 Monacelli（2005），他们构造的开放经济 DSGE 模型已成为相关研究的标准模型。Gali 和 Monacelli（2005）、Steinbach 等（2009）在模型中纳入了价格和工资的名义刚性、汇率不完全传递、消费习惯和 Taylor 货币政策规则。本书这里根据 Bask（2012），考虑房价对产出的积极效应；根据 Lengnick 和 Wohltmann（2016），纳入房价的成本效应；借鉴 Lubik 和 Schorfheide（2007），在 Gali 和 Monacelli（2005）的模型的基础上，构造如下 NK 宏观经济模型。

不考虑技术进步，假设实体经济部门对汇率预期采取静态预期，根据 Justiniano 和 Preston（2010），假设外国经济外生于国内经济。同时，根据 Lubik 和 Schorfheide（2007），同时结合第二节数值模拟的结果，假设相对购买力平价成立。

结合 Lubik 和 Schorfheide（2007）与 Bask（2012），将 IS 曲线表示为：

$$y_n = \tilde{E}_n y_{n+1} - [\tau + \vartheta(2-\vartheta)(1-\tau)](r_n - \tilde{E}_n\pi_{n+1}) + \zeta_y(\Delta q_n - \tilde{E}_n\pi_{n+1})$$
$$- \frac{\vartheta}{1-\vartheta}[\tau + \vartheta(2-\vartheta)(1-\tau)](\Delta e_n + \tilde{E}_n\pi_{n+1}) + \epsilon_n^y \qquad (2.127)$$

其中，$\tau$ 表示跨期替代弹性，$\vartheta \in [0, 1]$ 表示进口的比例，$\epsilon_n^y \sim$ i.i.d. N$(0, \sigma^y)$ 表示外生供给冲击或产出缺口冲击。从式（2.127）中可知，房价上涨、汇率贬值将刺激经济增长。在假定相对购买力平价成立基础上，根据国内

CPI 构成等式①，推导出贸易条件与名义汇率的关系：$\Delta s_n = [\Delta e_n + (\pi_n - \pi_n^*)]/(1-\vartheta)$，贸易条件 $s_n$ 表示出口的进口相对价格。用此关系替换 Lubik 和 Schorfheide（2007）文中 IS 方程中的贸易条件。假设外国通胀为外生变量，式（2.127）中汇率对产出缺口的作用（$\Delta e_n + \tilde{E}_n \pi_{n+1}$）项中忽略了外国通胀预期 $E_n \pi_{n+1}^*$，而将其放在外生冲击中。

根据 Goodhart（2001）、Goodhart 和 Hofmann（2007）②，借鉴 Lengnick 和 Wohltmann（2016），考虑房价对通胀的成本效应。将开放经济菲利普斯曲线表示成：

$$\pi_n = \beta \tilde{E}_n \pi_{n+1} + \zeta_\pi (1-\vartheta) \Delta q_n - (1-\beta) \vartheta \Delta e_n + \frac{\kappa(1-\vartheta)}{\tau + \vartheta(2-\vartheta)(1-\tau)} y_n + \epsilon_n^\pi$$

(2.128)

根据 Lubik 和 Schorfheide（2007），参数 $\kappa > 0$ 是潜在结构性参数的函数。$\epsilon_n^\pi \sim $ i. i. d. $N(0, \sigma^\pi)$ 表示外生需求冲击或通胀冲击。房价变化将通过财富效应、收入效应③、金融市场效应④（Case and Quigley，2008）和替代效应⑤（Ludwig and Sløk，2004）影响实体经济。根据 Goodhart 和 Hofmann（2000），房价将可能通过多个渠道影响通胀：（1）财富效应，房价上涨提高了私人部门的财富水平进而刺激消费需求，从而可能导致物价上涨；（2）工资，房价上涨将会提高工人的生活成本，使工人要求更高的工资，从而可能提高企业生产成本；（3）信贷市场缺陷（imperfection）。由于信息不对称所导致

---

① 根据 Gali 和 Monacelli（2005），国内 CPI 指数表示为 $P_n = [(1-\vartheta)P_{H,n}^{1-\eta} + \vartheta P_{F,n}^{1-\eta}]^{1/(1-\eta)}$，$P_H$ 和 $P_F$ 分别表示出口价格指数和进口价格指数。在稳态下，进出口价格相等，即有 $P = P_H = P_F$，在稳态附近对 CPI 指数作对数线性化得到：$p_n = (1-\alpha)p_{H,n} + \alpha p_{F,n} \circ s_n = p_{H,n} - p_{F,n} \circ$

② Goodhart（2001）、Goodhart 和 Hofmann（2007）将实际房价长期趋势偏离的滞后值加入菲利普斯曲线。

③ 具体而言，第一，房价变动将可能引起住房投资、与建筑和房地产业相关联产业的投资变动，进而影响就业率和相关从业人员的收入水平（Case and Quigley，2008）；第二，所谓的"流动性约束效应"（Ludwig and Sløk，2004）：对于租房者（或准备购买住房的家庭而言），房价变化将潜在的改变用于除住房外其他产品消费的可支配收入；第三，相比较老年人，年轻人未来工作时间更长（即更多的现金流），因而年轻人的消费可能与房价保持同步变化（Attanasio et al.，2009）。

④ 金融市场效应来源于两个方面：第一，房价变化改变住房价值，改变住房拥有者的以住房作为抵押的借款能力；第二，由于住房抵押贷款证券化使房地产市场与金融市场紧密联系在一起，房价变化直接影响以住房抵押贷款为支持的证券的价值，引起金融市场波动。

⑤ 房价上涨将可能导致一部分潜在购房者放弃购房计划，转而增加消费（杜莉等，2013）。

的逆向选择和道德风险问题,信贷市场上借贷主体通常面临借贷约束,如式(2.128)所示。房价上涨缓解借贷约束,可能刺激增加消费需求导致物价上涨,同时在金融加速器的作用下①,房价对通胀的影响可能更为明显。参数 $\zeta_\pi \geq 0$ 反映了房价对通胀的影响程度。汇率变动对通胀影响主要体现在价格传递效应。

假设中央银行采用泰勒规则制定货币政策,货币政策规则只针对通胀和产出缺口,而不对房价和汇率作出反应。此外,根据 Lubik 和 Schorfheide(2007)、Justiniano 和 Preston(2010)、Iacoviello 和 Neri(2010)、Bask(2012)等,在泰勒规则中加入利率平滑。因此,中央银行根据前一期利率、产出缺口和通胀水平设定利率:

$$r_n = \bar{h}_r r_{n-1} + \psi_\pi \pi_n + \psi_y y_n + \epsilon_n^r \tag{2.129}$$

其中,$0 < \bar{h}_r < 0$,$\psi_\pi$,$\psi_y > 0$。$\epsilon_n^r \sim i.i.d. N(0, \sigma^r)$ 表示外生货币政策冲击。

式(2.127)~式(2.129)构成了开放经济 NKM 宏观经济模型。与本章第二节相同,根据 De Grauwe(2011),假设市场主体采用简单的启发式(heuristic)对通胀和产出缺口作出预期。

与第二节相同,对于产出缺口的预期,将市场主体分为乐观者(opt)和悲观者(pes)两类,乐观者认为产出缺口将继续扩大,而悲观者认为产出缺口将缩小,两类主体对产出缺口的预期分别用 $\tilde{E}_n^{opt}[y_{n+1}]$ 和 $\tilde{E}_n^{pes}[y_{n+1}]$ 表示:

$$\tilde{E}_n^{opt}[y_{n+1}] = g_n \tag{2.130}$$

$$\tilde{E}_n^{pes}[y_{n+1}] = -g_n \tag{2.131}$$

其中,$g_n > 0$ 表示产出缺口的估计偏差程度。假设乐观预期和悲观预期之差 $2g_n$ 是关于产出缺口波动率的单调正函数,即:

$$g_n = 0.5[u + \nu std(\{y_{n-1}\})] \tag{2.132}$$

---

① 房价上涨放松借贷约束后可能会刺激购买需求,推高房价,房价继续上涨又将进一步放松借贷约束,从而陷入自我强化的循环。

其中，std(.) 表示标准差，$\{y_{n-1}\}$ 表示固定时间窗口的产出缺口序列。

市场对于产出缺口的预期就可以表示为两类主体预期之和：

$$\tilde{E}_n[y_{n+1}] = \omega_n^{opt}\tilde{E}_n^{opt}[y_{n+1}] + \omega_n^{pes}\tilde{E}_n^{pes}[y_{n+1}] \qquad (2.133)$$

$\omega_n^{opt} \in [0,1]$ 表示市场上乐观者的比重，悲观者比重 $\omega_n^{pes} = 1 - \omega_n^{opt}$。

采用离散选择理论确定市场主体，采取乐观预期和悲观预期的概率以表示乐观者和悲观者所占比例，即：

$$\omega_n^j = \frac{\exp(\ell \mathring{A}_n^j)}{\sum \exp(\ell \mathring{A}_n^j)}, j \in \{opt, pes\} \qquad (2.134)$$

其中，$\ell > 0$ 为选择敏感性参数，$\mathring{A}$ 为每个预期策略的吸引力。定义两种预期的预测表现或吸引力分别为：

$$\mathring{A}_n^{opt} = -(y_{n-1} - \tilde{E}_{n-2}^{opt}(y_{n-1}))^2 + \lambda^y \mathring{A}_{n-1}^{opt} \qquad (2.135)$$

$$\mathring{A}_n^{pes} = -(y_{n-1} - \tilde{E}_{n-2}^{pes}(y_{n-1}))^2 + \lambda^y \mathring{A}_{n-1}^{pes} \qquad (2.136)$$

参数 $\lambda^y \in [0,1]$ 表示经济主体对历史收益的记忆性。

同样，对于通胀预期，考虑目标预期（tar）和静态预期（sta）两种通胀预期策略：

$$\tilde{E}_n^{tar}[\pi_{n+1}] = \pi^* \qquad (2.137)$$

$$\tilde{E}_n^{sta}[\pi_{n+1}] = \pi_{n-1} \qquad (2.138)$$

$\pi^*$ 表示央行通胀目标值。市场预期由这两类预期确定：

$$\tilde{E}_n[\pi_{n+1}] = \omega_n^{tar}\pi^* + (1 - \omega_n^{tar})\pi_{n-1} \qquad (2.139)$$

其中，$\omega^{tar}$ 表示持目标预期的经济主体在市场中所占比例，$\omega^{sta} = 1 - \omega^{tar}$。同样，持不同预期的经济主体所占比例按离散选择规则确定：

$$\omega_n^j = \frac{\exp(\delta \mathring{B}_n^j)}{\exp(\delta \mathring{B}_n^{tar}) + \exp(\delta \mathring{B}_n^{sta})}, j \in \{sta, tar\} \qquad (2.140)$$

其中，$\mathring{B}_n^j = -(\pi_{n-1} - \tilde{E}_{n-2}^j(\pi_{n-1}))^2 + \lambda^\pi \mathring{B}_{n-1}^j$，$j \in sta, tar$，参数 $\lambda^\pi \in$

[0，1]表示经济主体对历史收益的记忆性。

## 四、房地产市场、外汇市场与实体经济的互动系统

根据上述建立的模型，实体宏观经济主要通过基本面交易者对资产基本面价值判断影响房地产市场和外汇市场，以及通过利率影响家庭部门的住房需求进而影响房价，而房价和汇率将通过财富效应、成本效应分别影响产出缺口和物价水平。此外，由于可能存在跨境房地产投资，国内房价与汇率之间因此而存在直接关联。房地产市场、外汇市场和实体经济的互动关系可用图 2.24 表示。

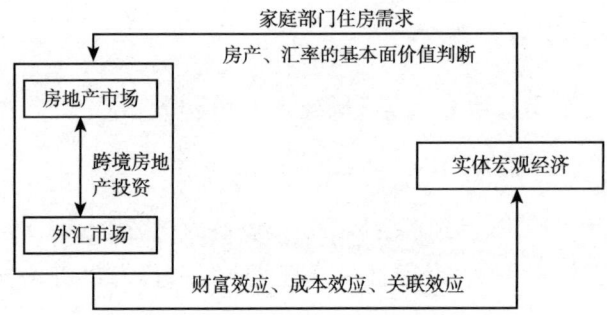

**图 2.24 房地产市场、外汇市场与宏观经济互动关系**

尽管房地产市场交易频率和流动性要低于股票、债券等金融市场，但从时间维度看，房地产市场相关交易数据的更新速度要快于实体宏观经济。为便于分析，借鉴 Ascari 等（2017），假设房地产市场数据更新频率为日，实体经济为季度。根据前面设定，外汇市场也为日交易。考虑到房地产建设周期较长，假设房地产供给更新频率为季度。此外，假设每个季度中有 60 个交易日。

采用简单算数平均，将日房价和汇率转换季度房价和汇率：

$$q_n = \frac{1}{60} \sum_{t=60(n-1)+1}^{60n} q_t \tag{2.141}$$

$$e_n = \frac{1}{60} \sum_{t=60(n-1)+1}^{60n} e_t \tag{2.142}$$

此外,根据 Ascari 等(2017)[①],将房地产市场基本面交易者所猜想的房产基本面价值设定为产出缺口的函数,即:

$$q_t^f = \chi^q y_n, n = \text{floor}((t-1)/60) \tag{2.143}$$

同样,结合 Balassa – Samuelson 效应,不考虑国外产出,将外汇市场上的基本面交易者(包括跨境股票投资者和外汇市场基本面交易者)所认为的汇率基本面价值设定为国内产出缺口的正函数,即:

$$e_t^f = \chi^e y_n, n = \text{floor}((t-1)/60) \tag{2.144}$$

此外,对于房地产供给有:

$$h_t = h_n, n = \text{floor}((t-1)/60) \tag{2.145}$$

式(2.143)和式(2.144)中,$\chi^{q,e} \geq 0$ 表示产出缺口对基本面价值的决定程度或影响程度。式(2.143)~式(2.145)中,floor(.)函数表示"向下取整",即 n 的值取不大于 (t-1)/60 的最大整数。

## 五、数值模拟分析

### (一)参数校准

对于房地产市场模型中参数设定,根据 Iacoviello 和 Neri(2010),设定储蓄家庭的贴现因子 $\beta = 0.9925$,依据一阶条件[②],意味着在稳态下利率为 0,即 $\bar{R} = 1$。根据 Iacoviello 和 Neri(2010)参数校准的结果,设定劳动供给逆弹性 $\eta = 0.5$。根据 Adam 等(2012)、Ascari 等(2017),设定借款家庭的贴现因子 $\beta' = 0.96$[③]。假设房产的折旧年限为 50 年,年折旧率即为 2%,所以 $\delta = 0.005$[④]。根据样本银行首套房和二套房首付比例数据[⑤],2016 年至 2017 年 8 月,二套房平均首付比例近 50%,首套房平均首付比例近 30%,取折中值将

---

① 他们的模型中只考虑了房地产生产部门,因而将房地产供给视为社会总产出。
② 储蓄家庭关于 $B_t$ 的一阶条件为:$\beta R_t = 1$。
③ Iacoviello 和 Neri(2010)将该参数值设为 0.97,并认为该值可以保证借款家庭靠近借款限制(Borrowing Limit),从而使在稳态附近的线性化是准确的。
④ 从季度角度,有 $(1-\delta)^4 = (1-2\%)$ 成立。
⑤ 数据来源于 WIND 资讯。

m 的取值设定为 0.6。根据 Davis 和 Heathcote（2005）、Iacoviello 和 Neri（2010）[①]，将房地产生产函数中参数 α 取 0.7。由于房价相比较股价等金融资产价格具有较强惯性（李永友，2014）和较小波动性，房价对于超额需求的弹性要弱于股市等金融市场（Ascari et al.，2017），因此，根据 Ascari 等（2017），设定 $\mu^h = 0.0007$。根据 Lengnick 和 Wohltmann（2016），设定 $\gamma = 0.975$，$\theta = 300$。对于外汇市场部分的参数，价格调整参数 $d = 1$，市场交易者的反映参数 $\beta^C = 0.05$，$\beta^F = 0.02$。记忆参数 $\varphi = 0.975$，敏感性参数 $\varepsilon = 300$。此外，家庭部门对房价的预期参数，设定 $g_c = 1.001$，$g_d = 0.995$。鉴于房地产市场中主体以家庭部门为主，设定国内机构投资者的反应参数 $a^{HC} = b^{HF} = 0.001$。

对于实体宏观经济部分的参数设定，根据 Lubik 和 Schorfheide（2007），设 $\tau = 0.5$。根据 Gali 和 Monacelli（2005），采用 2000~2016 年我国进口/GDP 的平均值 0.23[②] 作为开放度 $\vartheta$ 的取值。参照 Bask（2012），但考虑到房地产对宏观经济关联效应，设定 $\zeta_y = 0.3$。根据宫健和高铁梅（2014）的实证结果[③]，令 $\zeta_\pi = 0.39$。根据 Zheng 和 Guo（2013）的回归结果，令结构性参数 $\kappa = 0.85$。根据 Lengnick 和 Wohltmann（2016），泰勒规则中反应参数 $\hbar_r = 0.9$，$\psi_\pi = 1.5$，$\psi_y = 0.5$。

此外，对于产出缺口与通胀预期相关参数的设定，根据 De Grauwe（2011），设 $u = 1$，$v = 2$。设置计算产出缺口波动率的窗口期为 12（即 3 年）。根据 Lengnick 和 Wohltmann（2013），$\ell = \eth = 10$，$\lambda^y = \lambda^\pi = 0.5$。另外，设定 $\chi^q = \chi^e = 1$。设目标通胀率 $\pi^* = 0$。

最后，将国内外房价动态调整方程的残差项的标准差设为 0.1[④]。与本章第二节相同，汇率动态调整方程残差的标准差设为 0.01，产出缺口、通胀和利率方程的残差的方差都设置为 0.15。

---

[①] 他们的房地产生产函数中除了劳动力投入外，还包括了资本、土地和中间产品。在数值模拟分析中，Iacoviello 和 Neri（2010）依据 Davis 和 Heathcote（2005），将资本、土地和中间产品对房地产生产的影响份额都设定为 0.1。

[②] 数据来源于 World Bank 数据库。

[③] 他们应用面板门限回归实证研究认为 2005.7-2013.9 新建住宅价格对通胀率具有显著的正向门限效应，本书这里相对保守的假定房价对通胀的正向效应为 0.3。$\zeta_\pi$ 的取值就等于 0.3/（1-$\vartheta$）。

[④] Ascari 等（2017）根据美国房价实际波动率将其方差设为 0.011。据 WIND 资讯数据显示，2010 年 6 月至 2017 年 1 月，我国百城样本住宅（对数）均价的标准差约为 0.09。

具体参数设置如表 2.3 所示。

表 2.3 参数设定

| 房地产与外汇市场 | | 实体宏观经济 | |
| --- | --- | --- | --- |
| $\beta, \beta'$ | 0.9925, 0.96 | $\tau$ | 0.5 |
| $\eta$ | 0.5 | $\vartheta$ | 0.23 |
| $\delta$ | 0.0058 | $\zeta_y, \zeta_\pi$ | 0.3, 0.39 |
| $d$ | 1 | $\kappa$ | 0.85 |
| $m, \alpha$ | 0.6, 0.7 | $\hbar_r, \psi_\pi, \psi_y$ | 0.9, 1.5, 0.5 |
| $a^{HC}, b^{HF}$ | 0.01 | $u, v$ | 1, 2 |
| $g_c, g_d$ | 1.001, 0.995 | $\ell, \eth$ | 10 |
| $\mu^h$ | 0.0007 | $\lambda^y, \lambda^\pi$ | 0.5 |
| $\gamma, n$ | 0.5, 0.975 | $\chi^q, \chi^e$ | 1 |
| $\theta, \varepsilon$ | 10, 300 | $\sigma^q$ | 0.1 |
| $\beta^C, \beta^F$ | 0.05, 0.02 | $\sigma^e$ | 0.01 |
| | | $\sigma^y, \sigma^\pi, \sigma^r$ | 0.15 |

### (二) 情境模拟

基于校准的参数，通过设定不同跨境房地产市场投资者（国外投资者）的反应参数，设置两种情境：(1) 国内房地产市场无国外投资者，$a^{AC} = a^{AF} = 0$，以下称为情境 1；(2) 国内房地产市场存在国外投资者，鉴于房地产市场以家庭部门为主，由于受资本管制和政策因素限制，国外投资者的需求量相对有限，设定 $a^{AC} = b^{AF} = 0.0001$，以下称为情境 2。运用 Matlab 2017a 编程，设定 600 个季度，前 500 个季度用于预烧，对模型系统动态变化进行模拟（见图 2.25 和图 2.26）。

从模拟的结果看，在两种情境下，异质性经济主体的存在，以及模型系统变量的相互作用使模型系统产生内生性动态演变，包括宏观经济的周期性波动，以及房价与汇率的涨跌。从房价的动态走势可以看到，不管是否存在国外投资者，房价在较长时间以偏离基本面较高状态运动，而且房价的变动与家庭

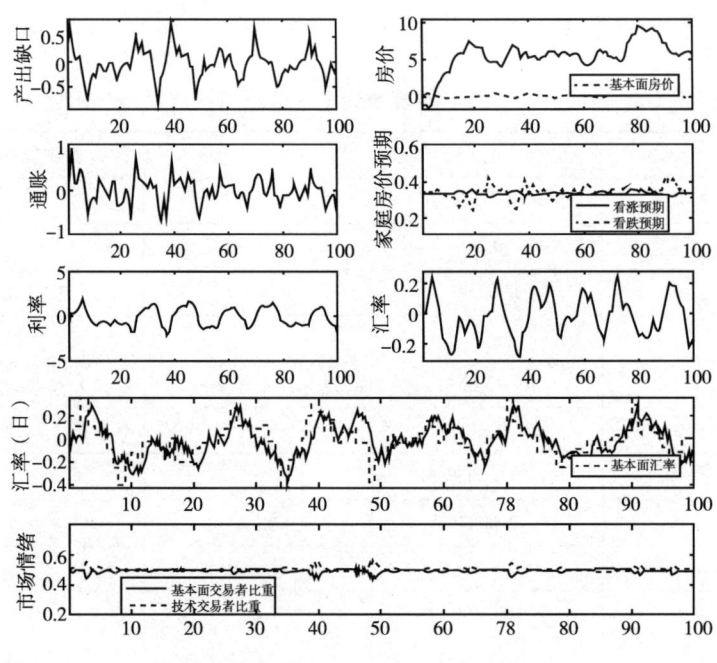

图 2.25 情境 1 下模型系统动态模拟结果

部门对房价的预期之间具有较高程度的一致性，预期具有自我实现的特征，当持有看涨预期家庭多于（少于）看跌预期的家庭时，房价将上涨（下跌），而且预期偏差程度（即异质性程度）越低，房价变动越剧烈。另外，在外汇市场上，由于两类异质性交易者势均力敌，市场汇率基本上围绕基本面汇率波动，一旦基本面交易者占主导地位，市场汇率具有明显向基本面汇率回复的趋势；相反，模拟的结果较少出现技术交易者占主导的情形，然而在情境 2 下（见图 2.26）出现了，从图中看到（78~85 期），在技术交易者比重超越基本面交易者时，汇率呈偏离基本面汇率运动态势，且交易者异质性程度越低，汇率偏离程度越高。对比两种情境，当国内房地产市场存在国外投资者时，汇率波动幅度增强。比较汇率与房价的演变特征发现，市场交易者主体异质性程度影响资产价格波动：市场交易主体异质性程度越高，相互制衡，资产价格波动较为平缓；但一旦某类交易主体占主导，异质性程度越低，就可能出现资产价格的暴涨暴跌。

比较有趣的是，与股价和汇率不同，房价在较长时期内在基本面价值上方变化运动。究其原因，由于交易成本较高、流动性较差、受限的价格揭示

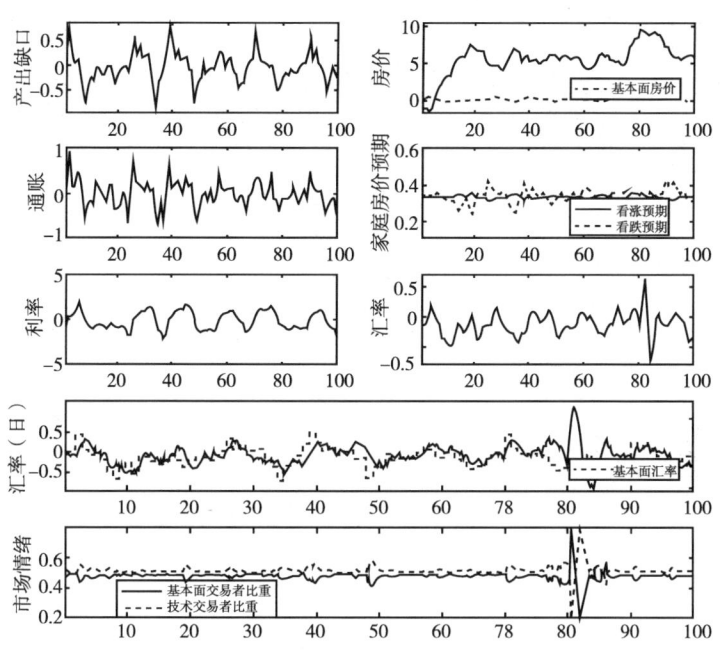

图 2.26 情境 2 下模型系统动态模拟结果

(price revelation)、资金约束和无法卖空,使房地产市场上投资者无法从感知机会中获利(Glaeser and Nathanson,2014),从而限制了专业投资者进入市场并消除错误定价(Clayton et al., 2009)。因此,相对于金融市场,房地产市场效率较低(Case and Shiller, 1989),在非理性预期的作用下(Jin et al., 2014),房价经常表现出动量特征,而较少表现出均值回复,所以房价将可能长期偏离其基本面价值(Glaeser and Nathanson, 2014; Ling et al., 2015)。

### (三) 脉冲响应分析

为分析模型系统中变量间的动态关系,特别汇率与房价之间的引导关系,在两种情境下,分别设定给定通胀、利率、产出缺口,以及房价和汇率 1 单位正向随机冲击,迭代 2000 次,分析系统中变量响应状况。

1. 通胀冲击

图 2.27 和图 2.28 直观地反映了模型系统对于通胀正向冲击响应状况。当通胀发生正向冲击时,通胀率上升,为应对通胀上涨,利率上涨,在通胀上升

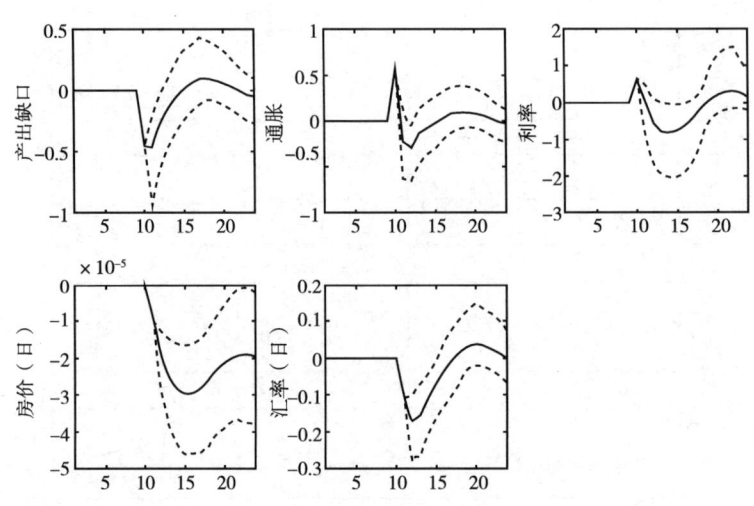

**图 2.27 情境 1 下模型系统对通胀冲击的响应**

注：图中虚线表示 90% 分位（quantiles），实线表示平均响应（mean response）。

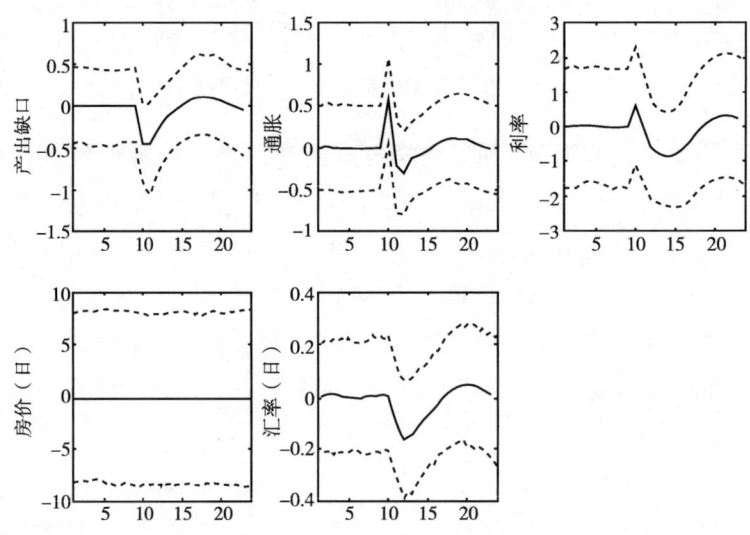

**图 2.28 情境 2 下模型系统对通胀冲击的响应**

和利率上涨的双重作用下，产出缺口作出负向响应。进而，房价和汇率面对通胀冲击均呈负向响应。但在情境 2 下模型系统对通胀冲击的响应可能并不显著。通胀上升之所以可能导致房价下跌可能的原因在于通胀攀升后，由于货币政策给予通胀较大权重，应对通胀，利率将提高，交易者对此将形成利率上升预期，进而导致房价下跌。通胀上升可能导致汇率贬值符合相对购买力平价。

## 2. 利率冲击

对于利率上涨冲击，在两种情境下短期内产出、通胀、房价和汇率都会作出负向响应（见图 2.29 和图 2.30）。但在情境 2 下，模型系统对冲击作出的响应可能并不显著。利率上涨意味着紧缩性货币政策，经济理论表明紧缩性货币政策在抑制通胀的同时也会对经济增长造成负面影响。此外，由借贷约束条件可知，利率上涨将会降低住房抵押价值，减少了借款家庭获得住房抵押贷款的总额，另外，利率上涨还可能刺激储蓄家庭更多储蓄，从而导致家庭部门降低住房需求，房价下跌。利率上涨导致汇率贬值并不符合利率平价理论，但考虑经济基本面恶化导致汇率基本面价值下降，从而可能出现汇率向基本面回复而贬值。

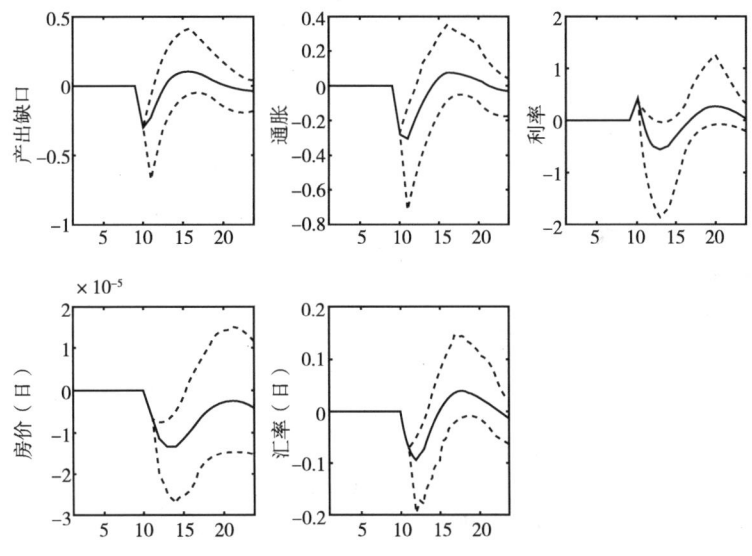

**图 2.29　情境 1 下模型系统对利率冲击的响应**

## 3. 产出缺口冲击

图 2.31 和图 2.32 显示了两种情境下模型系统对 1 单位产出缺口随机正向冲击的响应状况。在两种情境下，产出缺口正向冲击，即经济增长将在短期内导致通胀上升、利率提高，房价上涨和汇率升值。经济增长将会伴随着物价上涨，为应对物价上涨，利率将提高以应对通胀高企，从而可能打击经济增长，所以表现出产出缺口和通胀响应的快速收敛。此外，经济增长将基本面改善，

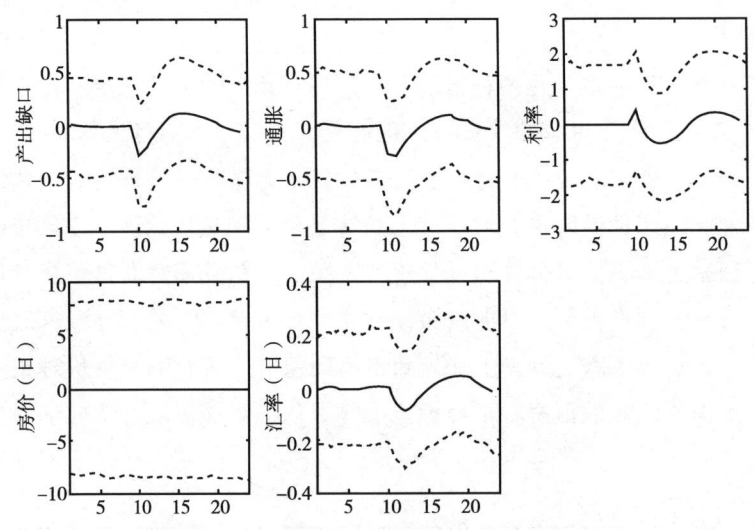

**图 2.30　情境 2 下模型系统对利率冲击的响应**

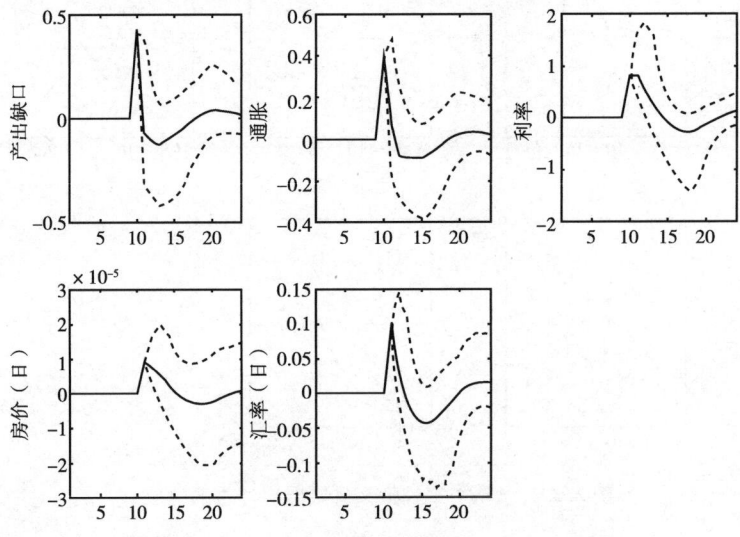

**图 2.31　模型系统对产出缺口冲击的响应**

房价和汇率都可能因为基本面价值变化而上涨，但由于利率上涨响应将会恶化基本面，房价和汇率都随之快速收敛。但在情境 2 下模型系统对冲击的响应可能并不显著。

4. 房价冲击

给定房价 1 单位正向冲击，即房价上涨冲击，图 2.33 和图 2.34 显示两种

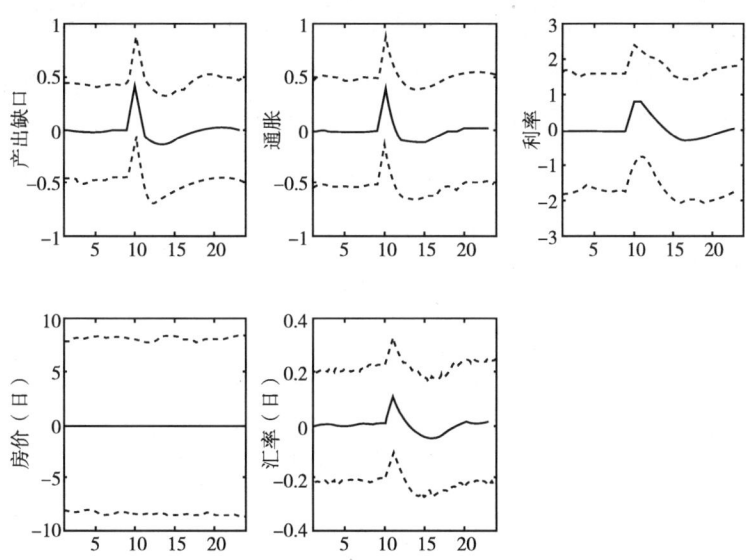

**图 2.32　情境 2 下模型系统对产出缺口冲击的响应**

情境下模型系统对冲击的响应状况。从图中可以看到，房价上涨冲击将通过成本效应引起通胀正向响应，由此，引起利率的上涨响应，产出下降响应，由于基本面恶化，汇率也作出贬值响应。但在情景 2 下模型系统的响应可能并不显著。但在情景 2 下，汇率对于房价正向冲击的响应会在短期内呈升值响应后快

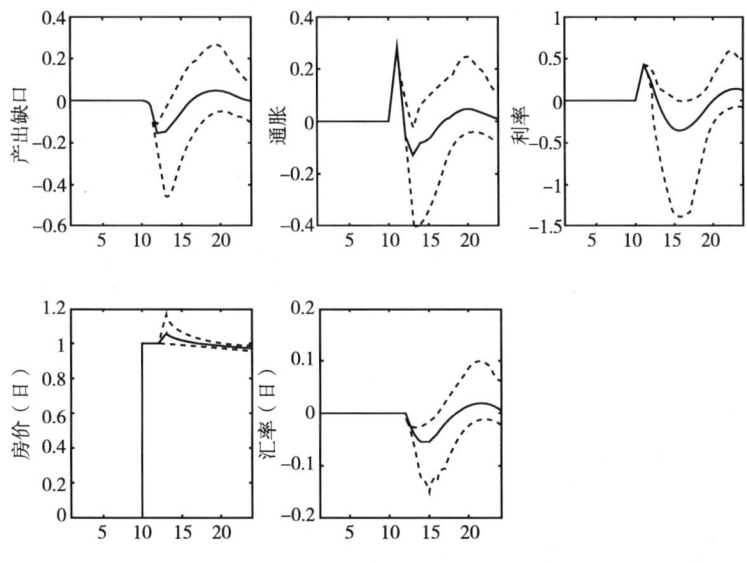

**图 2.33　情境 1 下模型系统对房价冲击的响应**

速变为贬值响应。这可能是由于在存在国外投资者状况下,房价上涨将会刺激国外投资者住房投资需求,从而导致外汇需求增加,进而汇率升值响应。但在外汇市场投资者对基本面判断恶化的状况下,汇率很快变为贬值响应。

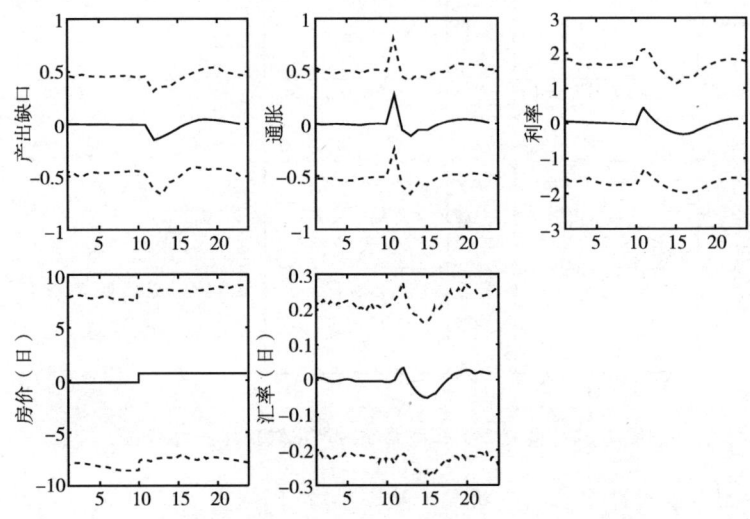

图 2.34　情境 2 下模型系统对房价冲击的响应

5. 汇率冲击

给定汇率 1 单位升值冲击,观察两种情境下模型系统的响应(见图 2.35 和

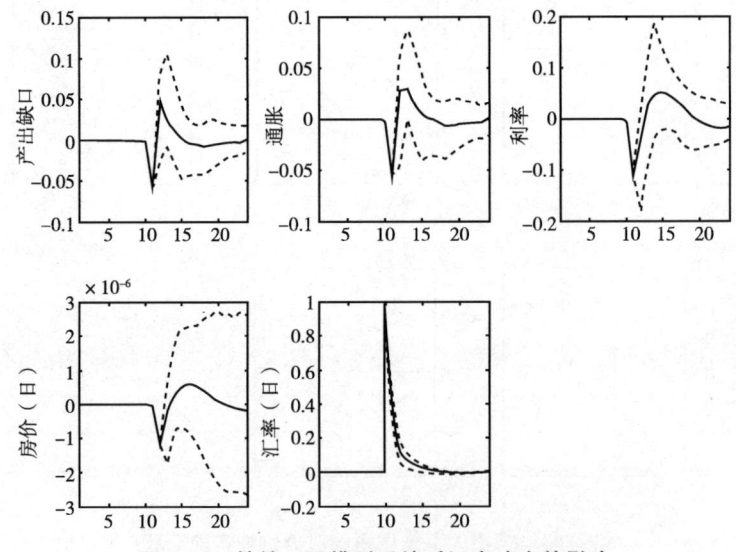

图 2.35　情境 1 下模型系统对汇率冲击的影响

# 第二章 理论研究：基于异质性主体的行为金融——宏观经济模型

图 2.36）。由于设定了国外投资者因素，情景 2 下模型系统对冲击的响应可能并不显著。但结合情景 1 下模型系统的响应可以看到，对于汇率升值冲击，产出缺口和通胀都作出负向响应，即经济增长下降、物价下跌，因此利率也随之下降，但因为基本面恶化，房价也作出下跌的响应。

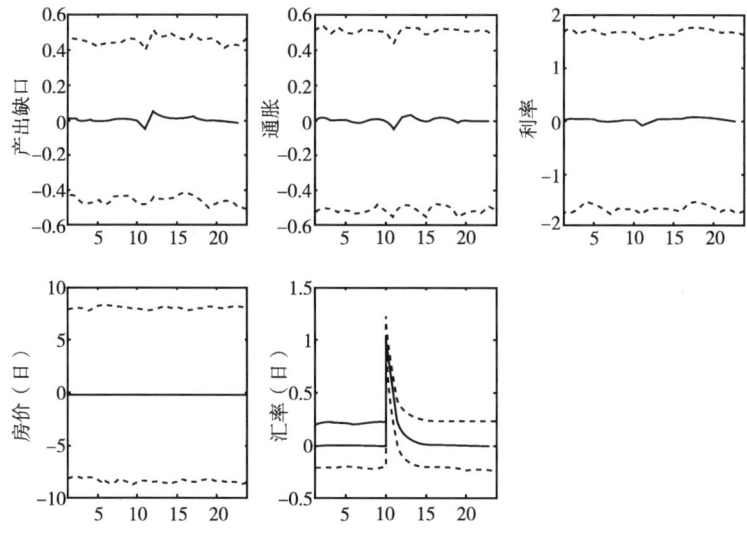

图 2.36 情境 2 下模型系统对汇率冲击的响应

## 本章小结

本章利用基于异质性市场主体的行为金融—宏观经济模型框架，在考虑金融市场与实体经济的互动关系基础上对汇率与资产价格的动态关系进行了研究。采用数值模拟分析并没有发现支持流量导向模型或存量导向模型的结论，但得到与 Hau 和 Rey（2006）类似的结论。当然，本章设定的模型框架或多或少存在一定局限性，数值模拟分析也依赖于众多事先假定，如资产价格（股价与房价）对宏观经济的作用。在第二节的模型中，仅考虑了股价通过企业资本借贷成本，以及汇率的价格传递效应对物价的影响。除了成本效应外，股价上涨还可能通过财富效应影响消费需求形成需求拉上型通胀。汇率是否存在价格传递效应要依赖于一国的贸易结构和所实施的汇率体制。如果一国对外贸易以出口为导向，进口相对有限，且进口以最终产品为主，那么汇率变化对其国内物价传递效应可能就有限；此外，如果一国实施相对稳定的汇率制度，因稳定汇率需要而进行的外汇干预将可能导致国内货币供给增加，而由此可能导致通胀，最后出现汇率升值、物价上涨的局面。

经济是一个复杂的系统（Farmer et al.，2012）。本章构造的包含相互作用的异质性经济主体的宏观经济与金融市场模型为一个复杂且不断演化的系统。在这样的系统中，能产生宏观经济与金融市场的内生性波动。尽管对模型中参数作了较多限制性设定，模型分析的结果也可能只是反映了复杂系统的一个方面，但同时也表明在这样的系统中汇率与资产价格之间并非全完全是传统理论研究所认为的正向引导关系。

结合本章研究，总体而言，汇率与资产价格的互联途径可以总结为如下几个方面：

第一，跨境金融投资渠道。这里的跨境金融投资主要是指证券投资。跨境金融投资将形成外汇需求，直接对汇率产生影响。本质上，跨境金融投资是短期国际资本流动。正如本章设定的汇率形成方程，如果一国跨境金融投资净额为正，汇率将可能升值[①]（Hau and Rey，2006）；反之，汇率则可能贬值。但国内资产价格是否会因为跨境资本的进入而上涨还依赖于很多条件。如果一国国内金融市场足够成熟且完善，跨境资本的进入可能并不会带来太大冲击；然而，如果一国国内金融市场规模较小且尚处于发展之中，就极有可能受到外资进入而出现资产价格快速上涨的局面。Hau 和 Rey（2006）针对 17 个 OECD 国家研究就发现，相对于国外市场，国内股市收益越高是与本币贬值相伴随的。Calvo 等（1996）分析认为 20 世纪 80 年末至 90 年初大量的证券组合资本流入拉美和东南亚地区导致了当地股价和实际房价的急剧上涨。而 Sarno 和 Taylor（1999）研究认为 1998 年东亚金融危机是由于大量资本流入所导致的资产价格泡沫破灭引起的。

第二，经济增长渠道。资产价格将通过四个渠道影响经济活动：（1）通过财富效应影响消费；（2）通过 Tobin Q 效应影响投资；（3）通过资产负债表

---

[①] 在汇率形成方程中，除了跨境投资形成的外汇需求外，还有来自其他交易者或市场主体的外汇需求，如果其他条件不变，跨境投资净额为正时，因对本币需求相对增加，本币相对于外币势必会升值。即资本流动不一定会引起汇率变化。Calvo 等（1996）认为 20 世纪 80 年代末到 90 年代初大量国际资本涌入拉美和东南亚地区并未造成一些地区汇率升值的其中很重要的原因是总需求的构成差异和是否具有通胀稳定目标或计划。

效应和信心效应影响私人支出（Willman et al., 2005）①。因此，一般而言，资产价格对经济增长具有积极作用，在一定程度能够预测未来经济增长（Gupta and Hartley, 2013）。根据 Balassa – Samuelson 效应，经济增长将会带来实际汇率升值。由本节设计的模型框架可以发现，经济基本面的改善，通过投资者需求变化，也将会导致汇率升值。但是，这些分析都是基本资产价格的持续上涨，而并非如本章数值模拟分析所采用的一次意外上涨。反过来，（实际）汇率升值（特别是汇率高估）将通过实际工资增加对进口品消费和企业利润边际减少社会投资（Gala, 2008），进而使得经济增长受损。经济基本面恶化将使得资产价格下跌。资产价格下跌又将进一步恶化经济活动，汇率贬值，经济重新增长，如此循环反复。

第三，通胀渠道。资产价格中可能包含未来通胀的信息（Goodhart and Hofmann, 2000；王虎等，2008；Gupta and Hartley, 2013），而根据相对购买力平价理论，如果其他条件不变，国内发生通胀将导致汇率贬值，反过来汇率变化将可能通过价格传递效应影响国内通胀。同时，通胀也会对资产价格产生影响，但具体要依赖于通胀性质。如果通胀是暂时的或者持续恶性通胀，由于预期实际收益因为通胀而下降，根据 Modigliani 和 Cohn（1979），人们可能会减少资产需求，资产价格下跌；而如果是持续温和式通胀，为抵御通胀，避免货币财富价值受损，人们可能会寻求投资各类资产，从而推动资产价格上涨。

第四，利率渠道。利率变化一方面会影响企业业绩；另一方面也会改变未来收益的贴现率，进而影响资产价格。一般而言，利率上涨将导致资产价格下跌。而从利率平价理论角度，如果国际市场利率不变，国内利率单方面上涨，将引起国内外利差变大，可能诱使国际资本流入，增加汇率升值压力。

以上四个渠道并不是相互分割的，宏观经济本身就是互动且不断演化的系统，因而汇率与资产价格之间的关系也并不是一成不变的。特别的，随着金融自由化发展以及金融深化，金融市场结构和制度日新月异，异质性投资者的存在及其之间的相互作用会使金融市场呈现高度非线性特征，而金融部门有时也

---

① 当然，具体到不同资产价格对经济增长的效应可能会存在差异。如 Case 等（2005）实证证据认为房价比股价具有更大的财富效应。

会使宏观经济变得高度非线性（Dieci and Westerhoff，2010；Granger，2008；Mishkin，2011）。本章数值模拟是基于模型系统相关参数固定不变的假设来进行的，而在现实中这些参数可能并不是常数，例如，Halevy（2015）研究就发现经济主体的时间偏好（贴现因子）并不完全都是时间一致的，Hondroyiannis等（2009）提供了菲利普斯曲线中系数时变的实证证据。因此，假定模型中系数并非常数具有一定的合理性，所以本章数值模拟分析得到的变量间的动态关系仅仅是一种特例。

# 第三章

# 实证框架:时变参数 VAR 模型

本章将对本书将进行实证研究所运用时变参数 VAR 模型(time varying parameters vector autoregressive models),从发展历程、模型结构与设定、模型估计方法等角度,作较详尽阐述与归纳总结。按模型中涵盖变量数量大小(size),时变参数 VAR 模型包括小规模(small scale)时变参数 VAR 模型(通常直接称为 TVP – VAR 模型)和大规模(large scale)时变参数 VAR 模型(即 TVP – FAVAR 模型,time varying parameters factor augmented VAR 模型)。本章将分成三节:第一节为非线性与时变参数模型,讨论金融和宏观经济具有非线性特征的原因,以及非线性与时变参数模型的关系;第二节和第三节分别对 TVP – VAR 和 TVP – FAVAR 模型进行归纳和总结。

## 第一节 非线性与时变参数模型

### 一、非线性的定义及其来源

#### (一)什么是非线性?

经济理论常常表明变量间关系可能是非线性的,而且很多经济学家也认为经济系统是非线性的(Lee et al., 1993)。所谓非线性(nonlinearity),顾名思义,线性的对立面。究竟什么是非线性?本质上讲,非线性是一个数学或物理学概念。从数学角度对非线性进行解释,简单考虑双变量 x 和 y,以函数表示它们之间的四种关系以解释线性与非线性的区别。

图 3.1 中（a）显示，y 与 x 呈正比例关系，x 变化多少单位，y 也跟着按一定比例变化。通常将这种函数称作线性函数，y 与 x 的关系也就是线性的。（b）中的函数是一个分段函数，是由两个函数组成的单一函数，而每个子函数是（对数）线性函数，所以（b）中的函数也可以称作线性函数，y 与 x 的关系也是线性的。但与（a）和（b）不同，从（c）和（d）并未体现 y 与 x 之间存在的某种比例关系，因而（c）和（d）的函数为非线性函数，所体现的 y 与 x 的关系为非线性关系。因此，如果变量间或经过变换（如对数变换）后存在某种固定比例关系的，说明变量间是线性的，反之，则是非线性的。

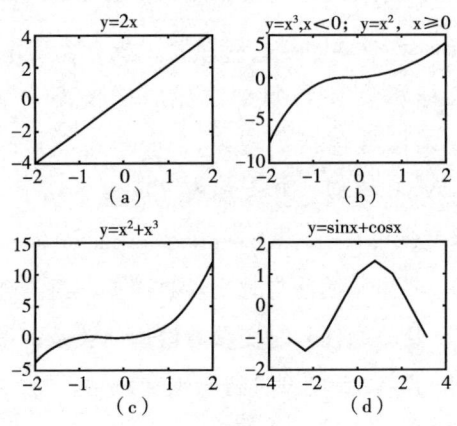

**图 3.1　线性与非线性函数**

在统计计量领域又如何理解非线性？根据 Lee 等（1993），假设 $Z_t$ 是一个随机过程，可以将 $Z_t$ 分解成 $Z_t = (y_t, X'_t)'$，$y_t$ 为标量，$X_t$ 是 $k \times 1$ 的向量。如果满足：

对于一些 $\theta^* \in \mathbb{R}^k$，有 $P[E(y_t | X_t) = X'_t \theta^*] = 1$ 成立。

那么，$\{y_t\}$ 依 $X_t$ 条件均值是线性的。

而如果满足：

对于所有 $\theta^* \in \mathbb{R}^k$，有 $P[E(y_t | X_t) = X'_t \theta^*] < 1$ 成立。

$\{y_t\}$ 依 $X_t$ 条件均值是非线性的。

### （二）产生非线性的原因

至于非线性的成因，Teräsvirta 等（2010）认为任何非线性都是源于经济的结构和制度①。Aslanidis 等（2002）具体指出投资者异质性和制度惰性②是导致非线性的重要原因。Dieci 和 Westerhoff（2010）将资产价格动态变化具有非线性特征的原因归咎于投资者交易规则或需求函数的存在和投资者可用决策之间的演化交替，以及传染现象和随之发生的投机者在"乐观群体"和"悲观群体"之间转换等。然而，非线性特征不仅仅存在于金融市场领域，Granger（2008）和 Mishkin（2011）就明确指出宏观经济有时也是非线性的。制度变迁、市场化改革、经济金融危机等一些非典型时间的作用都是导致宏观经济具有非线性的重要原因。

## 二、非线性模型与时变参数模型

为了刻画经济或金融变量间可能的非线性关系，在时间序列领域应用较多的是机制转换模型。这类模型通过允许不同的经济状态，即所谓的机制（regime），分析在不同状态下变量间关系。当然除了机制转换模型外，还有其他诸如双线性模型（bilinear model）、神经网络模型等。但在实证研究中，应用较多的仍是机制转换类模型。机制转换类模型主要有门限回归模型（threshold regression models）、Markov 机制转换模型（markov regime switching models）和平滑转换模型（smooth transition models）三种类型。自从 Sims（1980）将 VAR 模型引入宏观经济研究领域，VAR 模型就逐渐成为宏观经济实证研究的重要工具。20 世纪 80 年代末，不断有研究将非线性因素加入传统的线性 VAR 模型中，其中应用较为广泛便是 TVAR、MSVAR 和 STVAR 模型。本书接下来对这三类模型作简单介绍。

### （一）门限转换模型

门限转换模型由 Tong（1978）首次提出。门限转换模型通过设定可观测变量作为门限变量，按照门限变量从大到小排列，按照门限值将样本分成多个

---

① 经济的规则和法律，经济主体的行为，以及政策制定者的行为。特别是在现实经济中某些变量存在明显的限制，例如，资源利用率不能超过 100% 或者失业率不可能低于 0，利率不能低于 0 等。这些限制就给某些变量设定了上限和下限，且可以预计这些变量在靠近临界点的位置将表现出不同的状态。

② 所谓制度惰性指的是投资者依赖于股票市场自身效率的程度。

子样本分别进行回归分析,每一个子模型仍为线性模型。因此,门限模型是非线性模型中较简单和直接的一类模型。尽管如此,门限转换模型却能捕捉到线性模型无法描述的非对称性(asymmtries)、跳跃性(jump)和可能的多重均衡。Tong(1978)提出单方程 TAR 模型。后来,Balke(2000)拓展到多方程门限 VAR 模型(TVAR),并将之用于研究信贷与经济活动的关系。同样,TVAR 模型也较为简单。通常,一个结构化的门限 VAR 模型可以表示成[①]:

$$Y_t = A^1 Y_t + B^1(L) Y_{t-1} + [A^2 Y_t + B^2(L) Y_{t-1}] I(c_{t-d} > \tau) + U_t \quad (3.1)$$

其中,$Y_t$ 是包含内生变量的向量。$A^1$ 和 $A^2$ 表示结构性参数矩阵,$B^1(L)$ 和 $B^2(L)$ 是滞后期多项式矩阵,U 是结构性残差。I(.)为指示性函数(indicator function)[②],c 是门限变量,$\tau$ 是最优门限值,d 是门限变量滞后期。

Hansen(1999)又将门限模型应用到面板数据领域,提出固定效应门限面板回归模型(panel threshold regression,PTR)。然而,Hanse(1999)的模型并未考虑可能的动态性、内生性、截面依赖性和异质性。而对于个体系数异质性,不同地区由于生产条件、地理位置、地区发展等因素可能在回归系数出现差异。由于金融、贸易往来,以及生产要素的跨区域流动,各地区的宏观经济变量往往可能存在相关性(即截面依赖性),而截面依赖性是目前大多数相关研究尚未考虑的因素,忽略截面依赖性将可能导致有偏估计和错误推断(Eberhardt and Teal,2011;Chudik et al.,2016)。为此,Chudik 等(2016)将这些因素纳入模型框架提出新的面板门限模型。

当然,不管是 TAR、TVAR 或 PTR,模型的主要局限在于假定不同机制或状态间只是简单跳跃。然而,这些假定与实际可能并不相符。例如,货币政策在不同机制间转换可能会按照某种规则进行,经济周期的转变也可能并不是简单的跳跃。Markov 机制转换模型和平滑转换模型正是对不同机制转换规则进行了设定。

### (二) Markov 机制转换模型

与门限模型不同,Markov 机制转换模型对状态的划分不依赖某一个确切

---

① 详细模型结构和估计方法见 Balke(2000)。
② $c_{t-d} > \tau$ 时,等于 1;$c_{t-d} \leq \tau$ 时,等于 0。

的可观测的变量。通常，Markov 机制转换模型的状态是由服从 Markov 链的不可观测变量确定。因而不同状态间就按 Markov 链依概率转换。Hamilton（1989）提出 Markov 机制转换 AR 模型（MSAR）。Krolzig（1997）拓展至多方程，并系统地论述了 Markov 机制转换 VAR 模型（MSVAR）。Billio 等（2016）将面板 VAR 模型与 Markov 机制转换相结合提出面板 Markov 机制转换 VAR 模型（PMSVAR）。

根据 Krolzig（1997）的研究，M 机制的 MSVAR 模型可以表示成：

截距型：

$$Y_t = v(s_t) + \sum_{k=1}^{p} A_1(s_t) Y_{t-k} + U_t, U_t \sim NID(0, \sum(s_t)) \quad (3.2)$$

均值型：

$$Y_t - \mu(s_t) = \sum_{k=1}^{p} A_1(s_t)(Y_{t-k} - \mu(s_{t-k})) + U_t, U_t NID(0, \sum(s_t)) \quad (3.3)$$

其中，s 表示机制，p 是模型滞后期。在实际应用中，MS－VAR 模型并不是假定所有向量自回归方程的参数都是与区制变量有关的，为了简便处理而往往将某几个或某类参数设定与区制变量相关。

不同机制间按 Markov 链进行转换。从机制 i 转换到机制 j 的概率可表示为：

$$p_{ij} = Pr(s_{t+1} = j | s_t = i), \sum_{j=1}^{M} p_{ij} = 1, \forall i,j \in \{1,\cdots,M\} \quad (3.4)$$

由此可见，Markov 机制转换模型中关于状态转换的设定也是急剧变化的。但是，实际中，宏观经济政策等不大可能出现急剧变化特征，而更可能是为了避免政策的负外部性，而采取平滑渐进式的变化。对于这类问题研究运用 Markov 模型就显得有些过于严格。而且 Markov 机制转换无法指定确切变量作为转换变量。

### （三）平滑转换模型①

与 Markov 机制转换模型不同，平滑转换模型对机制的划分依赖于确切的可观测的变量，而且可以通过参数 γ 来判定不同状态间转换是平滑还是急剧

---

① 这部分参考了刘林．汇率与资产价格的非线性关系研究．北京：经济科学出版社，2014：66－68．

的。Bacon 和 Watts（1971）最早将平滑转换单方程 STR 模型作为转换模型的一般化模型引入。根据对过渡函数的不同定义就有两种主要类型的 STR 模型：逻辑型 STR 模型（logistic STR，LSTR）和指数型 STR 模型（exponential STR，ESTR）。

逻辑型过渡函数：

$$G(\gamma,c;s_t) = 1 + \exp\{-\gamma \prod_{k=1}^{K}(s_t - c_t)\}^{-1}, \gamma > 0 \quad (3.5)$$

指数型过渡函数：

$$G_E(\gamma,c;s_t) = 1 - \exp\{-\gamma(s_t - c^*)^2\}, \gamma > 0 \quad (3.6)$$

Camacho（2004）对 STR 模型进行了多方程拓展，提出 STVAR 模型。定义滞后 p 阶的 STVAR 模型为：

$$y_t = (\mu_1 + \sum_{j=1}^{p}\Phi_{1,j}y_{t-j})(1 - G(\gamma,c;s_t)) + (\mu_2 + \sum_{j=1}^{p}\Phi_{2,j}y_{t-j})G(\gamma,c;s_t) + \varepsilon_t \quad (3.7)$$

其中，$y_t$ 是 $k \times 1$ 阶的变量向量，$\Phi_{1,j}$ 和 $\Phi_{2,j}(j=1,\cdots,p)$ 是 $k \times k$ 阶的矩阵，$\mu_1$ 和 $\mu_2$ 是 $k \times 1$ 阶向量，$G(\gamma,c;s_t) = \text{diag}\{G(\gamma_1,c_1;s_{t1}),\cdots,G(\gamma_k,c_k;s_{tk})\}$ 是 $k \times k$ 阶对角矩阵（diagonal matrix）的过渡函数。此外，$\varepsilon_t \sim \text{iid } N(0,\Sigma)$，其中 $\Sigma > 0$。

另外，González 等（2005）将 STR 模型延伸到面板数据提出面板 STR 模型（PSTR），与 Hansen（1999）模型相比，González 等（2005）的模型更具一般性。

理论上，由于市场环境变化、结构突变因素、经济主体异质性演化等因素，变量间关系可能并不是固定不变的。近年来，相关研究中提出的自我巩固均衡是对传统经济金融理论中理性预期均衡的细微拓展。自我巩固均衡允许不同决策者所使用的模型仅在对于偏离均衡路径的时间发生概率上存在差异。观测值严格与自我巩固均衡一致的观点能支持非时变性。但自我巩固均衡的小幅调整会使宏观经济模型向自我巩固均衡回复过程被周期性逃离（escape）打断。而这些周期性逃离将会产生非线性，表现出来就是参数漂移（drifting）（Cogley and Sargent，2005）。然而传统线性计量模型却假定变量间的关系是固定的，这是线性模型非常明显的局限性。非线性模型由于纳入了可能的非线性因素，在实证研究中得到了广泛的应用。在计量经济学领域，提出新的非线性模型相对较为容易，随着计算机技术的发展，搜集相关数据对模型进行回归也并非难事。但关键问题是如何根据经济理论对回归结果进行解释。有些非线性模型尽管得出较新颖的结果，但无法根据经济理论进行解释。例如，Markov机制转换模型依赖于某个不可观测的变量划分模型系统状态，在实际应用中，特别是多变量 MSVAR 模型，很难确定不同机制所代表的状态。此外，预测也是非线性模型存在的另一障碍。Granger（2008）指出大多数非线性模型难以用于多于超前 1 期的点预测（point forecast），同时获取相应的预测置信区间也较为困难。既然非线性模型存在这些问题，是否就要放弃非线性模型？答案是否定的。出于探寻经济的一般性规律，发现隐藏在经济表象后的非线性因素，非线性模型不可能被放弃而且仍在不断发展，相应的问题也逐渐得到改善。按照辩证法的观点，事物之间的关系并不是一成不变的。

  有一类模型既能将变量关系不确定性纳入，比起非线性模型又相对好解释，这就是时变参数线性模型（time varying parameter models，TVP）。通常认为，由于一些非典型经济政治事件的影响，变量间关系（即参数）会发生突发变化，也就是所谓断点（breaks）。在时变参数模型中，参数变化并非具有某种确定性，而是假定参数遵从一阶自回归过程随机运动。此外，相对于非线性模型，时变参数线性模型的预测更简单，同时也更好解释，能直接获得加总的理论结果（Granger，2008）。由于技术进步，以及行为模式的变化，宏观经济金融变量间的关系更可能表现出随时间演变的特征，因此，时变参数模型（TVP）在金融及宏观经济相关研究领域的应用深度和广度不断提升。

  既然时变参数在本质上属于线性模型，但又能捕捉到结构性突变，那么时变参数模型与非线性模型存在什么关系？对于非线性模型与 TVP 模型的关系，Granger（2008）运用 White 定理证明任何非线性模型都可以近似（approximation）为 TVP 线性模型。但 TVP 模型对非线性模型近似程度的高低取决于参数是否是平滑变化还是急剧变化。如果参数急剧变化无法利用模型进行预测，近似程度就较低。然而，参数变化的幅度（amplitude）和频率（frequency）并不会影响近似程度（Granger，2008）。在计量经济学研究领域，传统 VAR 模型中也被拓展到时变参数空间。相对于传统 VAR 模型，时变参数 VAR 模型允许模型中所有回归参数都是按照某一运动规则（law of motion）进行运动而设定参数是随时间变动的，此外，还可以允许模型残差也是时变的，即随机波动率模型。鉴于时变参数模型的特性，时变参数 VAR 模型越来越受宏观经济研究的青睐。从包含变量数量来分，时变参数 VAR 模型包括时变参数小规模 VAR 模型（small – scale VAR）和时变参数大规模 VAR 模型（large – scale VAR）。一般而言，受模型自由度的限制，VAR 模型中不能包含过多变量。如果要纳入较多数量的变量就需要进行特别处理，如降维等，对于这类大规模 VAR 模型，通常将其称作 FAVAR 模型（fator augumented VAR）（Bernanke et al.，2005）。不管是小规模和大规模 VAR 模型都可以拓展到时变参数。遵循相关计量理论研究，直接将小规模时变参数 VAR 模型称作 TVP – VAR 模型，将大规模时变参数 VAR 模型称作 TVP – FAVAR 模型。本章第二节和第三节将对两个模型分别进行阐述。

## 第二节

### TVP – VAR 模型

#### 一、TVP – VAR 模型发展

最早引入 TVP – VAR 模型的是 Jiang 和 Kitagawa（1993）[①]。但之后的十多年，并没有得到广泛应用。直到 Cogley 和 Sargent（2001，2005）、Primiceri（2005）再次将 TVP – VAR 模型引入。Cogley 和 Sargent（2001）提出的模型与 Jiang 和 Kitagawa（1993）类似，也属于常波动率时变参数 VAR 模型。Cogley 和 Sargent（2005）、Primiceri（2005）提出模型中纳入了随机波动率[②]，即模型残差的方差也是时变的。但相对于 Cogley 和 Sargent（2001，2005），Primiceri（2005）提出的模型允许模型所有参数均是时变的。在 Primiceri（2005）的基础上，Koop 等（2009）、Eisenstat 等（2016）进行了拓展。Eisenstat 等

---

[①] 他们提出的模型仅假定回归参数是时变的，而 VAR 模型的方差 – 协方差矩阵是非时变的，因而他们将其提出的模型称作时变系数 VAR 模型（time varying coefficient VAR）。

[②] 通常用序列的方差或标准差来衡量其波动率，随机波动率指的是序列的方差或标准差并不是固定不变的常数，而是一个随机变量。金融变量往往会表现出随机波动率特性，如股价指数在某些时间里波动率较高。因而，随机波动率在资产定价理论应用较多。

(2016)考虑了模型回归系数的时变性进行了控制,而 Koop 等(2009)将模型所有参数的时变性进行了控制,将 TVP-VAR 模型拓展到更为一般化的模型。此外,Eisenstat 等(2016)放弃了模型参数随机游走过程的扰动项标准差为对角阵的假设,将其设置为全要素矩阵。

## 二、TVP – VAR 模型结构

根据 Primiceri(2005)、Nakajima 等(2011)、Lubik 等(2016),考虑一个滞后期为 p 的 k 维结构化线性 VAR 模型:

$$Ay_t = \sum_{j=1}^{p} F_j y_{t-j} + u_t, t = p + 1, \cdots, T \tag{3.8}$$

其中,y 是 k×1 的可观测内生变量,F 表示 k×1 的系数矩阵,误差项 u 为 k×1 的不可观测的结构性冲击,T 是样本数。

假定变量间的同期关系矩阵 A 为下三角矩阵,即:

$$A = \begin{pmatrix} 1 & 0 & \cdots & 0 \\ a_{21} & 1 & \cdots & 0 \\ \vdots & \ddots & \ddots & \vdots \\ a_{k1} & \cdots & a_{k,k-1} & 1 \end{pmatrix} \tag{3.9}$$

在式(3.8)两边同乘以 $A^{-1}$,改写就得到简约线性 VAR 模型:

$$y_t = \sum_{j=1}^{p} B_j y_{t-j} + A^{-1} \sum \varepsilon_t, \varepsilon \sim N(0, I_k) \tag{3.10}$$

其中,$B_j = A^{-1} F_j$,且有:

$$\sum = \begin{pmatrix} \sigma_1 & 0 & \cdots & 0 \\ 0 & \sigma_2 & \cdots & 0 \\ \vdots & \ddots & \ddots & \vdots \\ 0 & \cdots & 0 & \sigma_k \end{pmatrix} \tag{3.11}$$

$\sigma_j$ 表示结构性冲击的标准差。

如果将式(3.10)中系数矩阵 $B_j(j = 1, \cdots, p)$,A 设为随时间变动的,线性 VAR 模型就变成 TVP – VAR 模型。如果将残差标准差矩阵，即 $\sum$ 也设为时变，此时模型就变成 SV – TVP – VAR 模型，即带有随机波动率的时变参数 VAR 模型，改写式（3.10）可以将 SV – TVP – VAR 模型表示为：

$$y_t = \sum_{j=1}^{p} B_{jt} y_{t-j} + A_t^{-1} \sum_t \varepsilon_t, \varepsilon \sim N(0, I_k) \quad (3.12)$$

令向量 $a_t$ 为下三角矩阵 $A_t$ 中元素的堆积而成的向量，即 $a_t = (a_{21t}, a_{31t}, a_{32t}, \cdots, a_{k,k-1t})'$，令向量 $\beta_t$ 为系数矩阵 B 中元素堆积而成的 $k^2 s \times 1$ 向量。设置向量 $h_t = (h_{1t}, h_{2t}, \cdots, h_{kt})'$，且对于 $i = 1, 2, \cdots, k$，$t = s+1, s+2, \cdots, T$，$h_{it} = \ln(\sigma_{it}^2)$。遵循 Koop 等（2009）、Nakajima 等（2011）、Eisenstat 等（2016），根据 Primiceri（2005），假设 $\{\beta_t, a_t, h_t\}$ 服从随机游走过程，即：

$$\beta_{t+1} = \beta_t + u_{\beta t} \quad (3.13)$$
$$a_{t+1} = a_t + u_{at} \quad (3.14)$$
$$h_{t+1} = h_t + u_{ht} \quad (3.15)$$

其中，对于每个时间点，都有 $\beta_{s+1} \sim N(\mu_{\beta_0}, \sum_{\beta_0})$，$a_{s+1} \sim N(\mu_{a_0}, \sum_{a_0})$，$h_{s+1} \sim N(\mu_{h_0}, \sum_{h_0})$。且有：

$$\begin{pmatrix} \varepsilon_t \\ u_{\beta t} \\ u_{at} \\ u_{ht} \end{pmatrix} \sim N \left( 0, \begin{pmatrix} I & 0 & 0 & 0 \\ 0 & \sum_\beta & 0 & 0 \\ 0 & 0 & \sum_a & 0 \\ 0 & 0 & 0 & \sum_h \end{pmatrix} \right) \quad (3.16)$$

I 和 O 表示单位阵和零矩阵。

根据 Koop 等（2009）和 Nakajima 等（2011），扰动项 $u_{\beta t}, u_{at}, u_{ht}$ 之间相互独立。关于 $\sum_\beta, \sum_a, \sum_h$，Nakajima 等（2011）假设为对角阵，Eisenstat 等（2016）放松了这一假设，未作特别设定，而作为全要素矩阵处理。

通过设置式（3.13）~式（3.15）的随机游走过程，参数变化可能并不明显，因而在参数变化相对稳定且渐进变化时，时变参数模型表现较好。所以时变参数可以被视为"许多小规模突变"（many small breaks）的模型（Koop et al., 2009)。式 (3.12) ~ 式 (3.16) 即 Primiceri (2005) 提出的 SV - TVP - VAR 模型, 而 Cogley 和 Sargent (2005) 提出的 TVP - VAR 模型中限制了结构化参数矩阵 A 为常数矩阵, Cogley 和 Sargent (2001) 则限制波动率矩阵 $\sum$ 为常数矩阵, 此时模型即固定波动率的 TVP - VAR 模型。

尽管相对于线性 VAR 模型, 时变参数 VAR 模型更符合现实经济运行特点, 但时变参数的设定使模型待估参数过多, 降低模型自由度, 对于小样本可能会导致估计结果的可靠性和脉冲响应函数的准确性下降。因此, 实际应用中一种较为可行的做法是设定模型中一些系数随时间变动而其他系数不随时间变动, 从而提高模型自由度。对于这一问题, Koop 等 (2009) 将上述 TVP - VAR 模型作了一般化拓展。Koop 等 (2009) 引入三个 Markov 随机向量 ($k_{1t}$, $k_{2t}$, $k_{3t}$), $k_{it} \in [0, 1]$ 用来控制三个参数集的时变性: $k_{1t}$ 控制 β, $k_{2t}$ 控制 a, $k_{3t}$ 控制 h。改写式 (3.13) ~ 式 (3.15) 即有:

$$\beta_{t+1} = \beta_t + k_{1t} u_{\beta t} \tag{3.17}$$

$$a_{t+1} = a_t + k_{2t} u_{at} \tag{3.18}$$

$$h_{t+1} = h_t + k_{3t} u_{ht} \tag{3.19}$$

拓展后的模型是一个更为一般化的模型, 当 $k_{it} = 0$ 时, 模型被简化为线性常系数 VAR 模型; 当 $k_{it} = 1$ 时, 即 SV - TVP - VAR 模型; 如果 $k_{1t} = 1$, $k_{2t,3t} = 0$, 即 Cogley 和 Sargent (2001) 提出的 TVP - VAR 模型; 如果 $k_{1t,3t} = 1$, $k_{2t} = 0$, 即 Cogley 和 Sargent (2005) 考虑了随机波动率的 TVP - VAR 模型。这样拓展后, 某些参数集可能并非时变的, 因而可以降低估计参数的数量, 提高模型估计的精确度[①]。至于在模型中考虑随机波动率的原因, Lubik 等 (2016) 认为一方面纳入随机波动率是为了能使 TVP - VAR 模型代表潜在的 DSGE 模型; 另一方面根据 Sims (2001), 尽管真实数据产生过程仅有随机波动率特性, 但如果模型仅考虑参数时变性将会导致大量时变性。

此外, 与 Koop 等 (2009) 不同, Eisenstat 等 (2016) 提出在随机模型设定搜索 (stochastic model specification search, SMSS) 框架下通过引入一个指标来决定模型每个系数是否时变的新方法, 该方法既能让 TVP - VAR 模型具有

---

① 为估计模型, Koop 等 (2009) 对 $k_t = (k_{1t}, k_{2t}, k_{3t})$ 设定了分层先验 (hierarchical prior), 在其实证研究中对 k 的取值概率采用了 Bernoulli 分布, 即 $p(k_{it} = 1) = p_i$。

一定的灵活性，又能保证模型有足够的自由度；此外，该方法能将 TVP – VAR 收缩至平稳的常系数 VAR，但同时也给予了非平稳性一定权重，因而仍能捕捉到变量间的非线性关系。

然而，与 Koop 等（2009）不同，Eisenstat 等（2016）只对系数集 $\beta_t$ 的时变性作了设定。根据 Eisenstat 等（2016），改写式（3.14）～式（3.16）所表示的 TVP – VAR 模型，并考虑参数随机过程扰动项的方差—协方差矩阵为全要素矩阵（full matrix），即：

$$A_t y_t = X_t \beta_t + \epsilon_t \tag{3.20}$$

$$\beta_t = \beta_{t-1} + \eta_t \tag{3.21}$$

其中，$\epsilon \sim N(0, \sum_t)$，$\eta \sim N(0, \Omega)$，$\epsilon$ 与 $\eta$ 相对独立。

$$h_t = h_{t-1} + \eta_t^h, \eta_t^h \sim N(0, R) \tag{3.22}$$

Eisenstat 等（2016）假设初始 h 为 $h_0 \sim N(0, V_0^h)$，且 R 服从逆 Wishart 分布，即 $R \sim IW(v_0, R_0)$。通过在式（3.20）两边同乘 $A_t^{-1}$，在 X 中包含 y 的当期值，并在 β 中纳入 $A_t$ 的元素。此时，协方差矩阵 Ω 为全要素矩阵，将其分解为：

$$\Omega = \sum_\beta \Phi \Phi' \sum_\beta \tag{3.23}$$

其中，$\sum_\beta$ 式（3.16）中 β 的扰动项协方差对角阵 $\sum_\beta = \text{diag}(\omega_1, \omega_2, \cdots, \omega_m)$，$m = k \times p$，Φ 是单位下三角矩阵。

Eisenstat 等（2016）提出对于 $\omega_i$ 的 Tobit 先验分布，对于 $i = 1, 2, \cdots, m$，引入潜在变量：

$$\omega_i^* \sim N(\mu_i, \tau_i^2), \text{且}, \omega_i = \begin{cases} 0, & \text{if} \omega_i^* \leq 0 \\ \omega_i^*, & \text{if} \omega_i^* > 0 \end{cases} \tag{3.24}$$

这样，模型就变为：

$$y_t = X_t \alpha + X_t \sum_\beta \Phi \gamma_t + \epsilon_t \tag{3.25}$$

$$\gamma_t = \gamma_{t-1} + \tilde{\eta}_t \tag{3.26}$$

其中，α 为常系数向量，$\epsilon_t \sim N(0, \sum_t)$，$\tilde{\eta}_t \sim N(0, I_m)$。

尽管 Koop 等（2009）和 Eisenstat 等（2016）对于时变性控制所采用的方法存在一些差异，但对比 Koop 等（2009）可以发现，Eisenstat 等（2016）只对系数集 β 和 a 的时变性进行控制，Koop 等（2009）的拓展要更为全面。

### 三、TVP-VAR 模型估计

由于 TVP-VAR 模型是一个高度参数化的模型，使模型估计和推断（inference）变得异常复杂（Lubik et al.，2016）。尽管从每个时点上看，TVP-VAR 模型是线性的，但从总体和本质上而言，TVP-VAR 模型是高度非线性的，因此，传统的估计方法，如最小二乘法、极大似然法等已经不再适用。Sato 等（2007）提出基于小波拓展（wavelet expansion）的估计策略。然而在实际中，对于时变参数模型，较为可行且应用广泛的是基于 Gibbs 抽样的 MCMC 贝叶斯估计，如 Cogley 和 Sargent（2001，2005）、Primiceri（2005）、Koop 等（2009）、Eisenstat 等（2016）等。这一方法已经成为 TVP-VAR 模型估计和推断的标准方法。有关 TVP-VAR 模型的 MCMC 估计和推断过程可详见 Nakajima 等（2011）和 Lubik 等（2016），本书这里不再赘述。

## 第三节

### TVP-FAVAR 模型

为了保证有足够自由度，小规模 VAR 模型不能包含太多变量。即使采用贝叶斯估计，小规模 VAR 模型包含的变量数量也相当有限[①]。Bernanke 等（2005）认为模型中囊括的变量太少不能充分反映经济主体所面临的实际经济环境。如今，在 VAR 模型中加入更多的信息能解决实证研究得到异常现象已成为学术界某种共识（Korobilis，2013）。总体而言，应用小规模 VAR 模型会带来两个方面的主要问题[②]（Bernanke et al.，2005）：第一，经济主体所知信息的程度并未反映在模型中，可能导致模型得到的结果与经济理论或实际相

---

① Koop 和 Korobilis（2013）提出采用遗忘因子（forgetting factors）方法对大规模 TVP-VAR 模型进行估计，但他们实证应用中所用变量也仅有 25 个。

② 除了这两个问题外，Bernanke 等（2005）还从脉冲效应分析的角度认为相对于经济主体面临的复杂实际环境，小规模模型只能分析一小部分脉冲响应关系。

悖，也就出现一些实证之"谜"。第二，小规模模型需要事先确定分析目标的代理变量，如资产价格，通常在实证研究中用一个或某几个变量来作为资产价格的代理变量。但从经济金融理论角度，资产价格指的是金融资产，诸如股票、债券及其他们的衍生品，以及不动产等资本性商品的价格。再如 Bernanke 等（2005）所指，经济理论中的"经济活动"并不能完全用工业增加值或 GDP，或者其他可观测的相关变量表征。此外，任何可观测的变量或多或少可能存在测量误差的问题（Bernanke et al., 2005）。鉴于此，Bernanke 等（2005）将线性 VAR 模型与因子分析相结合，提出因子扩充型 VAR 模型，即 FAVAR 模型（fator augmented VAR）。在 Bernanke 等（2005）的基础上，Korobilis（2013）将 FAVAR 模型扩展到时变空间，提出 SV – TVP – FAVAR 模型。

## 一、FAVAR 模型结构

根据 Bernanke 等（2005），令 $Y_t$ 为 $M \times 1$ 维包含可观测变量的向量，假设有 K 个其他额外信息变量，但这些信息变量并非可直接观测，令 $F_t$ 表示包含 K 个额外信息变量的向量。用 VAR 模型形式将（$F'_t$, $Y'_t$）的动态关系表示为：

$$\begin{pmatrix} F_t \\ Y_t \end{pmatrix} = \sum_{j=1}^{p} \Phi_j \begin{pmatrix} F_{t-j} \\ Y_{t-j} \end{pmatrix} + v_t \qquad (3.27)$$

其中，$\Phi_j$ 为系数矩阵。误差项 v 服从独立同分布，$v_t \sim N(0, \Omega)$。

由于式（3.27）中包含不可观测的向量 F，而这些变量又将从选取的大量可观测的信息变量（informational variables）中作降维处理得到，因而 Bernanke 等（2005）将 F 称作因子[①]（fator）。相对于传统 VAR 模型[②]，模型式（3.27）加入不可观测的变量 F，而 F 是通过提取因子得到的，因此 Bernanke 等

---

① 在统计上，作降维处理通常采用主成分分析或因子分析。降维后得到的变量称作因子或主成分。Bernanke 等（2005）提出对模型估计的方法其中一种是先作主成分分析，提取主成分或因子的所谓"两步法"估计，这也是 Bernanke 等（2005）将模型中 F 称作因子的原因。

② 在设定环境下，传统 VAR 模型仅是针包含内生变量向量 $Y_t$。

(2005) 将其成为因子扩充型 VAR 模型。

因包含不可观测的变量,无法直接对模型进行回归分析。用 $X_t(N \times 1)$ 表示由信息变量组成的向量,N 可以大于样本容量 T,但 M+K 要远少于 N。Bernanke 等 (2005) 假设信息变量 $X_t$ 与因子 $F_t$ 和 $Y_t$ 存在如下关系[①]:

$$X_t = \sum_{i=0}^{d} A_i^f F_{t-i} + \sum_{j=0}^{p} A_j^y Y_{t-j} + e_t \qquad (3.28)$$

其中,d 和 p 为滞后期,d 不一定等于 p。$A^f$ 为 $N \times K$ 的载荷因子矩阵,$A^y$ 表示 $N \times M$ 维系数矩阵,残差项 e 均值为 0。从式 (3.28) 中可以看到信息变量 X 是由 F 和 Y 共同决定的,从式 (3.27) 中又可知,F 和 Y 是存在相互关系的。控制住 Y,X 就完全由潜在不可观测的 F 决定,Bernanke 等 (2005) 因此将 X 称为 F 的"噪声测度"(noisy measures)。

对于 FAVAR 模型的估计,Bernanke 等 (2005) 提出两种方法,即"两步主成分法"和"一步贝叶斯似然法"。尽管这两种在运算复杂程度、参数化程度等方面存在差异[②],但两种方法得到的结果并没有太大区别。

## 二、TVP-FAVAR 模型

FAVAR 模型本质上是由动态因子模型和 VAR 模型两个模型组成。既然可以在线性 VAR 模型中允许参数随时间波动以及多元随机波动率,除了变量规模差异外,FAVAR 模型与 VAR 并无太大区别,因而也可以将 FAVAR 作时变参数拓展。从后面的模型结构可以看到,时变参数 FAVAR 模型其实是由时变因子模型和时变参数 VAR 模型两部分构成的特殊模型,Del Negro 和 Otrok (2008) 在动态因子模型中考虑了时变载荷因子以及潜在因子与特定变量的随机波动率,并将于用于布雷顿森林体系瓦解后世界经济周期演化问题的实证研究。Korobilis (2013) 将时变参数和随机波动率引入 FAVAR 模型,提出了 SV-TVP-FAVAR 模型。

根据 Korobilis (2013),将式 (3.27) 改写为:

---

① Bernanke 等 (2005) 在文中只表示出了同期等式,但他们也指出实际实证并不受此限制。
② "两步法"属于半参数化,运算量相对不大;而"一步法"需要大量的运算,而且是完全参数化的。

$$\begin{pmatrix} F_t \\ Y_t \end{pmatrix} = \sum_{j=1}^{p} \Phi_{jt} \begin{pmatrix} F_{t-j} \\ Y_{t-j} \end{pmatrix} + v_t \tag{3.29}$$

其中，$v_t \sim i.i.d. N(0,\Omega_t)$。$\Omega_t$ 是 $m \times m$ 全要素矩阵，$m = K + M$，$t = p + 1, \cdots, T$。

对于每个 $i = 1, \cdots, N$，信息变量 $X$ 可以表示为因子 $F$ 和 $Y$ 的回归方程：

$$X_{it} = \tilde{\lambda}_t^F F_t + \tilde{\lambda}_t^Y Y_t + u_{it} \tag{3.30}$$

其中，假定残差 $u_{it}$ 为 $q$ 阶自回归过程，即：

$$u_{it} = \rho_{i1} u_{it-1} + \cdots + \rho_{iq} u_{it-q} + \varepsilon_{it} \tag{3.31}$$

其中，$\varepsilon_{it} \sim i.i.d. N(0, \exp(h_{it}))$，且假设其与因子 $F$ 相互独立。将式（3.30）与式（3.31）合并得到：

$$X_t = \lambda^F F_t + \lambda^Y Y_T + \Gamma(L) X_t + \varepsilon_t \tag{3.32}$$

$L$ 为滞后多项式算子。$\Gamma(L) = \mathrm{diag}(\rho_1(L), \cdots, \rho_N(L))$，$\rho_i(L) = \rho_{i1} L + \cdots + \rho_{iq} L^q$。$\lambda^{\{F,Y\}} = (I_N - \Gamma(L))\lambda^{F,Y}$，$\varepsilon_t \sim i.i.d. N(0, H_t)$，$H_t = \mathrm{diag}(\exp(h_{1t}), \cdots, \exp(h_{Nt}))$，且设定波动率服从随机游走过程：

$$h_{it} = h_{it-1} + \eta_t^h \tag{3.33}$$

结合第二节关于 TVP - VAR 模型的设定，Korobilis（2013）设定式（3.29）中残差项的协方差矩阵 $\Omega$ 等于：

$$\Omega_t = A_t^{-1} \sum\nolimits_t \sum\nolimits_t' A_t'^{-1} \tag{3.34}$$

其中 $\sum_t = \mathrm{diag}(\sigma_{1t}, \cdots, \sigma_{K,t})$，同样矩阵 $A$ 为同期相关性系数矩阵，即：

$$A = \begin{pmatrix} 1 & 0 & \cdots & 0 \\ a_{21} & 1 & \cdots & 0 \\ \vdots & \ddots & \ddots & \vdots \\ a_{m1} & \cdots & a_{m,m-1} & 1 \end{pmatrix} \tag{3.35}$$

将相关参数矩阵的元素作堆积处理，与 TVP - VAR 模型类似，就有三个参数向量，分别为 $\beta_t = (\Phi_{1t}, \cdots, \Phi_{pt})'$，$a_t = (a_{j1t}, \cdots, a_{j(j-1)t})'(j = 1, \cdots, m)$，

及 $\log\sigma_t = (\log\sigma_{1t}, \cdots, \log\sigma_{mt})'$。如果假设这三个参数向量均为随机游走过程，

$$\beta_t = \beta_{t-1} + \eta_t^\beta \qquad (3.36)$$

$$a_t = a_{t-1} + \eta_t^a \qquad (3.37)$$

$$\log\sigma_t = \log\sigma_{t-1} + \eta_t^\sigma \qquad (3.38)$$

其中，$\eta_t^{\{\beta,a,\log\sigma\}} \sim N(0, Q_{\{\beta,a,\log\sigma\}})$。式（3.29）~ 式（3.38）就构成了 SV - TVP - FAVAR 模型。从模型结构看，TVP - FAVAR 是由时变因子模型和 TVP - VAR 模型两部分构成。

Korobilis（2013）采用 Koop 等（2009）的方法，将模型作了更一般性拓展，在式（3.36）~ 式（3.38）引入三个 Markov 随机向量 $(k_{1t}, k_{2t}, k_{3t})$，$k_{it} \in [0,1]$ 用来控制三个参数集的时变性：$k_{1t}$ 控制 $\beta$，$k_{2t}$ 控制 $a$，$k_{3t}$ 控制 $h$。改写式（3.36）~ 式（3.38），

$$\beta_t = \beta_{t-1} + k_{1t}\eta_t^\beta \qquad (3.39)$$

$$a_t = a_{t-1} + k_{2t}\eta_t^a \qquad (3.40)$$

$$\log\sigma_t = \log\sigma_{t-1} + k_{3t}\eta_t^\sigma \qquad (3.41)$$

对于 TVP - FAVAR 模型的估计，Korobilis（2013）提出用普通主成分分析与 MCMC 抽样估计相结合的两步法。第一步不可观测的变量 F 利用主成分分析从信息变量集 X 中提取，并对方程（3.32）进行回归；第二步运用 MCMC 抽样对 TVP - VAR 模型部分作回归①。

## 本章小结

金融变量甚至宏观经济都可能存在非线性特征。本章通过介绍非线性定义，以及在已有相关实证研究中常用的几种非线性计量模型，重点阐述了非线性与时变的关系。理论上，非线性模型的提出和实现相对较为简单，但一些非线性模型的结果往往与现实实际或经济理论相冲突，因而应用非线性模型需要更加谨慎。值得庆幸的是，Granger（2008）通过 White 定理给我们证明了任何

---

① 具体回归方法介绍，参见 Korobilis（2013）。

非线性模型在一定程度上都可以转化为时变参数模型。相对于非线性模型，时变参数模型更为直接，且通过设定模型参数随时间变动，时变参数将线性和非线性有机结合，依然能捕捉可能的非线性特征。因此，本章后两节重点介绍了本书实证研究将要运用的两种时变参数模型：TVP-VAR 模型和 TVP-FAVAR 模型。这两种模型，特别是 TVP-VAR 模型近年来越来越受经济学者的亲睐。由于受模型自由度限制或者即使采用贝叶斯估计，VAR 模型中包含的变量个数也非常有限；而且有些经济理论中所指并非能用现实中某个或某几个变量来反映，如本书所研究的资产价格，就很难用一个指标来衡量，因此就需要更为科学的办法加以处理。FAVAR 模型正是解决这一问题的重要手段。FAVAR 模型通过将因子模型与 VAR 模型相结合，通过从大量可直接观测的且与兴趣变量（或目标变量）相关的信息变量中提取主成分因子，然后将提取的因子与其他变量建立 VAR 模型，从而可以避免了单纯运用小规模 VAR 模型的局限性。在 TVP-VAR 模型不断发展成熟的背景下，FAVAR 模型也被拓展到时变空间。此外，这两类模型还可以考虑随机波动率问题。由于时变参数设定，这两类模型的待估参数非常之多，极有可能会出现过度参数化问题，模型估计也就变得异常复杂。

# 第四章

# 汇率与资产价格的动态关系实证研究：我国经验

本章在第二章理论模型研究基础上，选取我国数据，运用 TVP – VAR 模型和 TVP – FAVAR 模型对汇率与资产价格的动态关系展开详细的实证检验与分析。

对于资产价格的选择范围限定，首先，从投资者角度来讲，持有由多种资产组成的资产组合，不管从时间还是资金上都会面临"监测成本"（monitoring cost），（Perraudin and Sørensen，2000），过于分散的投资势必要求投资者具有足够的精力关注资产组合中每一种资产的收益状况，然而现实中投资者往往不可能做到面面俱到，尽管分散投资可以降低风险，但由于监测成本的制约使投资者，特别是家庭部门，只持有可投资资产中的一小部分；其次，历次严重的经济金融危机基本上都以股市、楼市的暴涨暴跌为显著特征，1929 年股市暴跌导致美国经济"大萧条"，20 世纪 80 年代日本股市、楼市暴跌导致日本经历长期经济低迷，最近的 2008 年全球性金融危机更明显地向人们展示了房价暴涨暴跌带来的严重后果；最后，尽管随着金融自由化和金融创新的发展，资产价格的范畴不断被延伸和拓展，但在资产价格体系中起决定性地位仍然是基础资产的价格。已有相关研究资产价格问题的文献大多将重点集中在股价和房价（Sarno and Taylor，1999；Hunter et al.，2003；Gürkaynak，2008），历史也表明这两类资产极易出现泡沫。

因此，本章将在前两节重点分析股价和房价这两类资产价格，考虑到可能的资产组合投资以及资产价格体系内部可能存在的相互作用（如"跷跷板"效应），在第三节在实证框架中纳入所有可能的资产价格。尽管从广义上讲，汇率也是资产价格的一种，布雷顿森林体系瓦解后的历次金融危机中资产价格的暴涨暴跌都伴随着汇率的大幅波动，然而本书这里为探析汇率与国内资产价格之间的联系机制，将汇率单独出来，不纳入资产价格体系的范畴。此外，为了分析投资者异质性的作用，根据 Lengnick 和 Wohltmann（2013）引入市场情绪变量①。本章结构安排如下：第一节和第二节应用 TVP – VAR 模型分别建立市场情绪、汇率、股价与宏观经济，以及市场情绪、汇率、房价与宏观经济的模型框架进行实证研究；第三节设立资产价格体系，由于包含的资产价格种类过于繁杂，无法找到某些资产市场情绪合适代理变量，因此不再考虑市场情绪因素，而重点实证分析汇率、资产价格体系与宏观经济的内在关联机制。

## 第一节

### 汇率与股价动态关系的实证研究

#### 一、数据选取与指标设定

根据第二章建立的理论模型结构，本节实证研究涉及的变量主要有汇率、股价、汇市情绪、股市情绪五个金融市场变量，以及产出缺口、通胀和利率三个宏观经济变量。

对于汇率的选取，结合理论模型的构建与分析，本书这里选用人民币对美元双边汇率。原因有以下三点：第一，尽管 2005 年 7 月"汇改"后，人民币不再盯住单一美元，而是参考一揽子货币。但从中国外汇交易中心公布的人民币汇率货币篮子中各种货币权重来看，美元仍占主要地位②；第二，当前美元仍是全球最主要的国际结算货币，国际上大多数大宗商品也都以美元计价，我国国际贸易中仍以美元作为主要计算货币③；第三，美元也是主要的储备资

---

① 如第二章理论模型中市场情绪定义为基本面交易者比例与技术交易者比例之差。但实际市场运行中很难获取相关交易者比例数据，所以在实证研究中对于市场情绪，或称为投资者情绪，通常用投资者对当前或未来市场预期或信心状况来衡量。

② 2016 年 12 月中国外汇交易中心发布公告称，自 2017 年 1 月 1 日起，调整人民币汇率指数货币篮子中各种货币的权重，调整后美元从原先的 26.4% 下调至 22.4%，欧元从 21.39% 下降占 16.34%，日元从原先 14.68% 减少到 11.53%，但调整后这三种货币的权重仍达到 50% 多。

③ 尽管近年来我国加快了人民币国际化的节奏，人民币也成为全球国际贸易中重要的计价和结算货币，但受多重因素制约，在我国跨境贸易中美元作为主要结算货币的地位尚未被撼动。

产,当前美元在全球外汇储备中的占比高达64%（普拉萨德,2017）,根据中金公司的研究,我国外汇储备中近67%的资产为美元资产①。鉴于沪深300指数覆盖了我国沪深两市约60%的市值,能在整体上反映我国股市波动状况,选取沪深300指数作为股价的代理变量。

对于市场情绪,目前已有文献中主要有三种方法:一是直接采用问卷调查的数据,虽然问卷调查数据较直接且直观反映市场主体情绪,但问卷数据易受受访对象主观因素影响而不大可靠（Hudson and Green,2015）;二是采用网络搜索量或网络自媒体发帖量,如搜索引擎相关信息检索量（Da et al.,2014）、微博相关信息发帖量（黄润鹏等,2015）,但这类方法和问卷调查都存在的问题是发帖者或受访对象并不一定实际参与实际市场投资;三是选取实际市场数据作为情绪的代理变量,较为流行的是 Baker 和 Wurgler (2006) 所使用的方法,选取多个能反映情绪的变量,采用主成分分析方法提取主成分构造情绪指标。这一方法虽然比其前两种方法准确性要高,但由于这些变量可能仅是反映价格变动的后果,而非情绪独立的代理变量,从而可能陷入自我循环的风险（risk of circularity）,此外,主成分分析方法的稳健性不高,加入新的样本将可能导致所有情绪指标都会随之变动（Hudson and Green,2015）。然而,目前国内外相关研究仍主要采用第三种方法,Hudson 和 Green（2015）认为尽管第三种方法存在一些缺陷,但这种方法能大大地减轻前两种方法可靠性问题和单纯市场数据的独立性问题。所以本书这里对于市场情绪指标遵循"统计数据优先"的原则,即如果有相关统计数据则选取统计数据,如果没有则利用相关市场指标予以构造。对于股市情绪,中国证券投资者保护基金有限责任公司自2008年4月开始编制发布中国证券市场投资者信心指数,以反映我国证券市场上投资者的投资心理和预期的变化。该指数包含国内经济基本面、国内经济政策、国际经济和金融环境、股票估值、大盘乐观、大盘反弹、大盘抗跌、买入八个指标,该指数数值介于0~100之间,以50为临界值,高于50表明证券市场上投资者偏向乐观,低于50则表明市场上投资者偏悲观。本书选取该指数的总指数作为衡量股市情绪的指标。

---

① "揭秘:中国3万亿美元外汇储备是如何配置的?" http://finance.sina.com.cn/money/forex/2016-07-19/doc-ifxuapvw2291987.shtml。

而对于汇市情绪，目前并未有相关现成的统计数据，因此借鉴 Kumar 和 Persaud（2002）的方法计算外汇市场上的风险偏好指数衡量汇市情绪。根据 Kumar 和 Persaud（2002），风险偏好指数的计算公式为：

$$RAI_t = corr(rank(er_t), rank(vol_t)) \qquad (4.1)$$

其中，corr 表示相关系数函数，rank 表示秩次函数。er 和 vol 分别表示外汇市场超额收益及超额收益的历史波动率。根据我国外汇市场实际运行情况，将对数（日）即期汇率减去 1 个月之前确定的 1 月期（对数）远期汇率计算超额收益，即 er。在此基础上，为了避免日期重叠，计算过去一个季度（90 天）的超额收益的波动率，即 vol。用于计算汇率超额收益的即期汇率和远期汇率分别选取日人民币兑美元即期汇率和 1 个月期人民币兑美元远期汇率中间价。

此外，宏观经济的三个变量。首先，对于产出缺口，由于其为不可观测变量，通常对 GDP 数据作 HP 滤波提取波动部分（cycle component）作为其代理变量。但由于 GDP 统计数据统计频率最高只有季度，为了使实证模型具有足够的自由度，本书将采用月度数据进行研究，无法运用从 GDP 数据直接提取波动部分的方法来表征产出缺口。根据 Clancy（2013）[①]，选取制造业 PMI 指数直接作为产出缺口的代理变量。与证券市场投资者信心指数一样，PMI 指数也是以 50 为枯荣分水线。PMI 指数是一个涵盖了经济活动多个方面的综合性指数，具有较强的先导性和时效性，是反映经济运行的及时先行指标。其次，通货膨胀采用环比 CPI 变动表示。最后，对于利率，根据第二章理论分析，利率是代表货币政策的短期利率，已有相关研究大都选取银行间同业拆借（或拆放）利率作为其衡量指标，最具代表性的是 Christiano 等（1999）[②]，所以结合我国银行间同业拆借市场发展实际，这里选取 Shibor 隔夜拆放利率作为代理变量。

根据数据可得性，数据区间为 2008 年 4 月到 2017 年 7 月。所有原始数据均来源于 WIND 资讯金融终端。

---

① Clancy（2013）基于利用 TFP 估计产出缺口的思路，验证发现 PMI 指数与 TFP 具有相同变化趋势，利用 PMI 指数可以降低产出缺口估计的误差与修复。

② Christiano 等（1999）在实证研究中选取美国联邦基金利率作为货币政策中间目标。联邦基金利率即为美国金融市场上银行间隔夜拆借利率。

## 二、数据初步处理与描述性统计分析①

按照实证研究的一般做法,对汇率和股价取自然对数。对证券市场投资者信心指数和PMI指数关于50作中心化处理②。初步处理后,汇率、股价、股市情绪、汇市情绪、产出缺口、通胀和利率分别用e、s、si、ei、y、inf和r表示。所有变量在样本区间内的走势如图4.1所示。

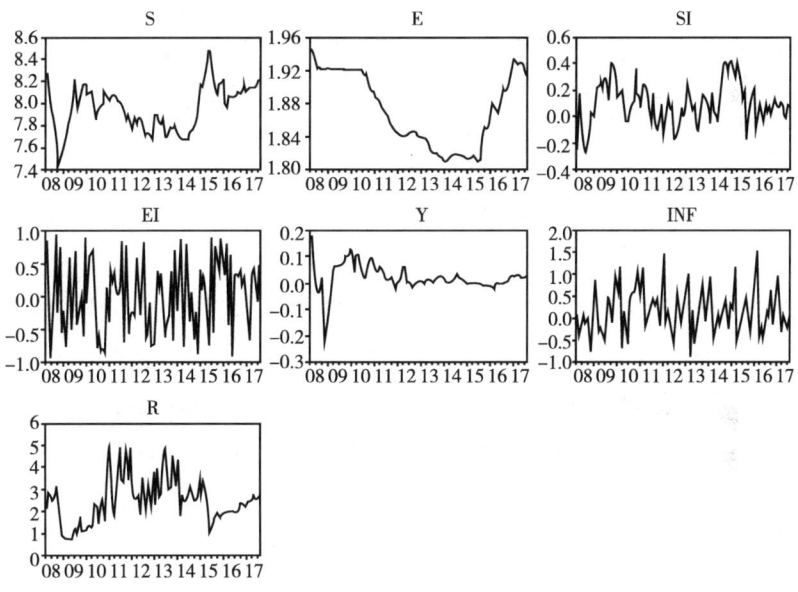

图4.1 变量走势图

如图4.1所示的变量走势图,结合描述性统计(见表4.1)可以发现,在样本区间内,股价和股市情绪是服从正态分布的。这与一般认为股价不服从正态分布相悖,可能只是因为数据区间选取而引起的单纯数据上的巧合。而其他变量的JB统计量都作出拒绝服从正态分布的结论。另外,从变量波动程度看,股价s和股市情绪si相对波动较小;而产出y波动程度最大,这主要是由于2008年全球性金融危机的冲击导致经济大幅萎缩,后在财政政策的刺激下国内经济快速恢

---

① 尽管所用数据为月度数据,但从走势图中可以看到并无显著季节特征,而且采用X12法对所有数据作季节调整后与原数据对比在变化趋势和动态特征并无明显差异。

② 具体作法为:(x-50)/50。

复；汇率 e 和汇市情绪 ei、通胀 inf 和利率 r 的波动幅度相对都较大。

表 4.1　　　　　　　　　　描述性统计

|  | s | e | si | ei | y | inf | r |
|---|---|---|---|---|---|---|---|
| 均值 | 7.956 | 1.872 | 0.095 | 0.018 | 0.022 | 0.167 | 2.523 |
| 最大值 | 8.485 | 1.946 | 0.424 | 0.954 | 0.184 | 1.587 | 5.014 |
| 最小值 | 7.417 | 1.809 | -0.274 | -0.973 | -0.224 | -0.917 | 0.803 |
| 标准差 | 0.207 | 0.044 | 0.155 | 0.550 | 0.051 | 0.494 | 1.031 |
| JB 统计量 | 0.451 | 11.330* | 0.558 | 6.678** | 229.316* | 5.906*** | 6.245** |

注：JB 统计量用于检验序列是否服从正态分布，原假设为序列服从正态分布。*、** 和 *** 分别表示在 1%、5% 和 10% 的显著性水平拒绝原假设。

## 三、序列单位根与平稳性检验

运用 ADF、PP 和 KPSS 三种传统方法对变量作单位根/平稳性检验，检验结果如表 4.2 所示。尽管对于股价和汇率，三种方法检验的结果并不一致，但综合来看，可以认为在 1% 的显著性水平下股价是一阶单整的，汇率在 5% 的显著性水平下也是一阶单整的。其他变量都在一定显著性水平下是水平平稳的。

表 4.2　　　　　　　　　　单位根/平稳性检验

|  | ADF | | PP | | KPSS | |
|---|---|---|---|---|---|---|
| s | t | -2.94 (0) | t | -3.38 (6)*** | t | 0.14 (8)*** |
| ds | n | -4.51 (4)* | n | -9.69 (5)* | c | 0.11 (5) |
| e | t | -1.6 (5) | t | -0.37 (5) | t | 0.27 (9)* |
| de | n | -2.44 (4)** | t | -7.2 (0)* | t | 0.1 (5) |
| si | c | -3.33 (3)** | c | -5.19 (4)* | c | 0.08 (7) |
| ei | n | -5.07 (2)* | n | -10.78 (2)* | c | 0.27 (0) |
| y | n | -3.35 (2)* | n | -4.33 (1)* | t | 0.07 (7) |
| inf | c | -8.63 (0)* | c | -8.5 (7)* | c | 0.13 (5) |
| r | c | -2.62 (2)*** | c | -4.62 (5)* | c | 0.23 (8) |

注：c、t、n 表示在单位根检验的辅助方程中是否包含截距和趋势，n 表示无决定性项，c 表示仅包含截距，t 表示包含截距和趋势。小括号中数值，ADF 检验为滞后期，PP 和 KPSS 检验为带宽。***、** 和 * 分别表示在 10%、5% 和 1% 的显著性水平下拒绝原假设。d 表示一阶差分。

因此，后面的实证研究将对股价和汇率取一阶差分，分别用 ds 和 de 表示，其经济含义就变为对数股市收益和对数汇市收益①。

## 四、基准模型分析：线性 VAR 模型

在应用 TVP-VAR 模型之前，建立基于线性 VAR 模型的基准模型作相关实证分析，为后续时变参数化模型的构建与分析提供一定的经验基础。建立线性 VAR 模型首先需确定模型的滞后期，设置滞后 12 期（最优滞后期选择相关统计量如表 4.3 所示），根据 FPE、SC 和 HQ 信息准则将 VAR 模型滞后期设定为 1。

表 4.3　　　　　　VAR 模型最优滞后期选取

| 滞后期 | LogL | LR | FPE | AIC | SC | HQ |
| --- | --- | --- | --- | --- | --- | --- |
| 0 | 29.592 | NA | 0.000 | -0.452 | -0.269 | -0.378 |
| 1 | 199.215 | 312.106 | 1.35e-10* | -2.864 | -1.405* | -2.273* |
| 2 | 240.972 | 70.987 | 0.000 | -2.719 | 0.016 | -1.612 |
| 3 | 279.725 | 60.456 | 0.000 | -2.515 | 1.497 | -0.891 |
| 4 | 315.693 | 51.074 | 0.000 | -2.254 | 3.035 | -0.114 |
| 5 | 354.932 | 50.226 | 0.000 | -2.059 | 4.506 | 0.598 |
| 6 | 391.892 | 42.135 | 0.000 | -1.818 | 6.024 | 1.356 |
| 7 | 439.670 | 47.778 | 0.000 | -1.793 | 7.325 | 1.897 |
| 8 | 478.563 | 33.448 | 0.000 | -1.591 | 8.803 | 2.616 |
| 9 | 542.772 | 46.231 | 0.000 | -1.895 | 9.776 | 2.828 |
| 10 | 644.582 | 59.050 | 0.000 | -2.952 | 9.996 | 2.289 |
| 11 | 804.365 | 70.305* | 0.000 | -5.167 | 9.057 | 0.589 |
| 12 | 977.322 | 51.887 | 0.000 | -7.647* | 7.854 | -1.373 |

注：LogL 表示模型回归结果的对数似然值，LR 表示经过序贯修正（Sequential Modified）的 LR 检验统计量。*表示每个准则所对应的选择的最优模型滞后期。FPE 数值为 0 主要是因为未保留前 3 位的原数值太小。

对 VAR（1）模型的残差作自相关 LM 检验显示在 1% 的显著性水平下无

---

① 或者可以理解为股价对数变动与汇率对数变动。

自相关，同时考虑到模型自由度限制，将模型滞后期确定为1，并以此作相关检验与分析。

### （一）VAR（1）模型参数回归结果

表 4.4　　　　　　　　VAR（1）模型参数回归结果

| | ds | de | si | ei | y | inf | r |
|---|---|---|---|---|---|---|---|
| $ds_{-1}$ | 0.023 | 0.03 | 0.446* | -0.52 | 0.094* | -0.416 | -1.707*** |
| $de_{-1}$ | 0.014 | 0.335* | 0.026 | 0.172*** | 0.007 | 0.132 | -0.161 |
| $si_{-1}$ | 0.08 | 0.197 | 0.473* | 0.195 | 0.022 | 0.235 | 0.272 |
| $ei_{-1}$ | -0.047* | 0.103 | -0.021 | -0.041 | -0.01** | -0.218** | -0.056 |
| $y_{-1}$ | -0.284 | -1.46 | 0.246 | 0.035 | 0.741* | 0.988 | 1.299 |
| $inf_{-1}$ | 0.022 | 0.015 | 0.061* | -0.019 | 0.014* | 0.186*** | 0.052 |
| $r_{-1}$ | -0.003 | -0.092*** | 0.001 | 0.036 | -0.004*** | 0.071 | 0.645* |
| c | 0.002 | 0.223 | 0.037 | -0.091 | 0.012 | -0.08 | 0.832* |

注：*、** 和 *** 分别表示在1%、5%和10%的显著性下显著。c表示截距项。

从回归结果可知，（1）汇市情绪对股市收益具有显著的负效应，即外汇市场上投资者风险偏好增强将导致股市下跌，而其他变量对股市收益均无显著作用；（2）汇市收益具有显著"惯性"，且利率对汇率呈显著负影响，利率上升将导致汇率升值，其他变量对汇市收益无显著影响；（3）对于市场情绪，历史股市收益和通胀是影响股市情绪的显著变量，而历史汇市收益是影响汇市情绪的显著变量，这表明通胀上升将会导致股市情绪高涨，且股市情绪具有"惯性"，而汇市情绪不具有"惯性"，但前一期汇率变动（即历史汇市收益）对汇市情绪具有显著正向作用，即汇率贬值，汇市情绪上升；（4）股市收益、汇市情绪、通胀和利率都对产出具有显著作用，股市繁荣会带动经济增长，但汇率变化对经济增长无显著影响，通胀和利率分别对经济增长具有积极和消极影响，且产出具有显著的"惯性"，这与理论分析的结果较为一致，此外汇市情绪对经济增长具有显著负向影响；（5）汇市情绪对通胀具有显著的负向影响，且通胀也具有显著"惯性"，但股价和汇率，以及产出缺口和利率并未体现出对通胀的显著作用；（6）股市收益对利率的影响表现为显著的负效应，且利率也表现出显著的平滑性，表明历史股市变动显著地影响了短期利率，股价上涨反而会引起利率下降。

根据回归结果可以模型系统存在这样两条影响路径：一是 ds $\xrightarrow{-}$ r $\xrightarrow{-}$ de $\xrightarrow{+}$ ei $\xrightarrow{-}$ ds $\xrightarrow{+}$ si；二是 ei $\xrightarrow{-}$ inf $\xrightarrow{+}$ si。第一条影响路径表明股价与汇率将通过其他变量的传导而存在间接相互关联，具体表现为股价下跌引起利率上升[①]，进而导致汇率升值；汇率升值将引起汇市情绪下降，进而引起股价上涨，从而出现"股价下跌—汇率升值—股价上涨"的循环。此外，这两条路径还表明，汇市情绪将通过股市收益和通胀对股市情绪产生单向影响，即汇市情绪上涨，将导致股价下跌、通胀减轻，进而导致股市情绪下降。

### （二）脉冲响应分析

为更直观地分析变量间的动态关系，分别给定变量一个标准差的正向冲击，分析模型系统对冲击的响应状况。为避免脉冲响应函数受变量顺序的影响，采用广义脉冲，设置响应期为 12 月，应用 Monte Carlo 模拟标准差 5 万次，计算响应函数，得到如下脉冲响应结果。

1. 股市收益的响应

从股市收益对冲击的响应图（见图 4.2）看，汇率升值、股市情绪上升、通胀率上升都会导致股市收益正向响应，即股价上涨，而汇市情绪上升、产出上涨和利率提高都可能导致股价下跌。但置信区间表明，汇市收益、汇市情绪、产出、通胀及利率对股市收益的影响可能并不显著。脉冲响应结果显示，股市收益对其自身冲击大约在前两期具有显著正向响应，而对来自股市情绪冲击也大约在前两期具有显著正向响应。

2. 汇市收益的响应

股市上涨、股市情绪上涨、产出增长、利率上升都可能导致汇率升值，但汇市情绪上涨和通胀率提高却可能导致汇率贬值。但由于置信区间包含了 0 值而使得这些变量对汇市收益的影响可能并不显著（见图 4.3）。

3. 股市情绪的响应

股市情绪对股市收益、产出、通胀的冲击均表现为正向响应，而对汇率、

---

① 需注意的是，根据回归结果，股价上涨所指收益为正有 10% 的可能使得利率为负，但结合实际来看，本书这里选用的是名义利率，名义利率不可能为负，同时显著性水平并不高，后面的脉冲响应并未发现利率对股市收益冲击的显著响应，所以这里分析股市收益（股价）对利率的作用仅仅是模型回归的结果，并且并不适用于分析其他条件不变，股价上涨使利率为负的情形。

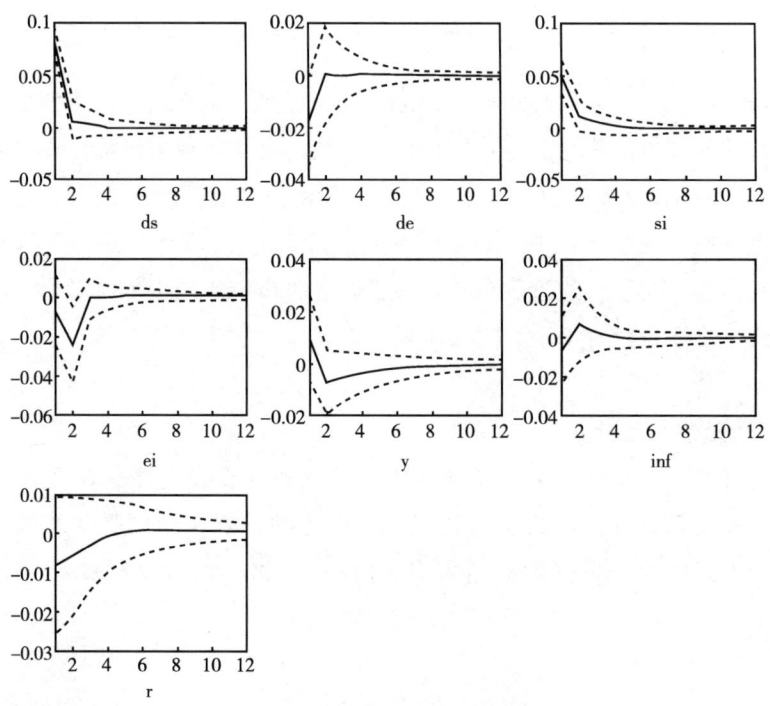

图 4.2 股市收益对冲击的响应

注：虚线表示 2 倍标准差置信区间，x 轴下方的变量名称表示冲击来源。下同。

汇市情绪和利率冲击都表现出负响应。这表明，股市情绪受股市收益的显著影响，产出增长、通胀上升、汇率升值及汇市情绪上涨都可能刺激股市情绪的提高，此外，利率上涨将可能下挫股市情绪（见图 4.4）。

4. 汇市情绪的响应

股市收益、股市情绪、产出冲击都可能引起汇市情绪负向响应，而汇市收益、通胀和利率都可能引起汇市情绪的正向响应。但除了汇市收益外，其他变量对汇市情绪的影响可能并不显著。根据脉冲响应可知，汇率贬值将导致汇市情绪上涨，股价上涨、股市情绪下跌都可能刺激汇市情绪上涨（见图 4.5）。

5. 产出的响应

股市收益、股市情绪、通胀冲击都将引起产出正向响应，而汇市收益、汇市情绪和利率冲击都可能引起产出负响应。即股价上涨、股市情绪上升、通胀上升、汇率升值、汇市情绪下降，以及利率下降将可能刺激产出增长（见图 4.6）。

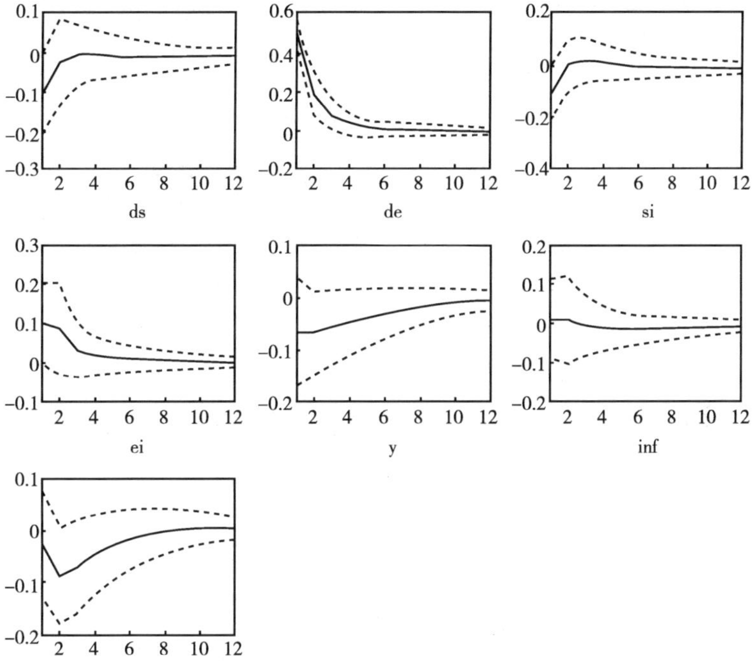

# 第四章 汇率与资产价格的动态关系实证研究：我国经验

**图 4.3 汇市收益对冲击的响应**

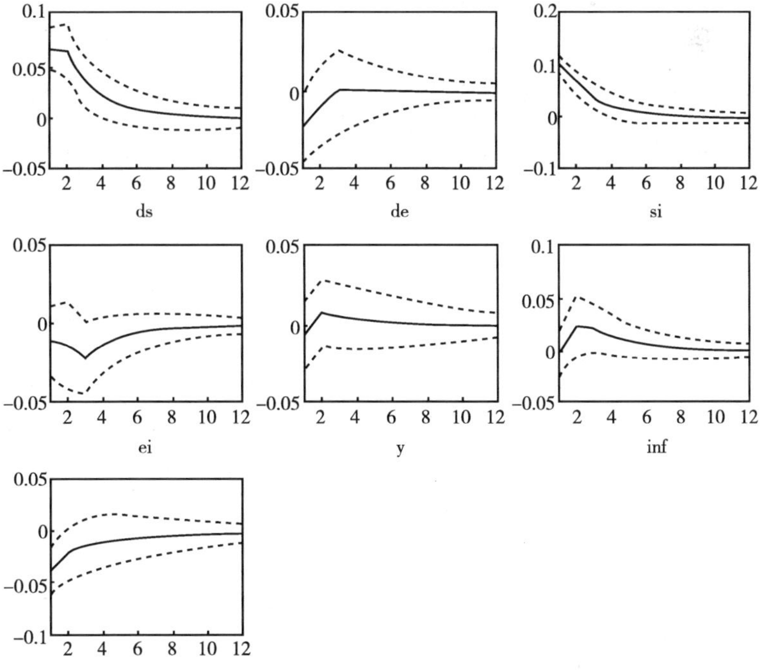

**图 4.4 股市情绪对冲击的响应**

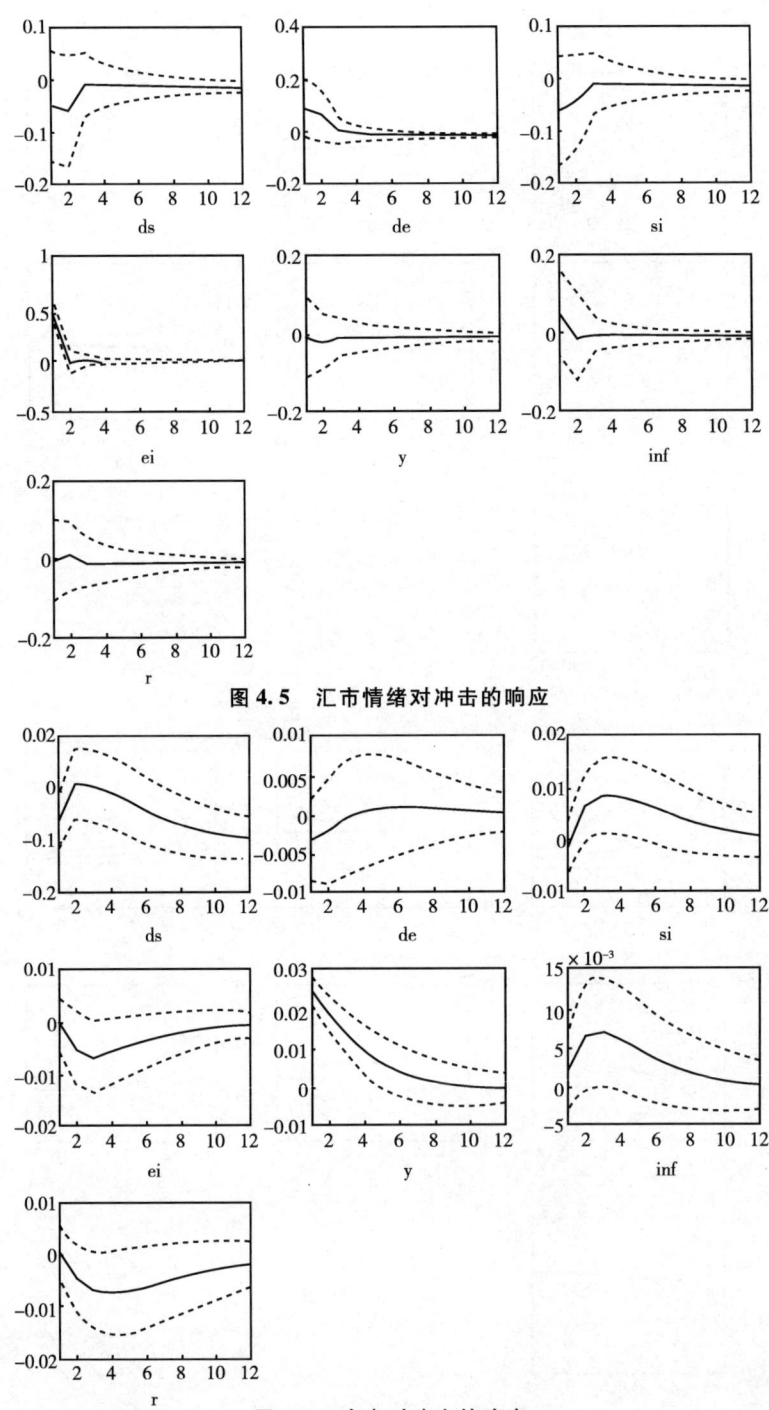

图 4.5 汇市情绪对冲击的响应

图 4.6 产出对冲击的响应

### 6. 通胀的响应

从通胀对变量冲击的响应可以发现，股价下跌、股市情绪下降、汇率贬值、汇市情绪下跌、产出增长和利率上涨将可能导致通胀上升，但这些变量对通胀的影响可能并不显著（见图4.7）。

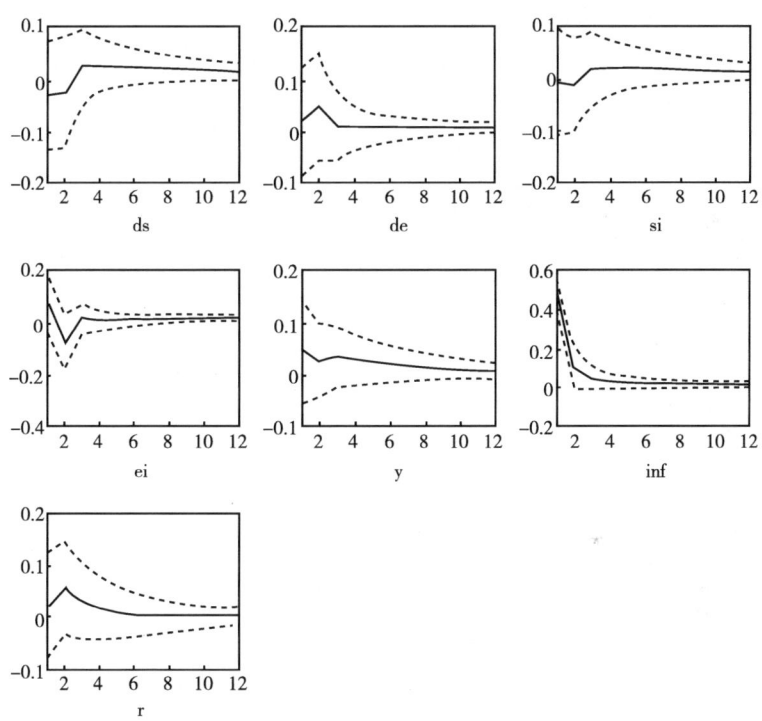

图 4.7 通胀对冲击的响应

### 7. 利率的响应

面对股市收益、汇市收益、股市情绪、汇市情绪的正冲击，利率均表现为负响应，而对产出和通胀的正冲击，利率都为正响应。这说明，股价下跌、汇率贬值、股市情绪下跌、汇市情绪下跌都可能引起利率上升（见图4.8）。

## 五、TVP-VAR 模型构建与结果分析

线性 VAR 模型初步展示了变量间的线性关系，但考虑到由于一些非典型时间所引起的结构性突变而使变量间的关系可能并非完全线性，有必要放弃线

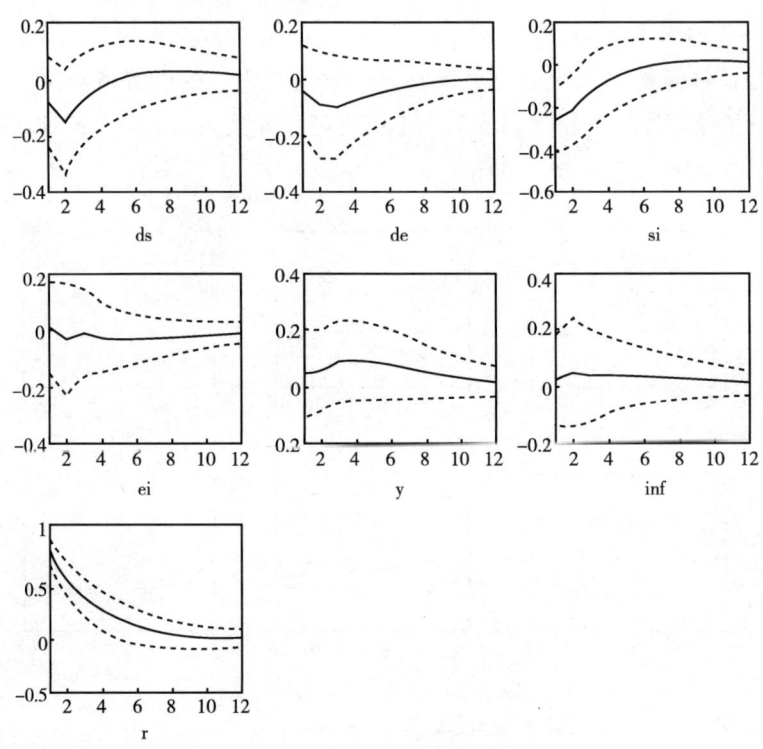

图 4.8 利率对冲击的响应

性假设转而更全面的建模分析，因此以下将建立 TVP–VAR 模型进行实证研究。根据第三章对 TVP–VAR 模型的阐述，为提高模型自由度，应用 Koop 等（2009）的方法，假设结构性参数矩阵 A 为时变的，引入 $k_{1t}$ 和 $k_{2t}$ 两个介于 [0, 1] 之间的 Markov 随机向量，分别控制参数向量 β 和 h 的时变属性，建立 TVP–VAR 模型用于实证分析。设置前 10 个样本用于模型训练（training），根据基准线性 VAR 模型的结果，设定 TVP–VAR 模型的滞后期为 1，采用 MCMC 模拟 25000 次（前 5000 次用于预烧）对模型进行 Gibbs 抽样估计。相关参数的先验分布设定如下：

$$a \sim N(0,4), \beta \sim N(0,4), h \sim N(1,4)$$

$$\sum\nolimits_\beta \sim IW(0.002,10), \sum\nolimits_a \sim IW(0.02,1), \sum\nolimits_h \sim IW(0.0016,8)$$

经过估计，得到 $k_{1t}$ 和 $k_{2t}$。从这两个参数在样本期内的走势可以发现参数的时变属性。

图 4.9 中两条线为 $k_{1t}$ 和 $k_{2t}$ 后验估计的平均值。从图中可以发现，在样本期内，$k_2$ 的值几乎一直保持为 1，$k_1$ 的值变化较大，从 2009 年开始一直下降至 2013 年的 0.5 左右后在波动中有所上升。这表明，所构建的 TVP - VAR 模型的波动率的时变性较高，但 VAR 系数的时变性相对较弱，但仍有一定程度的时变性。

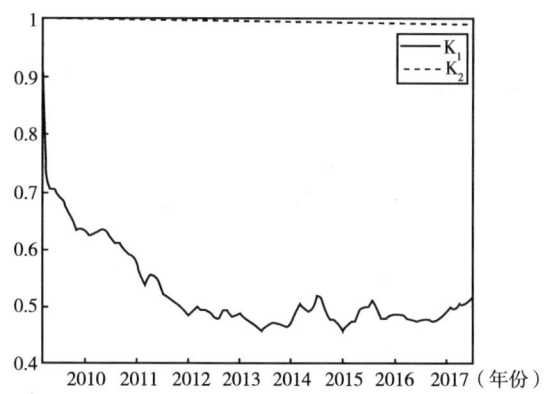

图 4.9　参数时变属性控制图

### （一）模型中 VAR 系数的回归结果

图 4.10 展示了 TVP - VAR 模型中 VAR 系数在考察期内的估计结果和时变态势。

从系数时变性和显著性看，大多数系数的 [20%，80%] 百分位点（percentiles）包含 0 值因而可能是不显著的[①]，与参数 $k_1$ 的结果一致，VAR 模型系数仅有部分时变性，大多数系数并未显现出强烈的时变属性。就各个回归方程而言，(1) 对于 de 方程，滞后 1 期 r 对其影响具有显著的时变性，且随着时间呈现先下降后上升的态势，整体上呈负向作用，但 2015 年下半年开始这一作用变得不再显著。同时，滞后 1 期的 de 对其自身也具有显著且相对常态的正向作用，影响程度基本保持在 0.32 左右。其他变量的影响可能都不显著。(2) 对于 ds 方程，仅有滞后 1 期 ei 在 2014 年之前对其具有显著负作用，其他

---

① Fisher 和 Huh（2016）认为因为百分位点不是反映抽样不确定性（sampling uncentainty），因而不应该作为置信区间。然而，如果百分位点包含 0，也就说明值有机会为 0，如果百分位点区间不包含 0，则表明值不可能为 0。因此，本书这里认为百分位点在一定程度上还是可以用来判断系数值是否可能为 0。

汇率与资产价格的动态交互机制研究

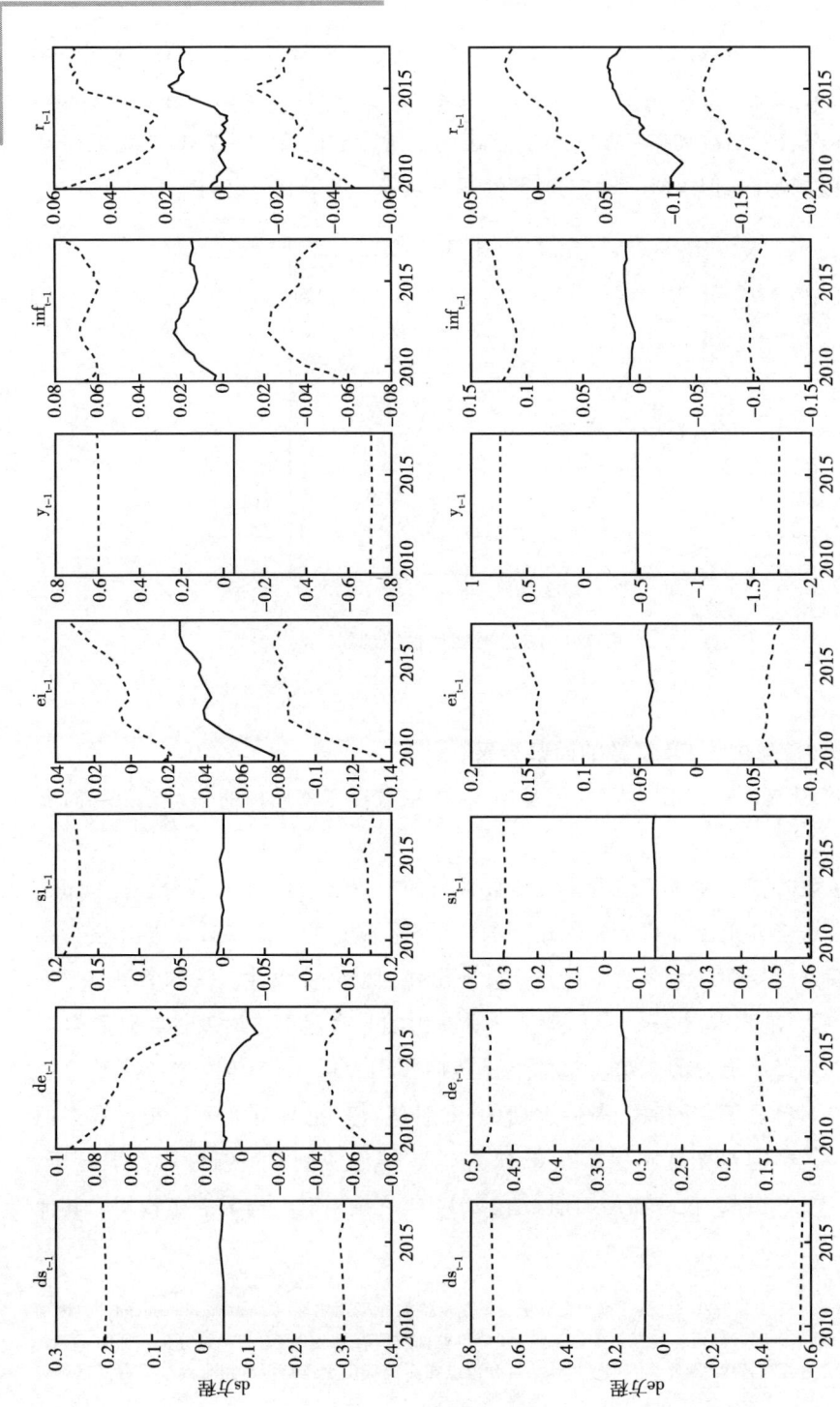

第四章 汇率与资产价格的动态关系实证研究：我国经验

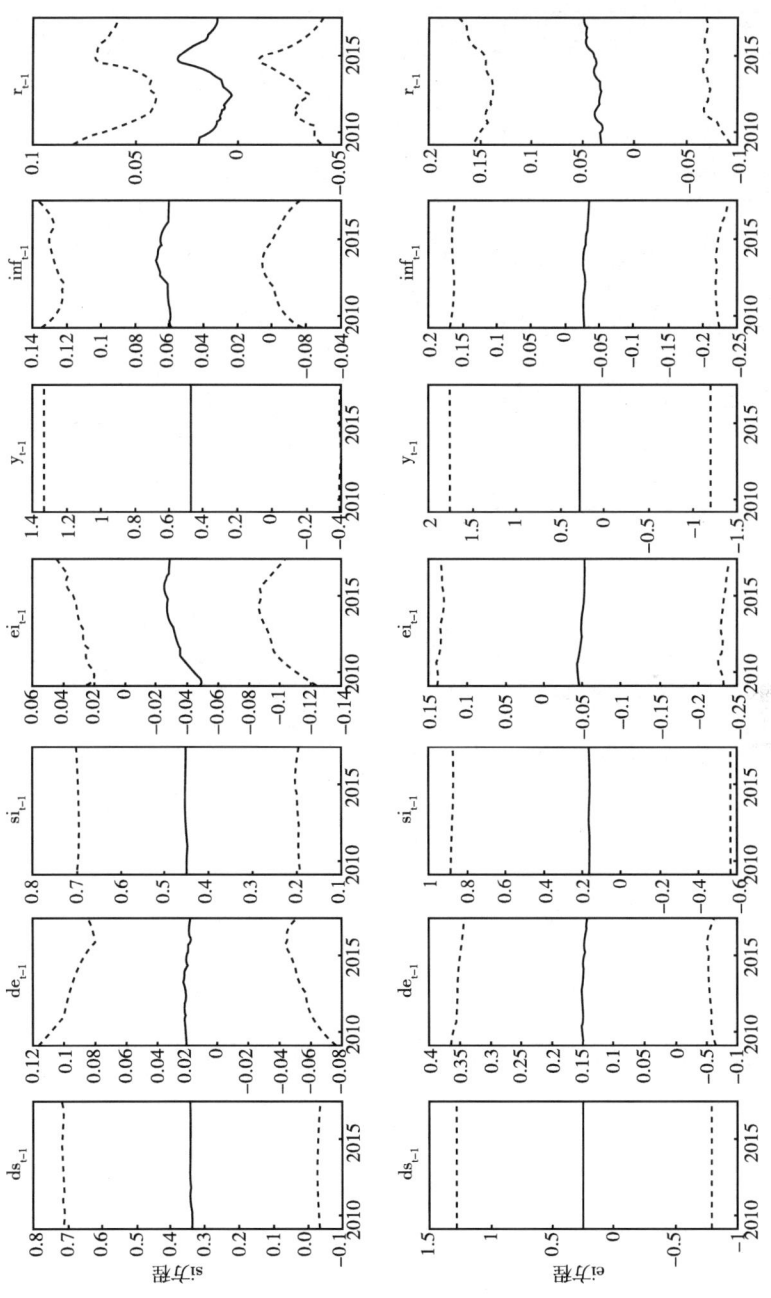

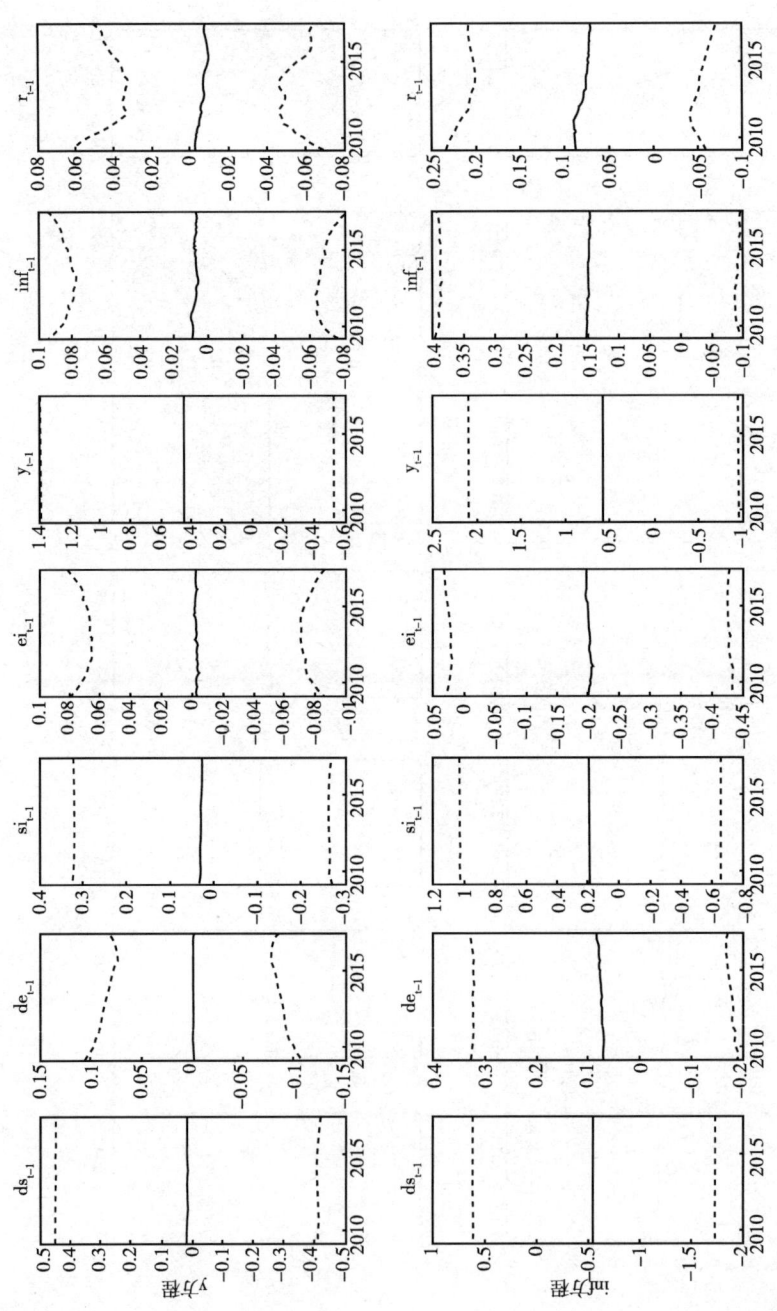

# 第四章 汇率与资产价格的动态关系实证研究：我国经验

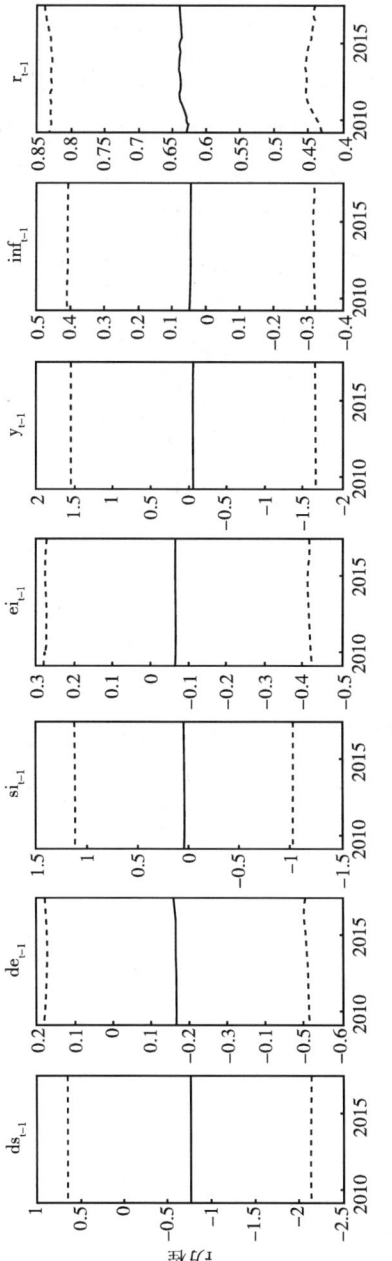

图 4.10 TVP-VAR 模型系数回归结果

注：图中实线表示后验估计中值（median），上下两条虚线表示后验估计的 [20%，80%] 百分位点（percentiles）。

变量如 inf、r、de 对 ds 的影响尽管表现出一定的时变性，但都不显著。值得注意的是，用来表征市场情绪的 si 并没发现对 ds 具有显著作用。（3）对于 si 方程，滞后 1 期的 ds 和 si 对其具有显著的常态性正向作用，除了通胀 inf 在 2014~2015 年对其具有显著正向作用外，均未发现其他变量对 si 存在显著影响。（4）对于 ei 方程，所有变量的滞后值对其的影响都不显著。（5）对于三个宏观经济变量方程，除了利率 r 方程中滞后 1 期对其自身具有显著正向且常态性影响外，其他变量的影响都可能是不显著的。

根据 TVP-VAR 模型系数回归结果，变量间存在的显著影响关系可表示为：

$$ei \xrightarrow{-} ds \xrightarrow{+} si, r \longrightarrow de \tag{4.2}$$

与线性 VAR 模型的回归结果相比，TVP-VAR 模型的回归结果并没有显示出变量间存在动态相互关联。TVP-VAR 回归结果表明利率影响汇率、汇市情绪将通过股价（股市收益）影响股市情绪，此外，通胀在特定时间段也是影响股市情绪的重要因素（见图 4.10）。

### （二）随机波动率

前述建立的基准线性 VAR 模型中假定模型残差是同方差的，但经检验模型残差却存在异方差。根据估计的 TVP-VAR 模型的残差标准差（见图 4.11），结合参数 $k_2$，可以看到 TVP-VAR 模型中 7 个方程的残差的标准差存在显著的波动性，总体呈先下降后上升的态势。

### （三）脉冲响应分析

基于 TVP-VAR 模型的脉冲响应函数分析，常用的有两种脉冲响应分析思路：一是设定固定响应点，分析样本期内时点上响应的时变性；二是设定不同时点，分析不同时点上脉冲响应。本书这里将两者相结合，设定 15 期响应期，假定冲击发生于样本期每一个时点，利用 3D 图从横向和纵向两个角度分析脉冲响应函数的时变性。

分别给定相应变量 1 单位的结构性冲击，分析系统中其他变量对冲击的响应，模拟 2 万次，得到如下结果[①]。

---

[①] 由于采用 3D 图无法将脉冲响应的分位点在图中刻画，因而这里不再讨论脉冲响应的显著性。

# 第四章 汇率与资产价格的动态关系实证研究：我国经验

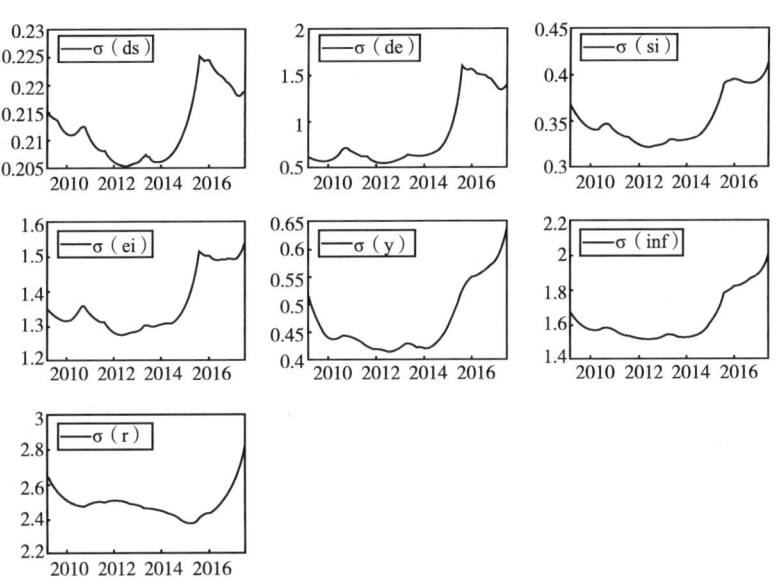

图 4.11 TVP – VAR 模型随机波动率

1. ds 冲击

对于 ds 冲击，在考察期内，短期内 de、inf 和 r 的响应程度都呈现增强态势。总体而言，对于股市收益的正向冲击（即股价上涨冲击），汇市收益表现为负响应，即汇率升值；股市情绪上涨；汇市情绪先作为负响应，但很快变为正响应，直到收敛；此外，宏观经济方面表现为产出增长、通胀下降、利率下降的响应。

2. de 冲击

对于 de 冲击，ds、si、inf 和 r 的响应具有一定的时变性。2014～2016 年 ds 的响应程度明显要高于其他时间但都均表现为负响应，且 si 在这期间对 de 冲击也表现较大程度负响应。对于汇率收益正向冲击，即汇率贬值冲击，股价将下跌；但股市情绪对于冲击响应在 2010 年左右和 2016 年后将表现为正响应，其他时间，特别是 2014～2015 年表现出较大程度的负响应；汇市情绪在 2009 年和 2014 年响应程度都提高了，且一直表现为正响应；产出在 2010 年之前都表现为负响应，而之后表现为正响应，且响应程度也不断上升；通胀在 2015 年都表现为正响应，之后尽管短期内存在负响应，但很快将升高至较高程度的正响应；利率均表现为负响应，且 2014 年起，短期内负响应的程度不断上升。

3. si 冲击

对于 si 冲击,股市收益在正负响应间波动,直到收敛;而汇市情绪则表现为相对稳定的负响应,且随着年份呈现响应程度增大的趋势,即股市情绪上涨将可能引起汇率升值;汇市情绪则从初期的负响应,快速上升为正响应,后迅速回落并在正负响应间波动至收敛,且初期负响应呈随时间扩大的态势;产出的响应则呈现主要为正响应的上下波动至收敛;通胀和利率分别表现出稳定的正响应和负响应。

4. ei 冲击

ei 正向冲击将引起:ds 在短期内的负响应,且这种负响应程度随年份增长不断缩小;de 表现为正响应,且响应程度呈先下降后上升态势;si 则为负响应,且响应程度随年份减弱;y 在正负响应间波动至收敛;inf 和 r 基本是先呈正响应,后快速下降为负响应,之后波动收敛。

5. y 冲击

y 正向冲击,即经济增长冲击,将会引起通胀 inf 的正向响应,以及利率在前三个月的负响应与之后的正响应直到收敛。此外,对于经济增长冲击,股市收益 ds 和汇市收益 de 将基本表现为负响应,而股市情绪 si 和汇市情绪 ei 都表现为正响应。

6. inf 冲击

通胀上涨冲击将会引起产出增长响应,但利率只在 2012 年后表现为上涨响应,之前则表现为下降响应。对于金融市场,通胀上涨冲击将会引起股市收益和股市情绪的正响应,而前 2 个月将会引起汇市收益正响应,但之后为程度较大的负响应,相反,前 2 个月将引起汇市情绪的负响应,之后在正负效应间波动收敛。

7. r 冲击

利率上涨冲击将会导致通胀上涨响应,及短期内(约 3 个月)产出下降响应。此外,利率上涨将导致股市上涨,特别是 2013 年后利率冲击引起股市收益响应的程度明显高于先前年份;利率上涨将引起汇率升值,但随着年份增长,利率上涨所能引起汇率升值的程度不断萎缩;最后,利率上涨将引起股市情绪和汇市情绪的上涨,但响应的程度具有明显的时变性。

对上述七种冲击的响应如图 4.12 ~ 图 4.18 所示。

# 第四章 汇率与资产价格的动态关系实证研究：我国经验

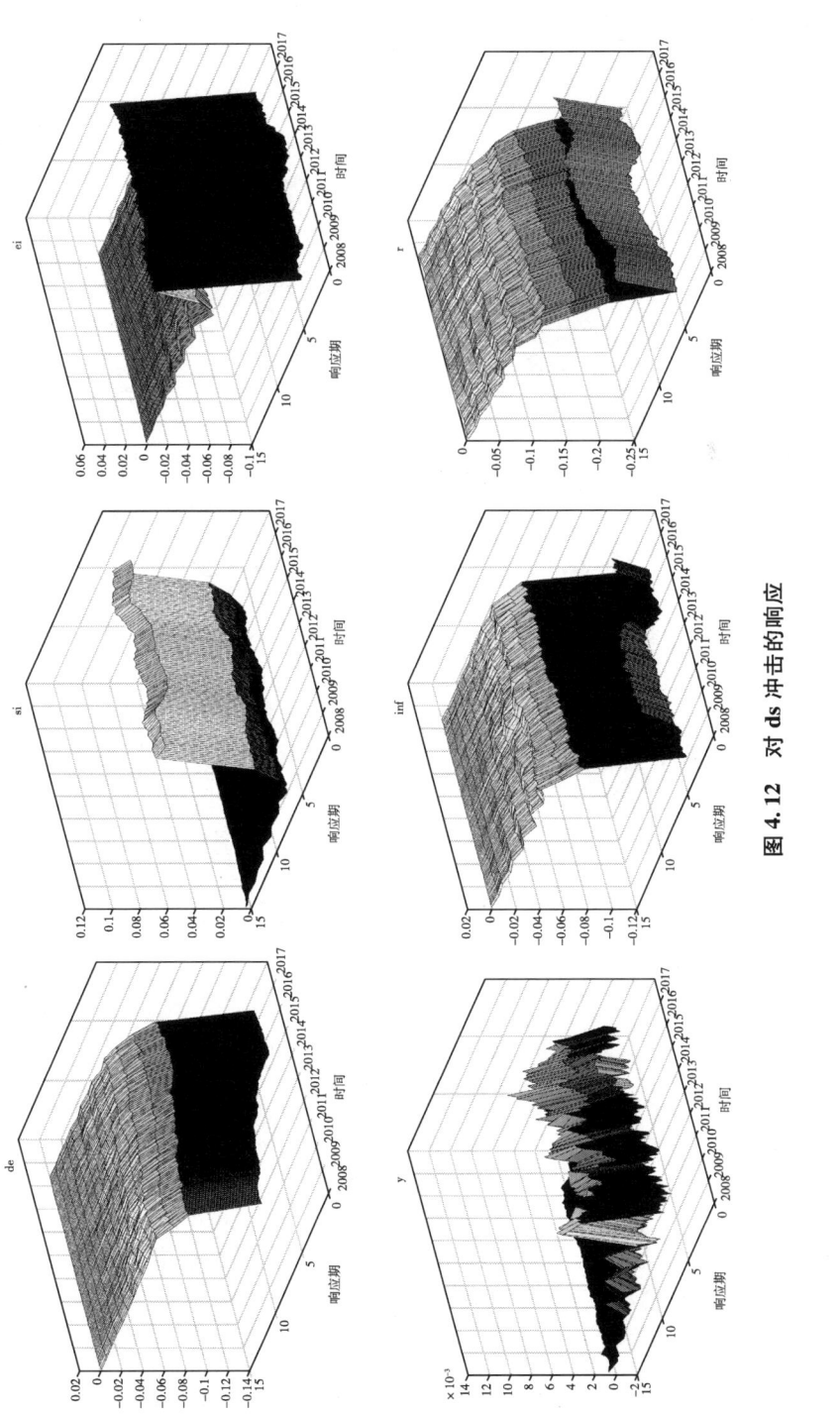

图 4.12 对 ds 冲击的响应

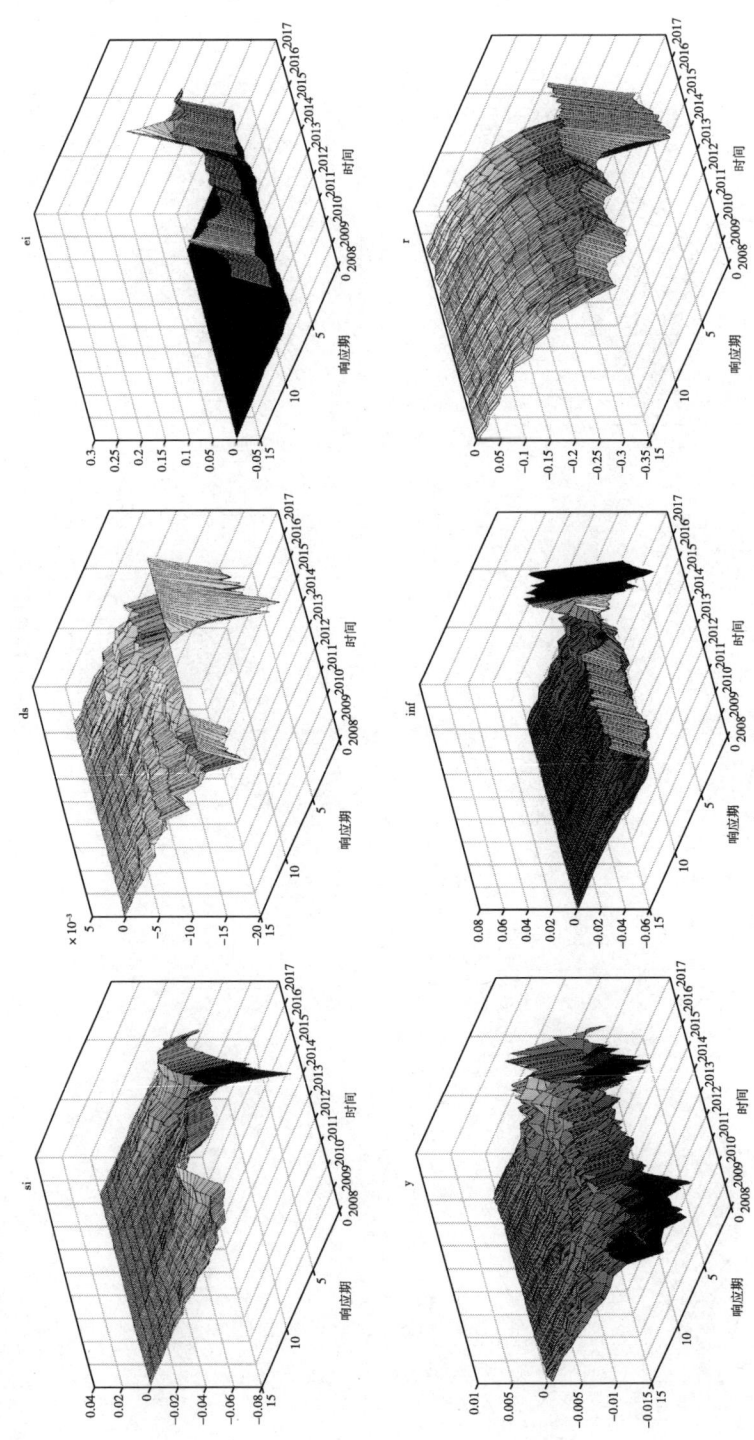

图 4.13 对 de 冲击的响应

第四章 汇率与资产价格的动态关系实证研究：我国经验

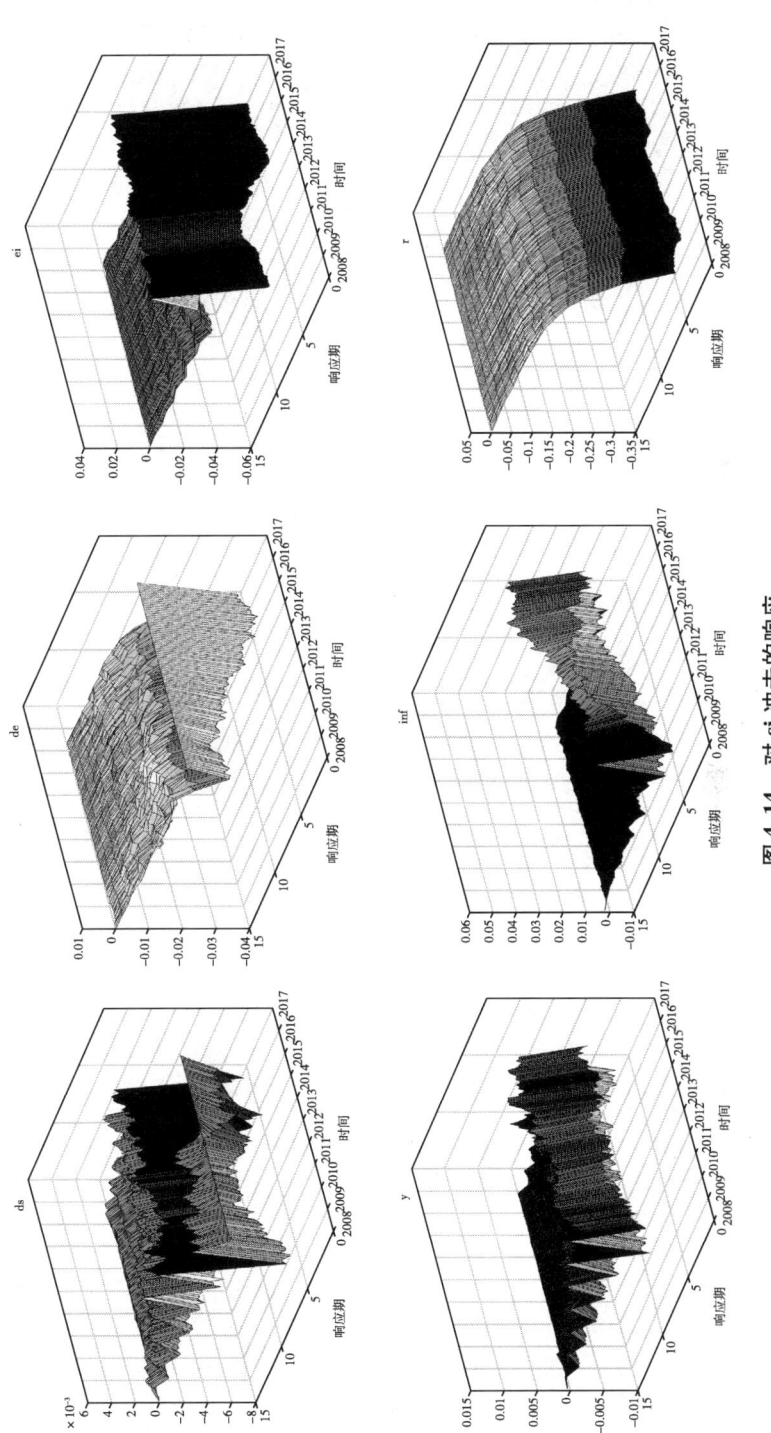

图 4.14 对 si 冲击的响应

汇率与资产价格的动态交互机制研究

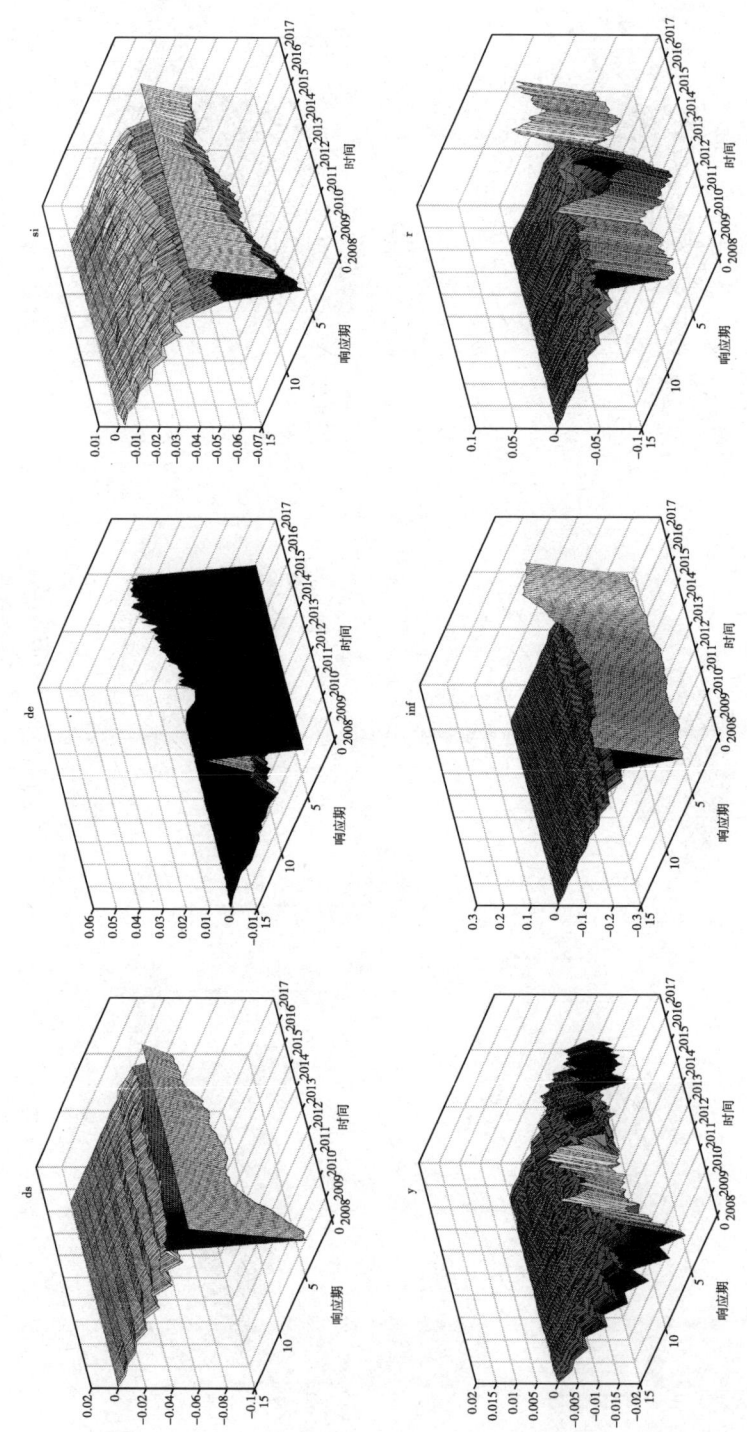

图 4.15 对 ei 冲击的响应

### 第四章 汇率与资产价格的动态关系实证研究：我国经验

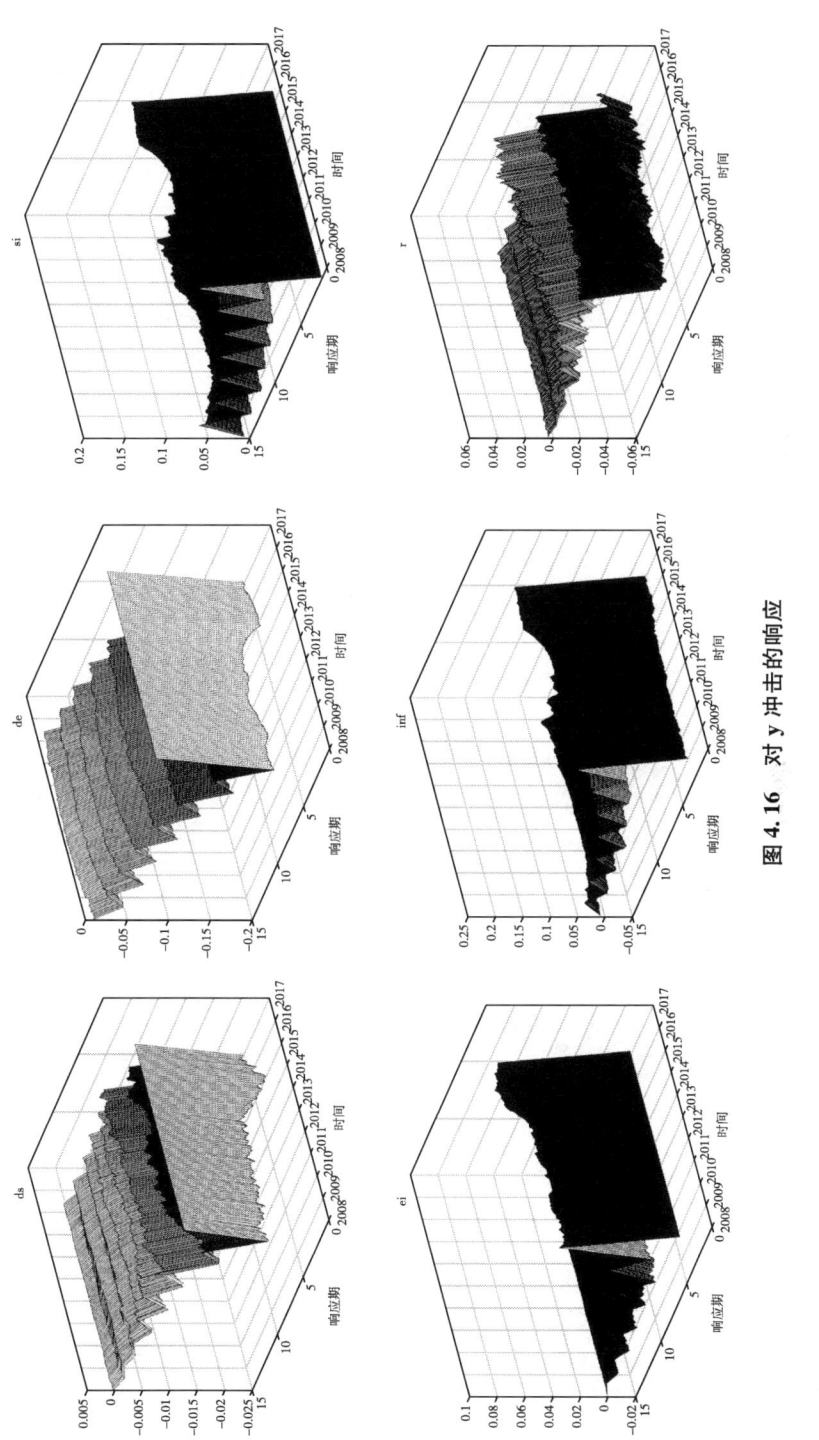

图 4.16 对 y 冲击的响应

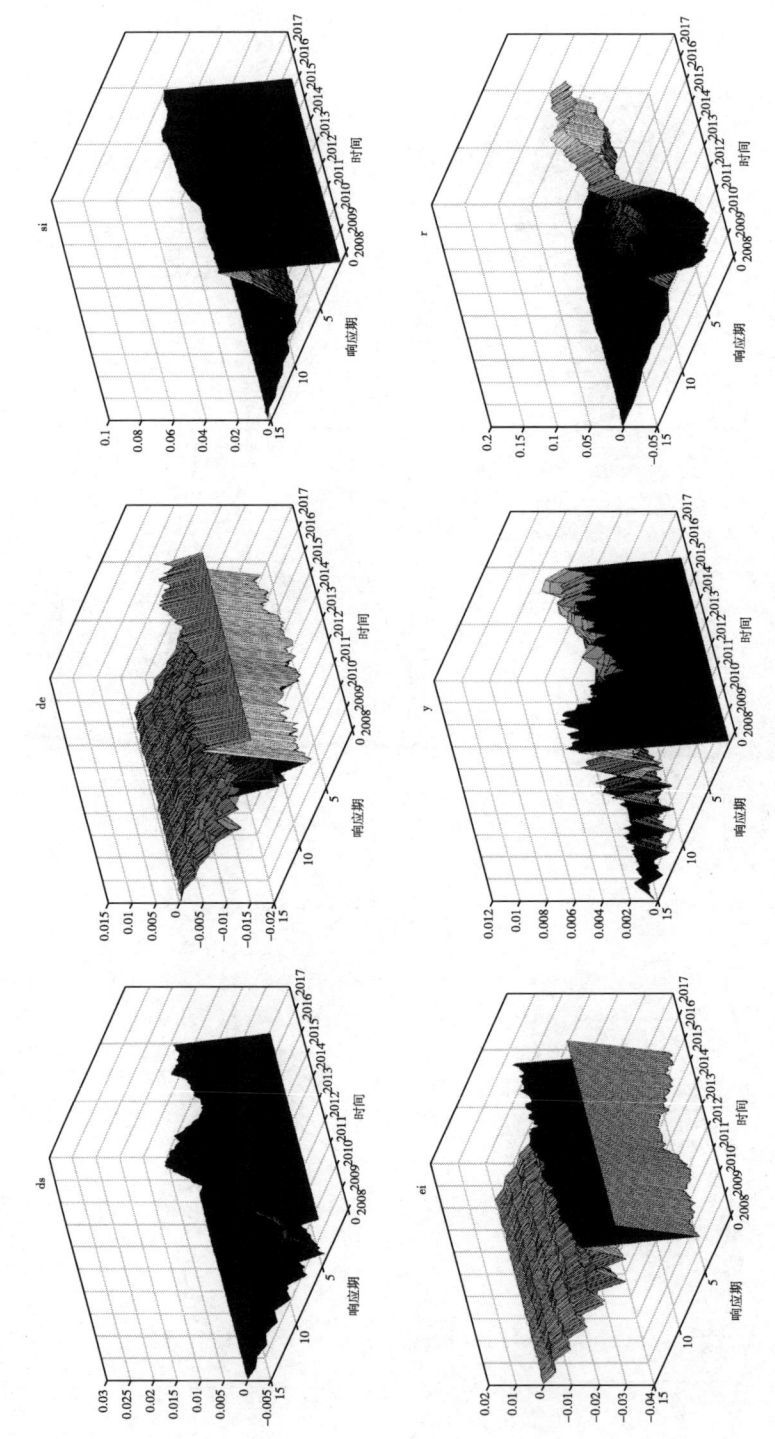

图 4.17 对 inf 冲击的响应

第四章 汇率与资产价格的动态关系实证研究：我国经验

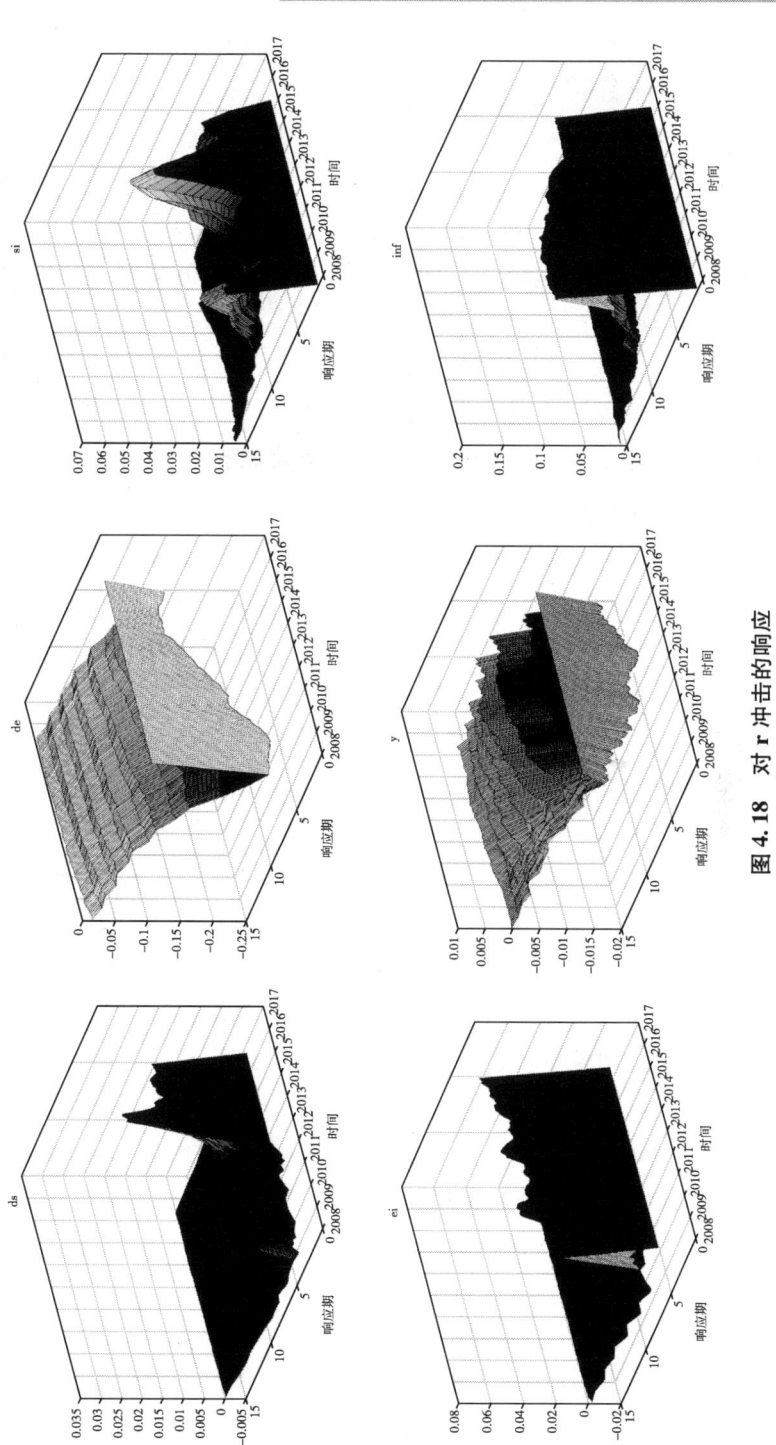

图 4.18 对 r 冲击的响应

### 六、主要实证结论

根据线性 VAR 和 TVP‐VAR 模型的实证结果,可以发现放松模型限制后,线性 VAR 模型得到的一些结果并不没有得到 TVP‐VAR 模型予以支持,甚至一些结论相互冲突,这可能是因为线性 VAR 模型存在的异方差性所导致的。

鉴于本书目的是研究汇率与资产价格的关系,这里重点阐述模型实证研究得到的关于汇率与股价关系的几点主要结论。线性 VAR 的回归结果显示出了汇率与股价会通过变量间的传导而存在间接相互关联效应,总体上呈"股价下跌—汇率升值—股价上涨"的循环,而基于线性 VAR 模型的脉冲响应函数分析尽管显示出了股价与汇率之间的存在股价上涨与汇率升值相互的冲击响应关系,但结果表明可能这层关系仅在第一期显著,其他响应期并不显著。TVP‐VAR 模型回归结果并未发现汇率与股价之间具有显著直接或间接关联,但时变脉冲响应分析得到汇率与股价之间存在"汇率升值(贬值)—股价上涨(下跌)"的冲击响应关系,但鉴于回归结果不显著,脉冲响应关系因此并不一定显著。

此外,利用线性 VAR 和 TVP‐VAR 模型都发现利率具有显著的"平滑"特征;股市历史收益是股市投资者情绪显著决定变量,且汇市情绪对股市收益具有显著的负向作用。但对于利率变化如何影响股价和汇率,应用两类模型回归结果都未发现利率对股价具有显著作用,但脉冲响应分析表明短期内(1个月)利率冲击将会引起股价的负响应;两个模型回归结果都显示利率对汇率的负作用,即利率上升将导致汇率升值,这与利率平价理论相符,但汇率对于来自利率冲击的响应可能并不显著。

## 第二节 汇率与房价动态关系的实证研究

### 一、数据选取与变量设定

基于第二章的理论分析,这一节实证研究涉及的变量包括房价、汇率、房地产市场情绪、汇市情绪，以及产出缺口、通胀和利率。与本章第一节数据选取一致，汇率选取美元兑人民币即期汇率。房价选取70个大中城市新建住宅价格指数（2005年6月=100）。

市场情绪反映的是市场主体对于价格未来走势的某种预期或判断，而且这些预期和判断无法被可获得的关于市场基本面的信息完全解释（Jin et al.，2014），也就是说，市场情绪中既有理性的部分，也包含非理性的部分。对于房地产市场情绪，Ling等（2015）将其定义为对于房价变动或房价上涨的风险，或对两者的无法通过目前市场可获得的信息予以证实的错误信念。对于指标选取，已有研究主要有两种做法[1]：第一是基于问卷或网络搜索数据构建指标，如Ling等（2015）利用对家庭部门的问卷数据中认为由于房价将上涨而是好时机买房的受访者比例，而Zheng等（2016）网络搜索数据中对未来房价的乐观预期与悲观预期对比。第二种做法是借鉴Baker和Wurgler（2006）关于股市投资者情绪构造方法，选取与市场情绪相关的代理变量，应用主成分方法提供主成分构造市场情绪指标，如Clayton等（2009）、Hui等（2017）等。但与股市不同，由于交易成本较高、流动性较差、受限的价格揭示（price revelation）、资金约束和无法卖空，因此，相对于金融市场，房地产市场效率较低（Case and Shiller，1989），相关市场变量可能并不能充分反映市场情绪[2]。此外，由于相关市场变量的变化可能是情绪变动引起的，这种方法还可能陷入自我循环的风险。从我国实际情况来看，我国央行自2003年开始发布的季度《城镇储户问卷调查报告》，该报告中包含城镇居民房地产投资意愿、购买住房意愿比例和对房价预期的问卷调查数据。但由于房价预期从2009年才开始统计，房地产投资意愿则从2010年第四季度才开始统计，样本容量相对有限。因此，本着可靠性和科学性原则，本书这里选取《城镇储户问卷调查报告》中的购买住房意愿比例来衡量房地产市场情绪。

---

[1] Jin等（2014）用消费者信心指数来作为市场情绪的代理变量。但根据该指标设计，消费者信心指数主要反映的是消费者对于个人财政状况（personal finance）和总体经济形势的预期，而并未直接反映对未来房地产市场的预期。尽管对于经济形势和房地产市场的预期可能相关，但用消费者信心指数作为房地产市场情绪的代理变量的准确性还值得考虑。

[2] Hui等（2017）选取股市、成交金额和成交量、资本市场、土地市场市场和发展状况，并利用主成分构造房地产市场情绪指标。这些变量的变化更多可能是市场情绪变动的后果，除了市场情绪外，其他因素也可能导致这些变量的变化，因此用这些变量构造情绪指标可能是很不准确的。

而对于汇市情绪，第一节中基于 Kumar 和 Persaud（2002）方法利用远期汇率与即期汇率之间的超额收益计算外汇市场偏好指数作为汇市情绪的代理变量，所用远期汇率和即期汇率都为在岸汇率。由于在岸汇率容易受外汇干预以及直接规制的影响，可能并不完全反映市场情绪。相反，人民币 NDF（远期无本金交割远期）因在新加坡、日本和美国等海外金融市场交易，不受国内外汇干预等因素的直接影响，其更能够反映外汇市场上投资者的整体情绪（Park and Rhee, 2001）。通常一些文献也用 NDF 来表示汇率预期。因此，结合本书的理论分析，参照 Gu 和 McNelis（2013），选取 3 个月期美元兑人民币 NDF 中间价季末值，用对数 NDF 与对数即期汇率之差表示汇市情绪。

三个宏观经济变量中通胀和利率的选取与第一节相同，但稍有不同，由于 Shibor 自 2006 年才开始运行，因此这里利率用银行间同业拆借所有期限加权平均利率。由于所选取的用于表示房地产市场情绪的城镇居民购买住房意愿比例只有季度数据，本节实证研究将选取相应的季度数据进行分析，因此对于产出缺口，对季度 GDP 作 HP 滤波处理提取波动部分作为产出缺口的代理变量[①]。

鉴于房价数据只能获得 2005 年 6 月开始的数据和央行只统计公布季度购买住房意愿比例数据，本节数据区间选取为 2005 年第 2 季度至 2017 年第 2 季度。人民币兑美元 NDF 数据来源于 Bloomberg 和 Choice 金融终端，其他数据均来源于 WIND 资讯金融终端。

## 二、数据初步处理与描述性统计

对房价、汇率、CPI 指数取自然对数，并对所有数据利用 X12 法作季节调整以剔除可能的季节因素，初步处理后，房价、汇率、房地产市场情绪、汇市情绪、产出缺口、通胀和利率分别用 hp、e、hi、ei、y、inf 和 r 表示。

结合变量走势图（见图 4.19）和描述性统计（见表 4.5），在样本期内，房价 hp 和汇率 e 的波动相对较小，而其他变量变动的波动则较大。此外，JB 统计量表明，除了 hp、ei、y 和 inf 作出服从正态分布的结论外，e、hi 和 r 都不服从正态分布。

---

[①] 具体作法是选取 1992~2017 年第二季度 GDP 数据，对其取自然对数后，采用 X12 法作季节调整，应用 HP 滤波处理后得到波动部分。

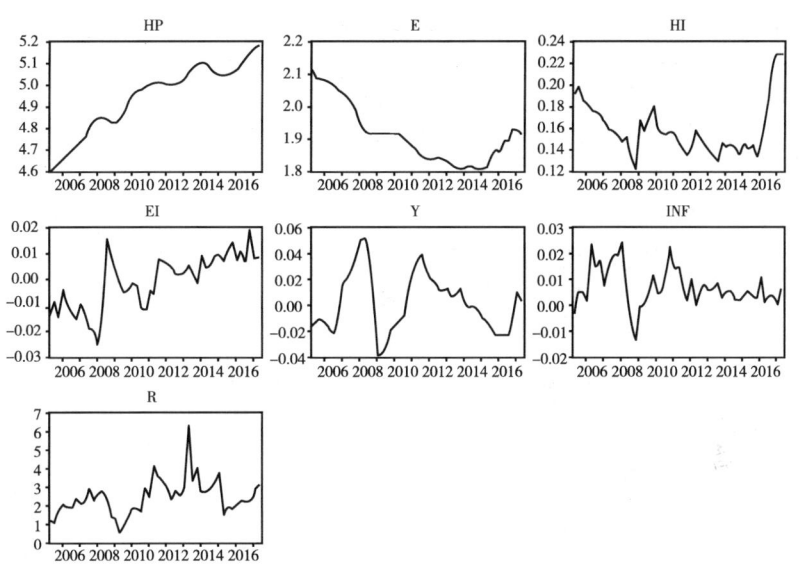

图 4.19 变量序列走势图

表 4.5 描述性统计

|  | hp | e | hi | ei | y | inf | r |
|---|---|---|---|---|---|---|---|
| 均值 | 4.946 | 1.915 | 0.161 | -0.0003 | 0.002 | 0.007 | 2.471 |
| 最大值 | 5.187 | 2.114 | 0.23 | 0.019 | 0.052 | 0.025 | 6.335 |
| 最小值 | 4.605 | 1.808 | 0.123 | -0.025 | -0.038 | -0.013 | 0.577 |
| JB 统计量 | 4.173 | 5.487*** | 15.863* | 2.159 | 2.035 | 2.144 | 36.974* |

注：* 和 *** 分别表示在 1% 和 10% 的显著性水平下拒绝原假设。

## 三、单位根与平稳性检验

综合应用 ADF、PP 和 KPSS 对序列的单位根/平稳性作检验，得到如表 4.6 所示的结果。单位根检验的结果表明，除了对于 hi，KPSS 检验的结果与 ADF 和 PP 不同外，其余变量三种检验都得出相同结论。根据图 4.19 中变量的走势，采纳 ADF 和 PP 检验的结果，即 hi 并非水平平稳。因此，hp、e 和 hi 是一阶单整的，而其他变量都是水平平稳的。为保证模型的稳定性，对 hp、e 和 hi 取一阶差分，分别用 dhp、de 和 dhi 表示，用于构建 VAR 模型和 TVP - VAR 模型及相关分析。

表 4.6　　　　　　　　　　单位根检验

| | ADF | | PP | | KPSS | |
|---|---|---|---|---|---|---|
| | (c, t, k) | ADFt 统计量 | (c, t, b) | Adj. t 统计量 | (c, t, b) | LM 统计量 |
| hp | (0, 0, 1) | 1.456 | (1, 0, 3) | -1.724 | (1, 1, 5) | 0.196** |
| dhp | (0, 0, 0) | -1.937*** | (0, 0, 0) | -1.937*** | (1, 0, 3) | 0.187 |
| hi | (1, 1, 0) | -0.628 | (1, 1, 2) | -0.654 | (1, 0, 4) | 0.18 |
| dhi | (1, 1, 0) | -6.804* | (1, 1, 0) | -6.804* | (1, 1, 0) | 0.073 |
| e | (1, 1, 0) | 0.272 | (1, 1, 2) | 0.016 | (1, 1, 5) | 0.215** |
| de | (1, 1, 1) | -3.203*** | (1, 1, 1) | -5.367* | (1, 1, 2) | 0.069 |
| ei | (1, 1, 0) | -4.14** | (1, 1, 6) | -3.769** | (1, 1, 1) | 0.036 |
| y | (0, 0, 0) | -1.887*** | (0, 0, 2) | -2.439** | (1, 0, 4) | 0.099 |
| inf | (1, 0, 0) | -3.982* | (1, 0, 0) | -3.982* | (1, 1, 3) | 0.041 |
| r | (1, 0, 1) | -2.725*** | (1, 0, 2) | -3.712* | (1, 1, 4) | 0.102 |

注：c、t 表示检验的辅助回归方程中是否包含截距或趋势项，0 表示不包括，1 表示包含。k 和 b 分别表示滞后期和带宽（bandwidth）。*、**和***分别表示在 1%、5% 和 10 的显著性水平下拒绝原假设。d 表示一阶差分。

## 四、基准线性 VAR 模型回归分析

首先利用相关信息准则确定 VAR 模型的最优滞后期。由于受数据量限制，样本容量有限，为了使模型具有足够自由度，VAR 模型滞后期不能太大。设置最大滞后期为 4，得到如表 4.7 所示的滞后期选择结果。

表 4.7　　　　　　VAR 模型最优滞后期选择

| 滞后期 | LogL | LR | FPE | AIC | SC | HQ |
|---|---|---|---|---|---|---|
| 0 | 779.247 | NA | 0 | -35.102 | -34.818 | -34.997 |
| 1 | 887.802 | 177.636* | 0 | -37.809 | -35.538* | -36.967* |
| 2 | 934.557 | 61.631 | 0 | -37.707 | -33.449 | -36.128 |
| 3 | 993.024 | 58.468 | 0 | -38.137 | -31.893 | -35.822 |
| 4 | 1075.199 | 56.028 | 0* | -39.645* | -31.414 | -36.593 |

注：LogL 表示模型回归结果的对数似然值，LR 表示经过序贯修正（Sequential Modified）的 LR 检验统计量。*表示每个准则所对应的选择的最优模型滞后期。FPE 数值为 0 主要是因为未保留前 3 位的原数值太小。

结合滞后期选择结果,考虑到模型自由度限制,根据 SC 和 HQ 信息准则,将 VAR 模型滞后期确定为 1。对 VAR（1）模型的残差作 LM 序列相关检验,表明在 5% 的显著性水平下无序列相关,且 VAR（1）模型是动态稳定的。因此,以下将针对 VAR（1）模型作进一步分析。

### （一） VAR 模型回归结果

经过回归,VAR 模型回归结果如表 4.8 所示。

表 4.8　　　　　　　　　　VAR 模型回归结果

| | dhp | dhi | de | ei | y | inf | r |
|---|---|---|---|---|---|---|---|
| $dhp_{-1}$ | 0.663* | 0.029 | −0.01* | −0.07* | 0.083 | 0.064 | 4.742 |
| $dhi_{-1}$ | 0.073 | −0.036* | 0.226 | 0.127 | 0.166*** | −0.092* | −7.046* |
| $de_{-1}$ | 0.032 | −0.077* | −0.323* | 0.051 | 0.161 | 0.067 | −3.64* |
| $ei_{-1}$ | −0.297* | 0.48 | 0.963* | 0.554* | −0.269* | −0.323* | 26.115 |
| $y_{-1}$ | −0.178* | −0.083* | −0.202* | 0.059 | 0.809* | −0.066* | 11.481 |
| $inf_{-1}$ | −0.167* | −0.044* | 0.081 | −0.18* | 0.938* | 0.229 | 28.881 |
| $r_{-1}$ | −0.001* | −0.002* | −0.002* | 0.002 | 0.002 | 0.001 | 0.309*** |
| c | 0.007 | 0.005 | −0.001* | −0.002* | −0.011* | 0.004 | 1.457* |

注：* 和 *** 分别表示在 1% 和 10% 的显著性水平下显著。

根据回归结果可知,(1) 房价变动 dhp 自身具有显著的自回归特征,即"惯性",此外,汇市情绪 ei、产出缺口 y、通胀 inf 和利率 r 都对房价变动具有显著的负向影响,但房地产市场情绪 dhi 和汇率变动 de 无显著作用。(2) 对于房地产市场情绪,汇率变动、产出缺口、通胀和利率都具有显著负作用,而房价变动不存在显著影响。(3) 房价变动、产出缺口和利率对汇率变动具有显著负向影响,且汇率变动具有显著"惯性",汇市情绪对汇率变动具有显著正向影响,而其他变量无显著影响。(4) 房价变动、通胀对汇市情绪具有显著负效应,汇市情绪具有明显"惯性",其他变量无显著影响。(5) 房地产市场情绪对产出缺口具有显著正影响,而对通胀和利率均具有显著正影响；汇率变动对利率具有显著负效应；汇市情绪对产出缺口和通胀存在显著负向作用；产出缺口对通胀具有显著负向影响,而通胀对产出缺口具有显著正向影响；此外,产出缺口和利率都具有显著"惯性"。

## (二) 脉冲响应分析

为避免脉冲响应函数受变量顺序的影响，采用广义脉冲响应函数，设定12个季度的响应期，运用 Monte Carlo 模拟 5 万次，得到模型中变量对 1 个标准差单位外生冲击的响应函数。

1. 房价变动对冲击的响应

房价变动 dhp 对来自其他变量包括自身的外生冲击的响应状况如图 4.20 所示。从图中可以看到，对于来自汇率变动 de 的冲击，房价变动在前三期为负响应，之后为正响应直到收敛；而房地产市场情绪 dhi 的冲击将可能引起短期内房价变动正向响应；汇市情绪 ei 则可能引起短期内房价变动负响应；产出缺口 y 的正向冲击在相对较长时期可能引起房价变动负向响应，而通胀 inf 和利率 r 的正冲击都可能在第 1 期造成房价变动的正响应，但从第二期开始就变为负响应直至收敛。但值得注意的是，由于响应的正负 2 倍单位标准差所表示的置信区间包含 0 值线，因而房价变动对来自其他变量冲击

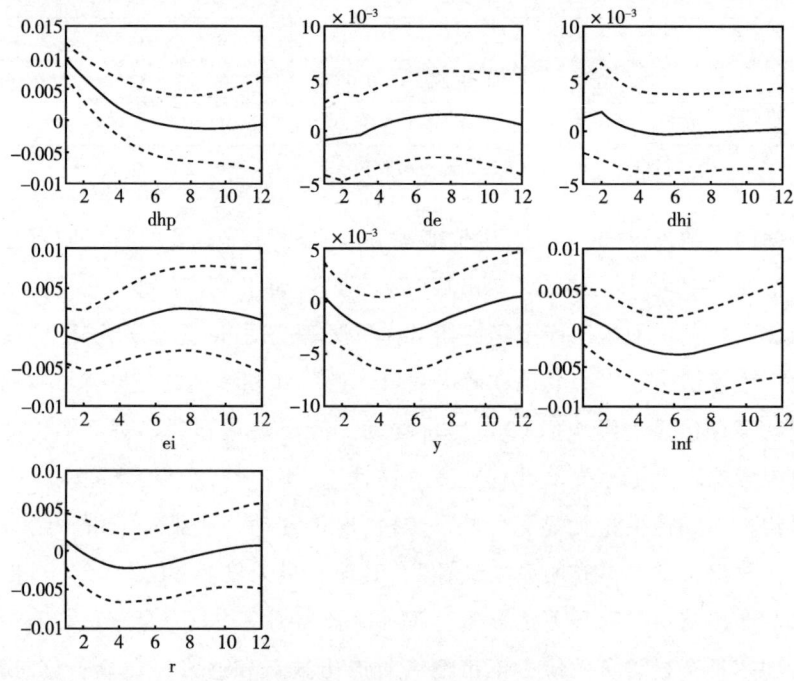

图 4.20 房价变动 dhp 对冲击的响应

注：实线表示响应，虚线表示正负 2 倍标准差。下同。

的响应并不是显著的。

2. 房地产市场情绪对冲击的响应

给定模型中其他变量1单位标准差正向冲击,得到如图4.21所示的房地产市场dhi对冲击的响应状况。从图中可以看到,房地产市场情绪对房价变动冲击的响应在前2期表现为正响应,之后表现为负响应至收敛,但并不显著;汇率变动和汇市情绪冲击将会引起房地产市场情绪的正向响应,但也不显著。而房地产市场情绪对于来自宏观经济的冲击都表现为负响应,且均不显著。

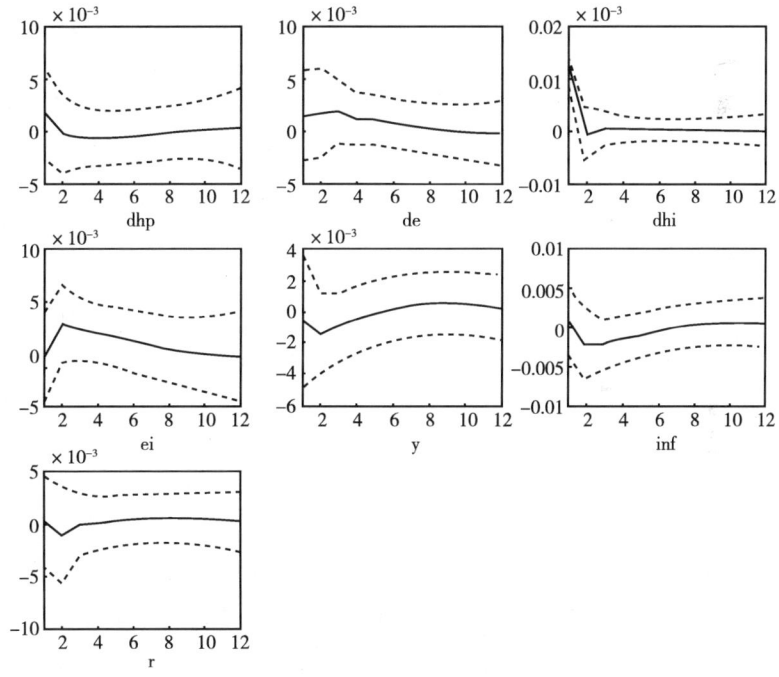

图 4.21 房地产市场情绪 dhi 对变量冲击的响应

3. 汇率变动对冲击的响应

从图4.22中可以发现,汇率变动对来自其他变量的冲击除了汇市情绪外都不显著。汇市情绪冲击在前4期将引起汇率变动的正向响应,即市场上预期汇率升值(贬值)将会出现预期的自我实现导致汇率升值(贬值)。而房价变动冲击、产出缺口冲击、通胀冲击和利率冲击在短期内都可能引起汇率变动的负响应,但并不显著。此外,受房地产市场情绪正冲击的影响,汇率变动可能会作出正向响应,但也不显著。

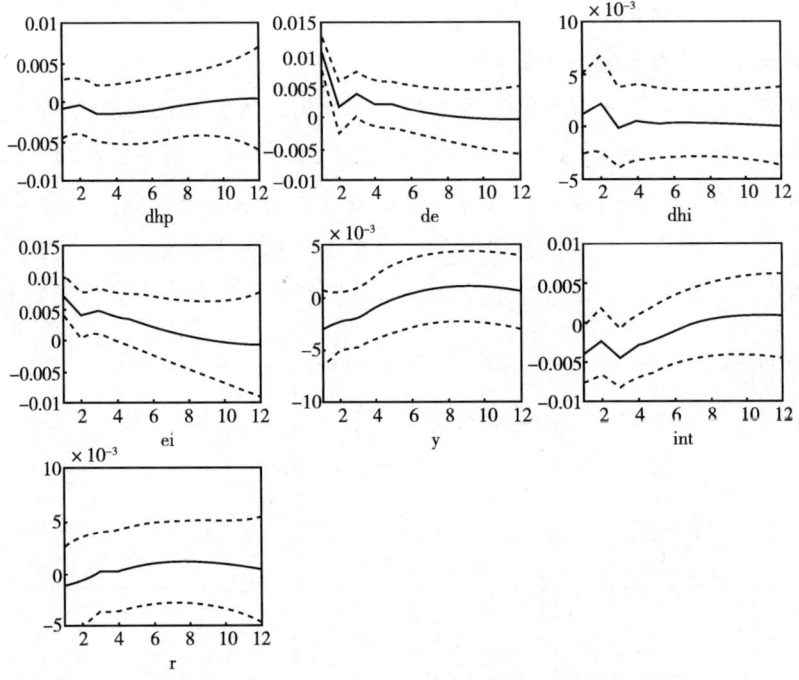

**图 4.22　汇率变动 de 对变量冲击的响应**

4. 汇市情绪对冲击的响应

至于汇市情绪对其他变量冲击的响应，结果如图 4.23 所示。对于房价变动冲击，汇市情绪在短期内将作出不显著的负响应，而对房地产市场情绪冲击可能作出正响应，但对汇率变动冲击在前 3 期会作出显著的正响应。对来自产出缺口和利率的正冲击，汇市情绪将表现为较长时期的不显著的正响应，但对通胀冲击在前 3 期为负响应，之后一直到收敛均为正响应，但也不显著。

5. 产出缺口对冲击的响应

从图 4.24 对比发现，短期内（4 期，即 1 年）房价上涨、房地产市场情绪提升、通胀高企、利率提高、汇率升值及升值情绪上涨都可能导致产出正缺口，但仅通胀对产出具有显著作用，其他变量的作用均不显著。

6. 通胀对冲击的响应

类似的，短期内房价上涨、汇率升值、汇率升值情绪上升、产出正缺口、利率上涨都可能引起通胀上涨，但除了汇率预期外，其他均不显著。

第四章 汇率与资产价格的动态关系实证研究：我国经验

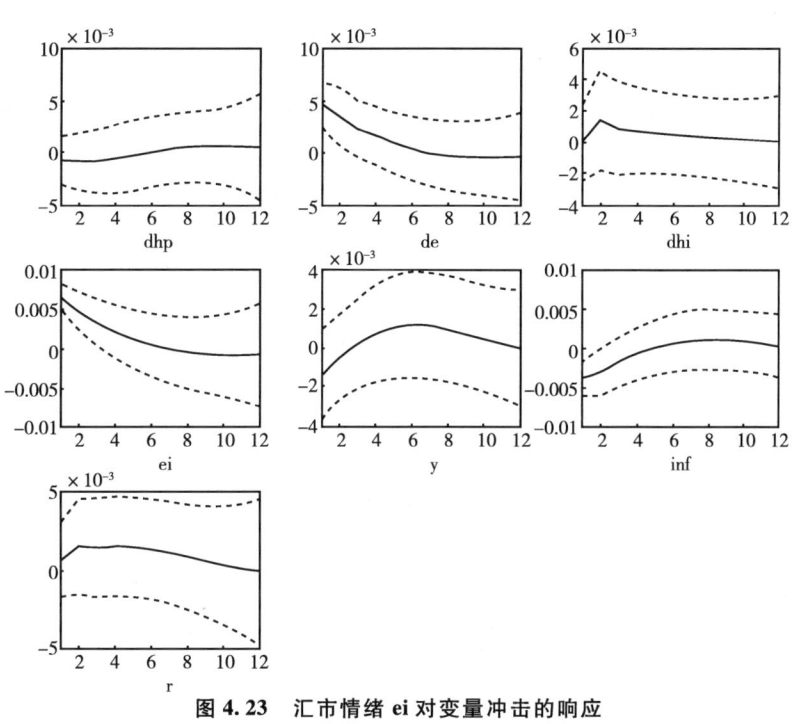

图 4.23 汇市情绪 ei 对变量冲击的响应

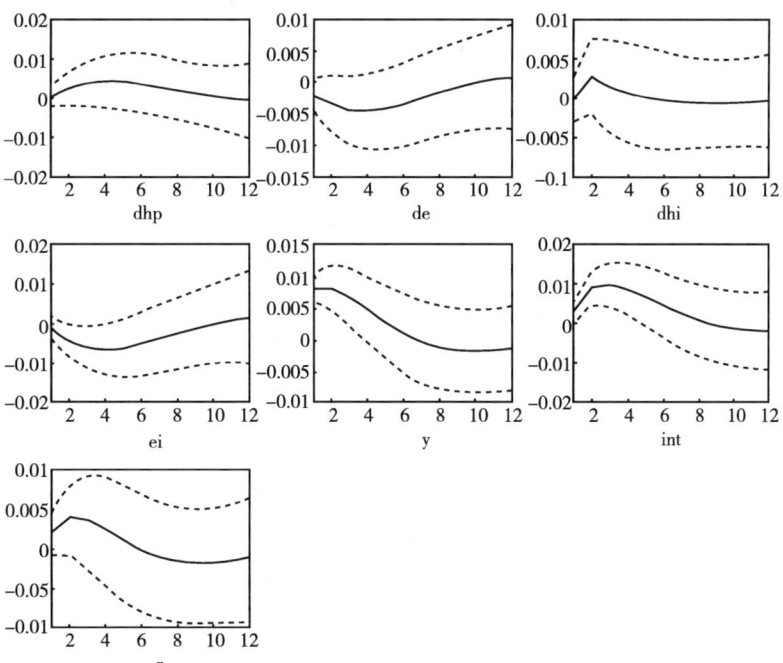

图 4.24 产出缺口 y 对变量冲击的响应

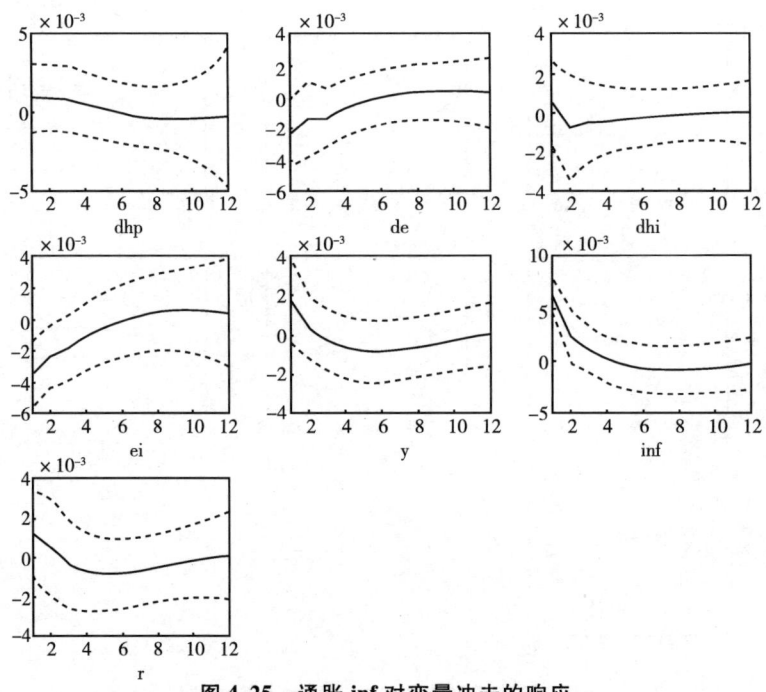

图 4.25 通胀 inf 对变量冲击的响应

7. 利率对冲击的响应

对于利率对其他变量冲击的响应,从图 4.26 可以看到,均无显著脉冲响应关系。但房价上涨、汇率升值、产出正缺口和通胀高企可能会导致利率上升。

## 五、TVP-VAR 模型构建与实证结果分析

由于样本量小,无法应用 Koop 等(2009)的模型,这里将对内生变量向量 {dhp, dhi, de, ei, y, inf, r},应用 Eisenstat 等(2016)的 SMSS-TVP-VAR 模型展开实证分析。根据 Eisenstat 等(2016),为与简单先验(naive priors)相匹配,对数据作中心标准化处理①。设定模型残差项的协方差矩阵为满阵(full matrix),并在模型中包含随机波动率(stochastic volatility)。根据基准线性 VAR 模型,保证模型有足够自由度,将 TVP-VAR 模型滞后期设定为 1。

---

① 在应用脉冲响应分析时将对数据进行反向恢复,以反映变量间的真实数量关系。

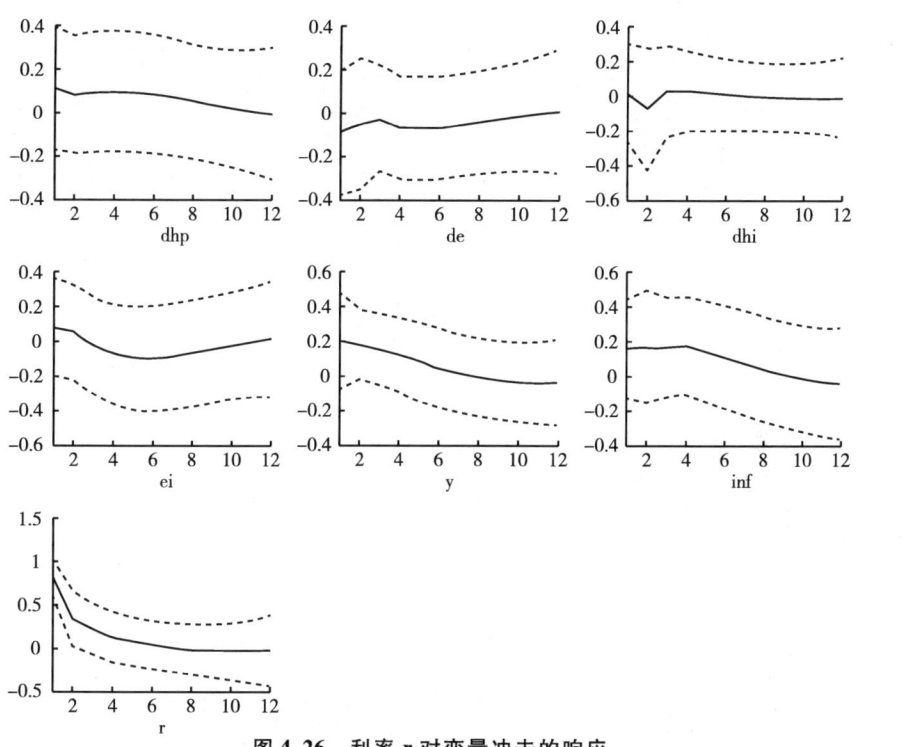

图 4.26 利率 r 对变量冲击的响应

根据 Korobilis (2013) 和 Eisenstat 等 (2016) 的研究，设置以数据为基础的 (data – based) 先验分布，采用 MCMC Gibbs 抽样 22000 次，前 2000 次用于预烧，对模型进行估计。

## （一）TVP – VAR 模型主要系数估计结果

TVP – VAR 模型中主要系数的后验估计均值及其对应的非时变概率如表 4.9 所示。

表 4.9　　　　TVP – VAR 模型系数后验估计均值与非时变概率

|  | dhp 方程 | dhi 方程 | de 方程 | ei 方程 | y 方程 | inf 方程 | r 方程 |
|---|---|---|---|---|---|---|---|
| 截距 | 0.237 | -0.548 | 0.229 | 0.031 | 0.714 | -0.176 | 0.05 |
|  | (0.58) | (0.53) | (0.52) | (0.42) | (0.54) | (0.6) | (0.23) |
| $dhp_{-1}$ | -0.319 | 0.059 | -0.001 | -0.124 | -0.245 | 0.144 | 0.071 |
|  | (0.65) | (0.19) | (0.65) | (0.62) | (0.72) | (0.69) | (0.63) |

续表

| | dhp 方程 | dhi 方程 | de 方程 | ei 方程 | y 方程 | inf 方程 | r 方程 |
|---|---|---|---|---|---|---|---|
| $dhi_{-1}$ | 0.44 | 0.201 | 0.109 | 0.057 | -0.055 | 0.386 | 0.188 |
| | (0.58) | (0.61) | (0.59) | (0.64) | (0.58) | (0.52) | (0.69) |
| $de_{-1}$ | -0.414 | -0.013 | 0.072 | 0.216 | 0.003 | -0.062 | -0.271 |
| | (0.61) | (0.6) | (0.34) | (0.7) | (0.76) | (0.55) | (0.73) |
| $ei_{-1}$ | -0.062 | 0.201 | 0.109 | 0.057 | -0.055 | 0.386 | 0.188 |
| | (0.65) | (0.61) | (0.59) | (0.64) | (0.58) | (0.52) | (0.69) |
| $y_{-1}$ | -0.097 | -0.041 | 0.011 | -0.123 | 0.062 | -0.515 | 0.225 |
| | (0.63) | (0.47) | (0.42) | (0.7) | (0.73) | (0.68) | (0.63) |
| $inf_{-1}$ | 0.048 | 0.26 | 0.001 | -0.025 | -0.099 | -0.208 | 0.112 |
| | (0.68) | (0.56) | (0.64) | (0.65) | (0.61) | (0.68) | (0.74) |
| $r_{-1}$ | 0.095 | -0.219 | 0.066 | 0.101 | -0.285 | -0.184 | -0.151 |
| | (0.64) | (0.58) | (0.34) | (0.47) | (0.75) | (0.63) | (0.69) |

注：小括号内数值表示系数非时变的概率。系数后验估计中值是基于中心标准化数据估计得到。

总体上，非时变概率在50%以上的系数占大多数，但仍有一些系数的时变概率相对较高。值得注意的是，表4.9中系数估计值与表4.8中相应估计值不能直接比较，主要原因是基准线性VAR模型回归并未对数据作中心标准化处理，而表4.9中的估计值是根据中心标准化处理后的数据进行估计得到的结果，因而两者在数值大小和影响方向都可能存在一定差异。以下作脉冲响应分析时，将对估计结果作反向恢复，因而脉冲响应结果可以用来与线性VAR模型作比较。根据表4.9，模型系数在一定程度上存在时变性。因此，进一步对所有系数在考察期内的变动状况作图可以更直观地观测其时变性（见图4.27）。

图4.27显示了模型中分方程主要系数在样本期内的时变特征。如表4.9中系数非时变概率所揭示的，大多数系数的时变性相对较弱。但仍有不少系数表现出一定程度的时变性。此外，利用85%的分位点所表示的置信区间可以用来判断系数的显著性。

在dhp方程的解释变量中，滞后1期的dhp、de、y和inf的影响都表现出一定程度的时变属性。de对dhp的负向影响自2012年开始变得显著，而y的影响则从2014年之前不显著的几乎为0变成2014年之后的显著负作用。inf、r对dhp都可能具有不显著的正向作用，但dhi却表现出相对较显著的正向影响。

# 第四章 汇率与资产价格的动态关系实证研究：我国经验

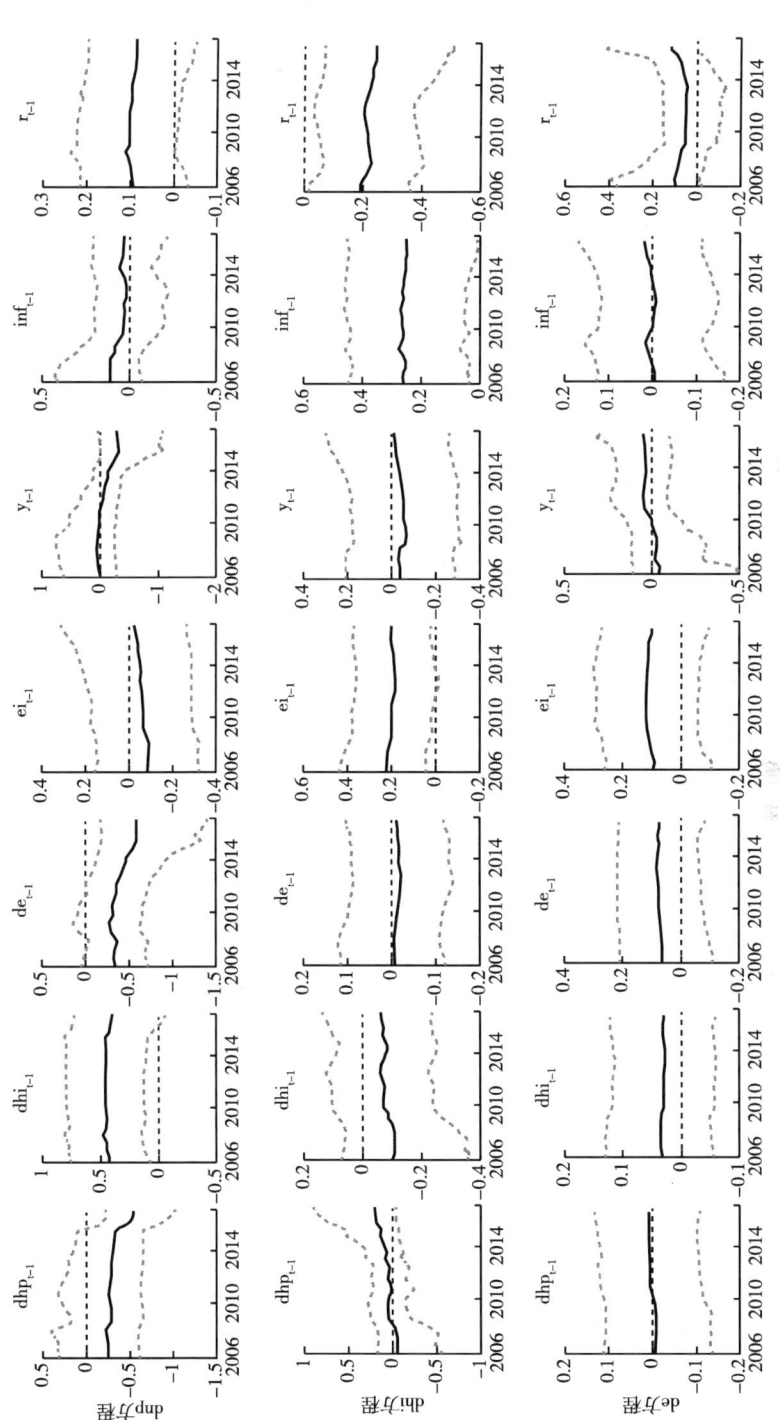

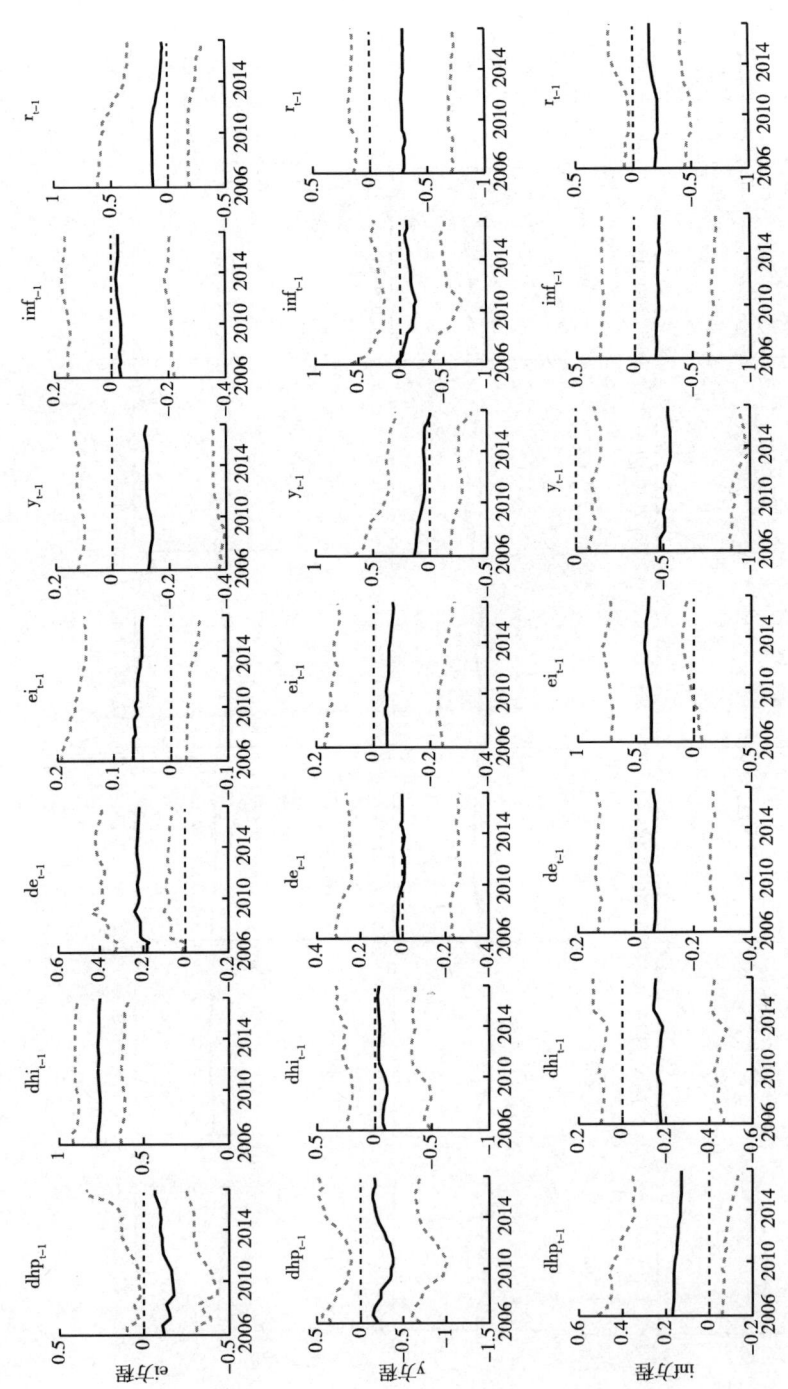

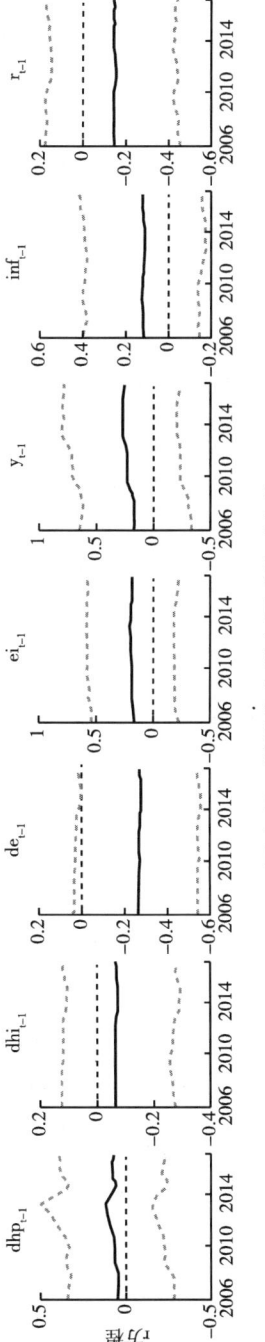

图 4.27 模型分方程主要系数时变性

注：图中实线表示后验估计中值，虚线表示 85% 最高概率密度（HPD）置信区间。85% HPD 即表示 [15%，85%] 百分位点。

在 dhi 的影响因素中，dhp 表现出强烈的时变特征，但并不显著；而 ei、inf 对 dhi 呈相对稳定的正向影响，相反 r 表现为相对稳定的负向影响。尽管 dhi、de 和 y 对 dhi 具有负向影响，但可能并不显著。

在 de 方程中，三个宏观经济变量 y、inf 和 r 表现出了一定程度时变特征，但所有解释变量对 de 的影响可能并不显著。而对于 ei 的影响，所有解释变量对其作用的时变性都相对较弱，但 dhi、de 都具有相对显著的正向影响，而其他变量的影响可能均不显著。

dhp 对 y 的负向影响呈一定程度的时变性，但与其他变量一样，这一作用可能并不显著。对于 inf 的方程，解释变量影响的时变性相对较弱，但 2010 年后 ei，以及整个样本内 y 对 inf 分别具有显著的正向和负向影响，其他变量的影响可能并不显著。最后，r 的解释变量均未表现出时变性和显著性。

由于为了匹配简单先验，对数据做了中心标准化处理，这一处理在改变原来数据大小的同时还可能改变数据符号，进而可能对估计的参数在影响程度、影响方向和显著性产生影响。这也就导致 TVP – VAR 模型估计的结果与线性 VAR 模型估计的结果在一些系数上的差异较大。因此，图 4.27 中所示的系数估计并不能用来直接反映或解释变量间的关系。为此，后面将应用基于 TVP – VAR 模型的脉冲响应函数分析变量间的关系。

### （二）基于 TVP – VAR 模型的脉冲响应函数分析

应用基于估计的 TVP – VAR 模型，模拟 4000 次，并对中心标准化数据作反向处理，得到变量间的脉冲响应函数关系。为分析样本期内不同时点上变量对冲击的可能存在的差异，分别设定 1～4 期的响应期，得到样本期内不同响应时点上的脉冲响应函数关系。

1. dhp 冲击

给定房价变动 dhp 一单位的正向冲击，分别考察响应 1 期到 4 期模型系统在样本内的响应状况，结果如图 4.28 所示（图中实线表示模拟的响应值中值，虚线表示 85% HPD，（a）–（b）分别为响应 1 期、2 期、3 期和 4 期的非累积点响应，下同）。从图中可以看到，房价变动 dhp 的正向冲击，在所考察的 4 期响应期内：房地产市场情绪 dhi 在 2012 年前表现为显著的负响应，2012 年后响应方向由负转正，但并不显著；整体上，汇率变动 de 和汇市情绪 ei 的响应为负，但可能并不显著；产出缺口 y 和通胀 inf 的响应程度很小且在样本期

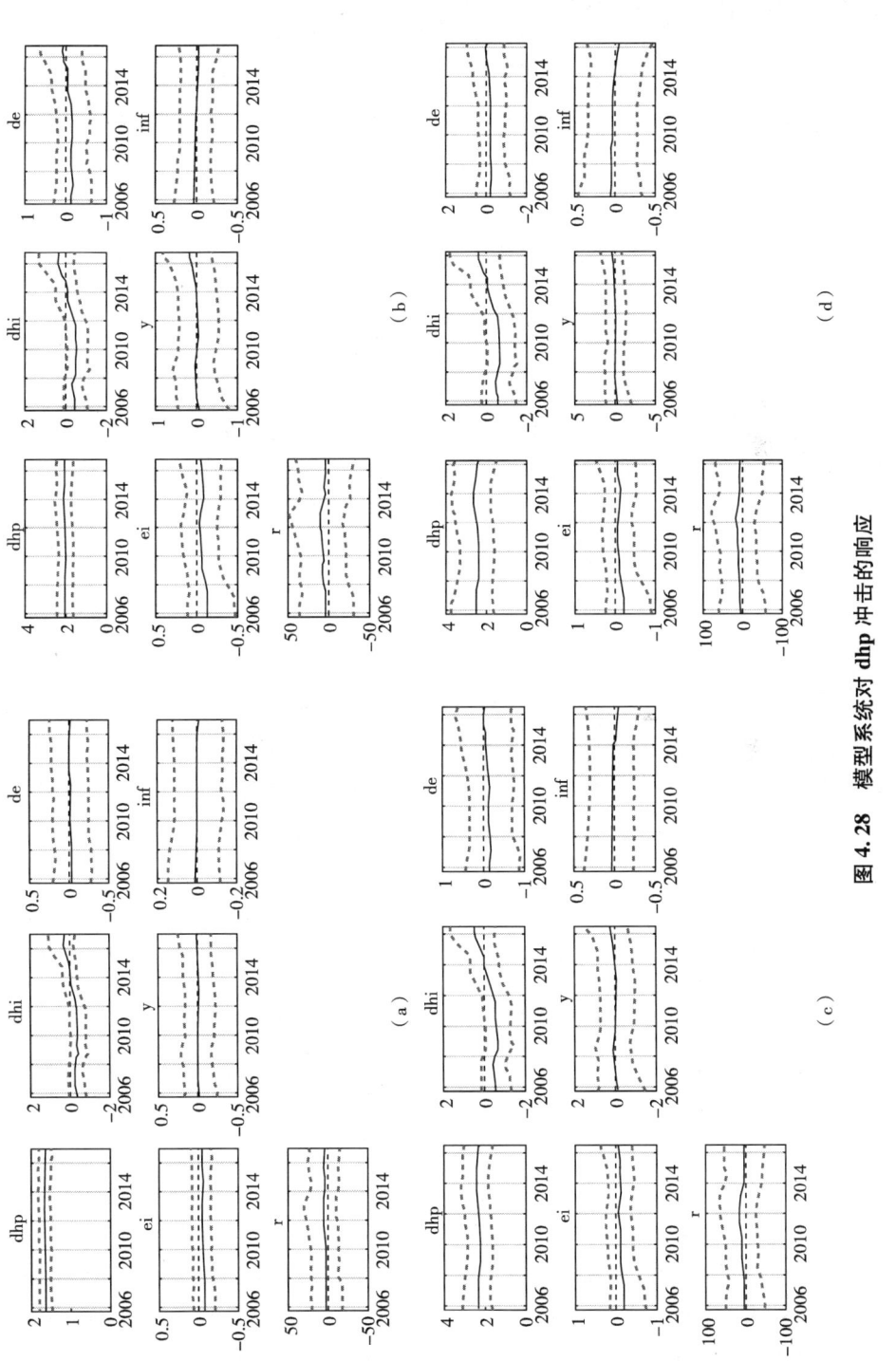

图 4.28 模型系统对 dhp 冲击的响应

内均未表现出显著特征；最后，利率 r 在整个样本期内均表现为不显著的正向响应。这表明，房价上涨在 2012 年之前导致短期内（1 年）房地产市场情绪（买房意愿）下降，但之后没有明显影响。此外，房价变动对汇率及汇市情绪、产出缺口、通胀和利率的影响并不显著。

2. dhi 冲击

给定 dhi 一单位正向冲击，即买房意愿上升冲击，模型系统的响应状况如图 4.29 所示。对于买房意愿上升冲击，考察的样本期中，在 1~4 期的响应期内：房价变动、汇率变动都表现为不显著的正向响应；而汇市情绪的响应程度较小且不显著；产出缺口均表现为不显著的小幅正向响应，而通胀和利率则均表现为不显著小幅负响应。这表明，买房意愿所表示的房地产市场情绪变化对模型系统不具有显著的影响，特别是买房意愿变动并不会左右房价。

3. de 冲击

给定 de 一单位正向冲击，即汇率贬值冲击，模型系统的响应状况如图 4.30 所示。汇率贬值冲击，样本期内所考察的 4 期响应期中：房价的响应尽管随时间在正负效应间变换，但并不显著；买房意愿的响应也并不显著；然而汇市情绪在第 1 期表现为显著的正响应，而其他响应期均不显著；产出缺口和通胀的响应均不显著，但利率在第 1 期和第 3 期表现为显著的负响应，但第 2 期和第 4 期均不显著。这表明，汇率变动对房价和买房意愿，以及产出缺口、通胀均无显著作用，但汇率变动将使市场产生继续按历史方向运动的预期（即汇率升值将引起升值预期，贬值将引起贬值预期），此外，汇率贬值（升值）将短期内（1 个季度）导致利率下降（上升）。

4. ei 冲击

给定 ei 一单位正向冲击，即市场汇率贬值预期冲击，模型系统的响应状况图如图 4.31 所示。面对汇率贬值预期冲击，样本期内所考察的 4 期响应期中：房价变动将表现为负响应，且在第 1 期响应可能是显著的，而其他三期响应并不显著；房地产市场情绪表现为不显著正响应；汇率变动将作出正向响应，考察期内第 1 期响应一直显著，但第 2 期和第 3 期在 2014 年之前显著但之后变得不显著，第 4 期响应并不显著；产出缺口和通胀基本上保持不显著的负响应，利率则在正负响应交替但也不显著，第 1 期和第 3 期为正响应，而第 2 期和第 4 期为负响应。这表明，汇率预期具有自我实现机制，当市场预期贬值（升值）时，汇率将贬值（升值）；另外，汇率市场预期会对下季度房价产

# 第四章 汇率与资产价格的动态关系实证研究：我国经验

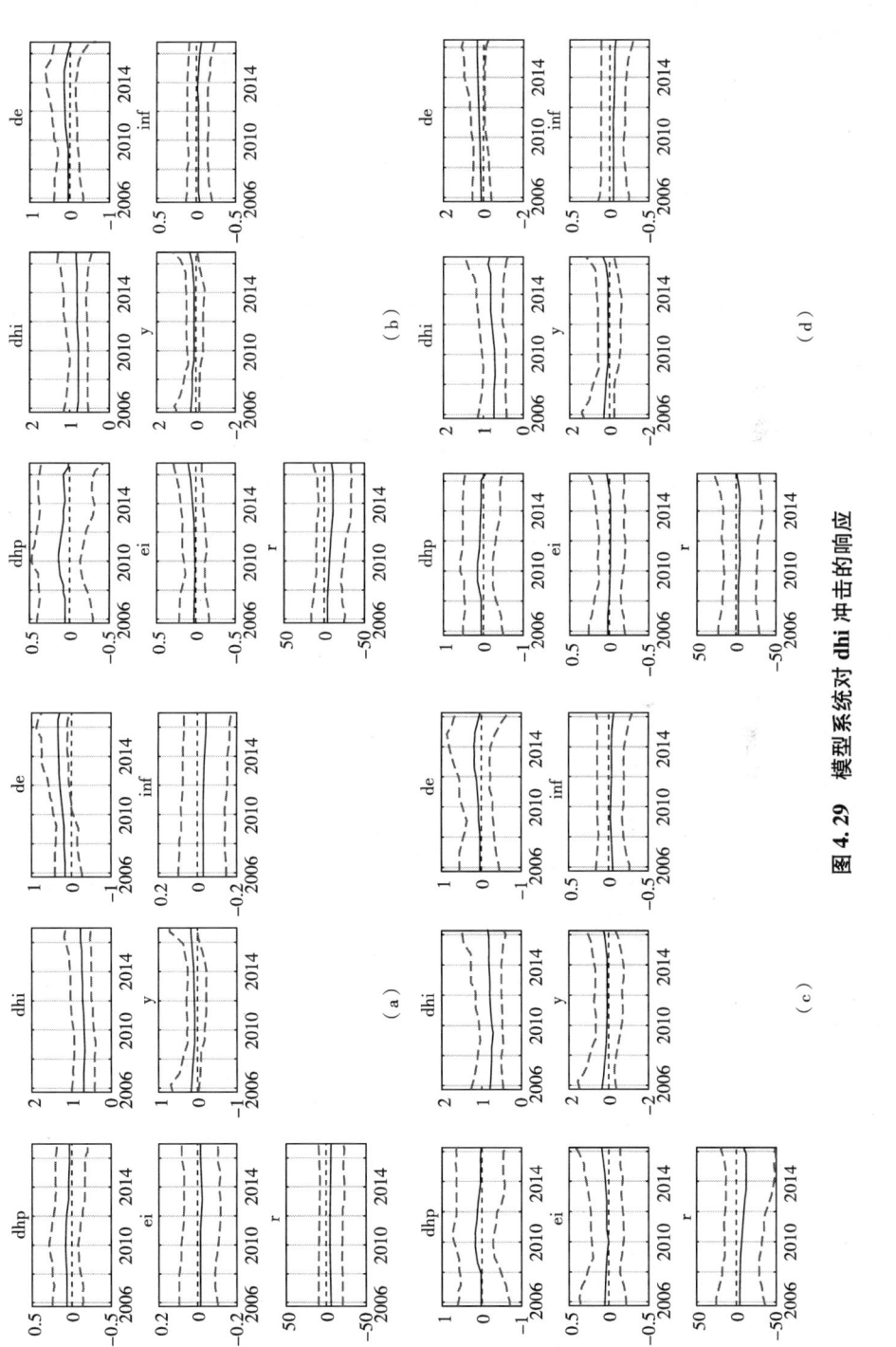

图 4.29 模型系统对 dhi 冲击的响应

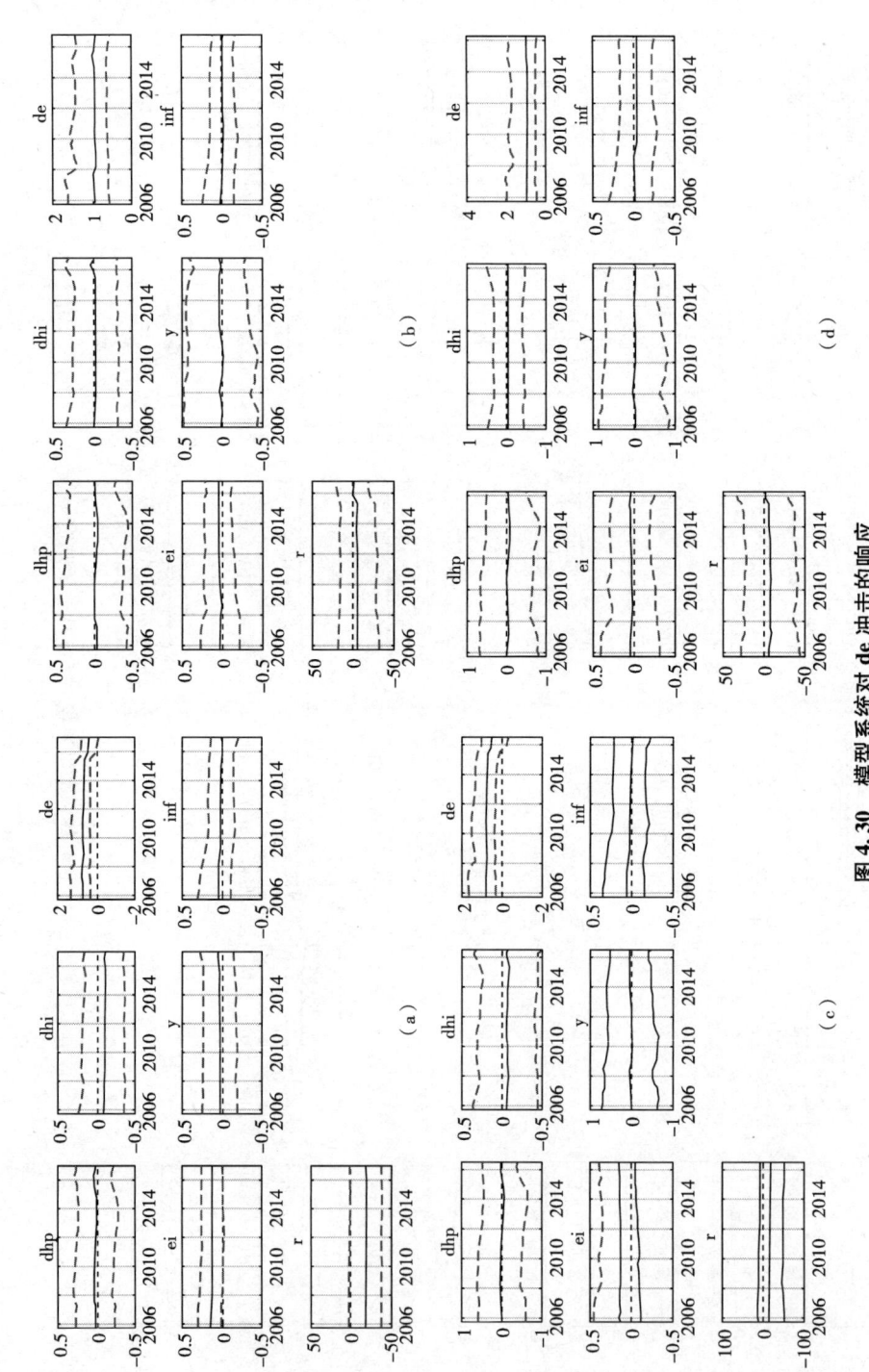

图 4.30 模型系统对 de 冲击的响应

# 第四章 汇率与资产价格的动态关系实证研究：我国经验

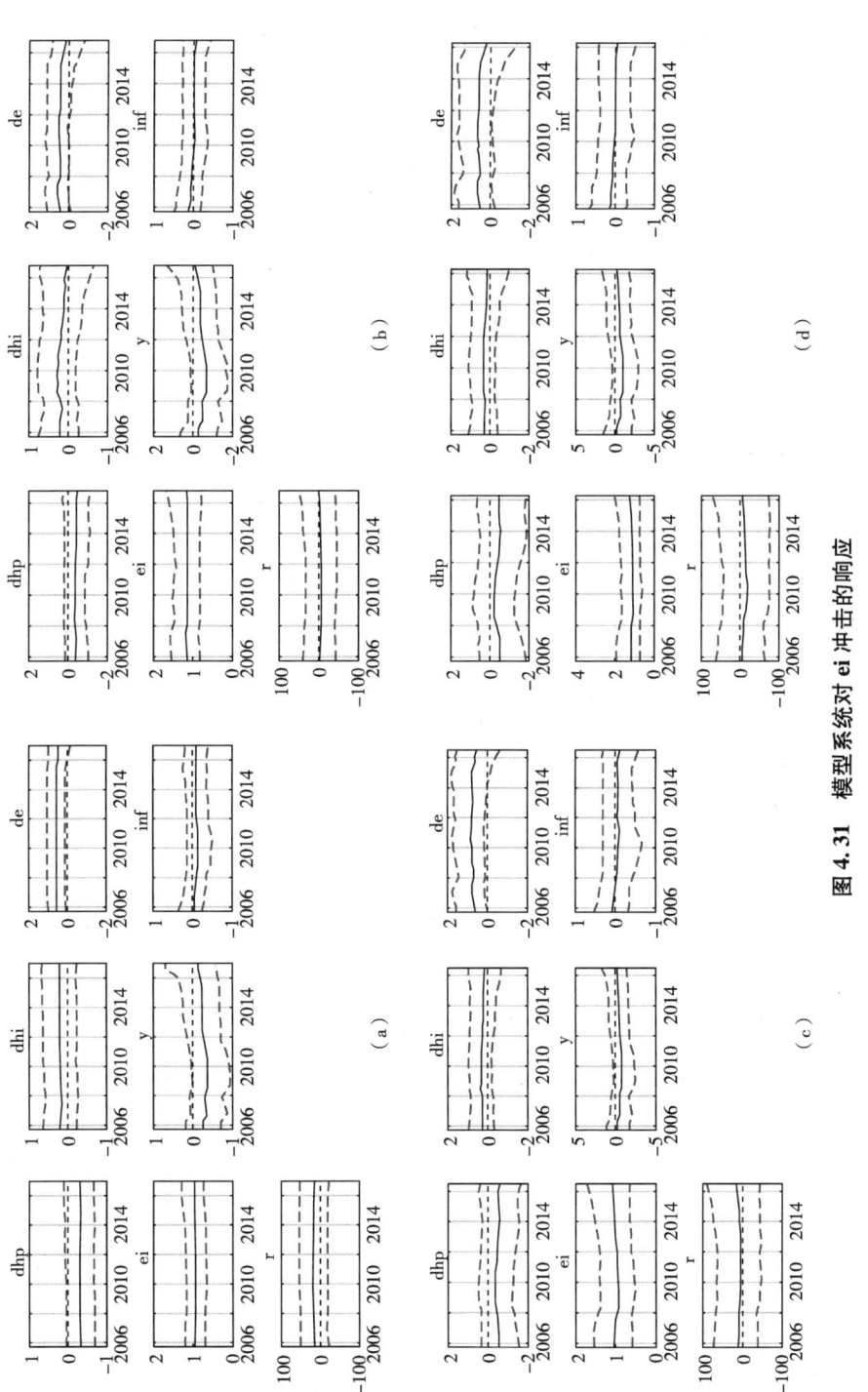

图 4.31 模型系统对 ei 冲击的响应

生显著作用,汇率贬值预期将导致房价下跌,反之升值预期将导致房价上涨。

5. y 冲击

给定 y 一单位正向冲击,即产出增长冲击,模型系统的响应状况如图 4.32 所示。对于产出增长冲击,样本期内所考察的 4 期响应期中:房价变动将表现为显著的负响应;而第 1 期房地产市场情绪也表现出显著的负响应,但第 2 期至第 4 期的负响应均不显著;汇率变动也都表现为显著的负响应,且响应程度越来越高;但汇市情绪却作出显著的正响应;此外,通胀和利率分别呈不显著的负响应和正响应。这表明,经济增长将导致房价下跌和下一季度市场上买房意愿下降,同时将导致汇率升值,但却会引起市场对汇率的贬值预期;此外,经济增长可能导致通胀下降和利率上升,但经济增长对这两个变量的作用可能并不显著。

6. inf 冲击

给定 inf 一单位正向冲击,即通胀冲击,模型系统的响应状况如图 4.33 所示。对于通胀冲击,样本期内所考察的 4 期响应期中:房价变动和房地产市场情绪均表现为负响应,但都不显著;汇率变动也表现为不显著的负响应,但汇市情绪在第 1 期呈显著的负响应,但第 2 期到第 4 期的负响应均不显著;产出缺口呈显著的正响应,而利率则为不显著的正响应。这表明,通胀将在短期内导致(1 个季度)导致汇率升值预期,此外还会刺激产出增长。但通胀所能引起房价下跌和市场买房意愿下降,以及汇率升值和利率上涨的效应都是不显著的。

7. r 冲击

给定 r 一单位正向冲击,即利率上升冲击,模型系统的响应状况如图 4.34 所示。对于利率上升冲击,样本期内所考察的 4 期响应期中:房价变动和房地产市场情绪均表现为不显著负响应;汇率变动在 2012 年前为不显著的正响应,但之后为不显著负响应,而汇市情绪则呈正响应,但 2012 年相对较为显著,之后变得不显著;产出缺口和通胀表现为不显著正响应。脉冲响应的结果表明,利率上升对房地产市场没有明显效应,对汇率变动也没有显著的直接影响,但对汇市情绪而言在 2012 年之前会导致贬值预期,此外,利率变化对产出缺口和通胀都没有显著作用。

### (六)主要实证结果

通过实证研究发现,基于线性 VAR 模型的脉冲响应函数并未充分揭示出变

# 第四章 汇率与资产价格的动态关系实证研究：我国经验

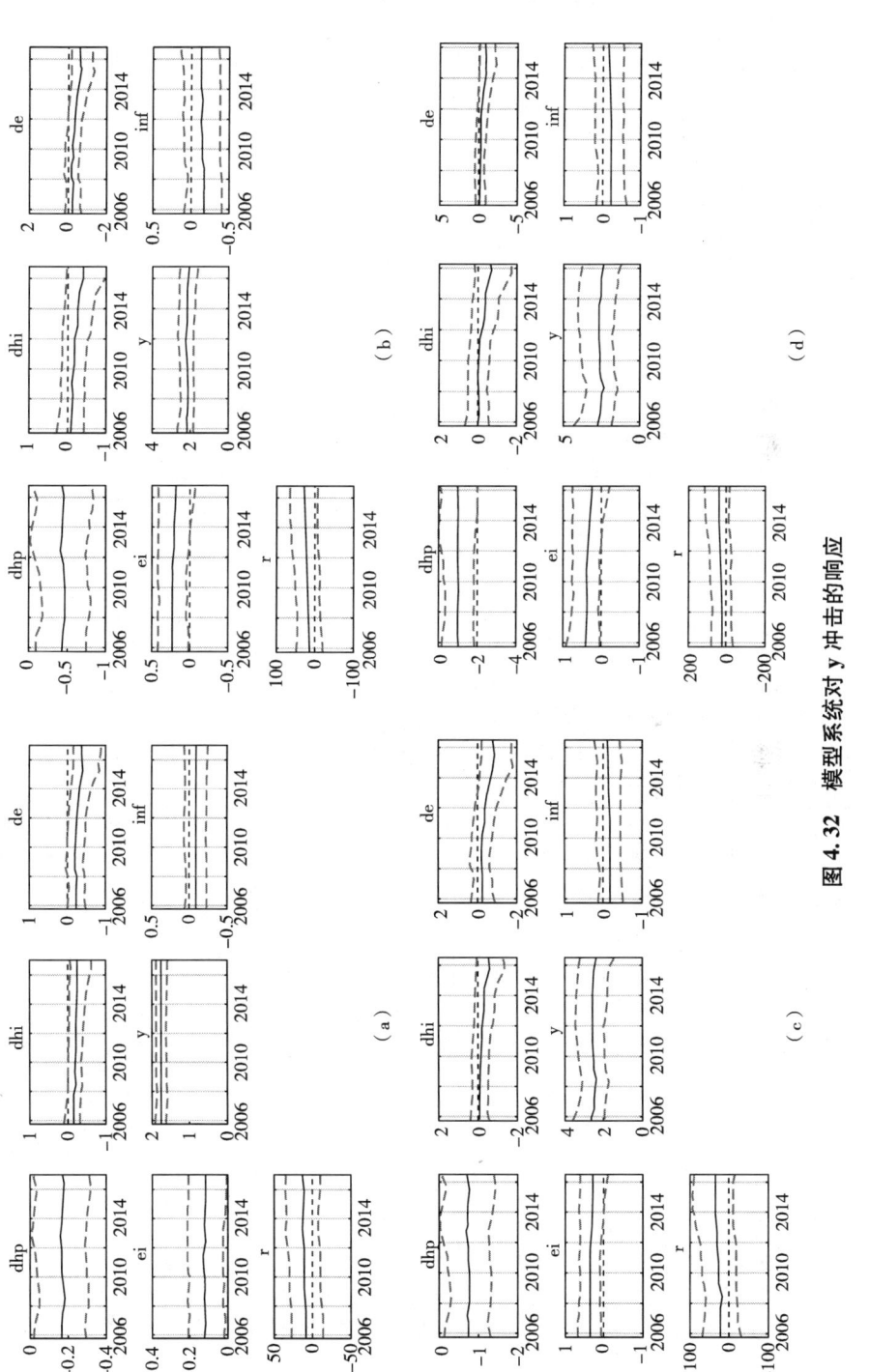

图 4.32 模型系统对 y 冲击的响应

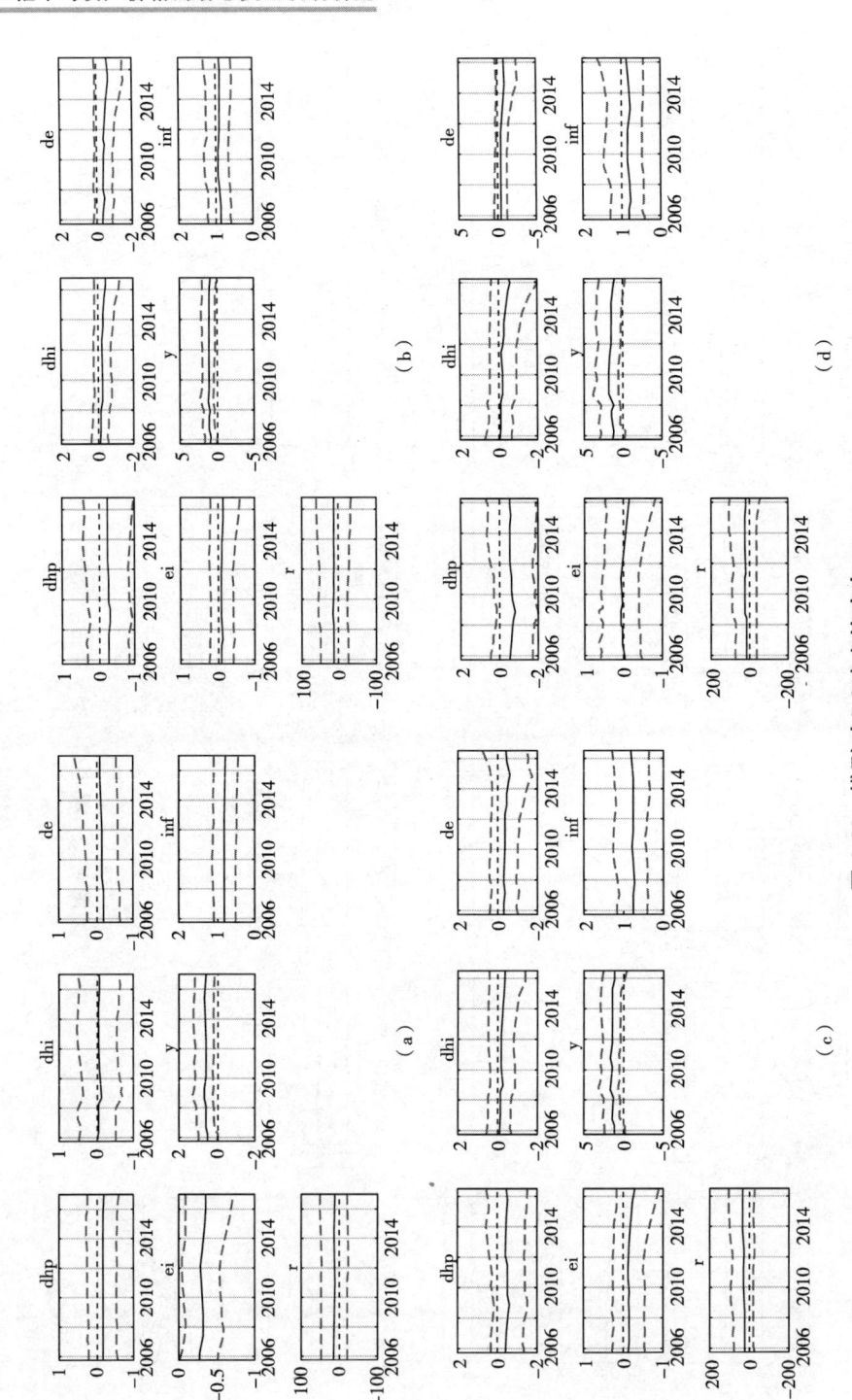

图 4.33 模型对 inf 冲击的响应

第四章 汇率与资产价格的动态关系实证研究：我国经验

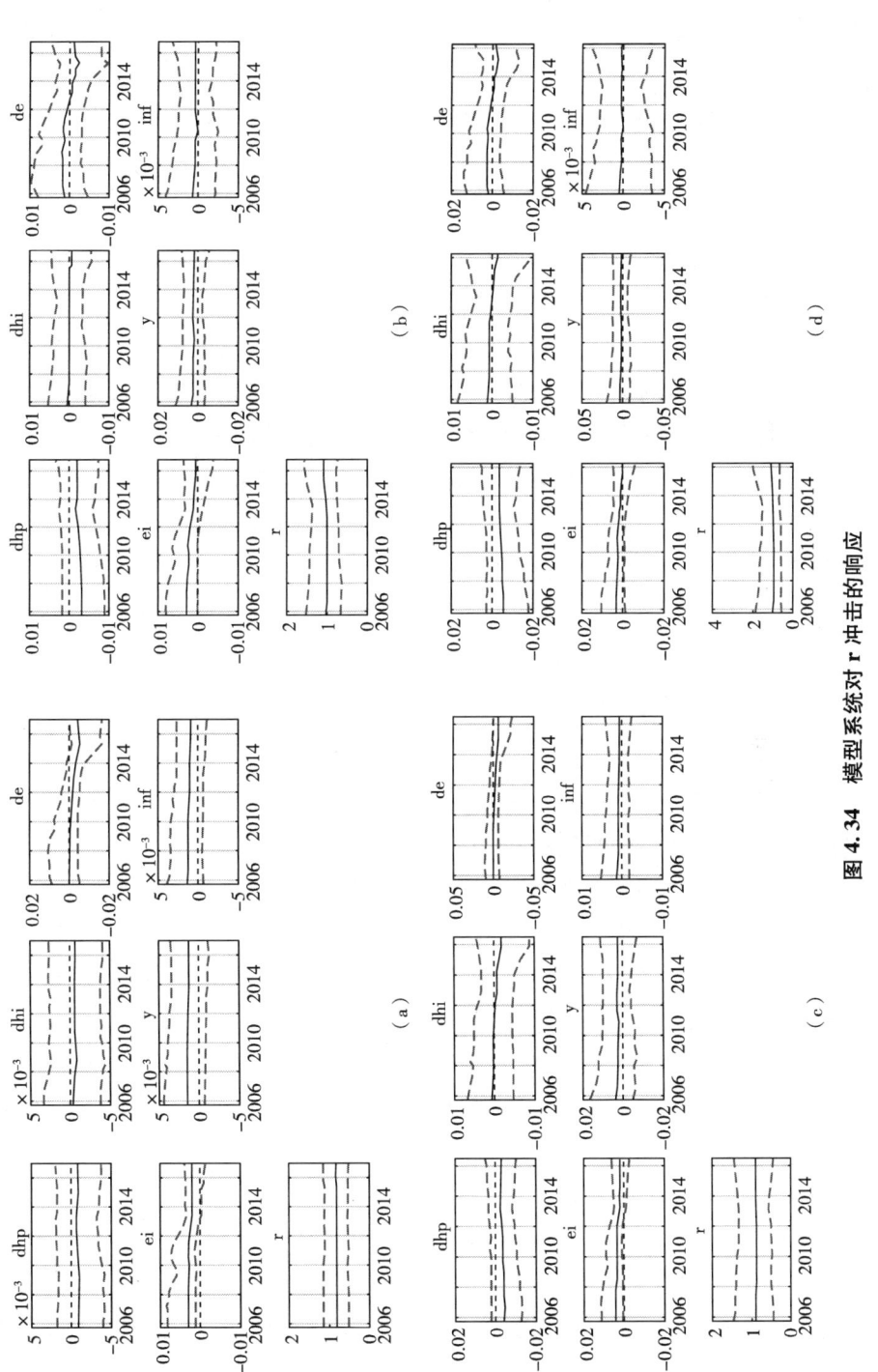

图 4.34 模型系统对 r 冲击的响应

量间的动态关系，而基于 TVP-VAR 模型的时变脉冲响应函数相比线性 VAR 更充分地阐释了变量间存在的动态关联。结合线性 VAR 和 TVP-VAR 模型的回归结果和脉冲响应分析，总体上得到如下几点主要实证结果：

（1）线性 VAR 模型回归结果表明，仅存在房价对汇率的单向影响，即房价上涨（下跌）将导致汇率升值（贬值）。而在考虑时变因素，TVP-VAR 模型的回归结果则表明 2012 年开始存在汇率对房价的显著影响，即汇率升值（贬值）将引致房价上涨（下跌），但并未发现房价对汇率的显著作用。但基于两个模型的脉冲响应分析表明房价与汇率之间不存在显著的冲击响应关系。

（2）对于市场情绪对房价和汇率的作用，考虑时变因素后，房地产市场情绪变量对房价具有积极作用，但其随机冲击并不会引起房价作出响应；反过来，房价变动并不是房地产市场情绪的决定性因素，但在时变环境下 2012 年之前房价上涨冲击将会在短期内（1 年）引起房地产市场买房意愿下降，但之后却无显著响应。而在外汇市场上，汇率变动和汇市情绪（预期）都是各自的决定性因素，而且汇率变动将引起汇率情绪同方向变动，且汇率预期具有自我实现功能，即汇率升值（贬值）将导致汇率升（贬）值预期，而汇率预期又将引起汇率向预期方向变动。

（3）市场情绪间可能具有跨市场作用，线性 VAR 模型回归结果显示汇市情绪是房价的影响因素，且汇率变动对房地产市场情绪也具有显著影响力，同时房价变动也是决定汇市情绪的显著变量。但这一结果并未得到时变环境下模型回归结果的支持，时变环境回归结果显示，房地产市场情绪与汇市情绪间存在相互关联效应，汇率贬值预期导致买房意愿上升，进而进一步导致汇率贬值预期。但仅基于 TVP-VAR 模型的脉冲响应函数分析支持汇率升值（贬）预期冲击对房价的促进（阻碍）作用。

（4）宏观经济对房地产市场具有显著作用，但房地产市场对宏观经济可能不存在显著效应。从线性和时变模型方程回归结果看，2014 年后产出缺口对房价的影响为负，即经济增长会导致房价下跌。而线性模型认为通胀和利率都对房价具有负效应，但这一结果并未从时变模型予以证实。而线性模型所得到产出缺口、通胀和利率对房地产市场情绪的显著负效应，在时变模型仅发现通胀和利率具有显著作用，且通胀对房地产市场情绪具有正向影响。而脉冲响应分析结果仅发现经济增长将导致房价下跌和下一季度市场上买房意愿下降，并未发现房地产市场对来自通胀和利率外生冲击的显著反应。反过来，房地产市场对宏观经济的影响上,仅线性模型回归得出房地产市场情绪对产出缺口、通胀和利率均具有显著正影响,然而房地产市场情绪外生冲击不会引起宏观经济的显著响应。

(5) 外汇市场与宏观经济的互动关系方面,线性模型回归方程显示,产出缺口和利率对汇率变动具有负效应,而通胀是影响汇市情绪重要变量;而汇率变动对利率具有显著负效应,汇市情绪对产出缺口和通胀存在显著负向作用。但时变模型回归方程仅发现 2010 年后汇市情绪对通胀具有显著负效应。仅基于 TVP – VAR 模型的脉冲响应分析表明经济增长冲击将引起汇率升值响应,但两类模型的脉冲响应分析都表明通胀冲击在短期内将引起汇率升值预期响应。

(6) 至于宏观经济三个变量的内在关联,线性和时变模型的回归结果显示,产出缺口对通胀具有显著负向影响,但仅线性模型回归发现通胀对产出缺口具有显著正向影响,但两类模型的脉冲响应分析认为通胀外生冲击会刺激经济增长。

## 第三节

### 基于 TVP – FAVAR 模型的汇率与资产价格动态关系实证研究

本章前两节分别对汇率与股价和房价的动态关系展开了实证检验与分析。就对实体经济的影响程度而言,股价和房价的确是最重要的两种资产价格。已有相关研究也大多集中在研究这两种资产价格。但随着金融创新和金融自由化发展,金融资产的种类越来越多样。因而,资产价格更类似于一个价格体系,而非某一类或一种资产的价格能代表的。所以本节将从更宏观全面的角度,囊括市场中可能的金融资产的价格,如股票、债券、基金,以及以此为原生产品的期货、期权等,另外,考虑到房地产在居民财富配置中地位,将房价纳入研究框架,鉴于可能存在非线性因素,应用 TVP – FAVAR 模型进行实证研究。因本节的实证研究纳入尽可能多的资产价格,对于一些资产市场的情绪也很难衡量和获取,因此,本节实证研究将不再考虑市场情绪这一因素,而将焦点集中于汇率与资产价格的动态关系。

### 一、数据选取与变量设定

在理论研究和本章前两节实证研究的基础上,根据研究思路,本节实证分析所涉及的变量包括汇率、资产价格，以及产出缺口、通胀和利率。

2005年人民币汇率体制改革和股权分置改革的完成，标志着我国资本市场和外汇市场逐步向成熟市场转变与完善，此外，根据数据可得性，本节实证数据选取为2005年6月至2017年8月的月度数据，共147个样本。为从总体上反映相对于外币人民币汇率的变动和波动程度，选取BIS统计的人民币名义有效汇率指数（2005年6月为基期）作为人民币汇率的代理变量①。产出缺口用制造业PMI作为代理变量，采用经过对数化的CPI（2005年6月为基期）环比变动衡量通胀，利率选取银行间同业拆借市场所有期限品种的加权平均利率。对于资产价格的选取，由于我国股指期货和利率期货推出较晚②，加上本节实证采用月度数据，样本量十分有限，因此所选取的资产价格中未能包含金融期货的价格。所选取的资产价格包括股票、债券、基金、商品期货所表示的金融资产价格和房地产价格表示的不动产价格。对于每个特定的资产价格，选取了14个股价指数、11个债券价格指数、17个基金指数和5个商品期货价格指数，以及两个房价指数③。具体变量选取见表4.10。所有原始数据均来源于WIND资讯金融终端。

## 二、数据初步处理与单位根检验

对除了利率外其他变量取自然对数。处理后汇率、产出缺口、通胀和利率分位用 e、y、inf 和 r 表示，资产价格体系中各个变量表示见表4.10。（TVP）-FAVAR模型要求模型中所有变量均需是平稳的，应用ADF、PP和KPSS对变量作单位根检验，结果如表4.11所示。

---

① 根据有无剔除物价因素，有效汇率可分为名义有效汇率和实际有效汇率。实际有效汇率反映了一国国际贸易竞争力。另外，从数据走势看，人民币名义有效汇率和实际有效汇率大体一致。值得注意的是，汇率指数变动方向的含义与双边汇率不同，前两节都采用的是直接标价法下的双边汇率，汇率变大（小）表示人民币相对于某一外币贬（升）值，但汇率指数变大（小）则表示人民币在国际市场总体上上升（贬）值。从另一角度，由于本节研究不考虑市场情绪，因此也就不需要为考虑构造市场情绪指标而有针对性地选择双边汇率作为汇率的代理变量。

② 我国股指期货和利率期货分别从2010年4月和2013年9月推出交易。2010年4月推出以沪深300指数为标的的股指期货，2015年4月又推出以上证50指数和中证500指数为标的的两种股指期货。2013年9月和2015年3月相继推出5年期和10年期的国债利率期货。

③ 70个大中城市新建住宅和二手住宅价格指数以2005年6月为基期。

表 4.10　　　　　　　　　资产价格变量选取

| 变量名称 | 二级指标 | 代码 | 变量名称 | 二级指标 | 代码 |
|---|---|---|---|---|---|
| 股价 | 上证综合指数 | shz | 基金价格 | 上证基金指数 | shj |
| | 上证 A 股指数 | sha | | 中证基金指数 | zzj |
| | 上证 B 股指数 | shb | | 中证基金指数：股票基金 | zzjg |
| | 沪深 300 指数 | hs300 | | 中证基金指数：混合基金 | zzjh |
| | 深证成分指数 | scz | | 中证基金指数：债券基金 | zzjz |
| | 深证成分 A 股指数 | sza | | 中证基金指数：货币基金 | zzjm |
| | 深证成分 B 股指数 | szb | | Wind 基金指数：普通股票型基金 | wjg |
| | 深证综合指数 | szz | | Wind 基金指数：偏股混合型基金 | wjpg |
| | 中小板综指 | zxb | | Wind 基金指数：平衡混合型基金 | wjph |
| | 中证 100 指数 | zz100 | | Wind 基金指数：偏债混合型基金 | wjpz |
| | 中证 500 指数 | zz500 | | Wind 基金指数：指数型基金 | wjz |
| | 上证 180 指数 | shz180 | | Wind 基金指数：债券型基金 | wjb |
| | 上证 50 指数 | shz50 | | Wind 基金指数：混合债券型一级基金 | wjhz1 |
| | 深证 100 指数 | sz100 | | Wind 基金指数：混合债券型二级基金 | wjhz2 |
| 债券价格 | 上证国债指数 | shzg | | Wind 基金指数：长期纯债型基金 | wjcz |
| | 上证企债指数 | shzq | | Wind 基金指数：货币市场基金 | wjhb |
| | 上证转债指数 | shzz | | Wind 基金指数：封闭式基金价格指数 | wjfb |
| | 深证企债指数 | szq | 期货价格 | 南华综合指数 | nhz |
| | 中债固定利率债券指数 | zzgd | | 南华工业品指数 | nhgy |
| | 中债浮动利率债券指数 | zzfd | | 南华农产品指数 | nhnc |
| | 中债长期债券指数 | zzc | | 南华金属指数 | nhjs |
| | 中债中短期债券指数 | zzzd | | 南华能化指数 | nhnh |
| | 中债银行间债券总指数 | zzy | 房地产 | 70 个大中城市新建住宅价格指数 | new |
| | 中债国债总指数 | zzg | | 70 个大中城市二手住宅价格指数 | old |
| | 中债金融债券总指数 | zzj | | | |

表 4.11　　　　　　　　　单位根检验

| 变量 | 检验方法 | | | 结论 | 变量 | 检验方法 | | | 结论 |
|---|---|---|---|---|---|---|---|---|---|
| | ADF | PP | KPSS | | | ADF | PP | KPSS | |
| shz | 0 | 1 | 0 | I (1) | zzjh | 1 | 1 | 1 | I (1) |

续表

| 变量 | 检验方法 | | | 结论 | 变量 | 检验方法 | | | 结论 |
| --- | --- | --- | --- | --- | --- | --- | --- | --- | --- |
| | ADF | PP | KPSS | | | ADF | PP | KPSS | |
| sha | 0 | 1 | 0 | I(1) | zzjz | 1 | 1 | 1 | I(1) |
| shb | 1 | 1 | 0 | I(1) | zzjm | 2 | 1 | 1 | I(1) |
| hs300 | 0 | 1 | 1 | I(1) | wjg | 1 | 1 | 1 | I(1) |
| scz | 0 | 1 | 1 | I(1) | wjpg | 1 | 1 | 1 | I(1) |
| sza | 0 | 1 | 1 | I(1) | wjph | 0 | 1 | 1 | I(1) |
| szb | 1 | 1 | 0 | I(1) | wjpz | 0 | 1 | 1 | I(1) |
| szz | 1 | 1 | 1 | I(1) | wjz | 1 | 1 | 1 | I(1) |
| zxb | 1 | 1 | 0 | I(1) | wjb | 1 | 1 | 1 | I(1) |
| zz100 | 0 | 1 | 1 | I(1) | wjhz1 | 1 | 1 | 1 | I(1) |
| zz500 | 1 | 1 | 1 | I(1) | wjhz2 | 1 | 1 | 1 | I(1) |
| shz180 | 0 | 1 | 1 | I(1) | wjcz | 1 | 1 | 1 | I(1) |
| shz50 | 0 | 1 | 0 | I(1) | wjhb | 2 | 1 | 2 | I(1) |
| sz100 | 0 | 1 | 1 | I(1) | wjfb | 1 | 1 | 1 | I(1) |
| shzg | 1 | 1 | 1 | I(1) | nhz | 1 | 1 | 1 | I(1) |
| shzq | 1 | 1 | 1 | I(1) | nhgy | 1 | 1 | 1 | I(1) |
| shzz | 1 | 1 | 1 | I(1) | nhnc | 1 | 1 | 0 | I(1) |
| szq | 1 | 1 | 1 | I(1) | nhjs | 1 | 1 | 0 | I(1) |
| zzgd | 1 | 1 | 0 | I(1) | nhnh | 1 | 1 | 1 | I(1) |
| zzfd | 1 | 1 | 0 | I(1) | new | 1 | 1 | 1 | I(1) |
| zzc | 1 | 1 | 1 | I(1) | old | 1 | 1 | 2 | I(1) |
| zzzd | 1 | 1 | 0 | I(1) | e | 1 | 1 | 0 | I(1) |
| zzy | 1 | 1 | 1 | I(1) | y | 0 | 0 | 0 | I(0) |
| zzg | 1 | 1 | 0 | I(1) | inf | 0 | 0 | 0 | I(0) |
| zzj | 1 | 1 | 1 | I(1) | r | 0 | 0 | 0 | I(0) |
| shj | 0 | 1 | 1 | I(1) | | | | | |
| zzj | 1 | 1 | 1 | I(1) | | | | | |
| zzjg | 1 | 1 | 1 | I(1) | | | | | |

注：表中数值表示 5% 显著性水平下检验所认为的变量的单整阶数，0 表示水平平稳，1 表示一阶单整（即一阶差分平稳），2 表示二阶单整。对于每个变量的平稳性的结论是基于变量的经济含义及单位根检验的结果而作的综合判断。

第四章 汇率与资产价格的动态关系实证研究：我国经验

根据变量所表示的经济含义和单位根检验的结果，综合判断每个变量的平稳性。总体而言，用来表征资产价格的变量序列基本都是一阶单整的，即一阶差分后的资产价格序列（资产价格收益率）是平稳的，汇率也是一阶差分后平稳，此外，产出缺口、通胀和利率都是水平平稳的。

根据 Bernanke 等 (2005) 的研究，需要对 FAVAR 模型中变量设定转换形式和变化快慢属性进行设定。根据单位根检验的结果，对所有资产价格的二级变量作一阶差分处理（代码为 5），汇率也作一阶差分处理，产出缺口、通胀和利率不作任何处理（代码为 1）。在变量变化快慢属性上，除了房价外的资产价格、汇率、利率都是快速移动变量，而房价、产出缺口和通胀则为慢速移动变量。

根据单位根检验结果对所有资产价格变量和汇率作一阶差分后，将其表述为资产价格变动与汇率变动。

## 三、TVP–FAVAR 模型建立与回归分析

首先需确定模型的滞后期。受样本量限制，为保证模型具有足够自由度，同时考虑模型具有足够解释能力，将模型滞后期设定为 3。结构性同期关系、模型 VAR 系数和模型残差的标准差均设定为随时间变动，所构建的实证模型即 SV–TVP–FA (S) VAR。不设置受训样本 (training sample)。从资产价格变量中抽取一个主成分用来表示资产价格。运用 MCMC 抽样 15000 次对模型进行估计（前 5000 次用于预烧）[①]。在模型中纳入截距项。由于模型中的系数较多[②]，这里不再列示每个系数后验估计的结果，以下将给出模型随机波动率的结果，以及基于脉冲响应函数分析变量间的动态关系。

### （一）模型随机波动率的后验估计

从后验估计均值看，五个方程的残差的标准差都呈现出时变特征，表明在模型中考虑随机波动率的必要性。从波动率波动程度看，资产价格变动和利率

---

① 由于模型中包含的变量较多，加上记录每个时点的脉冲响应函数，计算机运算量非常大，仅 15000 次抽样的数据量就达到了 40 多 G。此外，设置过大的抽样次数需要更大容量计算机内存（15000 次抽样要消耗 20G 以上内存容量），因此，这里设置 15000 次抽样。

② 加上截距项，VAR 模型部分中共有 (5 + 5×3)×5，即 80 个系数。

的波动率较为剧烈,而汇率变动和通胀的波动率相对较平缓。此外,产出缺口和通胀的波动率都随时间呈下降减弱的态势(见图 4.35)。

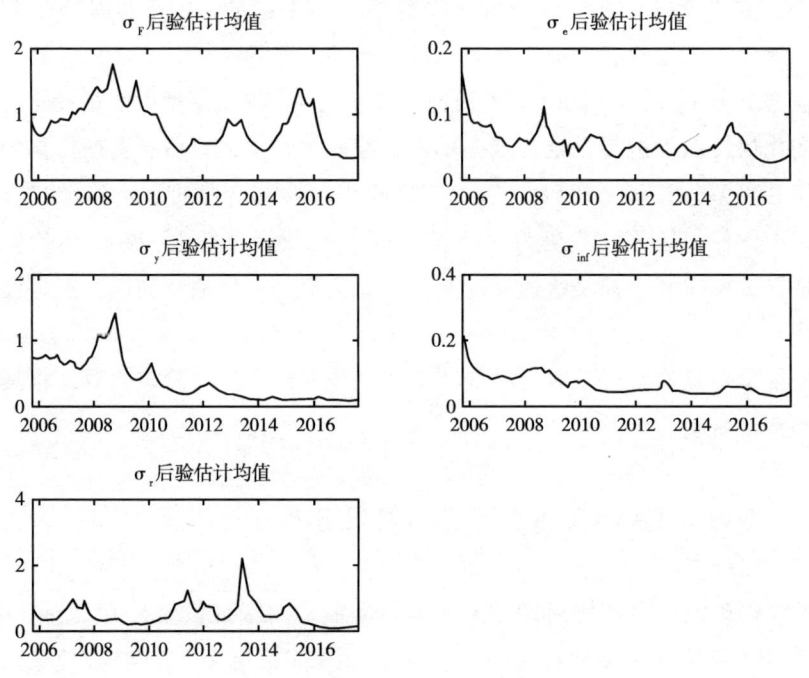

图 4.35　随机波动率后验估计均值

## (二)脉冲响应函数分析

分别给定模型中变量一个标准差单位的正向冲击,分析其他变量对该冲击的响应。通过 MCMC 抽样,设定 15 期响应期,共得到 10000 次模拟的脉冲响应结果。

### 1. 资产价格变动冲击

给定资产价格(收益)因子一个标准差单位正向冲击,汇率(收益)de、产出缺口 y、通胀 inf 和利率 r 的样本期每个时点响应如图 4.36 所示。

从图 4.36 中看到,变量对资产价格冲击的响应在样本期内呈现出较大时变性。2005 年 10 月~2007 年 6 月、2008 年 5 月~2009 年 3 月、2009 年 9 月~2013 年 4 月、2014 年 7 月~2016 年 12 月这些期间资产价格变动冲击将在短期内引起汇率变动负响应,而考察期其他时段汇率变动在短期内将作出正向

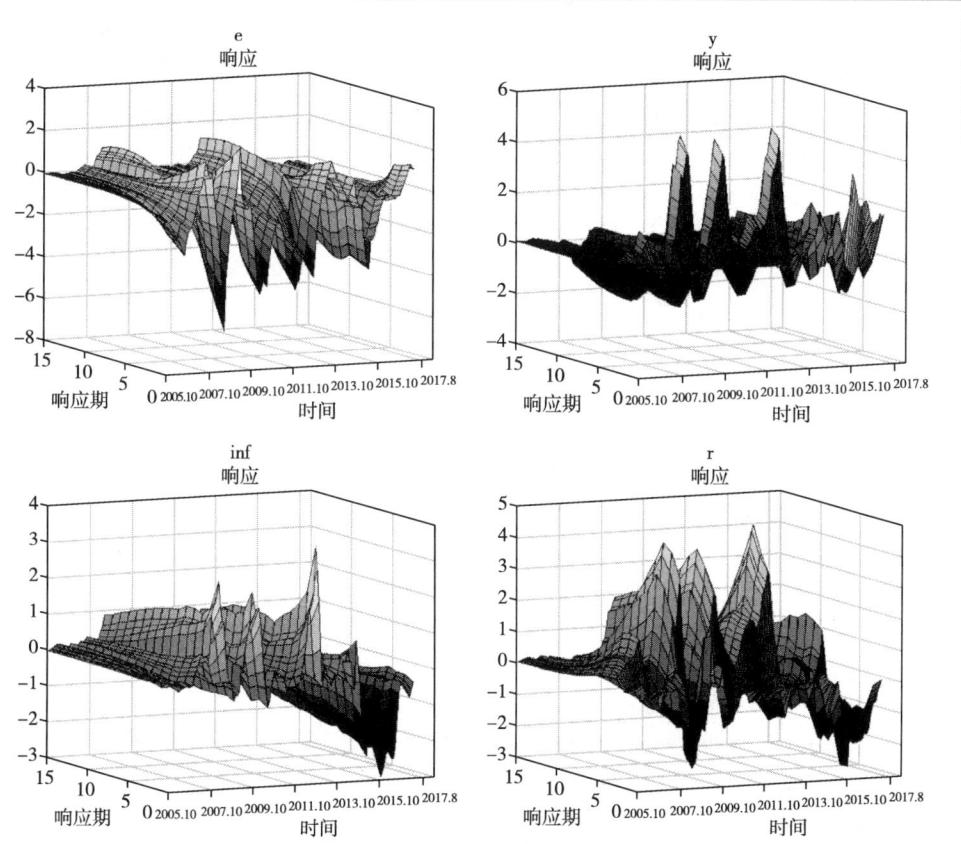

图 4.36　资产价格（收益）冲击

响应。图 4.37 中显示了六个不同时点上汇率变动对资产价格变动冲击的响应状况。在 2006 年 6 月、2009 年 3 月和 2016 年 1 月三个时点上，资产价格上涨将导致汇率贬值，而在 2007 年 1 月、2014 年 3 月和 2017 年 5 月三个时点上，资产价格上涨将汇率升值，但可能并不显著。

产出缺口对资产价格（收益）冲击除了在 2007 年年底~2009 年，以及 2012 年下半年~2013 年期间表现出负响应外，其他大多时点上在短期内都呈正响应。图 4.38 显示了四个不同时点上产出缺口对资产价格（收益）冲击的响应状况。从图中可以看到，除了 2007 年 1 月短期内，资产价格上涨可能导致负的产出缺口，在其他三个时点上，短期内资产价格上涨都可能导致正的产出缺口。

2006 年 2~4 月，2007 年 4 月至 2008 年 11 月，2009 年 7 月至 2010 年 8

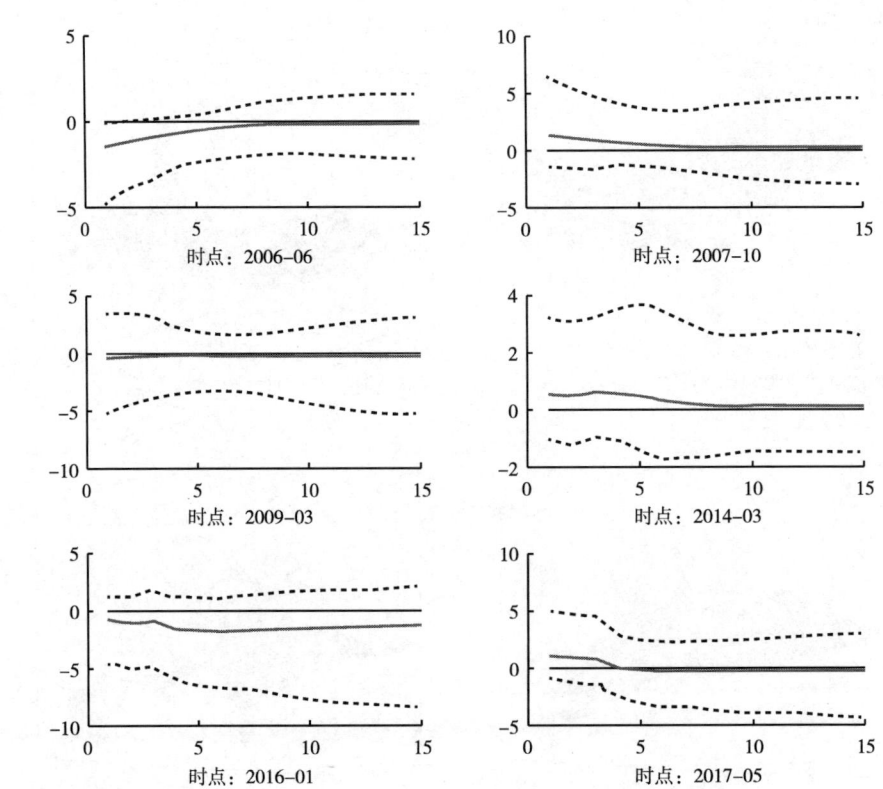

**图 4.37 不同时点汇率变动对资产价格变动冲击的响应**

注：实线表示响应后验中值，上下两条虚线分别表示 15% 和 85% 百分位点，下同。

月，2011 年 2~5 月，2012 年 6 月至 2013 年 4 月，2013 年 6~7 月，以及 2014 年 3~8 月，这些时间段中资产价格变动冲击将引起通胀正向响应，而在考察期其他时段将引起通胀负向响应。图 4.39 列示了 2005 年 12 月、2006 年 3 月、2007 年 11 月、2008 年 6 月、2010 年 4 月和 2017 年 1 月六个时点上通胀对资产价格冲击的响应状况。从图中可以看到，对于资产价格变动冲击的响应，不同时点上通胀的响应具有差异性，如在 2007 年 11 月、2008 年 6 月和 2010 年 4 月资产价格上涨将可能引起通胀上涨，而在 2017 年 1 月将可能引起通胀下降，但由于百分位点区间包含 0 值线，则意味着资产价格对通胀的影响可能并不显著。

对于利率在考察期内是否会对资产价格变动作出了反应，图 4.39 的脉冲响应函数的结果反映了不同时点脉冲响应关系存在较大差异。利率对资产

第四章 汇率与资产价格的动态关系实证研究：我国经验

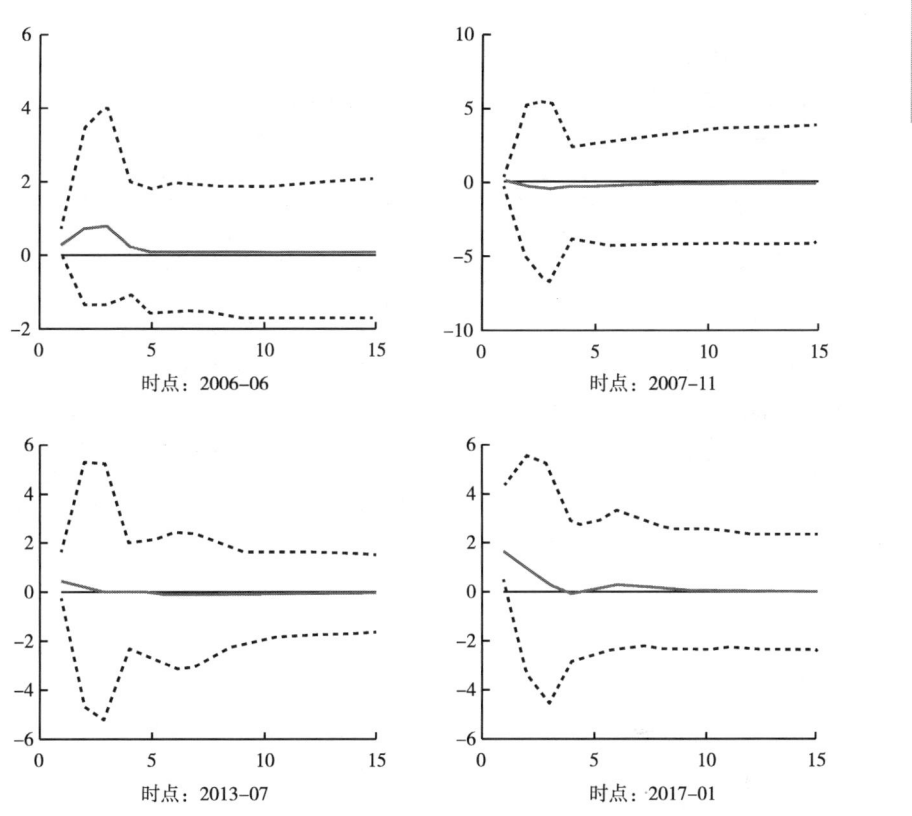

图 4.38 产出缺口对资产价格变动冲击的响应

价格变动冲击的第一期响应在考察期内的变动状况如图 4.40 所示。在考察期内，对资产价格变动冲击，在第一个月利率的响应有正有负，但有可能并不显著。

2. 汇率变动冲击

给定汇率变动一标准差单位的正向冲击，即汇率升值冲击，分析资产价格、产出缺口、通胀和利率的响应。在资产价格中关注沪深 300 指数 hs300、上证国债指数 shzg、中证基金指数 zzj、南华期货综指 nhz 和新建住宅价格指数 new 对冲击的响应。图 4.41 展示了考察期内每个月资产价格变量对汇率变动冲击的响应状况。

在考察期内，对于汇率变动的冲击，股价 hs300 指数基本上表现为第 1 个月的负响应、第 2 个月正响应、第 3 个月正响应，从第 4 个月开始一直为正响应直至收敛。债券价格上证国债指数 shzg、基金价格中证基金指数 zzj 基本为

· 167 ·

汇率与资产价格的动态交互机制研究

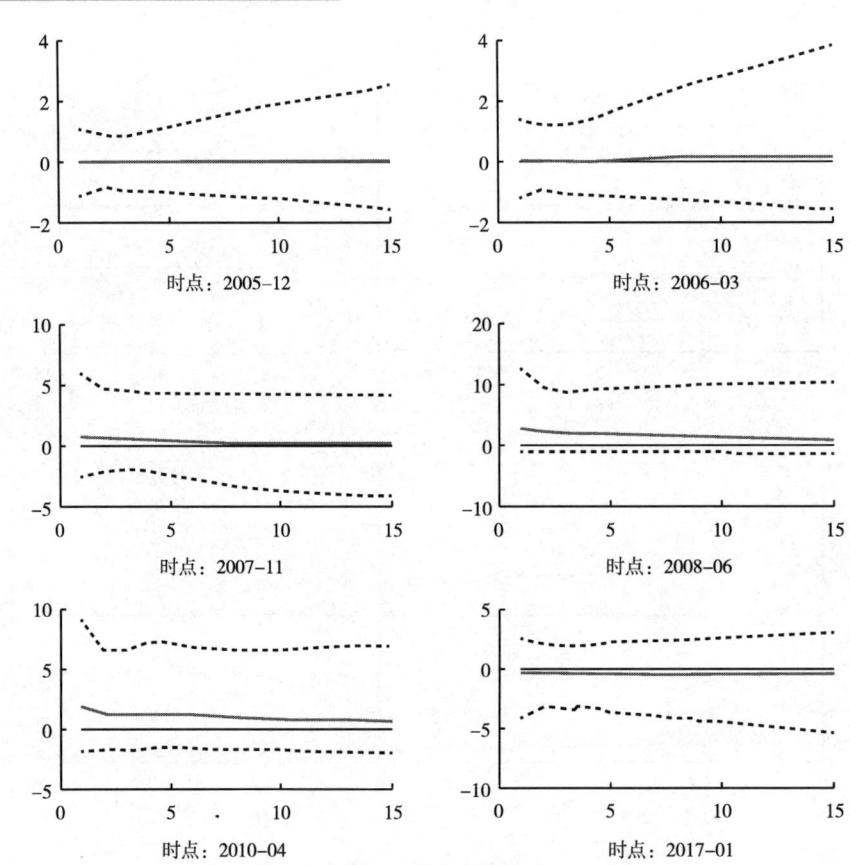

图 4.39 通胀对资产价格变动冲击的响应

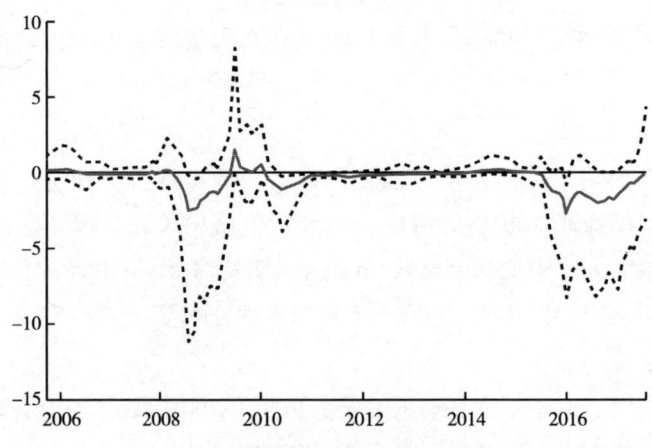

图 4.40 利率对资产价格冲击的第一期响应

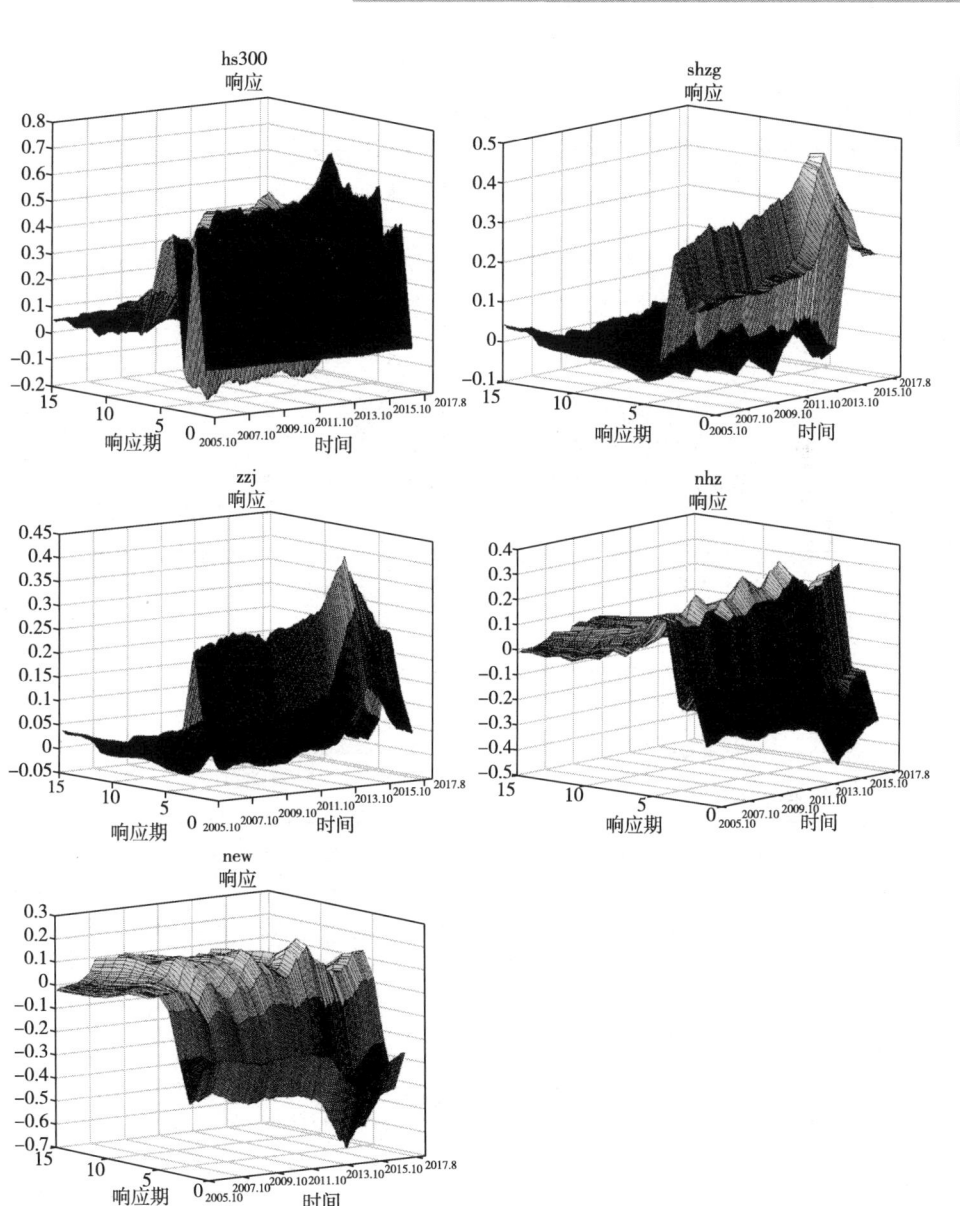

**图 4.41 资产价格变动对汇率变动冲击的响应**

正向响应。而期货价格南华综指 nhz 基本表现为前 3 个月的负响应，之后的正响应直至收敛。房价新建住宅价格指数 new 则在前 4 个月表现为负响应，之后基本为正响应直至收敛。

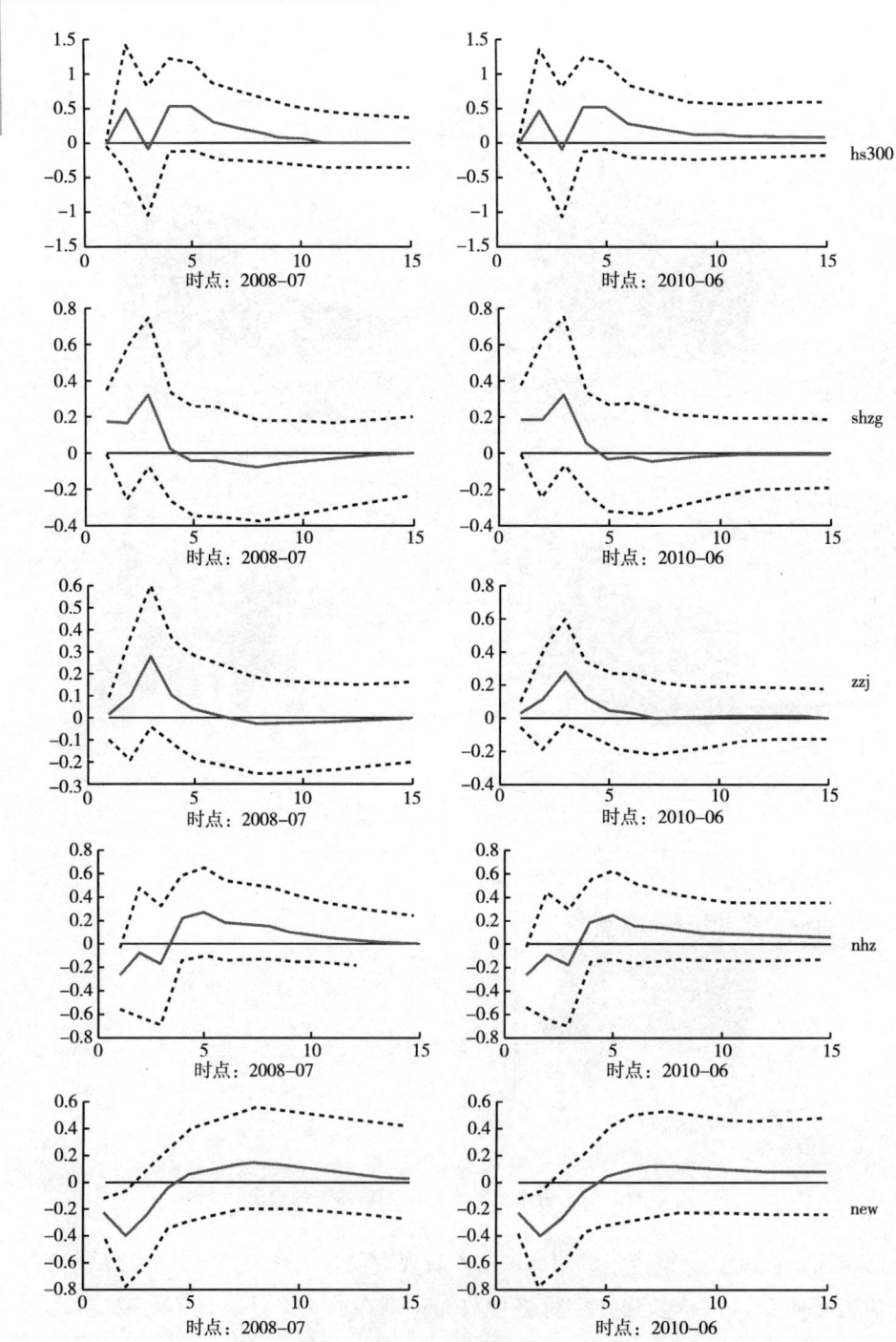

图 4.42 不同时点资产价格变动对汇率变动冲击的响应

选取 2008 年 7 月和 2010 年 6 月两个特殊时间点上①脉冲响应函数如图 4.42 所示。从图中可以看到，短期内（3 个月）汇率升值将导致股市、债市和基金市场上涨，但却会导致商品期货市场和楼市下跌。从显著性看，房价对汇率冲击的响应较为显著。

至于产出缺口、通胀和利率对汇率变动冲击的响应如图 4.43 所示。在考察期内产出缺口在前 4 个月均表现为负响应，但之后会在不同时点表现出不同的正负响应直到收敛；2005 年 10 月至 2007 年 9 月通知在前 4 个月均为正响应，2007 年 10 月至 2013 年 4 月间第 1 个月为负响应，但第 2 个月至第 4 个月的响应则从正响应逐渐转变为负响应，2013 年 5 月至 2015 年 7 月在响

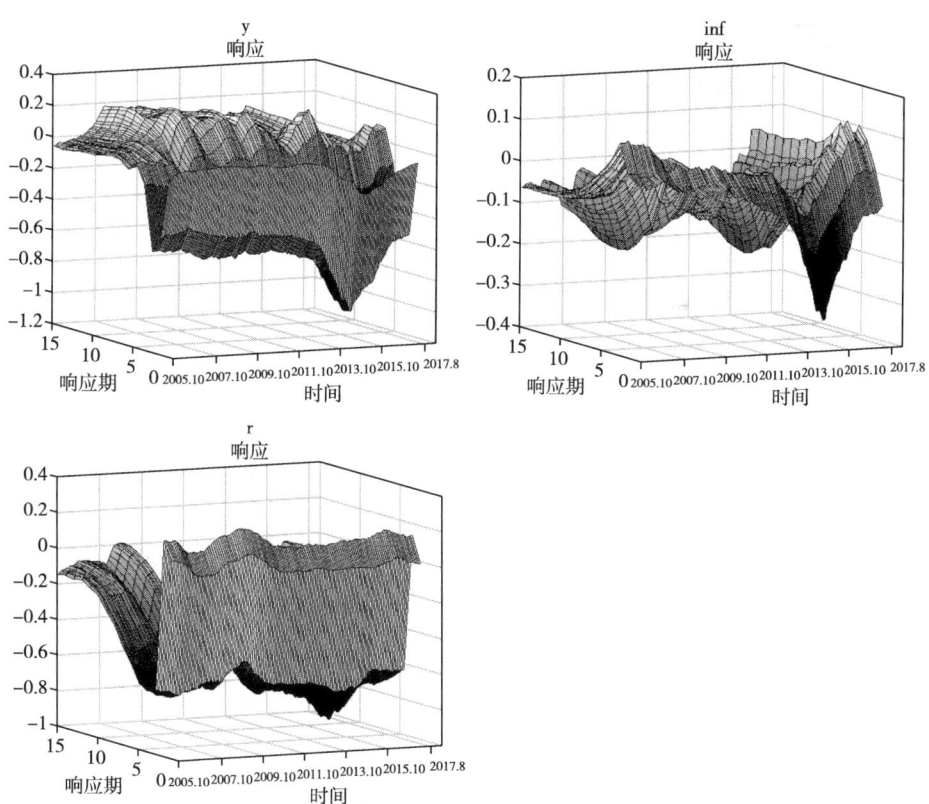

图 4.43　产出缺口、通胀和利率对汇率变动冲击的响应

---

① 为避免全球性金融危机冲击国内经济，稳定出口，2008.7 人民币汇率再次盯住美元直到 2010.5，2010.6 重启汇改。

应期内均表现为负响应，2015 年 8 月至 2017 年 8 月第一个月均为负响应，但第二个月随时间由负转正，直至收敛；利率在前两个月为正响应，但从第三月开始则表现为程度较大的负响应并持续为负至收敛。

选取的 2008 年 7 月和 2010 年 6 月两个时点上产出缺口、通胀和利率对汇率变动冲击的响应如图 4.44 所示。根据脉冲响应图，在两个时点上，对于汇率升值冲击，前 5 个月产出缺口变现为负响应，通胀在前 3 个月表现为较小程度的正响应，而利率则从前 2 个月的小幅正响应在第 3 个月转变为较大程度负响应。但对于汇率变动冲击的响应可能并不显著，尤其是通胀。

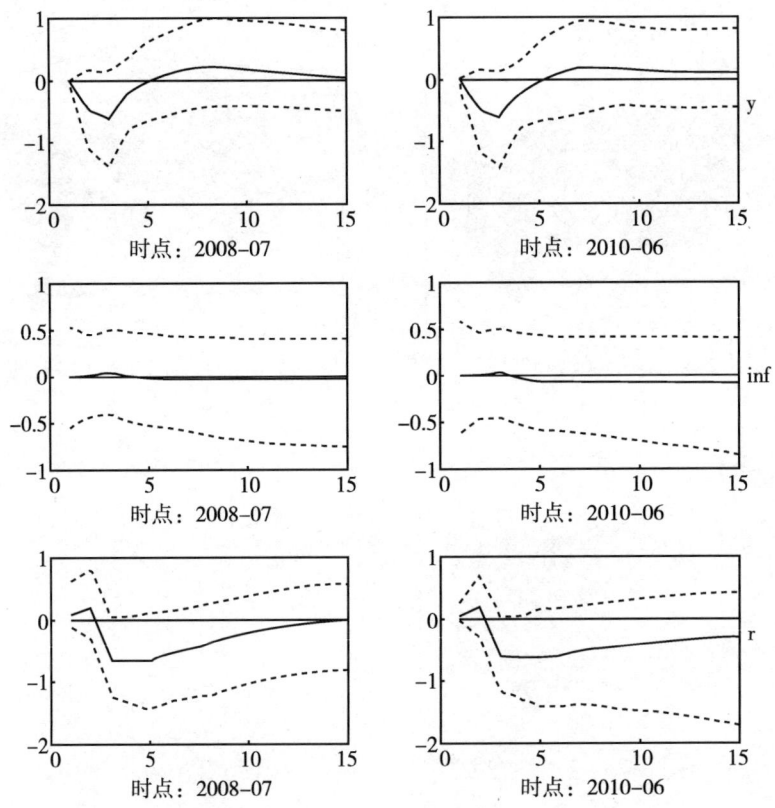

图 4.44　不同时间产出缺口、通知和利率对汇率冲击的响应

3. 产出缺口冲击

对于产出缺口一个标准差单位正向冲击，沪深 300 指数 hs300、上证国债

指数 shzg、中证基金指数 zzj、南华期货综指 nhz 和新建住宅价格指数 new 对冲击的响应如图 4.45 所示。

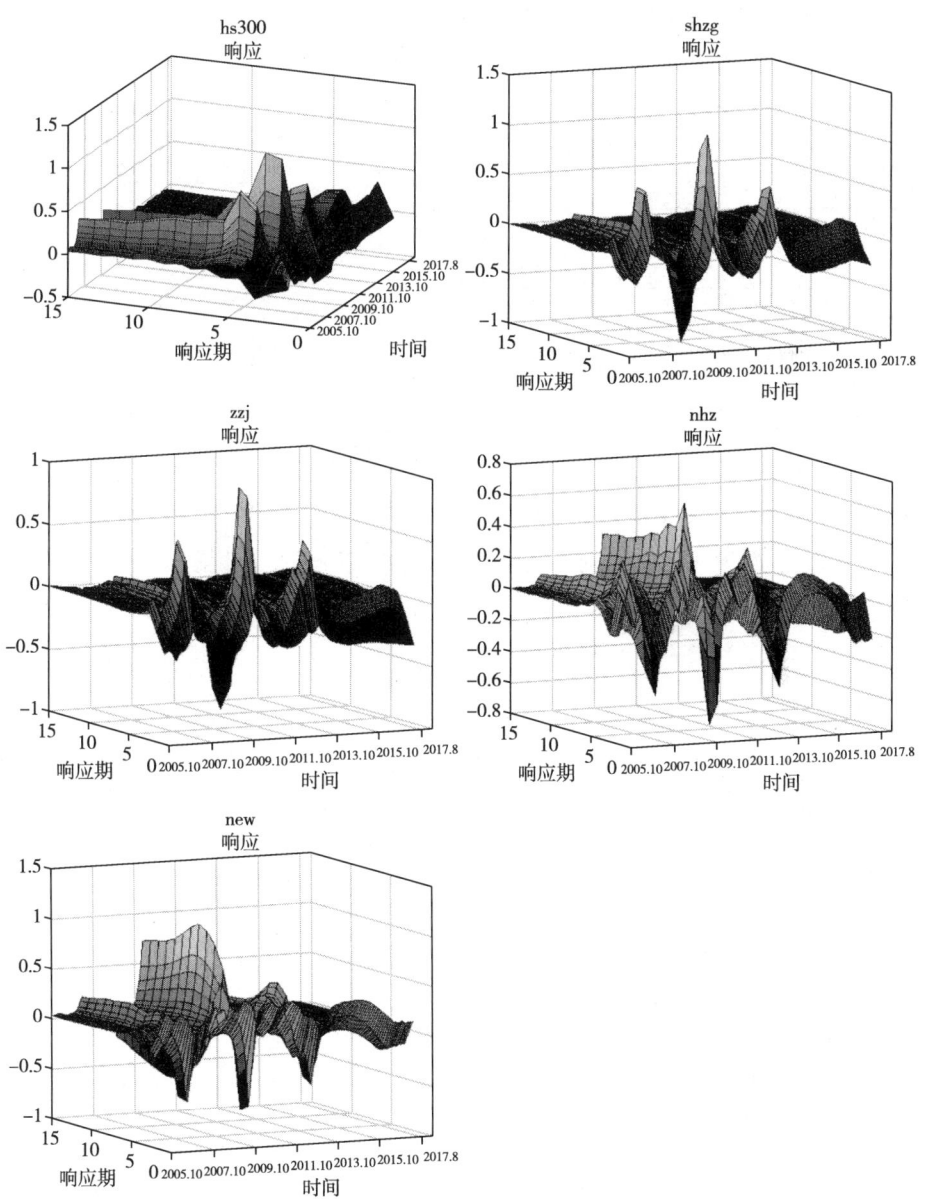

**图 4.45 资产价格变动对产出缺口冲击的响应**

考察期内,对于产出缺口冲击,股价变动在第 1 个月均表现为负响应,第

2个月正响应，而第3个月又转变为负响应。如图4.46所示，在考察期内股价变动的第一个月负响应，2005年10~11月、2007年1~4月、2010年2~3月、2012年8月至2014年1月，以及2015年5~8月期间其响应呈较高显著性，而其他时间则不显著；第2月和第3个月的在整个考察期都不显著。

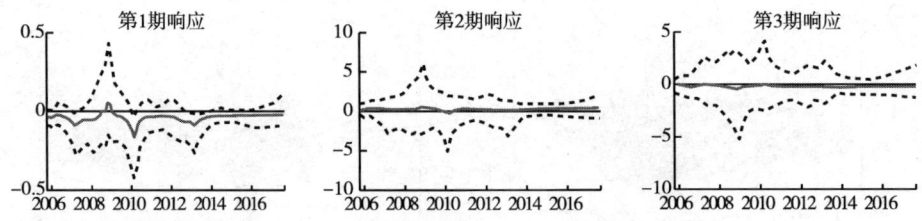

图4.46 股价变动对产出缺口冲击在第1至第3期的时变响应

债券价格变动对产出缺口的冲击的响应具有时变性，分解其第1~3期响应在考察期的时变特征，如图4.47所示。从图中可以看到，2005~2017年债券价格变动对产出缺口的正向冲击在第1个月基本呈负响应，第2月的响应在正负间交替，而第3月响应则基本呈正响应，但产出缺口对债券价格变动的影响可能并不显著。

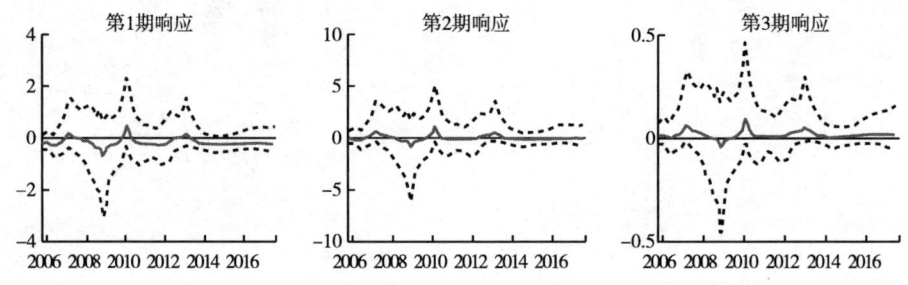

图4.47 债券价格变动对产出缺口冲击在第1~第3期的时变响应

基金价格变动对产出缺口冲击的响应也呈现出时变特征，根据1~3期的时变响应函数（见图4.48），对于产出缺口冲击的响应在第1个月总体上呈负响应，且在2005年10月至2006年9月、2010年12月至2011年10月、2013~2017年8月期间响应较为显著，而第2个月第3个月的响应不显著。

尽管图4.45显示商品期货价格对产出缺口冲击的响应具有时变特征，但针对前3期的时变响应分析发现，产出缺口冲击对商品期货市场并无显著影响（见图4.49）。

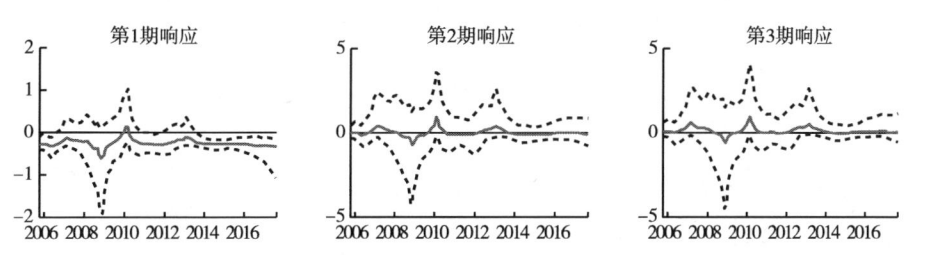

图 4.48　基金价格变动对产出缺口冲击在第 1 至 3 期的时变响应

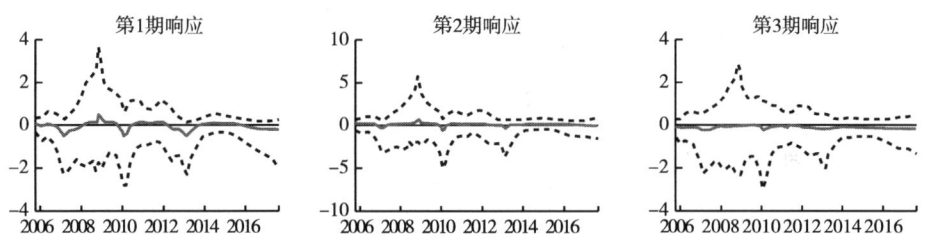

图 4.49　期货价格变动对产出缺口冲击在第 1 至第 3 期的时变响应

房价变动对于产出缺口冲击的响应具有明显的时变性，但从前 3 期的时变响应函数看（见图 4.50），仅第 1 个月的正响应在 2005 年 10 ~ 12 月、2011 年 8 月、2013 年 11 月 ~ 2015 年 9 月这期间具有一定的显著性，而其他时间段的响应和第 2、第 3 个月的响应不显著。

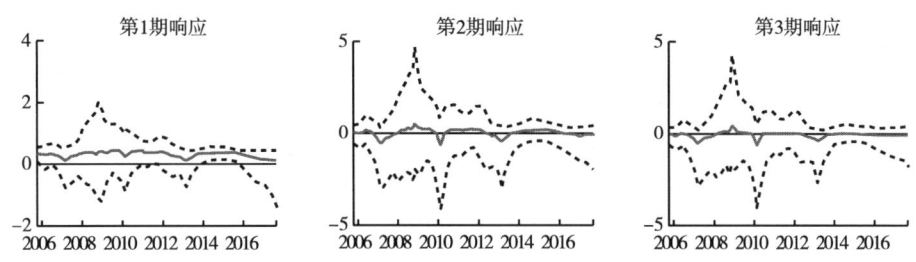

图 4.50　房价变动对产出缺口冲击在第 1 至第 3 期的时变响应

汇率、通胀和利率对于产出缺口冲击的响应均具有一定的时变性（见图 4.51），但从显著性看（以前 3 期为例，图 4.52 ~ 图 4.54），产出缺口对汇率、通胀都没有显著影响，但对利率在 2010 年 1 ~ 4 月期间具有显著负效应，但其他时间均无显著影响。

4. 通胀冲击

对于通胀上涨冲击，图 4.56 显示了选取的资产价格变动的响应状况。从

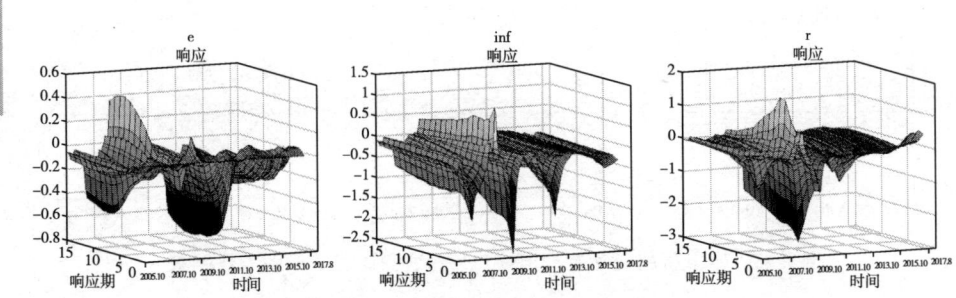

图 4.51 汇率、通胀和利率对产出缺口冲击的响应

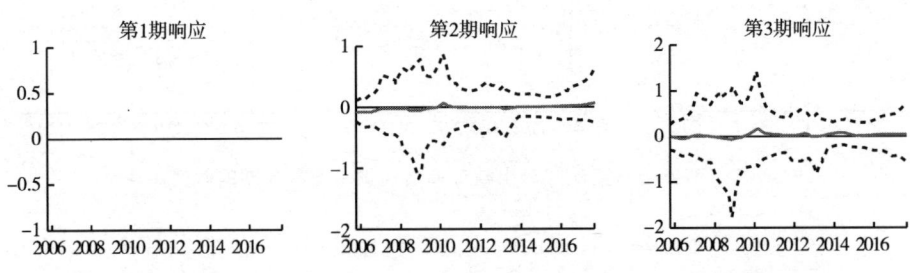

图 4.52 汇率变动对产出缺口冲击在第 1 至第 3 期的时变响应

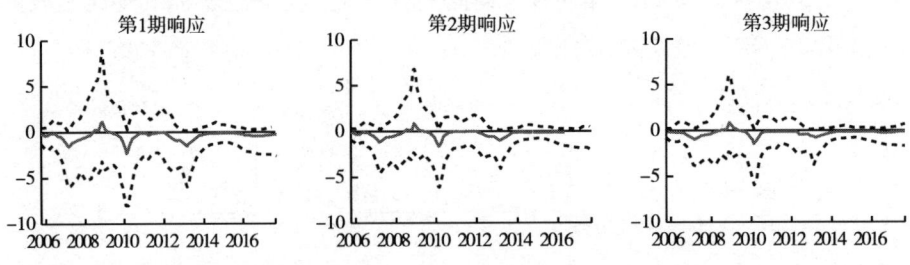

图 4.53 通胀对产出缺口冲击在第 1 至第 3 期的时变响应

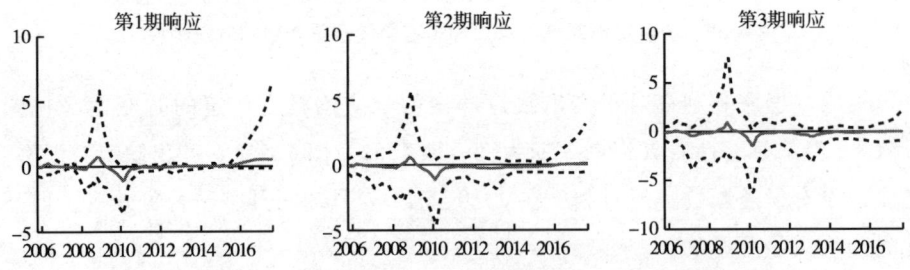

图 4.54 利率对产出缺口冲击在第 1 至第 3 期的时变响应

图中可以发现,资产价格变动在考察期内不同时点对通胀上涨冲击的响应大体相同。股价变动的响应在响应期内(特别是前几期)并不稳定,表现为正负响应间剧烈波动,但从图 4.55 刻画的前 3 期时变脉冲响应中可以看到,仅在第 1 个月的响应是显著的,该响应关系表示通胀上涨将导致下个月股价上涨。

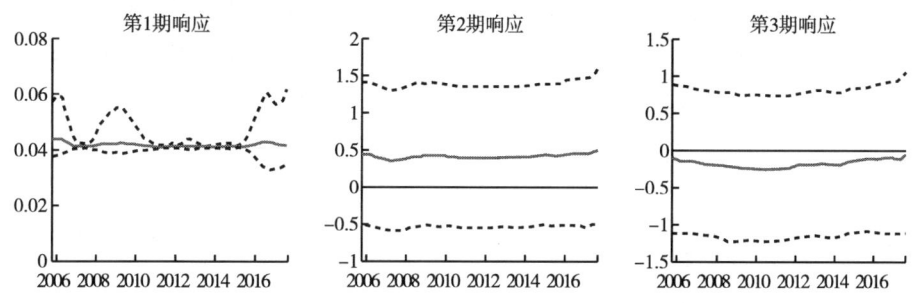

图 4.55　股价变动对通胀冲击的前 3 期时变响应

债券和基金价格变动在不同时点上都是基本表现为负响应。图 4.57～图 4.58 分别显示了债券和基金价格变动对通胀冲击前 3 期的时变响应,图中均显示,在前 3 期债券和基金价格变动都对通胀冲击作出了显著的负响应,这表明通胀上涨将会导致债券和基金价格下跌。

相反,商品期货价格变动与房价变动对通胀冲击的响应都基本表现为正响应。图 4.59～图 4.60 描述了两者对通胀冲击前 3 期的时变响应态势,图中显示,商品期货价格变动在前 2 期都作出对通胀冲击的显著正响应,而房价变动在前 3 期均为显著正响应,这表明通胀上涨将会导致期货价格和房价上涨。

图 4.61 为汇率变动、产出缺口和利率对通胀冲击的响应。在考察期的不同时间上,汇率基本作出对通胀冲击的正响应,即通胀上升将导致汇率升值,这与购买力平价理论是相悖的,但从图 4.62 中可以看到前 3 期汇率变动的响应都是不显著的,且在第 1 期响应为 0;产出缺口的响应在前 3 个月基本为正,图 4.63 中更直观地显示了产出缺口对通胀冲击在第 2、第 3 个月显著正向响应;最后,利率在考察期不同时点上也表现为正响应且收敛速度较慢,从图 4.64 看到,在第 1 个月利率响应很小且不显著,第 2、第 3 个月均为程度较大的正响应,但也基本不显著①,这在一定程度上表明货币政策具有时滞。

---

① 第 3 个月响应仅在 2008～2009 年相对较显著。

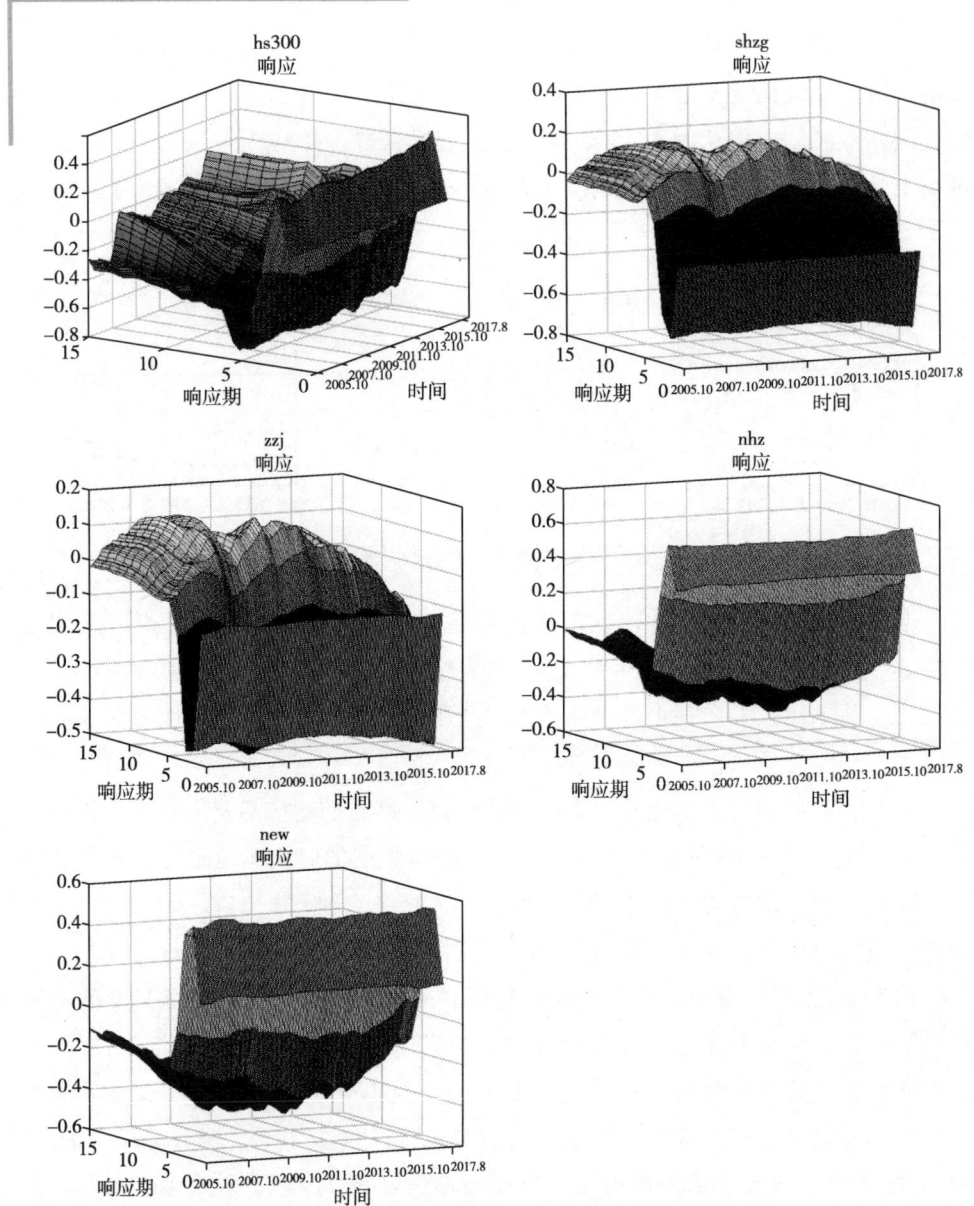

图 4.56 资产价格变动对通胀冲击的响应

5. 利率冲击

给定利率一个标准差单位的正向冲击,即利率上涨冲击,分析模型系统中其他变量对此冲击的响应。

第四章　汇率与资产价格的动态关系实证研究：我国经验

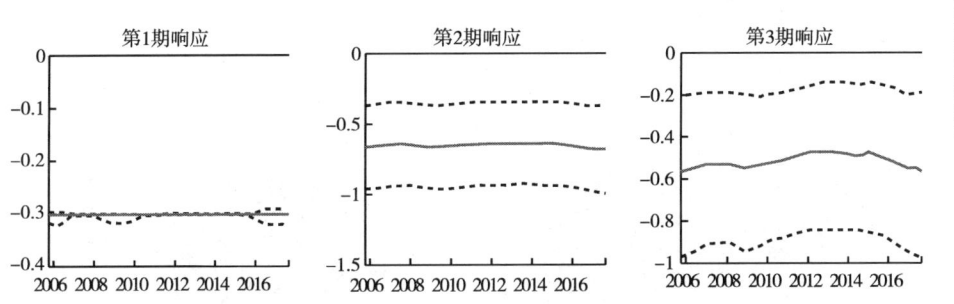

图 4.57　债券价格变动对通胀冲击的前 3 期时变响应

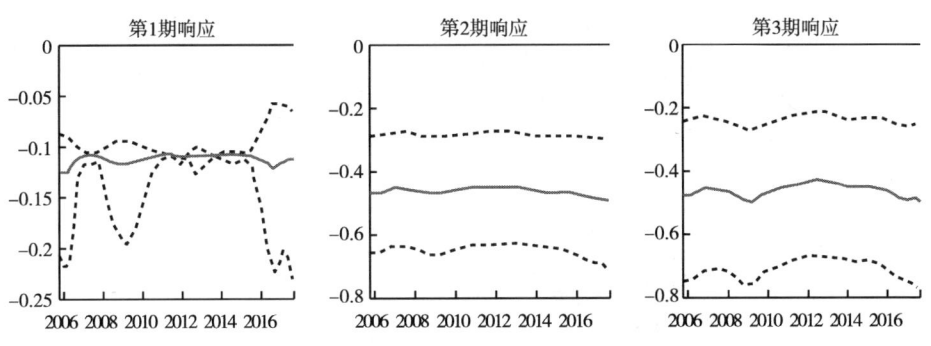

图 4.58　基金价格变动对通胀冲击的前 3 期时变响应

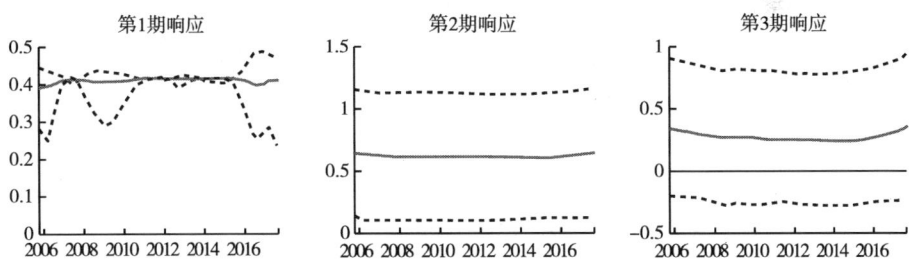

图 4.59　期货价格变动对通胀冲击的前 3 期时变响应

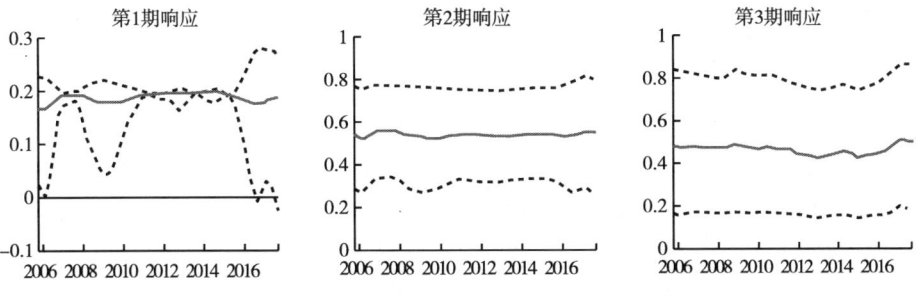

图 4.60　房价变动对通胀冲击的前 3 期时变响应

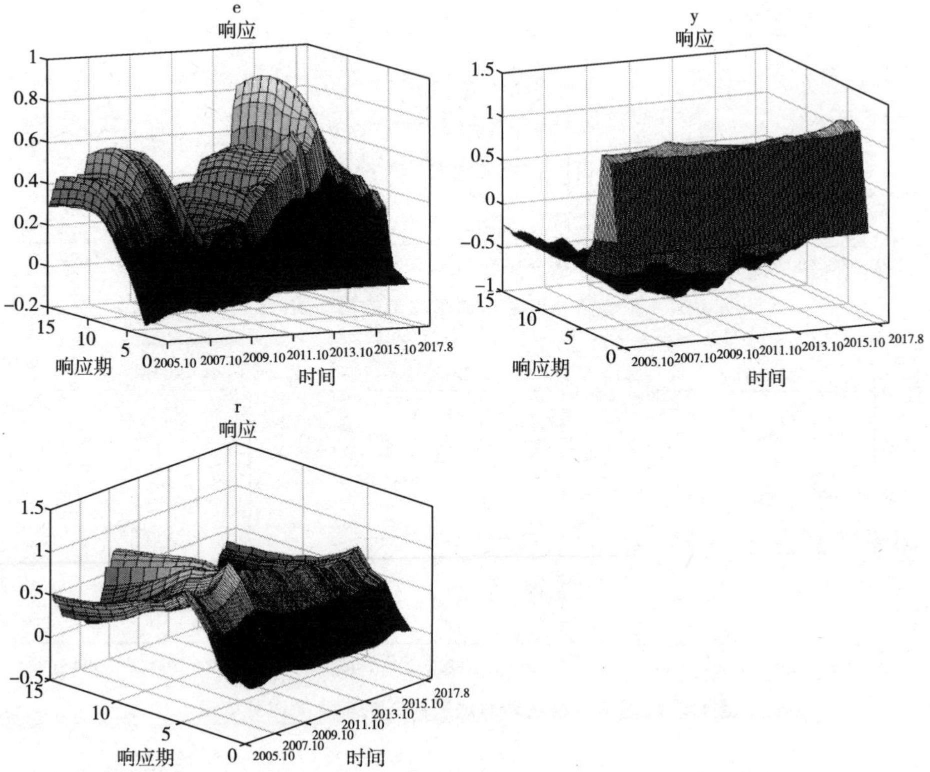

图 4.61 汇率变动、产出缺口和利率对通胀冲击的响应

图 4.62 汇率变动对通胀冲击的前 3 期时变响应

首先对于资产价格,如图 4.65 所示,股价变动在前 4 期在正负响应间交替变化,随后逐渐收敛。进一步,对前 3 期股价变动在考察期内的时变响应(见图 4.66)分析发现,第 1 期为固定小幅正响应,第 2 期一直表现为正响应,但仅在 2009 年 8 月至 2013 年 8 月、2014 年 3 月至 2017 年 8 月这两个期间显著,第 3 期响应以 2012 年 12 月为分水岭,之前为负,之后为正,但并不

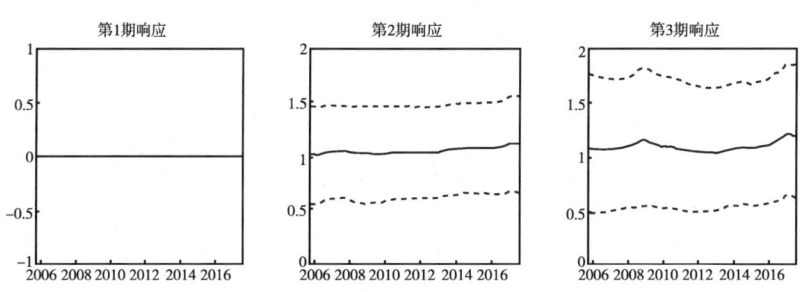

图 4.63 产出缺口对通胀冲击的前 3 期时变响应

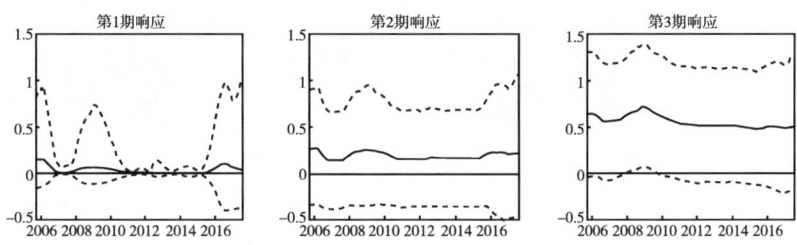

图 4.64 利率对通胀冲击的前 3 期时变响应

显著。

债券价格变动在前 4 期基本表现为负响应，之后不同时点会出现正负差异，但最后大多收敛到负值状态。分析前 3 期的时变响应（见图 4.67），第 1 期为固定小幅负响应，第 2 期在考察期也一直为负响应，且变化不大；第 3 期响应在一些时段中表现为正响应，但整体而言，第 2 期和第 3 期的响应均不显著。

基金价格变动、商品期货价格变动和房价变动都表现为负响应。分析这三者在考察期内的前 3 期时变响应（见图 4.68～图 4.70）可以看到，基金价格变动的响应在第 1 期和第 2 期均显著，而期货价格变动响应仅在第 1 期显著，房价变动的响应在第 1 期和第 2 期也表现出较高显著性。

资产价格变动对冲击的响应表明，利率上涨将会导致短期内股价上涨、债券、基金、商品期货和房地产市场下跌。

汇率变动、产出缺口和通胀对利率冲击的响应在考察期内的分布与动态特征如图 4.71 所示。

从图 4.71 中可以看到，对于利率上涨冲击，汇率作出了正向的升值响应；而产出缺口短期内也基本作出负向响应；但通胀却作出了正向的上涨响应。以

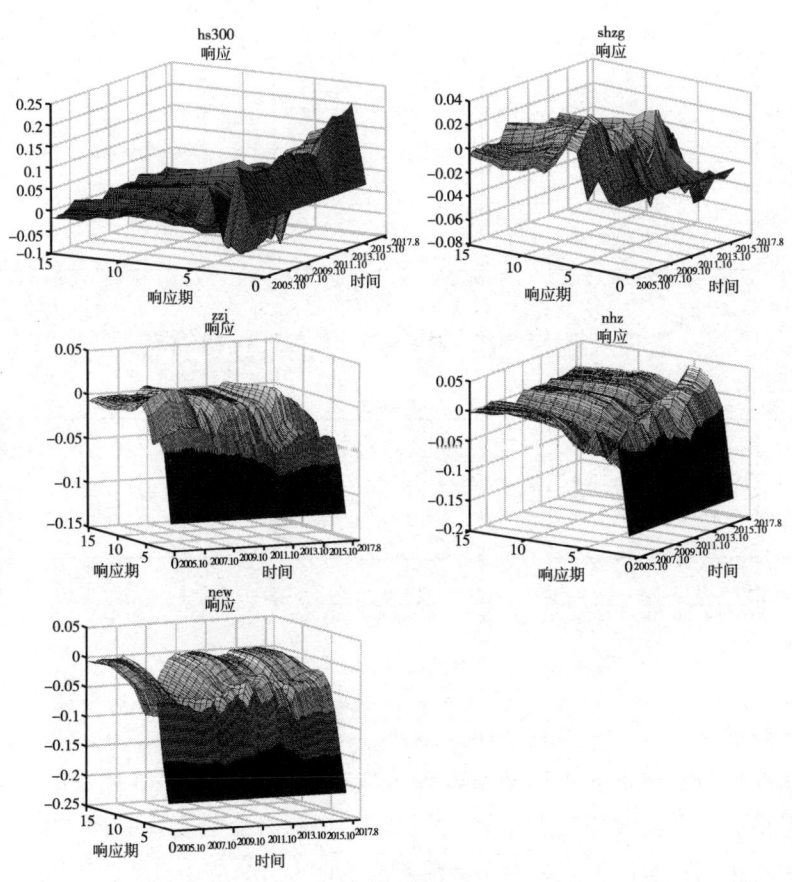

图 4.65 资产价格变动对利率冲击的响应

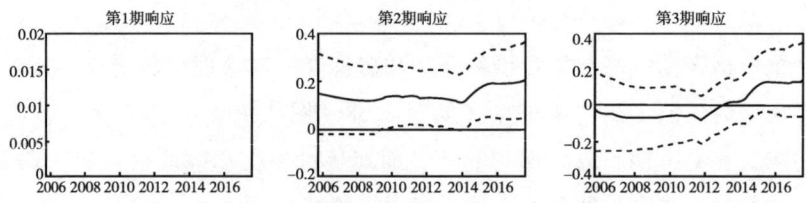

图 4.66 股价价格变动对利率冲击的前 3 期时变响应

前 3 期响应分析不同时点上脉冲响应的显著性（见图 4.72～图 4.74），发现汇率对利率冲击的响应在绝大多数时间并不显著，第 1 期响应一直为 0，第 2 期响应则从负转正，且在 2013 年 11 月至 2015 年 6 月期间表现为显著的正响应，第 3 期响应也只有在 2013 年 11 月至 2014 年 3 月为显著正响应。产出缺口的响应仅第 2 期响应在 2007 年 6 月至 2011 年 12 月期间为显著的负响应，其他时

第四章 汇率与资产价格的动态关系实证研究：我国经验

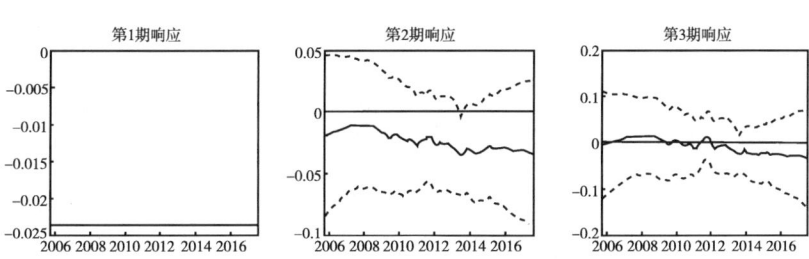

图 4.67 债券价格变动对利率冲击的前 3 期时变响应

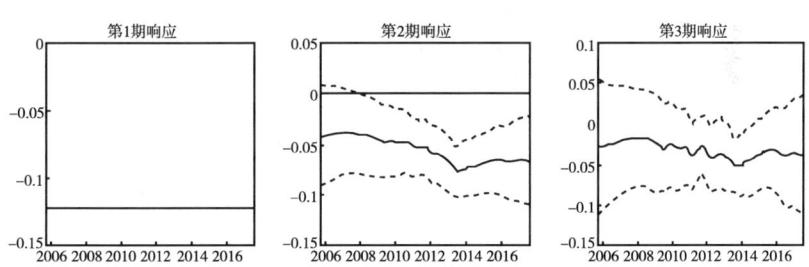

图 4.68 基金价格变动对利率冲击的前 3 期时变响应

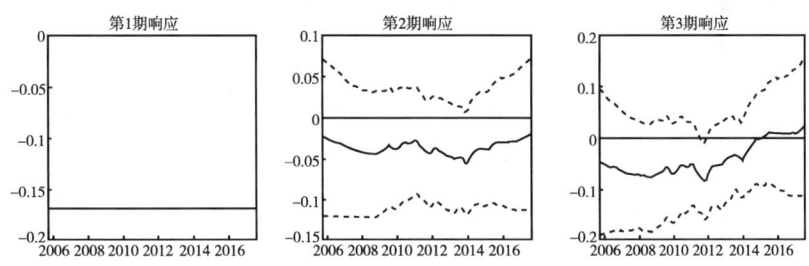

图 4.69 期货价格变动对利率冲击的前 3 期时变响应

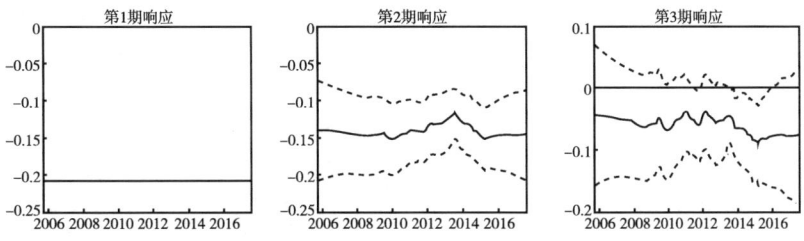

图 4.70 房价变动对利率冲击的前 3 期时变响应

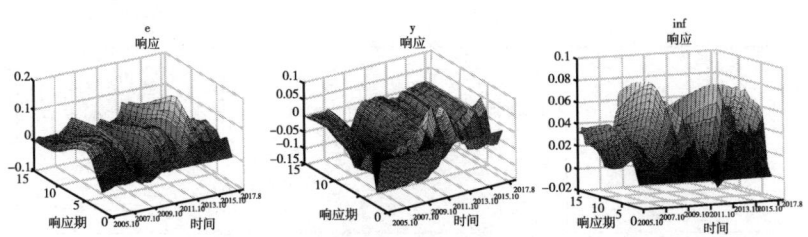

图 4.71　汇率变动、产出缺口和通胀对利率冲击的响应

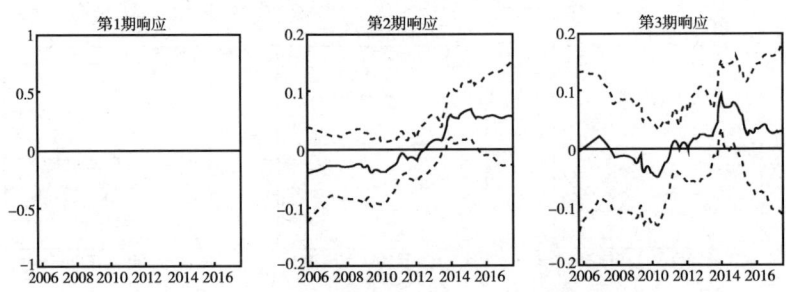

图 4.72　汇率变动对利率冲击的前 3 期时变响应

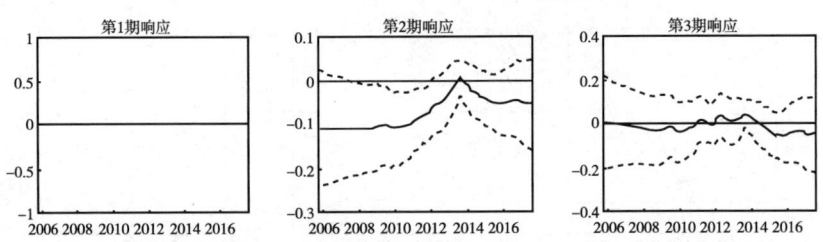

图 4.73　产出缺口对利率冲击的前 3 期时变响应

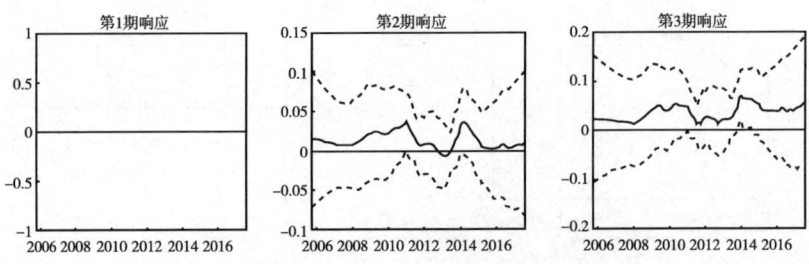

图 4.74　产出缺口对利率冲击的前 3 期时变响应

间的响应均不显著。而通胀对利率冲击的响应在前3期均不显著。

## 四、主要实证结果

通过前述实证分析，得到以下几点主要实证结果：

（1）资产价格上涨并不一定会引起汇率升值，在某些时点上还可能导致汇率贬值。反过来，汇率对资产价格的影响方面，在一些时期汇率升值反而会导致股票市场、商品期货市场下跌和房地产市场下跌，但会导致债券市场和基金市场行情上涨。

（2）总体而言，资产价格上涨将会带动经济增长，但经济增长并不一定会刺激资产价格上涨，如经济增长在考察期的一些时间内会导致股票市场和基金市场下跌，但却有利于房地产市场繁荣，但对债券市场和商品期货市场无明显效应。资产价格变化对通胀无明显效应，但通胀却对资产价格具有明显影响，通胀上升将会导致股价、商品期货价格和房价上涨，但会导致债券和基金价格下跌。利率对资产价格变化、经济增长和通胀并无显著反应。但利率对资产价格却具有显著作用：利率上涨将会导致基金、商品期货市场和房地产市场下跌，但却会导致股价上涨。

（3）尽管汇率变动对经济增长具有负效应，但考察期内绝大多数时间这种负效应都不显著，且经济增长对汇率也无显著作用。此外，汇率变动对国内物价也无明显的价格传递效应，国内物价变化却对汇率存在显著负作用，即通胀上升导致汇率升值。考察期内利率对汇率变动的反应较弱，在汇率变化后的第3个月才在一些时期表现出显著下降的反应。而利率变化对汇率却具有显著影响，利率上涨将会导致汇率升值。

（4）经济增长对通胀无明显作用，但通胀会显著的刺激经济增长。而利率调整对经济增长也并非一直具有显著的刺激作用，且利率对通胀也无显著影响。

## 本章小结

本章通过选取我国数据，综合运用线性 VAR、TVP – VAR 和 TVP – FA-

VAR模型对汇率与资产价格的动态关系展开了相对详细的实证研究。鉴于对宏观经济的影响程度，以及历史经济金融危机中凸出角色，本章前两节将重点放在了汇率与股价，以及汇率与房价的研究上。考虑到可能的资产配置和资产多样性问题，在第三节将主要资产价格纳入实证框架，构造资产价格因子，进行了实证研究。依据第二章理论分析，汇率、资产价格与宏观经济本身是存在互动关系的系统，所以在实证分析中根据理论分析的过程囊括了主要的宏观经济变量，使实证模型结构与理论分析相一致。通过实证研究发现，传统线性VAR由于假定模型系数固定，且未考虑随机波动率问题，相关实证得到结果的可靠性可能会受此制约。而运用TVP-VAR模型尽管是线性VAR模型更一般化的模型，但其得出的实证结果可能与线性VAR模型仍有所差异。实证研究的结果表明，汇率与资产价格之间并非一定具有关联效应，由于数据选取、模型结构、估计策略等差异，不同模型得到的实证结果也是存在较大差异，这也可能是已有相关研究对于汇率与资产价格的关系尚未有一致结论的原因所在。

# 第五章

# 汇率与资产价格的动态关系实证研究：美国经验

第四章利用我国数据对汇率与资产价格之间的动态关系展开了详细的实证分析。但我国国内金融市场和外汇市场尚不完善，利用我国数据得到的实证结论并不完全支撑理论模型的结果。美国市场体系是全球总量最庞大、市场结构最为复杂、制度和功能最完善的，对全球金融体系的发展都具有重要的示范和引导作用（张健华，2016）。正是因为如此，由于美国国内房地产泡沫引爆的次贷危机才会在2008年不断恶化为全球性的金融危机。为进行比较研究，本章将选取美国数据，构建实证模型对汇率与资产价格的动态关系进行实证检验与分析。在第四章中考虑到资产价格体系问题，分别应用TVP – VAR和TVP – FAVAR模型进行了实证研究。与第四章不同，本章将只考虑股价和房价这两种资产价格，且将股价和房价放置在同一模型框架下，应用TVP – VAR模型展开实证检验。本章具体安排如下：第一节将阐述数据选取和变量设定；第二节对数据作初步处理并建立基准线性VAR模型作初步分析，为建立时变参数VAR模型奠定基础；第三节应用TVP – VAR模型，采用脉冲响应函数分析变量间的动态关系；最后是本章小结。

## 第一节 数据选取与变量设定

根据第二章理论模型，本章实证研究所涉及的变量包括汇率、资产价格、外汇市场情绪和资产市场情绪，以及产出缺口、通胀和利率。

### 一、资产价格

尽管美国金融市场非常成熟，资产价格种类也异常繁多，但一方面从对实体经济的影响方面，股价和房价作用不言而喻，而且历史已经证明①股价和房价极易形成泡沫，一旦泡沫破灭将对实体经济造成强烈冲击；另一方面，在整个资产价格体系中，股价和房价的地位举足轻重，因而大量对于货币政策与资产价格的研究都在争论是否应将股价和房价纳入货币政策规则。此外，因为研究设计将从行为金融角度研究市场情绪在汇率与资产价格关系中的传导作用，鉴于目前仅有对股市和房市相关市场情绪统计数据，所以综合考虑这里资产价格仅包括股价和房价。美国股市相当成熟，是全球最大、市值占全球股市总市值近三成的金融市场，截至2016年国内上市公司总市值占GDP（资本化率）比重高达147.3%（见图5.1）。

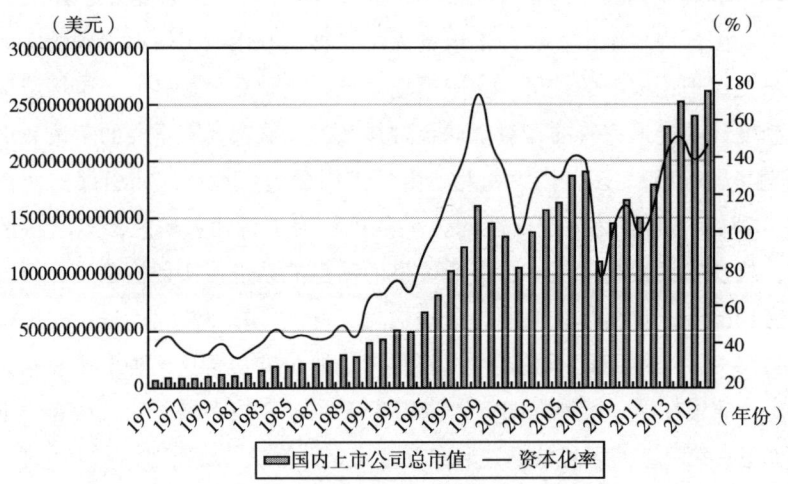

**图 5.1　美国国内上市公司总市值及资本化率（1975～2016年）**

注：数据来源于世界银行。统计数据中剔除了以持有其他公司股份来获利为目的的公司，如投资基金、单位信托基金等。

美国股市由纽约证券交易所、纳斯达克证券市场、美国证券交易所和柜台市场构成。纽交所历史最悠久，规模最大，市场较为成熟，上市条件较严格；纳斯达克市场为创业板市场，上市公司主要是高科技公司；美国证券交易所上市的公司主要为中小型企业，价格低、交易量小，流动性较低。对于股价指

---

① 在金融发展历史上，资产价格泡沫不断上演。在美国，20世纪20年代的股市暴涨暴跌、1996～2000年的网络股泡沫、2002～2007年的次贷危机等。Rapp（2014）对历次金融资产价格泡沫形成和破灭作了较详细回顾。

数,美国股市上有三大股指,即道琼斯工业平均指数、标普500指数和纳斯达克指数。从实际市场运行看,主要股指走势基本一致(见图5.2),但道琼斯工业指数仅涵盖了30家大型企业,且采用的是简单加权平均计算方法,并不能反映整体市场状况,相比较而言,标普500指数涵盖了纽交所和纳斯达克两个市场上的500只股票,且采用的是市值加权平均计算方法,因而更能反映市场状况,因此,选取标普500指数作为股价的代理变量。

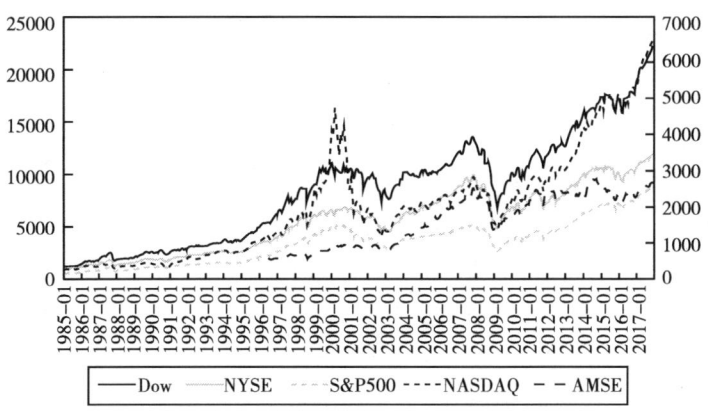

**图 5.2 美国主要股指走势(1985~2017年)**

注:数据来源于 WIND 资讯金融终端。

图 5.2 显示了美国股市 1985 年至今的走势状况。这期间,美国股市有两次明显的暴涨暴跌,一次是 2000 年左右的网络股泡沫期间,另一次是 2007 年次贷危机期间。2009 年至今,美国股市上涨势头较为明显,且股价指数已经超过历史最高水平。

对于房价,目前美国市场主要有三种反映全国房价的指数:S&P/CS 指数、FHFA 指数、FMHPI 指数。S&P/CS 指数是根据 Karl Case、Robert Shiller 和 Allan Weiss 提出的方法进行编制的,该指数主要统计有两次及以上交易记录的非新建独栋或集合式房屋[①]价格变化。FHFA 指数[②]由美国联邦住房金融局

---

[①] 根据房屋结构,美国住房可分为独栋房(single-family home)、半独立式(town house)、集合式住宅(condominium)、多家庭房(multi-family home)、移动房(mobile home)、公寓(apartments)和度假房(vacation home)等。其中独栋房占市场 80% 以上。

[②] FHFA 指数前身为 OFHEO 指数,2008 年 7 月联邦住房企业监督办公室(office of federal housing enterprise oversight)变成美国联邦住房金融局的一个部门,OFHEO 指数就变为 FHFA 指数。

编制发布，主要针对非新建独栋房的加权重复销售指数，该指数衡量 363 个大城市同一住房重复销售的平均价格变化，由于其样本的广度，该指数能提供相对更多的信息。FMHPI 全称为 Freddie Mac House Price Index，即房地美房价指数，FMHPI 统计范围包括用于办理抵押贷款[①]的独栋房和半独栋房的价格变化。图 5.3 为 1975 年至 2017 年 8 月三个房价指数的走势状况（其中 FHFA 从 1991 年开始统计）。

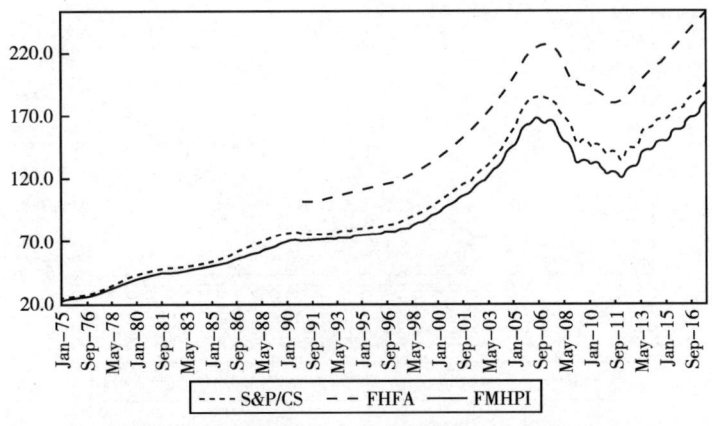

图 5.3　美国房价走势（1975～2017 年，未经季调）

从图 5.3 中可以看到，三个指数变化走势基本一致。美国房价自 1975 年稳步上涨，但从 2000 年开始房价上涨速度明显加快，飙涨至 2006 年，2006 年年底房价暴跌，次贷危机随即爆发，房价一路下滑。2011 年下半年随着经济逐步从危机中恢复，房价快速回升，并且上涨速度不输 2000～2006 年，目前美国房价已经达到历史最高水平。

无特殊原因，本书选取 S&P/CS 指数作为房价的代理变量。

## 二、汇率

根据 IMF，美国实行的是完全浮动的汇率制度。既然如此，采用某个或某几个双边汇率来作为美元汇率变量是不恰当的。因此，本书选取经贸易加权的

---

① 这些贷款由房地美或房利美收购。

广义名义美元汇率指数。该指数是根据美元对美国主要贸易伙伴①的双边汇率经过贸易权重加权平均值。图 5.4 为 1973 年至 2017 年美元指数的走势。

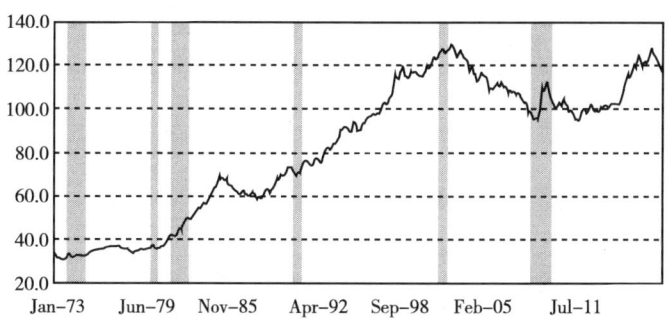

**图 5.4　美国汇率指数走势（1973～2017 年，未经季调）**

注：数据来源于 FRED。灰色区域表示经济衰退时期，下同。

## 三、市场情绪

目前已有研究对市场情绪的衡量主要有两种方法：一是基于问卷调查数据统计；二是基于市场运行相关变量指标构造的情绪指标。对于美国股市情绪，在问卷调查数据统计方面，主要有美国个人投资者协会 AAII 统计的个人投资者情绪指标、耶鲁大学统计发布的投资者信心指数；而在利用市场相关变量构造指标方面，影响较大的有 Baker 和 Wurgler（2006，2007）构造的投资者情绪指标②。图 5.5 是三种情绪指标的走势状况。

图 5.5 中 SENT_N 和 SENT 为 Baker 和 Wurgler（2006，2007）构造的情绪指标③，分别表示剔除宏观经济因素和未剔除宏观经济因素的情绪指标。CI_INST 和 CI_INDI 分别表示机构投资者信心指数和个人投资者信心指数④，耶鲁大学统计发布的投资者信心指数包括一年指数（one year index）、逢低买入指

---

① 包括：欧元区、加拿大、日本、墨西哥、中国、英国、韩国、新加坡、马来西亚、巴西、瑞士、泰国、菲律宾、澳大利亚、印度尼西亚、印度、以色列、沙特阿拉伯、俄罗斯、瑞典、阿根廷、委内瑞拉、智利和哥伦比亚以及中国香港特别行政区和中国台湾地区。

② 还有一些研究，如 Dash 和 Moran（2005）、Banerjee 等（2007）选取 CBOE 交易的 S&P500 指数的 VIX 作为衡量投资者情绪的指标，但 Bandopadhyaya 和 Jones（2008）研究认为 VIX 并不是较优指标。

③ 该指标从 Jeffrey Wurgler 的网页 http://people.stern.nyu.edu/jwurgler/下载获得。

④ 数据从耶鲁大学的网站 http://som.yale.edu/faculty-research/centers-initiatives/international-center-for-finance/data/stock-market-confidence-indices/stock-market-confidence-indices 下载获得。

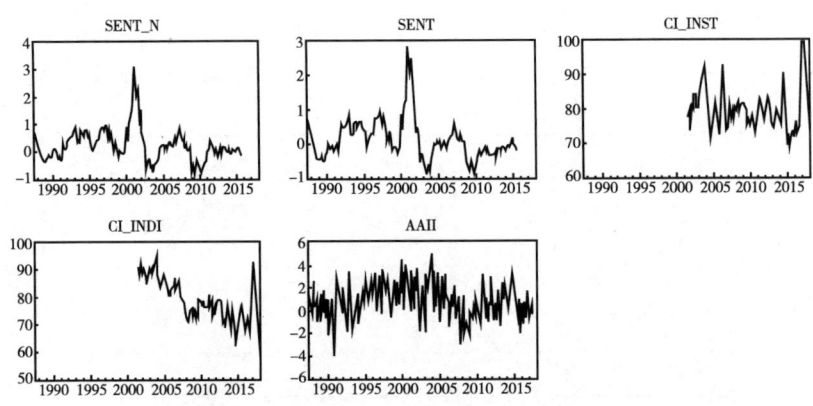

图 5.5 股市情绪指标（1987 年 7 月至 2017 年 10 月）

数（buy-on-dips index）、崩溃指数（crash index）和估值（valuation index）四个指数，投资者信心指数从 2001 年 7 月开始才公布月度数据，本书选取的是一年指数，该指数反映的是受访者认为股市在下一年上涨的比例。AAII 指数统计的个人投资者看涨比例与看跌比例之差以反映情绪变动状况①。

从图 5.5 中可以看到，SENT 和 SNET_N 指标差别不大，是否剔除宏观经济因素未明显改变指标，将这两个指标与图 5.2 的股价走势对比可以发现基本保持一致，这是因为该指标的构建就是利用市场运行变量。而且这两个指标与其他两类情绪指标具有显著差异。此外，从相关性看，2001 年 7 月至 2017 年 9 月间个人投资者信心指数 CI_INDI 与 AAII 情绪指标的相关系数为 0.32，与 SENT_N 和 SENT 的相关系数分别为 0.22 和 0.19。但由于基于市场的 SENT_N 和 SENT 指标可能仅是反映股价变动的后果，而非情绪独立的代理变量，从而可能陷入自我循环的风险（risk of circularity），此外，构造这一指标所采用的主成分分析方法的稳健性不高，加入新的样本将可能导致所有情绪指标都会随之变动（Hudson and Green，2015）。相比较而言，尽管投资者信心指数相对样本量较小，但其包括个人投资者和机构投资者两个指标，且能直接反映市场投资者的情绪变化，同时考虑到在美国股市上机构投资者是市场主导和中坚力量，因此，本书选取机构投资者信心指数作为股市情绪的代理变量。

对于房市情绪，目前主要是采用问卷调查统计的数据，根据统计调查对象

---

① 数据从 AAII 的网站 http://www.aaii.com/下载获得。

不同，可分为购房者的购买情绪和售房者情绪。自 2011 年 3 月开始房利美统计发布基于问卷调查的住房购买情绪指标 HPSI。而对于售房者情绪，美国全国家居建筑协会（NAHB）针对其会员的调查统计独栋房市场情绪指数 HMI，该指数从 1985 年开始统计发布。这两个情绪指数的走势如图 5.6 所示。

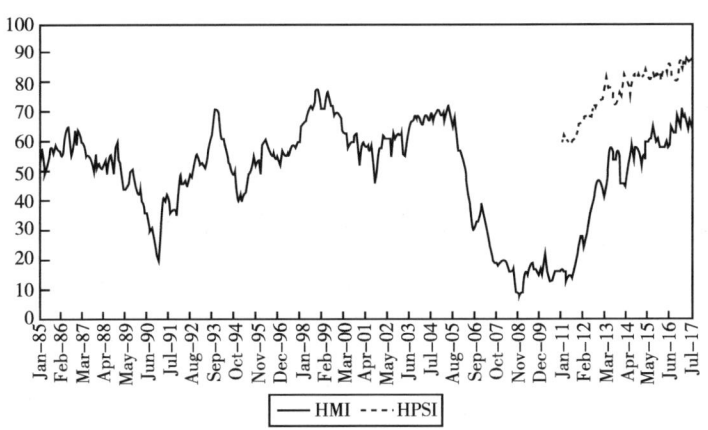

图 5.6　房市情绪指标（1985 年 1 月至 2017 年 9 月）

从图 5.6 中可以看到，2011 年至 2017 年 9 月 HMI 和 HPSI 的走势基本一致，经计算，两者的相关系数高达 0.93。鉴于 HPSI 样本量较小，本书选取 HMI 作为房市情绪的代理变量。

对于汇市情绪，由于无法找到相关远期交易数据，无法采用第四章的方法加以构造汇市情绪指标。CBOE 自 2007 年开始上市交易英镑、日元和欧元三种货币的 VIX 指数，但由于 VIX 作为投资者情绪衡量指标的代表性上存在争议，另外样本量也相对有限，因此本书将不在实证框架中考虑汇市情绪变量。

## 四、产出缺口

对于产出缺口，通常用 HP 滤波等方法直接对 GDP 数据进行处理，剔除固定趋势部分将余下的波动部分作为产出缺口。这里，本书并不打算采用该方法来计算产出缺口。在美国，美国行政管理和预算局公布了实际潜在 GDP。根据 IMF 对产出缺口的定义，产出缺口衡量的是经济体实际产出与其潜在产出之间的差距。既然可获得潜在 GDP 数据，就可以利用实际 GDP – 潜在 GDP 得到产出缺口。从美联储 FRED 数据库获取相关数据，首先对实际 GDP 和实际潜在 GDP 取自然对数，后将两者相减得到（对数）产出缺口[①]。图 5.7 展示了 1949 年第一季度至 2017 年第三季度美国产出缺口的走势状况。

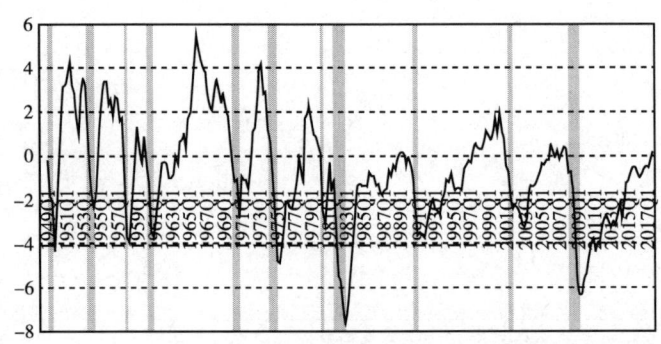

图 5.7 产出缺口（1949 年 1 月至 2017 年 3 月）

## 五、通胀

在经济学教材或大多数研究中，因受数据限制，通常用 CPI 变量来衡量通胀水平。但 CPI 仅仅反映的是与消费者相关的消费品和服务价格水平变化状况，并未全面反映社会一般物价水平的变动。相对而言，GDP 折减指数要全面客观，因此，选取 GDP 折减指数的环比变动作为通胀的代理变量。图 5.8 为美国 1947 年第二季度至 2017 年第三季度 GDP 折减指数对数环比变动状况[②]。

## 六、利率

这里为体现货币政策利率变动，选取联邦基金利率作为利率代理变量。图 5.9 是美国 1954 年 7 月至 2017 年 10 月度平均联邦基金利率走势。

---

① 将最后数值扩大 100 倍。具体计算方法为：（对数）产出缺口 = 100 × (ln（实际 GDP） – ln（实际潜在 GDP))。

② 将对数环比变动率扩大了 100 倍。

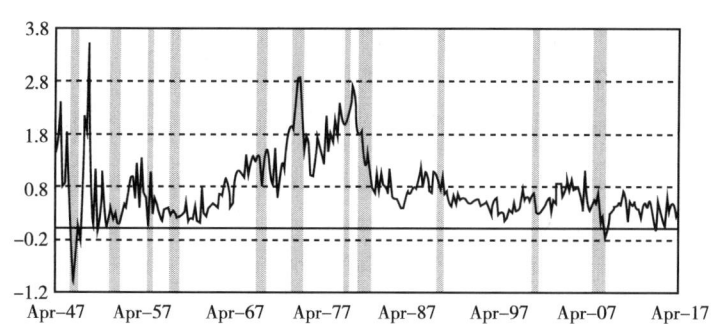

**图 5.8　通胀：GDP 折减指数对数环比变动（1947 年 4 月至 2017 年 4 月）**
注：数据来源于 FRED。

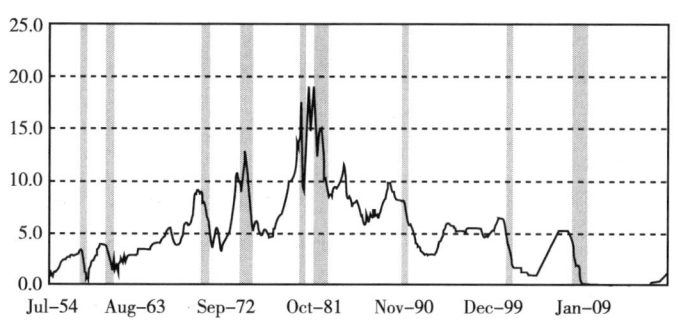

**图 5.9　美国联邦基金利率走势（1954 年 7 月至 2017 年 10 月）**
注：数据来源于 FRED。

鉴于只能获得季度产出缺口数据，以及投资者信心指数仅能获得从 2001 年 7 月开始的连续数据，因此，实证所用数据选取为 2001 年第三季度~2017 年第三季度的季度数据。为此，股价、房价、汇率取相应指标的季末值，市场情绪和利率取相应指标的月度平均值。所有原始数据除股市和房市情绪来源前面提到的特定网页外，其余均从圣路易斯联邦储备银行 FRED 数据库①中获取得到。

## 第二节

### 数据初步处理与分析

为剔除季节因素影响，采用 Census – X12 法对所有数据作季节调整，除产

---

① 数据库网址为：fred.stlouisfed.org。

出缺口、通胀①和利率外,其余变量取自然对数。初步处理后,股价、房价、汇率、股市情绪、房市情绪,以及产出缺口、通胀和利率分别用 sp、hp、e、ss、hs、y、inf 和 r 表示。

## 一、描述性统计

样本期内,变量序列的走势如图 5.10 所示。

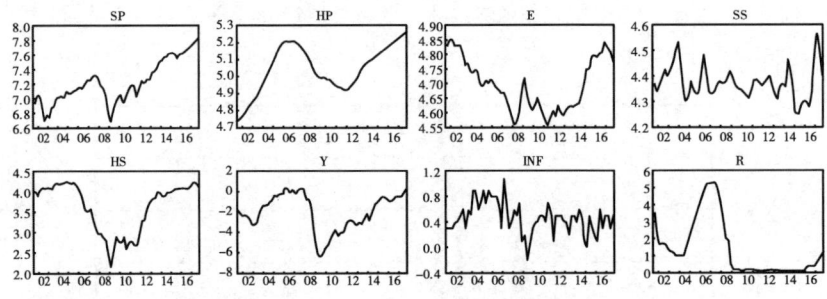

图 5.10　序列样本期内走势图

所有变量的描述性统计见表 5.1。

表 5.1　　　　　　　　　描述性统计

|  | sp | hp | e | ss | hs | y | inf | r |
|---|---|---|---|---|---|---|---|---|
| 平均值 | 7.223 | 5.05 | 4.696 | 4.376 | 3.65 | -1.972 | 0.466 | 1.403 |
| 最大值 | 7.832 | 5.263 | 4.856 | 4.572 | 4.265 | 0.499 | 1.1 | 5.3 |
| 最小值 | 6.682 | 4.743 | 4.556 | 4.252 | 2.163 | -6.313 | -0.2 | 0.1 |
| 标准差 | 0.293 | 0.134 | 0.089 | 0.064 | 0.601 | 1.797 | 0.246 | 1.678 |
| JB 统计量 | 2.726 | 2.923 | 4.756*** | 8.751** | 8.611** | 5.038*** | 0.158 | 16.498* |

注:*、** 和 *** 分别表示在 1%、5% 和 10% 的显著性水平下拒绝原假设。JB 统计量的原假设为序列服从正态分布。

结合变量序列走势图和描述性统计结果,所有变量中除了 y 和 r 的波动相对较大外,其余变量波动性较小,标准差都在 1 以下;此外,从分布特征看,sp、hp 和 inf 的 JB 统计量作出接受服从正态分布的原假设,其他序列都拒绝

---

① 产出缺口和通胀的计算过程中已经对原始数据取自然对数。

原假设。一般来说，股价和房价序列并不服从正态分布，这里可能是由于特定样本区间选取造成了服从正态分布的结果。

## 二、单位根检验

运用 ADF、PP 和 KPSS 三种方法对序列的平稳性进行检验，结果如表 5.2 所示。

表 5.2    单位根检验

| 序列 | ADF | | PP | | KPSS | |
| --- | --- | --- | --- | --- | --- | --- |
| | (c, t, k) | t 统计量 | (c, t, b) | t 统计量 | (c, t, b) | LM |
| sp | (1, 1, 0) | −1.774 | (1, 1, 2) | −2.022 | (1, 1, 6) | 0.157** |
| hp | (1, 0, 1) | −2.741*** | (1, 0, 6) | −1.845 | (1, 1, 6) | 0.125*** |
| e | (1, 0, 1) | −2.081 | (0, 0, 1) | −0.274 | (1, 0, 6) | 0.274 |
| ss | (1, 1, 1) | −6.487* | (1, 0, 11) | −2.611*** | (1, 0, 3) | 0.145 |
| hs | (0, 0, 0) | −0.057 | (0, 0, 3) | −0.097 | (1, 0, 6) | 0.222 |
| y | (0, 0, 1) | −1.536 | (0, 0, 4) | −1.317 | (1, 0, 6) | 0.131 |
| inf | (1, 1, 0) | −5.27* | (1, 1, 3) | −5.271* | (1, 1, 5) | 0.084 |
| r | (1, 1, 3) | −3.615** | (0, 0, 5) | −1.742*** | (1, 1, 6) | 0.095 |
| dsp | (0, 0, 0) | −5.795* | (0, 0, 2) | −5.807* | (1, 0, 1) | 0.21 |
| dhp | (0, 0, 0) | −1.667*** | (0, 0, 1) | −1.688*** | (1, 0, 6) | 0.191 |
| de | (0, 0, 0) | −5.941* | (0, 0, 4) | −5.789* | (1, 1, 6) | 0.061 |
| dhs | (0, 0, 0) | −6.188* | (0, 0, 0) | −6.188* | (1, 0, 3) | 0.297 |
| dy | (0, 0, 0) | −5.084* | (0, 0, 0) | −5.084* | (1, 0, 4) | 0.116 |

注：*、** 和 *** 分别表示在 1%、5% 和 10% 的显著性水平下拒绝原假设。(c, t, k/b) 表示辅助回归方程中包含截距、趋势（1 表示包含，0 表示为包含），以及检验变量的滞后期数 k 或带宽。根据 SIC 信息准则判断最优滞后期，根据系数显著性判定是否应包含截距或趋势，根据 New-west 选择最优带宽。d 表示一阶差分。

三种单位根检验方法仅对于 sp、ss、inf 和 r 具有一致结论，对其他序列的结果则存在冲突。三种方法一致认为 sp 是一阶单整，而 ss、inf 和 r 是水平平稳的。而对于 hp，PP 和 KPSS 都认为是一阶单整，而 ADF 认为是平稳的；e、hs 和 y，ADF 和 PP 认为是一阶单整，而 KPSS 认为是平稳。综合三种检验的结果，结合理论模型研究，认为 sp、hp、e、hs、y 服从一阶单整过程，而 ss、inf、r 服从零阶单整过程。因此，对 sp、hp、e、hs 和 y 取一阶差分，分别用

dsp、dhp、de、dhs 和 dy 表示，经济含义可表述为股市收益、房市收益、汇率收益、房市情绪变动和产出缺口变动。

## 第三节 基于线性 VAR 模型的实证研究

根据单位根检验的结果，对变量 {dsp、dhp、de、ss、dhs、dy、inf、r} 建立线性 VAR 模型作初步实证检验，为后续建立 TVP – VAR 模型奠定初步基础。

### 一、模型回归结果

首先需要确定 VAR 模型滞后期。由于采用的季度变量且样本容量较小，为保证模型具有足够自由度，将模型滞后期设定为 1，建立 VAR（1）模型。对模型回归后得到如表 5.3 所示的回归结果。

表 5.3　　　　　　　　　　VAR（1）模型回归结果

| | dsp 方程 | dhp 方程 | de 方程 | ss 方程 | dhs 方程 | dy 方程 | inf 方程 | r 方程 |
| --- | --- | --- | --- | --- | --- | --- | --- | --- |
| 截距 | -0.272 | -0.055 | 0.223 | 1.31* | -0.153 | 2.869 | 0.045 | 1.033 |
| $dsp_{-1}$ | 0.098 | 0.027*** | 0.013 | 0.052 | 0.269 | 1.432 | 0.06 | 0.815 |
| $dhp_{-1}$ | 0.664 | 0.959* | -0.201 | 0.104 | 1.199 | 7.476 | 4.104** | 9.359* |
| $de_{-1}$ | 0.079 | -0.022 | 0.207 | -0.055 | 0.076 | -3.019 | -1.646 | 1.483 |
| $ss_{-1}$ | 0.068 | 0.014 | -0.052 | 0.7* | 0.059 | -0.647 | 0.057 | -0.275 |
| $dhs_{-1}$ | 0.035 | -0.01 | -0.007 | -0.017 | -0.018 | -0.188 | -0.167 | -0.182 |
| $dy_{-1}$ | 0.009 | -0.004*** | 0.001 | -0.002 | -0.017 | 0.19 | 0.06 | 0.036 |
| $inf_{-1}$ | -0.036 | -0.007*** | 0.025 | 0.001 | -0.16** | -0.026 | 0.185 | 0.222 |
| $r_{-1}$ | -0.002 | -0.001** | -0.004** | 0.001 | -0.027* | -0.052 | 0.039* | 0.974* |

注：*、** 和 *** 分别表示在1%、5%和10%的显著性水平下拒绝原假设。经检验 VAR（1）模型是稳定的。

从回归结果可以看到，模型中所有变量包括 dsp 自身滞后都对当期 dsp 无显著作用；但滞后 1 期的 dsp 对 dhp 具有显著的正向作用，且滞后 1 期的 dhp 对其当期值具有显著的正向影响。而滞后 1 期的 dy、inf 和 r 都对当期 dhp 具有显著负作用；在影响 de 的因素中，仅滞后 1 期的 r 具有显著负影响；其他变量对滞后对 ss 无显著作用，但自身滞后 1 期值具有显著正影响；滞后 1 期的 inf 和 r 对房市情绪 dhs 具有显著负影响；并未发现 dy 的显著影响变量；滞后 1 期的 dhp 和 r 对 inf 和 r 都具有显著正影响。

VAR（1）模型回归结果表明：（1）并未发现股市情绪对股市收益的显著作用，且模型中其他变量对股市收益均无显著影响。（2）股市收益对房市收益具有显著积极影响，说明股价变动后将会引起房价同向变动。此外，产出缺口、通胀和利率对房价都具有抑制作用。（3）利率是影响汇率的显著因素，利率上升将导致汇率贬值。（4）股市情绪具有明显的自身惯性，但通胀和利率对房市情绪的抑制作用较为显著。（5）股市和房市情绪，以及通胀和利率对产出缺口无显著影响，但房市收益确是影响通胀和利率的重要因素，房价上涨将会导致通胀上升和利率提高，此外，利率上升反而会刺激通胀上升。

根据回归结果，线性 VAR 模型表明汇率与股价之间并无直关联，但会通过房价和利率的传导而存在单向引导关联效应，但汇率与房价却会通过利率的传导而具有从房价到汇率的单向影响关系。即有 dhp→r→de，dsp→dhp→r→de，股价上涨将导致房价上涨，而房价上涨将导致利率上升，利率上升又将导致汇率贬值。此外，并未发现市场情绪对相应资产的定价作用。

## 二、脉冲响应函数分析

这里结合本书研究内容，为了进一步解释汇率与资产价格之间的动态关系，基于 VAR（1）模型应用脉冲响应函数，分别分析房市收益对股市收益冲击的响应、利率对房市收益冲击的响应与汇率收益对利率冲击的响应。分别给定 dsp、dhp 和 r 一个标准差单位的冲击，采用蒙特卡洛模拟 1 万次计算脉冲响应标准差，为避免变量顺序的影响，运用广义响应函数分析得到如图 5.11 所

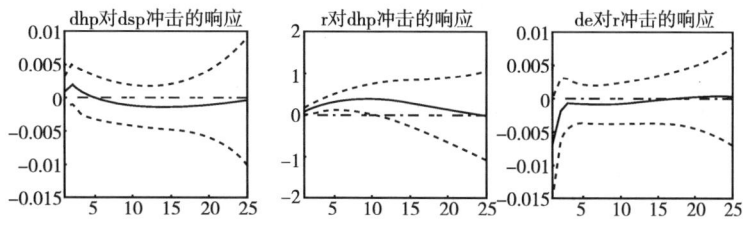

图 5.11　脉冲响应函数

示的三个脉冲响应函数关系。

从脉冲响应函数图可以发现：在前5期，dhp对dsp冲击都为正响应，之后直到收敛都为负响应，但注意到随着响应由正转负，包含零值置信区间越来越大，表明响应越来越不显著，正如VAR（1）模型回归结果所揭示的dsp对dhp的影响仅在10%的显著性水平显著，所以即使在前两期，脉冲响应函数的显著性也不是很高。

r对dhp的冲击在25期的响应期内一直为正响应，且在前10期左右，该响应较为显著，滞后随着响应时间拉长，变得不再显著。de对r的冲击在第15期左右收敛，在收敛前一直为负响应，但仅在第一期具有一定的显著性。

脉冲响应的结果进一步表明，短期内，股价可能会透过房价进而利率对汇率产生影响，而房价会通过利率的传导对汇率产生较为显著的作用。

## 第三节

### 基于TVP-VAR模型的实证研究

受样本量限制，这里仅对模型残差的方差施加约束以检验其时变性，即系数时变过程设定如下：

$$\beta_{t+1} = \beta_t + u_{\beta t} \tag{5.1}$$

$$a_{t+1} = a_t + u_{at} \tag{5.2}$$

$$h_{t+1} = h_t + k_t u_{ht} \tag{5.3}$$

采用MCMC Gibbs抽样25000次，前5000次用于预烧，对模型进行估计。

### 一、波动率的时变性

图5.12表示是模型波动率方程中系数k后验估计均值在考察期内的变动状况。估计结果表明，系数k在2010年前一直为1，之后在波动中下降，特别2013年开始下降较快，但最小值也有0.94。这说明，模型波动率具有一定的随机性和时变性。

8个方程残差的标准差后验估计均值进一步证实了模型随机波动率特性。图5.13刻画的是8个方程残差标准差后验估计均值在考察期内的变动状况。

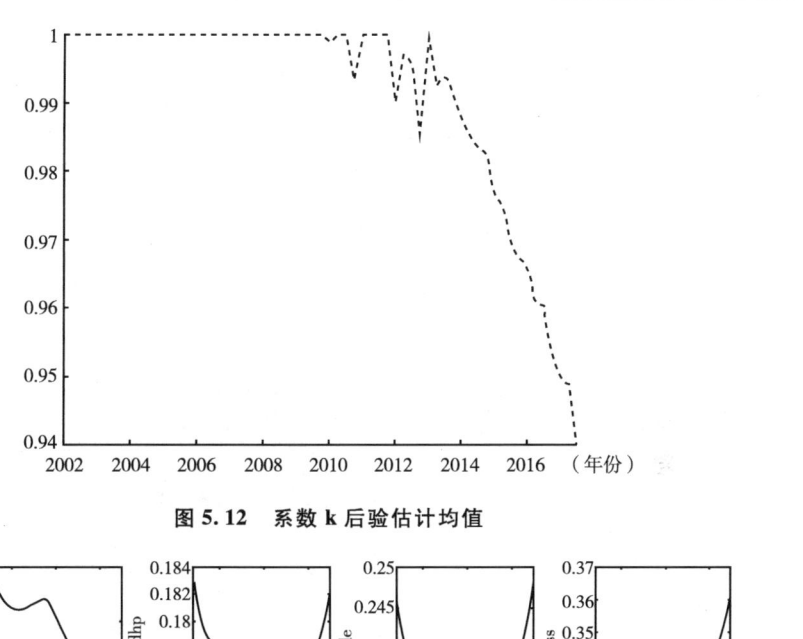

图 5.12 系数 k 后验估计均值

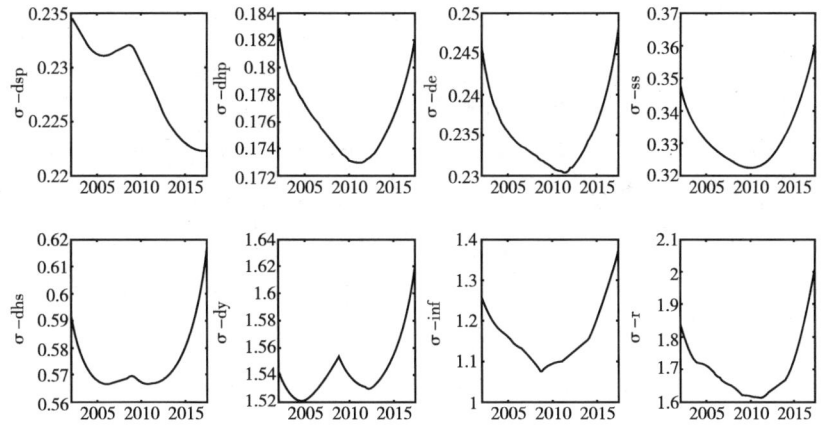

图 5.13 模型随机波动率

## 二、系数回归结果

针对系数向量 β，根据每个系数的后验估计均值最小值与最大值之差判断其时变性，图 5.14 显示的是模型中所有 VAR 系数（包括常数项）在考察期内最大值与最小值之差（极值差）。

从图 5.14 中看到所有系数中，仅有四个系数的后验估计均值最大值与最小值之差大于 0.01，绝大多数系数的后验估计均值极值差在 0.005 之下。这表明，尽管系数可能存在时变性，但大多数系数的变动幅度不大。为更直观地观

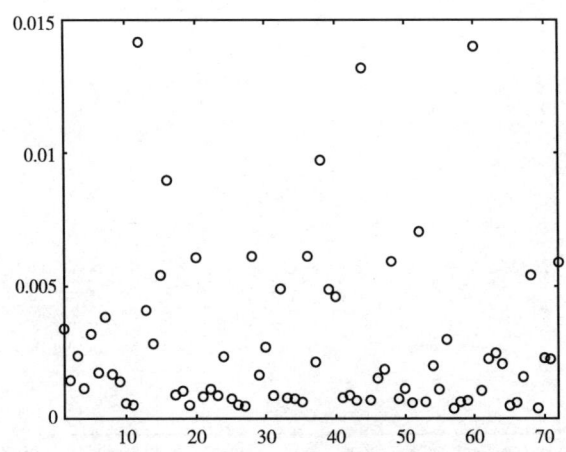

图 5.14 系数后验估计均值的极值差

察系数的时变特征,对除了截距项外其他所有系数在考察期的后验估计均值走势进行分析,结果如图 5.15 所示。

从图 5.15 中可以直观地看到系数后验估计均值在考察期内的变化状况,尽管大多数系数变动幅度不大,但从走势来看的确表现出一定的时变特征。此外,从每个系数变化角度,除了 r 对 de、dy 对 ss、r 对 ss、ss 对 dy 的影响系数在方向上发生变动外,其余系数均在同一方向变动。与表 5.3 的线性 VAR 模型回归结果比较,大多数系数的影响方向都一致。但仅从后验估计均值并不能判断系数的显著性,为此,设定 [20%,80%] 的百分位点,对系数后验估计中值进行分析。结果如图 5.16 所示(图中实线为后验估计中值,两条虚线分别为 20% 和 80% 百分位点)。

图 5.16 显示了除截距项外所有系数后验估计均值及其对应的 [20%,80%] 百分位点。从图中可以发现,除了 ss 方程中 $ss_{-1}$ 系数与 r 方程 $r_{-1}$ 系数的两条分位点线未包含 0 值线外,其余系数后验估计的百分位区间都包含 0 值,这表明 TVP-VAR 模型发现这两个显著的影响关系,这与线性 VAR 模型的结果相一致,但并未发现线性 VAR 模型所发现的其他变量间显著影响关系。

TVP-VAR 模型的回归结果表明模型中变量之间并无相互影响关系,尽管如此,基于线性 VAR 模型所发现的汇率与资产价格之间的两条间接关联路径,在 TVP-VAR 模型的基础上,运用时变脉冲响应函数进一步检验这两条传导路径在时变环境下的成立性与显著性。

## 第五章 汇率与资产价格的动态关系实证研究：美国经验

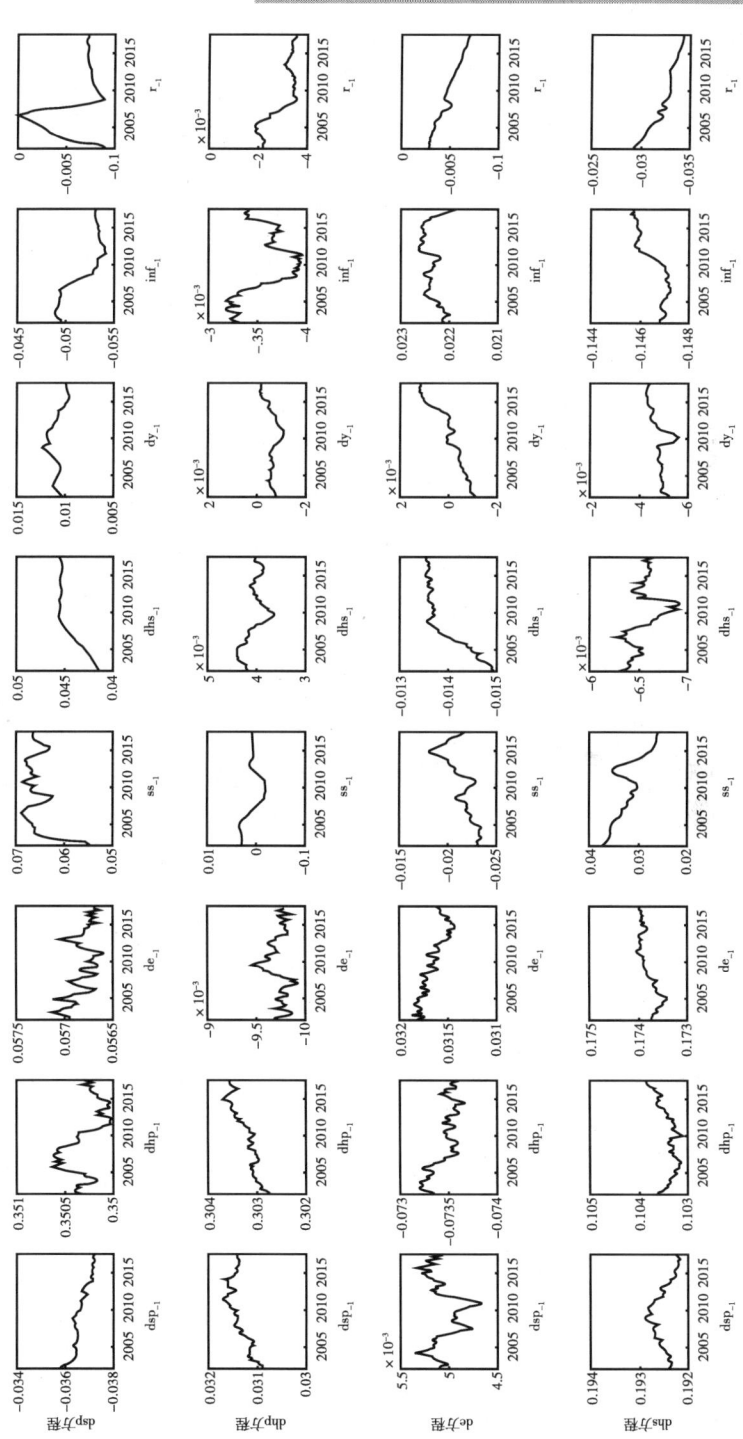

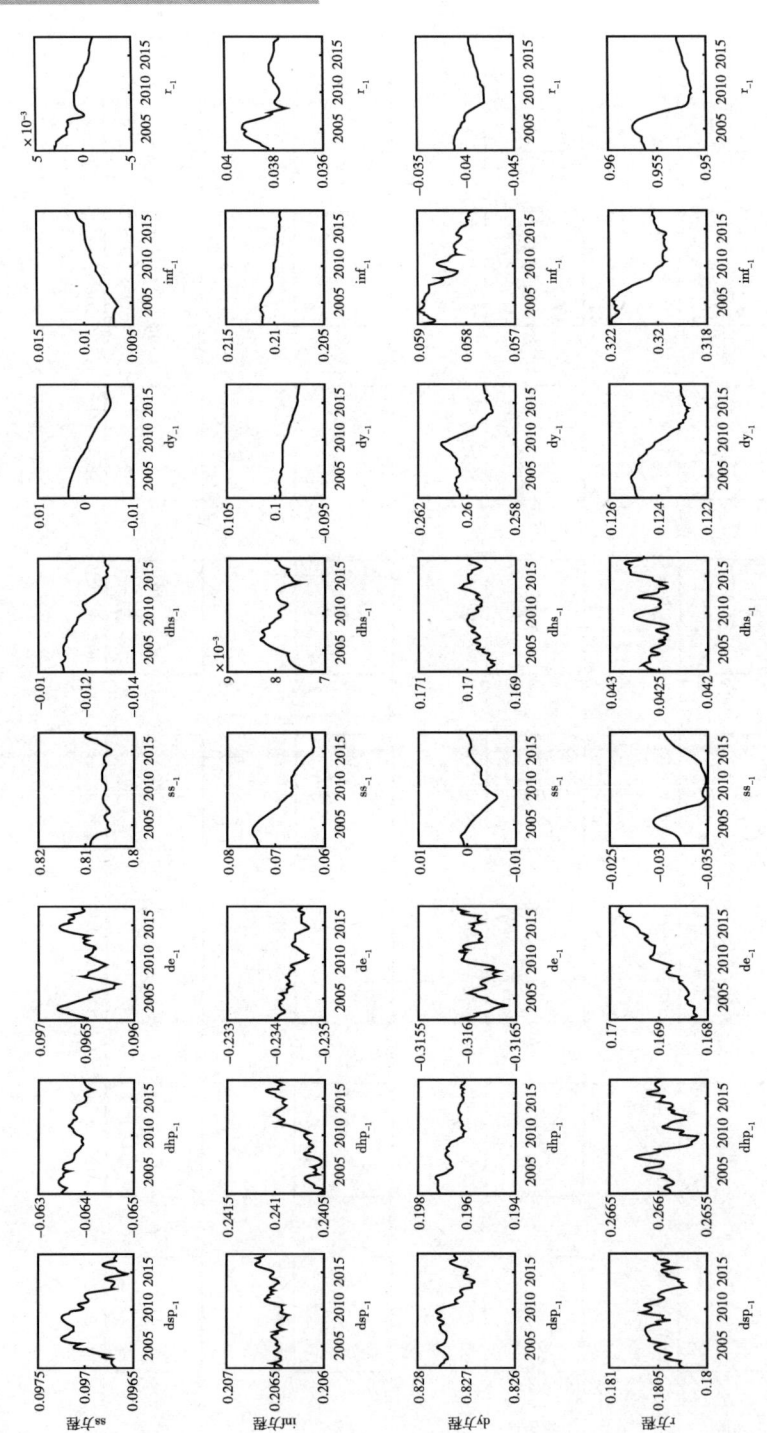

图5.15 系数后验估计均值

# 第五章 汇率与资产价格的动态关系实证研究：美国经验

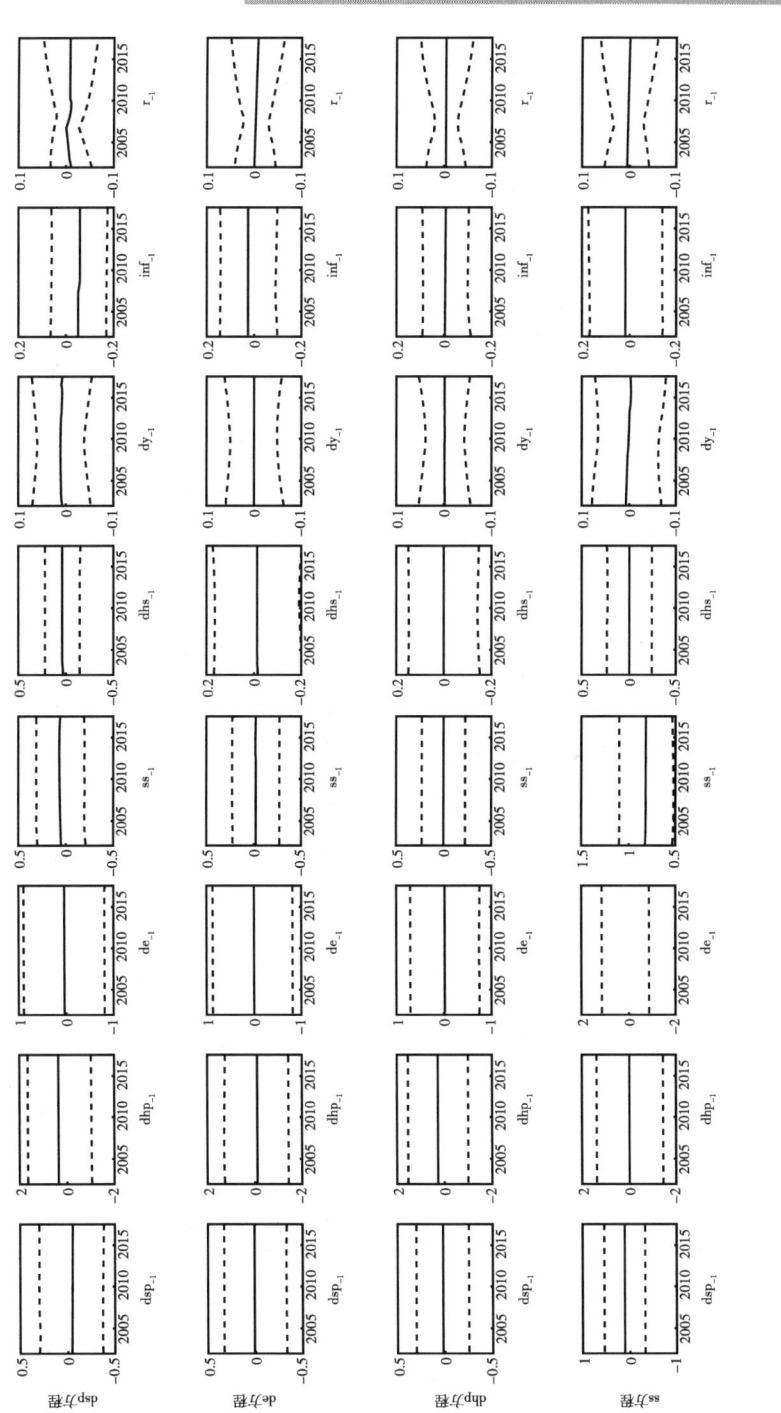

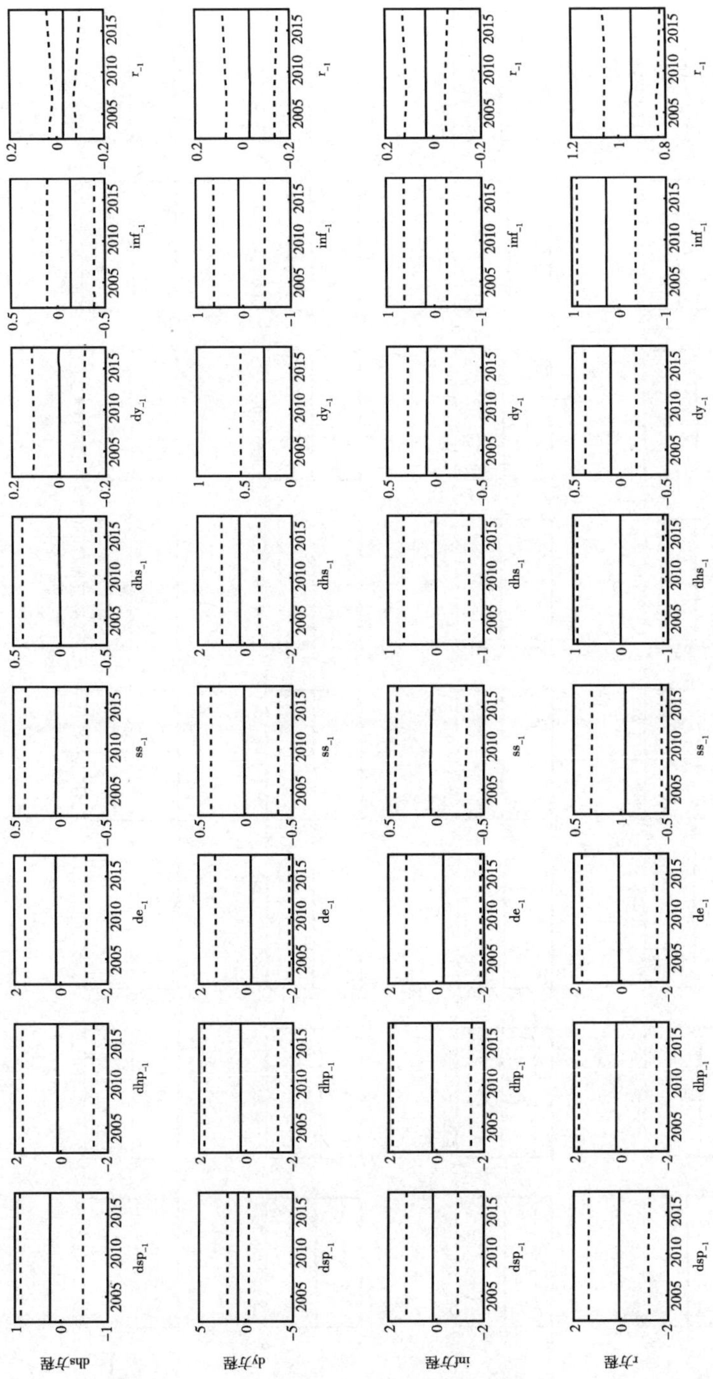

图5.16 系数后验估计中值与显著性

## 三、时变脉冲响应函数分析

结合线性 VAR 模型发现的两条间接关联路径,基于 TVP - VAR 模型,在样本期的每个时点上,设定 15 期响应期,模拟抽样 2 万次,设置 1 单位标准差随机冲击,分别分析房市收益对股市收益冲击的响应、利率对房市收益冲击的响应与汇率收益对利率冲击的响应,以下将重点分析前四期脉冲响应以考察脉冲响应的时变性。

### (一)房市收益对股市收益冲击的响应

给定股市收益 dsp 一标准差单位的正向冲击,得到样本期内的房市收益 dhp 在前四期的时变响应。

图 5.17 为样本期内前四期房市收益对股市收益冲击的响应状况。图中实线表示响应的后验估计中值,两条虚线表示响应后验估计的 [20%,80%] 百分位点。

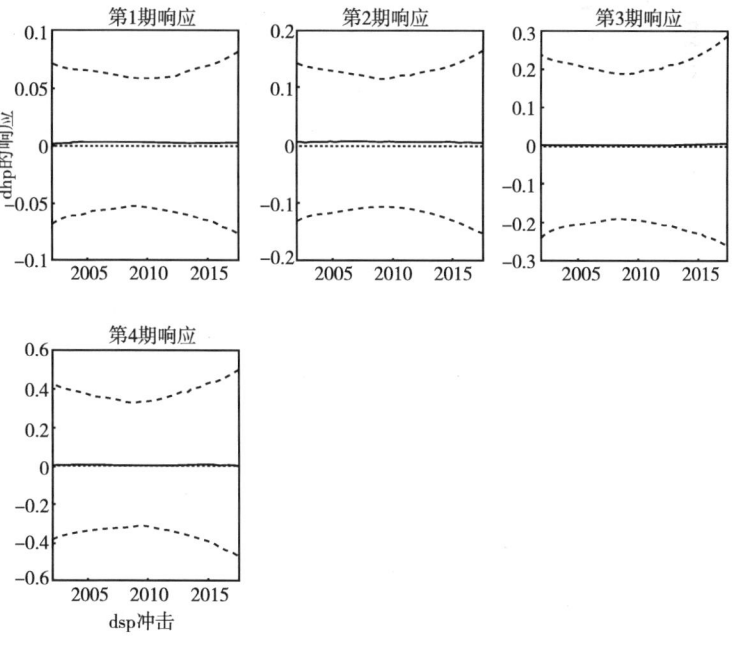

**图 5.17　dhp 对 dsp 冲击的响应**

对于 dsp 正向冲击，即股价上涨冲击，dhp 在第 1 期和第 2 期整个样本期内都为正向响应，即房价作出上涨响应，但都不显著。而从图中无法直接判断第 3 期和第 4 期响应的正负属性，但可以看到均不是显著的。

### （二）利率对房市收益冲击的响应

给定房市收益一个标准差单位正向冲击，即房价上涨冲击，分析利率的响应。图 5.18 显示了样本期内不同时点上前 4 期的脉冲响应状况。前四期，利率对房市收益正向冲击（房价上涨冲击）在样本期内一直为正响应，如前所述系数尽管具有一定时变性但变化幅度不大，脉冲响应也具有一定时变性，但变化幅度很小。从显著性看，前 4 期响应在样本期内均不显著。

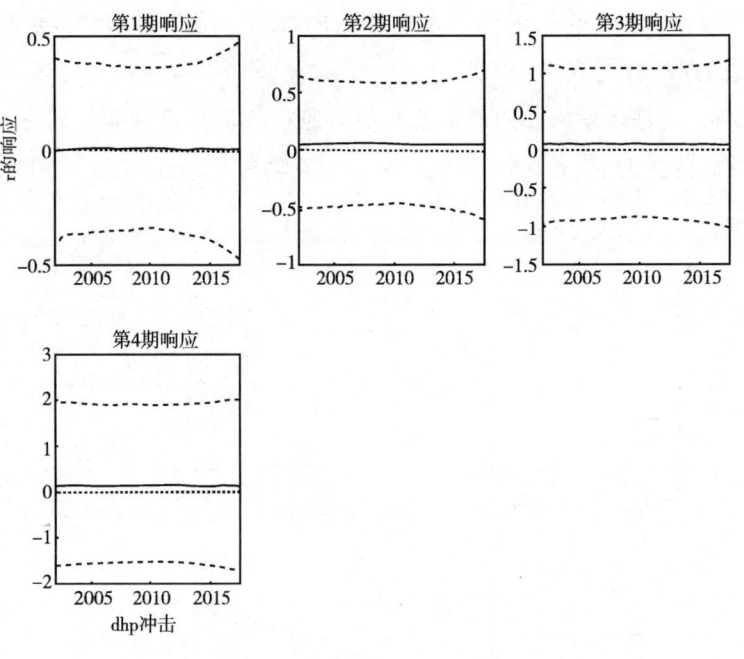

图 5.18 r 对 dhp 冲击的响应

### （三）汇率收益对利率冲击的响应

给定利率一个标准差单位正向冲击，分析样本期内前 4 期不同时点上汇率收益的响应。时变脉冲响应函数如图 5.19 所示。从脉冲响应结果看，利率上涨冲击将会引起汇率贬值响应，但由于 [20%，80%] 百分位区间包含 0 值，

第五章 汇率与资产价格的动态关系实证研究：美国经验

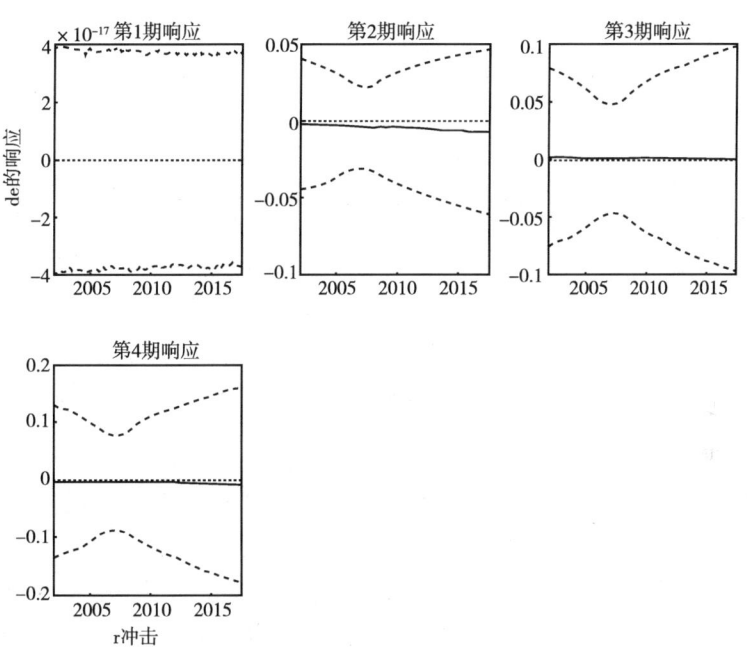

图 5.19　de 对 r 冲击的响应

表明响应并不显著。

针对线性 VAR 模型得到的汇率与资产价格的间接关联路径，与回归结果相一致，基于 TVP-VAR 模型的时变脉冲响应函数也显示不存在这样的间接关联路径。

## 本章小结

本章以美国为例，通过选取相应变量指标，将汇率、以股价和房价作为代表的资产价格、市场情绪及产出缺口、通胀和利率三个宏观经济变量放置于同一框架下，应用线性 VAR 模型和 TVP-VAR 模型实证研究了变量间的动态关系。线性 VAR 模型的实证结果表明短期内存在从股价（股市收益）上涨—房价（房市收益）上涨—利率上升—汇率（汇率收益）贬值的影响路径，反之则反。但基于 TVP-VAR 模型的实证结果并未发现该条路径，TVP-VAR 模型仅表明股市情绪具有显著惯性和利率具有显著平滑特征。

# 第六章

# 汇率、资产价格与宏观经济政策

2008年全球性金融危机对经济的巨大破坏力让各国政府、政策制定者,以及学术界再次认识到金融系统的脆弱性与金融稳定的重要性。金融稳定是关乎市场经济能否有效运转的重要环节,是理性合理配置资源的基础。虽然对于金融稳定还尚未有一致的定义(Galati and Moessner, 2013),但广义上讲金融稳定指的是金融机构和金融市场的正常运转,反言之,而金融不稳定是金融资产价格的波动或者金融机构执行合同责任的能力潜在地损害了经济表现(economic performance)(Crockett, 1996),是金融流(financial flows)的全社会普遍崩溃(Milne, 2009)。从维护金融稳定角度,历次经济、金融危机都强调中央银行应在关注低通胀的同时对于金融稳定要有一个明确的目标(Milne, 2009;Cocriş and Elena Nucu, 2013)。对于小型开放经济体而言,金融稳定重点强调金融资产价格的稳定和汇率的稳定。资产价格的暴涨暴跌可能导致金融市场脆弱性的上升,甚至可能打击实体经济;而汇率扮演着外部冲击(foreign shock)吸收者的角色(Akram et al., 2006),汇率也是针对基本面冲击的一种调整机制(Chadha et al., 2004)。因此,对于一个内部金融体系尚不成熟的经济体而言,资产价格稳定和汇率稳定是一个经济体自身发展的内在要求。

对于如何维护资产价格与汇率的稳定,在2008年危机爆发前的几十年里学术界争论的焦点在于货币政策是否应对资产价格与汇率或者两者错误定价(mislingments)作出响应。对此,大多数各国政策制定者都持相对一致的观点,即货币政策应关注如何控制通胀和稳定经济产出,除非资产价格或汇率波动对控制通胀和稳定产出产生不利影响,一般情形下货币政策不需要对资产价格或汇率作出响应。原因主要在于:一方面无法准确衡量资产价格或汇率偏离基本面程度;另一方面即使能衡量和观测到,"一刀切"式利率调整可能导致那些没有泡沫且价格相对较低的资产的价格下跌而引起严重"抵押破坏效应"

(collateral damage)，进而使实体经济陷于下行风险（Galí，2014）。同时，在开放经济中，稳定汇率可能会带来国内资产价格的过度波动和通胀高企的问题①（Engel and West，2006；Akram et al.，2006）。此外，货币政策对资产价格或汇率错误定价作出响应应具有两个前提条件（Galí，2014）：一是货币政策能影响资产价格或汇率；二是紧缩性货币政策能降低资产价格或偏离错误定价的程度。如果不满足这两个条件，即使货币政策针对资产价格或汇率作出调整也可能无法达到预期目的。

因此，对于货币政策是否需要关注资产价格和汇率，已有研究一直存在争论。Bernanke 和 Gertler（2000，2001）、Faia 和 Monacelli（2007）认为通胀和产出的稳定能够为金融稳定提供实质性贡献（Substantial Contribution），货币政策对资产价格作出响应并不会带来多少收益。Gelain 等（2013）研究认为利率直接对房价或信贷增长做出响应能起到稳定一些经济变量的作用，但却会显著地扩大其他经济变量特别是通胀的波动率。由于资产价格受众多因素的影响，钱小安（1998）认为央行并不能对资产价格进行有效调控，因此资产价格不宜作为货币政策中介目标。同样，冯用富（2003）也认为在我国特定环境下，货币政策无法对股市波动进行有效干预。郭子睿和张明（2017）认为货币政策会通过收益率追求、企业估值、政策沟通影响金融中介机构的风险承担，进而影响金融稳定。尽管货币政策应针对信贷扩张推动的资产价格泡沫作出事前反向管理，但金融稳定可能不能作为货币政策的独立目标。何国华和李洁（2017）认为资产价格纳入货币政策规则会扩大社会福利波动，降低社会福利总水平。

然而，Bordo 和 Jeanne（2002）、Chadha 等（2004）、Kontonikas 和 Montagnoli（2006）、Issing（2011）、唐齐鸣和熊洁敏（2009）、赵进文和高辉（2009）都认为货币政策关注资产价格（如股票价格）是中央银行的最优选择。但陈伟忠和黄炎龙（2011）研究表明资产价格波动会降低货币政策的有效性，因此货币政策规则中要加入资产价格波动，但他们同时也称直接以资产价格作为目标的货币政策具有不确定性。而货币政策该如何对资产价格作出反应，Taylor（2007）利用反事实研究表明，如果及时上调利率，美联储将能减

---

① 为稳定汇率，即使采用冲销式外汇干预，利率成本与货币乘数效应将导致央行的冲销在长期内趋于无效，从而导致经济体系中货币量不断累积，对物价稳定与资产价格稳定形成威胁。

轻房价波动。Papademos（2009）实证研究结论也支持中央银行利用利率工具能稳定金融市场。但 Mishkin（2011）指出金融部门有时会使宏观经济变得高度非线性，因此他建议在出现金融市场崩溃时，需要放弃传统的线性框架而思考或研究如何制定和执行货币政策。但货币政策应对信贷泡沫作出反向响应，而不是资产价格泡沫。Galí（2014）指出对于资产价格的泡沫部分，由于其不像基本面部分那样有收益加以贴现，泡沫程度的均衡条件即其余以利率为速率上涨。因此，中央银行通过上调利率以抑制资产价格泡沫反而会增加资产价格泡沫程度。逆风向的货币政策可能会提高资产价格波动率及其资产价格的泡沫程度。最优货币政策应该在稳定当前需求（正向利率响应）和稳定未来需求（泡沫自身，反向利率响应）之间作出权衡。如果泡沫程度已经相当大，此时应该采取下调利率的政策。van den End（2016）利用简单面板回归分析认为股价下跌和债券利率上涨对通胀具有逆向效应，据此认为传统逆风向操作在量化宽松背景下是不适宜的，应在货币政策制定中考虑资产价格泡沫因素。刘金全等（2017）认为名义利率调整能有效地促进资产价值修复，有利于实体经济复苏。

而对于汇率，Svensson（2000）、Engel 和 West（2006）却认为稳定汇率可能会导致其他方面的不稳定，货币政策不应对汇率变动作出响应。Leitemo 和 Soderstrom（2005）基于小型开放经济 NK 模型设定包含不同汇率变量的利率规则研究得出，在利率规则中加入汇率变量仅能较小程度提高经济稳定性，因此他们认为泰勒规则已经足够稳定小型开放经济。Adolfson（2007）研究认为，与不考虑汇率的泰勒规则相比，考虑汇率的泰勒规则并不能提高社会福利。但货币政策之所以要考虑汇率是因为汇率可能会对国内经济产生影响。Ball（1999，2010）却认为货币政策响应于汇率变动将使得经济更加稳定。但 Bjornland 和 Halvorsen（2014）认为：（1）汇率是一种资产价格，反映了资产预期收益，货币政策的新闻（news）将会改变预期收益，因而汇率会对货币政策作出瞬时反应；（2）汇率是国内外冲击重要传导路径，使汇率会对国内需求和价格总水平产生重要影响；（3）央行制定货币政策存在认识时滞，因而需要对通胀提前进行预测。如果汇率是未来通胀的有用指标（汇率的价格传递效应），那么货币政策就需要对其作出反应。

一些研究利用实际运行数据分析央行是否对资产价格和/或汇率作出了响应，如 de Andrade 和 Divino（2005）的实证表明日本央行同时关注通胀、产出缺口和汇率，利率针对汇率进行了反周期调整。Lubik 和 Schorfheide（2007）采用 DSGE 模型分析发现利率上涨后，汇率将贬值。Mark（2009）在利率规则中加入实际双边汇率，并在模型加入学习机制，对德国马克/美元实际双边汇率的形成进行了实证研究，结果显示，模型能捕捉 1976～2007 年汇率的波动率和主要变化。Bjornland 和 Halvorsen（2014）选择了六个实行浮动汇率的开放性经济体，澳大利亚、加拿大、新西兰、挪威、瑞典和英国，通过 SVAR 模型发现除了澳大利亚和英国，其他四个国家的货币政策都显著地对汇率冲击作出了响应。而 Garcia 和 Gonzalez（2014）用 DSGE 模型关于澳大利亚与新西兰的研究结果却与 Bjornland 和 Halvorsen（2014）刚好相反。李成等（2010）对中国数据检验认为中央银行没有对资产价格和汇率等因素给予过多的关注。但谭政勋和刘少波（2015）研究表明我国货币政策能对房价进行有效调控且央行已经对房价波动作出了反应，陆前进（2016）进一步研究却认为我国货币政策是逆周期房地产市场周期和顺股市周期的。崔百胜（2017）实证发现 2012 年后我国利率政策制定对资产价格作出了反应，但未考虑汇率目标。

尽管已有研究对于货币政策是否应对资产价格和汇率的变动作出响应仍存在争论，但毋庸置疑的是金融创新和金融市场一体化使实体经济脆弱性不断上升，加上汇率和资产价格之间可能会存在相互传导的关系，因此货币政策需要同时对汇率和资产价格的变动作出响应，尤其是对于国内金融体系尚不健全的经济体，Chadha 等（2004）在将股价、汇率纳入泰勒规则建立回归模型后，对美国、英国和日本的数据的实证结果表明这三国央行可能不仅仅将股价和汇率作为设定利率的信息集，同时也对股价和汇率偏离各自均衡价值作出响应。因此他们认为货币政策的制定不仅仅要将汇率和资产价格的变动作为信息变量，更要利用货币政策来抵消汇率和资产价格与各自均衡水平的偏差（deviations），也就是要将汇率和资产价格的波动作为货币政策的盯住目标（target）。李成等（2010）和崔百胜（2017）也都认为货币政策规则中应考虑资产价格和汇率目标。

但随着金融创新和金融自由化程度日益提高，加之丁伯根原则（Tinbergen，1952）的约束，以及不同政策制定者之间可能存在的道德风险问题（Hallett et al.，2011），仅靠货币政策可能无法实现金融稳定。2008 年金融危机爆发后各国政府越来越强调宏观审慎监管。审慎监管并不是什么新鲜事物。根据监管对象不同，审慎监管可分为微观审慎监管与宏观审慎监管。微观审慎监管是为避免个体机构倒闭而设定的局面均衡措施,而宏观审慎监管则是认识到全局均衡效应的重要性而为了维护整体金融系统稳定性的措施(Hanson et al.,2011)。由于银行业经营的特殊性,广泛存在的信息不对称往往会导致逆向选择和道德风险,为了提高商业银行抵御风险的能力,增强经营健康度,在巴塞尔协议(Ⅰ,Ⅱ,Ⅲ)协议框架下提出对银行业金融机构进行审慎监管以降低风险承担(risk taking)。通过审慎监管,监管层对银行业金融机构进行监测以辨明其是否遵守相关规定以及是否承担过度风险,从而保证银行体系的安全性和合理性(Mishkin,2002)。金融危机爆发后,出于金融稳定的需要,各国实施的宏观审慎工具越来越多,监管对象也从银行业扩展到整个金融系统。一些研究的结果都支持宏观审慎政策能够稳定经济和金融市场,例如,Zhang和Zoli(2016)实证认为在亚洲地区与LTV上限(caps)和房产税能起到控制房价增速、信贷增速以及银行杠杆率的作用。Engel(2016)指出资本流动管理可以用来减轻金融市场扭曲或提高汇率的稳定性。然而,在受管制较少且持续创新的金融体系下,金融部门不稳定性将以更多新且未知的方式出现。在危机发生后很容易识别出金融部门脆弱性,但在危机潜伏酝酿的时期,特别是支出和收入快速上涨时期,却很难识别。此外,鼓励和支持信贷快速增长的政治和机构力量并不能用宏观审慎政策加以消除。所以仅依靠宏观审慎监管不能完全消除金融不稳定性的威胁(Milne,2009)。Unsal(2013)研究就认为在技术冲击下,宏观审慎措施并不能有助于稳定经济。因此,宏观审慎监管要与其他宏观经济政策,特别是货币政策搭配运用。贾俊雪等(2014)就指出房价和汇率的稳定需要财政和货币政策的相互配合。郭子睿和张明(2017)与杨光等(2017)也建议货币政策和逆周期监管的宏观审慎政策进行有效搭配以提高金融稳定性。

　　货币政策与宏观审慎政策的搭配有两种模式:一是独立型搭配,即货币政策专注于物价和经济产出的稳定,而宏观审慎政策专注于金融稳定;二是整合型搭配,即货币政策除了关注物价和产出稳定外,还与宏观审慎政策一起维护金融稳定(Apergis,2017)。对于这两种模式选择问题,Unsal(2013)利用DSGE模型研究发现应对资本流入,宏观审慎政策(对来自国外信贷的名义增速的政策调整)是货币政策的有力补充,能提高社会福利水平。Apergis(2017)利用127个国家的时间序列数据,分析认为宏观审慎与货币政策的搭配(Mix)受采用的宏观审慎工具的类型的影响。Viziniuc(2017)使用DSGE

模型并利用罗马尼亚数据对模型进行估计为基础,设定不同政策情境,模拟分析货币政策与宏观审慎政策搭配稳定经济的效应。研究结果表明,宏观审慎工具的确能以较小成本以稳定经济,且 LTV 工具是最好的一种宏观审慎工具。

本章将在第二章理论模型的基础上,结合第四章实证研究的结果,在模型中引入宏观审慎工具,以及将资产价格和汇率纳入利率规则,研究不同政策搭配情境下,汇率与资产价格的关联效应,以及社会福利水平。本章结构安排如下:第一节基于包含汇率与股价的理论模型引入政策变量进行分析;第二节基于包含汇率与房价的理论模型引入政策变量进行分析;最后对本章进行小结。

## 第一节

### 汇率、股价与宏观经济政策

本节将在第二章和第四章的基础上,将汇率与股价相对较全面地纳入宏观经济框架中,对模型进行扩展,考虑和分析对金融交易(股市交易和外汇交易)的征税和货币政策监管政策。针对市场中盛行短期投机交易,可以通过对金融交易征收交易税(financial transaction taxation,FTT)以稳定市场,缓解市场过度波动造成的负外部性[①]。该方法由 Tobin(1978)提出,因此通常又称作托宾税。在外汇市场上对外汇交易征收托宾税通常被视为资本管制的一种手段。但是,托宾税属于"一刀切"式监管政策,在抑制短期投机行为的同时,还可能打击正常非投机交易行为,导致资本外流。例如,瑞典 1984 年对国内金融交易征收交易税,导致股票和债券交易量大幅下降,为降低交易成本,大量本来在国内交易的股票转移到国外[②]。然而 IMF(2010)在报告中指出从监管的实际操作角度不应取消 FTT。目前仍有不少国家实施了 FTT。为打击管理短期跨境资金流动,中国人民银行在 2016 年研究制定针对外汇交易的 FTT。但 IMF(2010)同时指出 FTT 并不是"注重金融不稳定核心起因"的最优工具[③]。从广义上讲,FTT 属于财政政策的范畴,也属于宏观审慎政策(Chaudhry et al.,2015)。

---

[①] 这里的负外部性指的是金融市场过度波动对实体经济的不利影响。
[②] 瑞典的例子引用了上海证券报 2016 年 3 月 31 日的文章"'托宾税'可能引发哪些负面效应"。
[③] 采取对金融交易征税的措施,在稳定市场同时还能为政府部门提供额外税收收入。但 IMF(2010)称 FTT 也并不是"资助决议机制"(finance a resolution mechanism)的最优手段。

本书将在这节通过引入 FTT，并结合货币政策，分析宏观审慎监管与货币政策协调或搭配的社会福利效应，以及隔离外汇市场与国内股票市场的效能。

## 一、拓展的 IS 曲线

在第二章第二节和第三节的基础上，结合第四章实证研究的结果，根据 Bask（2012）、Lengnick 和 Wohltmann（2016）、Airaudo 等（2015），考虑股价变动通过财富效应影响消费对实体经济的反馈作用；同时，根据 Lubik 和 Schorfheide（2007），假设汇率变动满足 M-L 条件，且 J 曲线效应不明显[①]，考虑汇率变动通过贸易收支对实体经济的直接影响，将式（2.23）表示的 IS 曲线改写为：

$$y_m = \chi \tilde{E}_m[y_{m+1}] + (1-\chi)y_{m-1} - \frac{1}{\theta}(i_m - \tilde{E}_m[\pi_{m+1}])$$
$$+ c_1(\Delta s_m - \tilde{E}_m[\pi_{m+1}]) - c_2(\Delta e_m + \tilde{E}_m[\pi_{m+1}]) + \epsilon_m^y \quad (6.1)$$

其中，对于股价变动的加入形式，Lengnick 和 Wohltmann（2016）通过局部均衡模型推导得出在产出缺口方程中加入股价的形式为 $E_m(\Delta s_{m+1})$，如果假定对股价变动（股市收益）的预期为静态预期[②]，即有 $E_m(\Delta s_{m+1}) = \Delta s_m$，这就与 Bask（2012）设定一致。而 Airaudo 等（2015）根据 DSGE 模型线性化后得到的 IS 曲线形式则是直接加入了股价偏离均衡状态的值，而非变动值，且也未考虑通胀因素。

尽管第四章实证结果显示股价和汇率变动对通胀的影响并不显著，但这里仍采用式（2.24）所示的菲利普斯曲线。

## 二、货币政策规则方程

对于货币政策规则方程，实证研究表明利率具有显著的平滑特性，在式（2.25）的基础上，纳入利率平滑，同时为了考察货币政策对股价和汇率作出

---

[①] 一些研究通过实证加以验证 J 曲线效应的成立性，如 Hacker 和 Hatemi-J（2003）、Hsing（2005）、Baek（2007）等，J 曲线效应是否成立取决于经济体规模大小，以及贸易产品的特定属性等。

[②] Lengnick 和 Wohltmann（2016）在其后面分析中其实也是作了该假定。

响应后的福利效应，考虑三种利率规则方程，即：

规则 1：$i_m = \delta_i i_{m-1} + \delta_\pi \tilde{E}_m[\pi_{m+1}] + \delta_y \tilde{E}_m[y_{m+1}] + \delta_s \Delta s_m + \epsilon_m^i$ (6.2)

规则 2：$i_m = \delta_i i_{m-1} + \delta_\pi \tilde{E}_m[\pi_{m+1}] + \delta_y \tilde{E}_m[y_{m+1}] - \delta_e \Delta e_m + \epsilon_m^i$ (6.3)

规则 3：$i_m = \delta_i i_{m-1} + \delta_\pi \tilde{E}_m[\pi_{m+1}] + \delta_y \tilde{E}_m[y_{m+1}] + \delta_s \Delta s_m - \delta_e \Delta e_m + \epsilon_m^i$ (6.4)

规则 1 和规则 2 分别仅对股价变动或汇率变动作出响应，规则 3 则表示利率同时对股价变化和汇率变动作出响应。一些研究直接将股价或汇率偏离均衡状态的当期或滞后值纳入泰勒规则，如 Chadha 等（2004）等。本质上，股价或汇率偏离均衡状态为各自的错误定价程度或泡沫程度。Garcia 和 Gonzalez（2014）在泰勒规则中同时加入股价变动和股价偏离稳态值。何国华和李洁（2017）在泰勒规则基础上加入了利率平滑和汇率变动①。但对于经济主体而言，资产价格的均衡状态或稳态值是很难获知的，即使是中央银行，由于存在信息不对称和不完全，也无法准确计算资产价格的均衡值，然而却可以直接获知资产价格变动情况。因此，本书在利率规则中加入股价和汇率的变动。相关参数都为大于 0 的值，从而表明对于股价上涨，应作出上调利率的响应，而对于汇率升值，应作出下调利率的响应。

### 三、FTT

假设监管层可以选择对股市和汇市采取征收金融交易税以抑制短期投机交易。为考察征税带来的税收收入，对股市和汇市分别采取下列计算式：

$$TRs = \sum_{t=1}^{T}(W_t^{HC}Tax_t^{HC} + W_t^{HF}Tax_t^{HF} + W_t^{AC}Tax_t^{AC} + W_t^{AF}Tax_t^{AF}) \quad (6.5)$$

$$TRe = \sum_{t=1}^{T}(\omega_t^{C}Tax_t^{C} + \omega_t^{F}Tax_t^{F})② \quad (6.6)$$

TRs 表示 T 期内股市总交易税，TRe 表示 T 期内汇市总交易税。$Tax^j, j \in \{HC, HF, AC, AF, C, F\}$ 分别在各自市场上采取不同类型交易策略所缴纳的交

---

① 尽管他们在文中称汇率变动，但从其建立的利率规则方程可知是汇率偏离稳态的程度。
② 这里本书并未设定对跨境股票投资而形成的外汇需求征收托宾税。

易税。

根据 Lengnick 和 Wohltmann（2013），结合实际市场运行，设定交易税根据名义交易额进行双向征收①。短期内完整交易包含买和卖两个操作，既然采取双向征税，在 t-2 时刻产生的股票或外汇需求就意味着后续短期内将有两次交易：t-1 时刻的买入和 t 时刻的卖出，且两次股票交易额或外汇交易额分别为 $D_{t-2}\exp(s_{t-1})/D_{t-2}\exp(s_t)$ 或 $D_{t-2}\exp(e_{t-1})/D_{t-2}\exp(e_t)$。那么，假设交易税率为 $\tau$，这两次股票交易产生交易税为 $\tau[\exp(s_t)+\exp(s_{t-1})]|D_{t-2}|$，外汇交易产生交易税为 $\tau[\exp(e_t)+\exp(e_{t-1})]|D_{t-2}|$②。

因为对交易征税，式（2.46）股市和式（2.56）汇市投资者利润函数需要扣除缴纳的交易税，那么股市投资者吸引力函数就变为：

$$A_t^j = (\exp(s_t) - \exp(s_{t-1}))D_{t-2}^j - \tau(\exp(s_t) + \exp(s_{t-1})|D_{t-2}^j| \\ + \varrho A_{t-1}^j, j \in \{HC, HF, AC, AF\} \quad (6.7)$$

汇市投资者吸引力函数变为：

$$B_t^j = [\exp(e_t) - \exp(e_{t-1})]D_{t-2}^j - \tau[\exp(e_t) + \exp(e_{t-1})] + nB_{t-1}^j \\ j = \{C, F\} \quad (6.8)$$

## 四、数值模拟与分析

结合第四章实证结果和第二章理论模型分析，对相关参数作如表 6.1 所示的设定。

表 6.1　　　　　　　　　　参数设定

| 实体宏观经济 | | 股票市场 | | 外汇市场 | |
| --- | --- | --- | --- | --- | --- |
| χ | 0.3 | a | 1 | d | 1 |
| θ | 250 | $a^f$ | 1 | $\beta^C$ | 0.05 |
| β | 0.99 | $\alpha^{HC}$ | 0.05 | $\beta^F$ | 0.02 |
| φ | 0.2 | $\alpha^{HF}$ | 0.02 | ρ | 300 |

---

① 所谓双向征收，对买和卖都征税，或者可理解为对买卖双方同时征税。
② 股票需求或外汇需求可能为负，由于交易税是针对名义交易额进行征收，因此对其取绝对值。

续表

| 实体宏观经济 | | 股票市场 | | 外汇市场 | |
| --- | --- | --- | --- | --- | --- |
| $\gamma$ | 0.1 | $\alpha^{fac}$ | 0.05 | $n$ | 0.95 |
| $k_s, k_e$ | 0.1 | $\alpha^{faf}$ | 0.02 | $\sigma^C$ | 0.02 |
| $c_1, c_2$ | 0.01 | $r$ | 300 | $\sigma^F$ | 0.01 |
| $\delta_i$ | 0.6 | $\varrho$ | 0.95 | $\sigma^e$ | 0.01 |
| $\delta_\pi$ | 1.5 | $\sigma^{HC}$ | 0.02 | $h^e$ | 0.5 |
| $\delta_y$ | 0.5 | $\sigma^{HF}$ | 0.01 | | |
| $\mu$ | 0.5 | $\sigma^{AC}$ | | | |
| $\nu$ | 2 | $\sigma^{AF}$ | 0.01 | | |
| $l, \delta$ | 10 | $\sigma^s$ | 0.01 | | |
| $\lambda^y, \lambda^\pi$ | 0.5 | $h^s$ | 0.5 | | |
| $\sigma^y$ | 0.15 | | | | |
| $\sigma^\pi$ | 0.15 | | | | |
| $\sigma^i$ | 0.15 | | | | |

此外，在经济金融全球化的背景下，跨境股票投资已成为一种经济常态，加之我国近年来不断加快金融市场对外开放的节奏和步伐，在逐步开放国内金融市场的同时也大力推进国内资金到境外投资。所以本书针对存在双向股票投资，即国内股票市场存在国外投资者，且国内资金也投资于国外股票市场的情境进行分析。设定两种类型的跨境股票投资需求价格确定参数分别为 $\alpha^{AC} = 0.02$，$\alpha^{AF} = 0.01$，$\alpha^{fhc} = 0.02$，$\alpha^{fhf} = 0.01$，与第二章中所用参数相比有所变小。根据设定的参数，设定 1000 个月（2 万个交易日）重复试验 100 次，分别从仅设置货币政策和仅设置征税政策两个角度对模型系统进行分析。

### （一）仅设置货币政策

结合式（6.2）~式（6.4），对货币政策规则中股价和汇率的反应参数设定 [0，0.5] 的取值范围，不对金融交易征税。考虑仅关注股价、仅关注汇率和同时关注汇率和股价的三种情形下金融市场与宏观经济的稳定性与扭曲程度，以及股价与汇率之间的关联性。

1. 仅关注股价（MP1）

从图 6.1 中看到，如果货币政策对股价变动作出反应，股价、汇率的稳定性和扭曲程度有所改善,尽管随着响应程度提高,产出缺口和通胀的扭曲程度随之减轻,但两者的稳定性也随之降低,特别通胀的波动率快速上升。

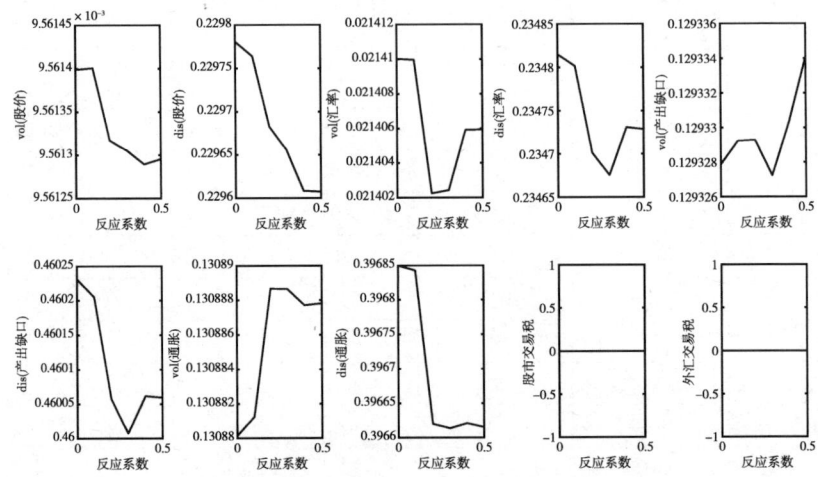

图 6.1 实体经济与金融市场稳定性与扭曲程度

随着货币政策对股价变动反应程度的提高,股市上国内基本面交易者和国外技术交易者总体呈减少态势,但国内技术交易者和国外基本面交易者增加;汇市上技术交易者有所减少,而基本面交易者占比呈"U"型变动;在资本流动方面,随着货币政策关注股价的程度上升,资本净流入额减少,但仍为资本净流入;此外,汇率与股价的相关性在反映系数低于 0.3 时,呈随反映系数上升而降低态势,但当响应系数达到 0.4 时,相关系数明显提高(见图 6.2)。

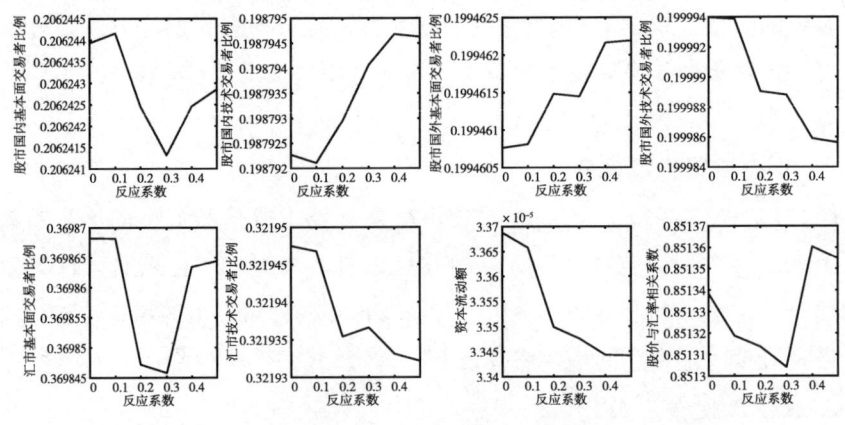

图 6.2 市场投资者占比、资本流动与股价—汇率关联

## 2. 仅关注汇率（MP2）

如果货币政策仅对汇率波动作出响应，从图 6.3 可以看到，改善汇率、产出缺口的稳定性，但却会恶化通胀的稳定性，而在反应系数为 0.2 和 0.3 时与泰勒规则①相比可以减轻股价波动率，但当反应系数为其他值则会加重股价波动率。此外，随着反应系数的提高，除通胀外，股价、汇率、产出缺口的扭曲程度都随着上升。

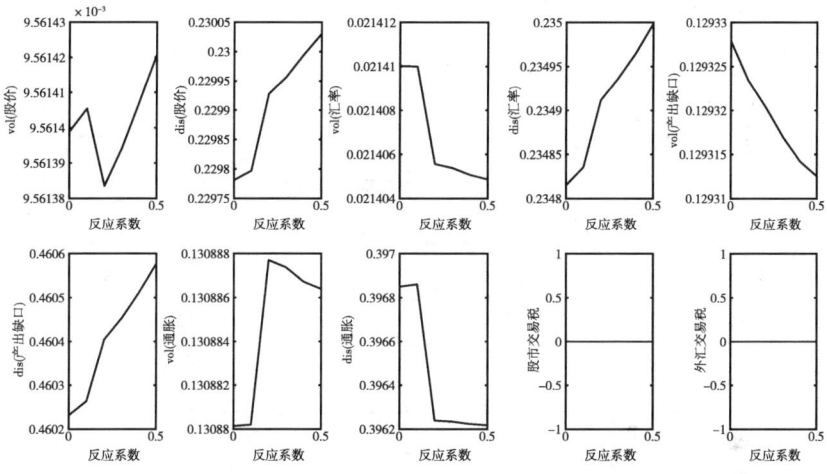

图 6.3　实体经济与金融市场稳定性与扭曲程度

总体上，随着货币政策对汇率变动响应系数的提高，股市上国内基本面交易者和国外技术交易者比例提高，而国内技术交易者和国外基本面交易者比例下降，汇市上基本面交易者减少，技术交易者增加。同时，资本净流入增加，汇率与股价的相关性提高（见图 6.4）。

## 3. 同时关注股价与汇率（MP3）

这里，设定利率对股价和汇率变动的反应系数相同，通过重复模拟试验得到如图 6.5 和图 6.6 所示的结果。

对于图 6.5，当货币政策同时关注汇率与股价，如果将响应系数设定在 0.2 或 0.3，在一定程度上可以提高股价和汇率的稳定性，但却使产出缺口和通胀的波动率增加。此外，图 6.6 显示，股市上国内基本面交易者和国外技术

---

① 这里泰勒规则指的是标准的利率规则，即利率只对通胀和产出缺口作出响应。

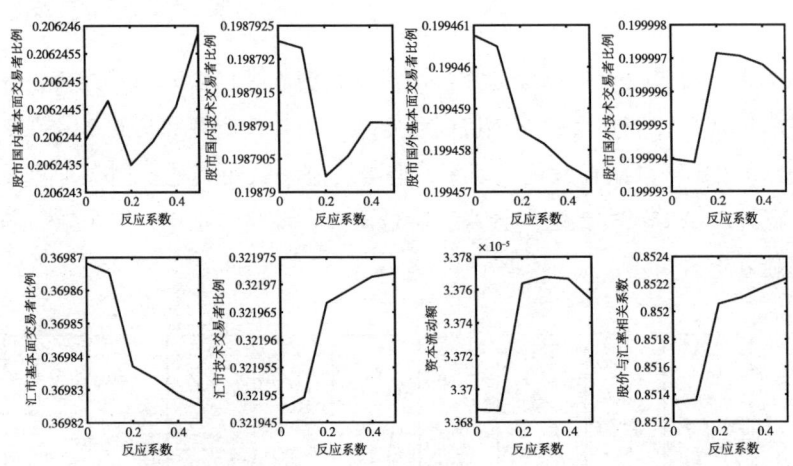

图 6.4　市场投资者占比、资本流动与股价—汇率关联

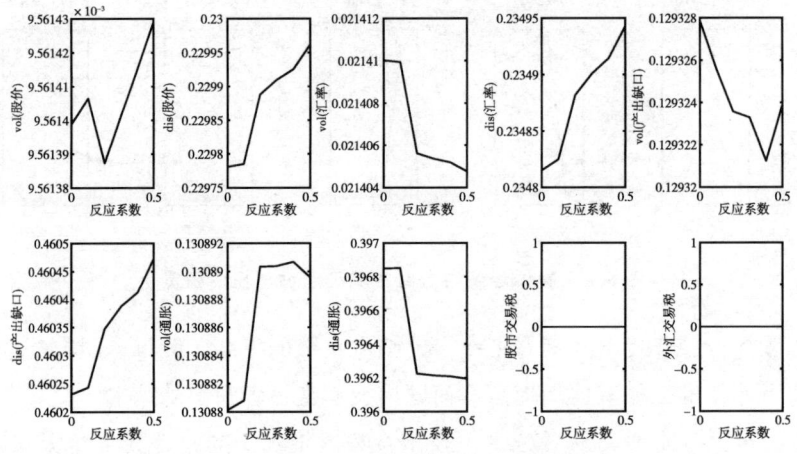

图 6.5　实体经济与金融市场稳定性与扭曲程度

交易者，以及汇市技术交易者会增加，相反股市国内技术交易者和国外基本面交易者、汇市基本面交易者会减少，同时，资本净流入额下降，但股市与汇率相关性提高。

### (二) 对金融交易征税政策

在模型中包括股票交易和外汇交易两个部分，分别设置仅对股票交易征税、仅对外汇交易征税和同时对外汇交易和股票交易征税的三种政策情境，在三种政策情境下，货币政策都只对通胀和产出缺口作出反应，分析每种政策情

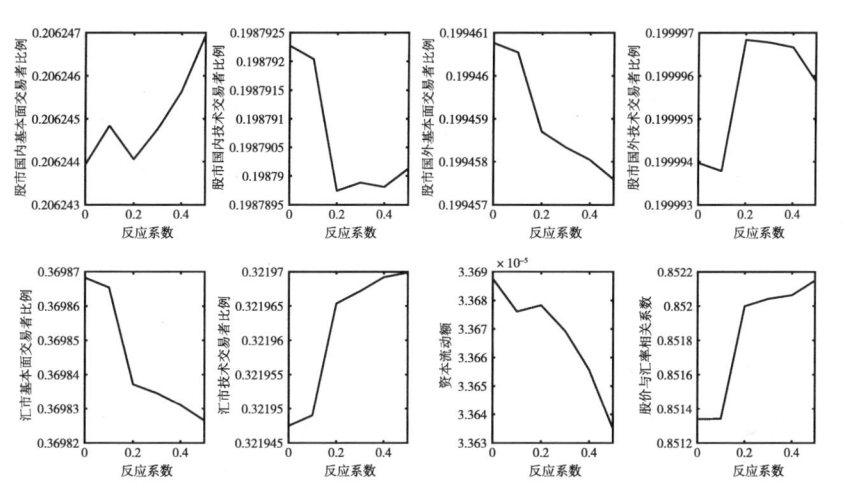

**图 6.6 市场投资者占比、资本流动与股价—汇率关联**

景的社会福利效应。

1. 仅对股市交易征税（FTT1）

设定税率 $\tau \in [0, 0.2]$，即 0～20% 的交易税率，重复试验 100 次，得到如图 6.7 和图 6.8 所示的结果。

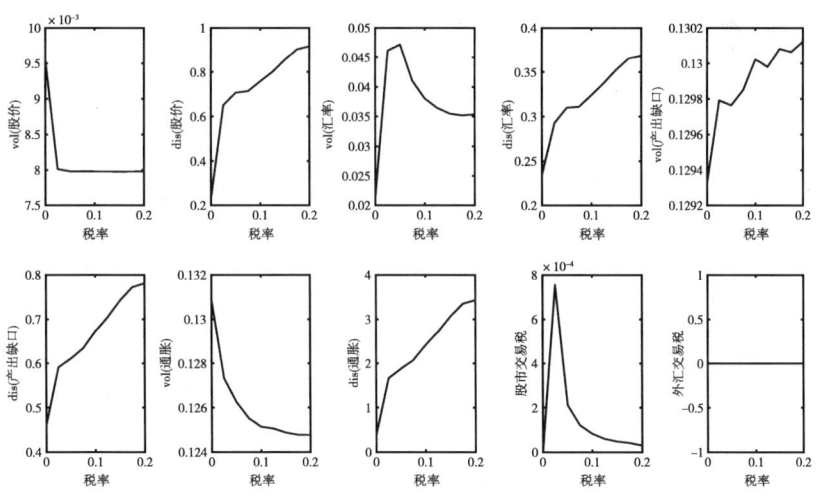

**图 6.7 实体经济与金融市场稳定性与扭曲程度**

伴随着股市交易税的提高，股市稳定性快速提高，当税率超过 5% 时，股市波动率几乎不再变动，这主要是税率超额 5% 时，股市上短期投机行为将完全抑制（见图 6.8）。通胀稳定性增强，但同时汇率的稳定性和产出缺口的稳定性恶化，外汇市场上基本面交易者增加并占优，技术交易者减少，因为对股市交易征税，国外投资者减少对国内股票的需求，资本流入减少，并随着税率的提高表现为资本净流出规模增加态势。股市交易税与税率之间具有"拉弗曲线效应"（laffer curve），当税率为 5% 时，税收额最高，之后随着税率提高，税收将快速减少。此外，对于汇率与股价的关联效应，如图 6.8 所示，对股市交易征税明显降低了汇率与股价的相关性，在税率为 2.5% 和 5% 时，汇率与股价的相关系数为负。

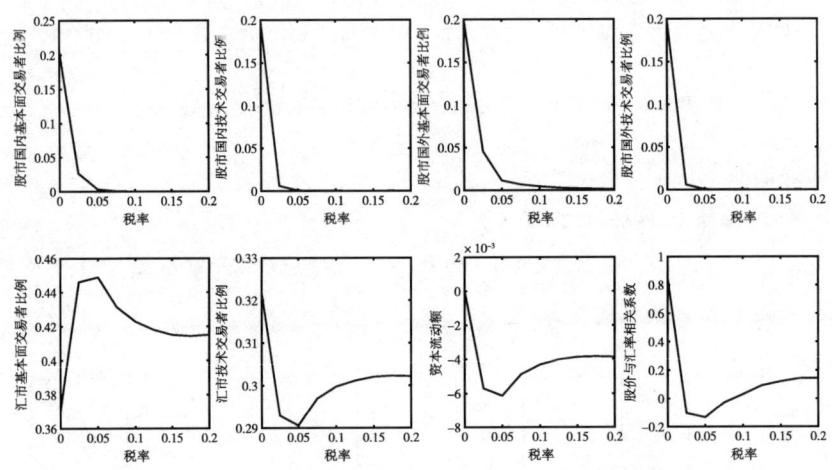

图 6.8　市场投资者占比、资本流动与股价—汇率关联

2. 仅对外汇交易征税（FTT2）

设置 $\tau \in [0, 0.1]$，即 0~10% 的外汇交易税率，重复试验 100 次，得到如图 6.9 所示的结果。

对外汇交易征税可以明显地降低汇率波动率，提高外汇市场稳定性。随着税率提高，外汇市场基本面和技术交易者比例都继续下降，当税率为 5% 时，所有市场上短期投机几乎被完全抑制（见图 6.10），因而在外汇市场上征税也存在明显的"拉弗曲线"。但同时，股市上技术交易者比例也迅速下降，基本面交易者比例快速上升，从而导致股价波动率跟着上升，在税率超过 5% 后，股市上交易主体占比趋于平稳，股价波动率趋于一个较高的稳定。此外，产出缺口和通胀的波动率都随税率提高快速上升，单独对外汇交易征税的政策并

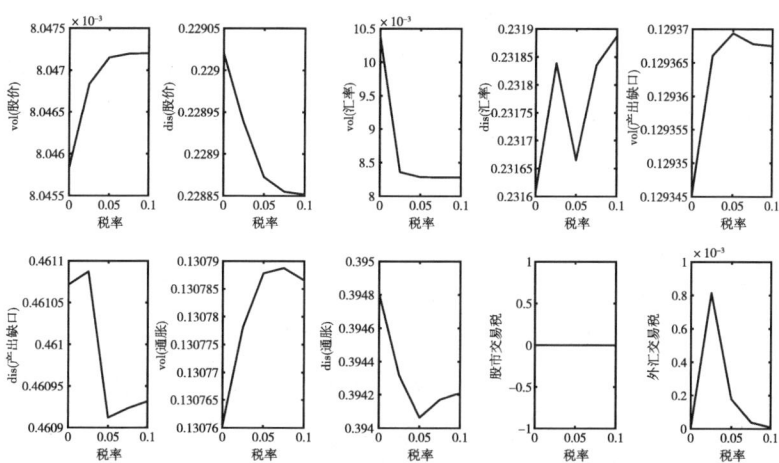

**图 6.9 实体经济与金融市场稳定性与扭曲程度**

不有利于实体经济的稳定。如图 6.10 所示，随着税率上升，资本流入减少，资本流动逐渐表现为净流出，汇率与股价相关性所有下降，但相关系数仍较高。

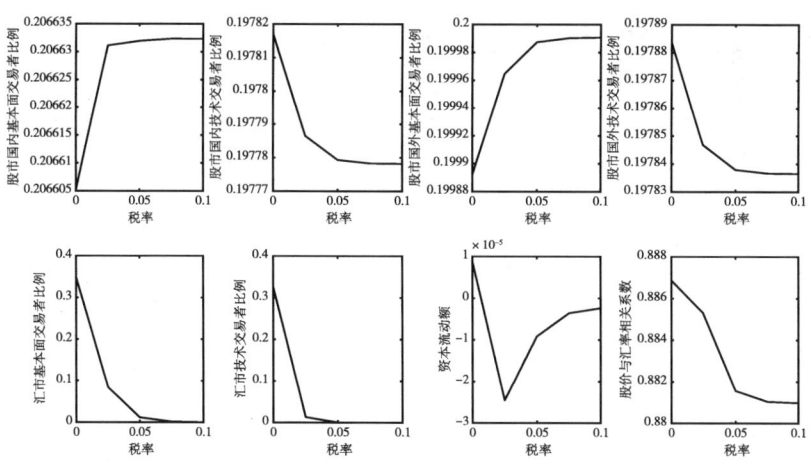

**图 6.10 市场投资者占比、资本流动与股价—汇率关联**

### 3. 同时对股市和外汇交易征税（FTT3）

假设对股市和外汇交易按相同税率进行征税，设定税率 $\tau \in [0, 0.2]$，重复模拟试验 100 次得到如图 6.11 和图 6.12 所示的结果。

模拟的结果显示，同时对股市和外汇交易征税可以降低股市、通胀的波动

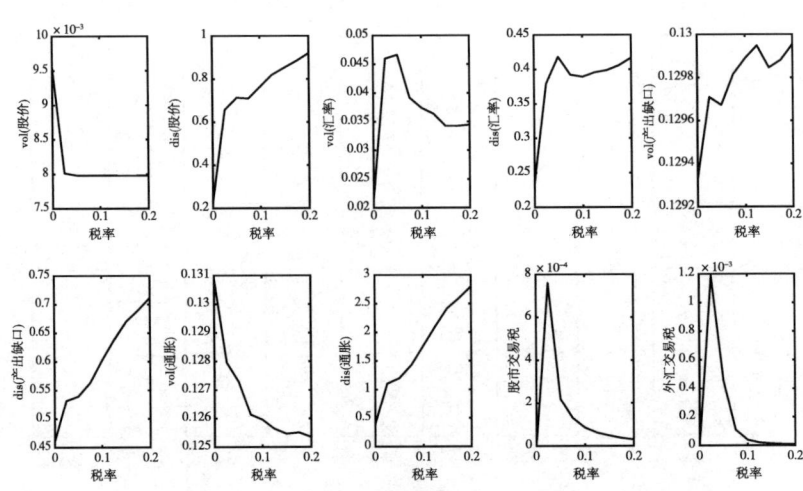

图 6.11 实体经济与金融市场稳定性与扭曲程度

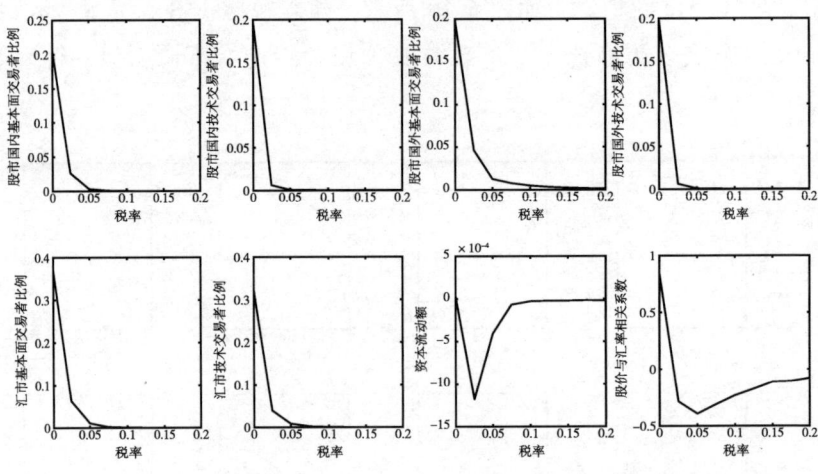

图 6.12 市场投资者占比、资本流动与股价—汇率关联

率,减轻汇率与股价的关联,但却要以汇率稳定性和产出缺口稳定性作为代价。此外,在同时征税下,资本流出的规模相对较高,但在税率提高后随着市场都趋于相对稳定,资本净流动规模将趋近于 0。

(三) 政策比较

从政策模拟试验结果可以看到,在货币政策仅关注于通胀和产出缺口的状况下,对市场交易征税可以起到抑制短期投机行为,稳定市场价格的作用;同时征税还能给政府部门带来财政收入。而如果在货币政策中加入股价和汇率因素，与征税相比，却不能较好地起到稳定金融市场的作用。

为了比较每种政策的社会福利效应，借鉴 Lengnick 和 Wohltmann（2016）[①]，定义政府（央行）的损失函数为：

$$L = \text{vol}(\pi) + 0.5\text{vol}(y) + 0.2\text{vol}(s) + 0.1\text{vol}(e) \tag{6.9}$$

表 6.2 给出了不同政策背景下央行损失函数 L 的具体数值。央行的目标是最小化损失函数 L。同时，需要破解汇率与股价的关联效应，避免风险跨市场传染。根据前面政策模型分析的结果，从破解汇率与股价的关联效应角度看，实施标准泰勒规则货币政策与 FTT1 或 FTT3 相配合，可以起到较好的作用。从央行损失函数最小角度看，从表 6.2 中可以明显看到仅依靠货币政策的损失函数较大，且随着对股价和/或汇率变动的反应系数的增大，央行损失函数反而变大。

表 6.2　　　　　不同政策背景下央行损失函数

| 反应系数 | MP1 | MP2 | MP3 |
| --- | --- | --- | --- |
| 0 | 0.199597357 | 0.199597357 | 0.199597357 |
| 0.1 | 0.199599142 | 0.199595195 | 0.199596868 |
| 0.2 | 0.199605799 | 0.199600731 | 0.199604961 |
| 0.3 | 0.199604765 | 0.199598668 | 0.199604842 |
| 0.4 | 0.199605729 | 0.199596610 | 0.199604092 |
| 0.5 | 0.199607721 | 0.199595428 | 0.199604295 |
| 税率 | FTT1 | FTT2 | FTT3 |
| 0 | 0.199597357 | 0.199597357 | 0.199597357 |
| 0.025 | 0.198438524 | 0.199546935 | 0.199014184 |
| 0.05 | 0.197445778 | 0.199536743 | 0.198371074 |
| 0.075 | 0.196140577 | 0.199529909 | 0.196556755 |
| 0.1 | 0.195553034 | 0.199529926 | 0.196241847 |
| 0.125 | 0.195288736 | 0.199529871 | 0.195851632 |
| 0.15 | 0.195060336 | 0.19952984 | 0.195410949 |
| 0.175 | 0.194922333 | 0.199529832 | 0.195470969 |
| 0.2 | 0.194960391 | 0.19952983 | 0.195370689 |

---

① Lengnick 和 Wohltmann（2016）将股价波动率的权重设为 0.1。

而将标准泰勒规则型货币政策与 FTT 相结合，特别是 FTT1 和 FTT3，可以明显地降低央行损失函数。综合模拟试验分析的结果，尽管实施对金融交易征税的政策会在一定程度上损害产出缺口的稳定性，但对股市交易征税或同时对股市和外汇交易征税却可以提高通胀的稳定性，此外还能带来一定的税收收入。特别的，针对股市交易征税或同时对股市和外汇交易征税可以破解汇率与股市的关联效应，降低风险通过外汇市场跨市场传导的可能性。因此，货币政策只需要关注于通胀和产出缺口，而 FTT 所代表的宏观审慎政策或财政政策可以用来达到稳定金融市场的目标。这与 Hallett 等（2011）建议的"货币政策和财政政策应该根据比较优势原则共同承担稳定金融市场的责任"相一致。所以正如 Mishkin（2011）所指："金融部门和总体经济的关系表明货币政策和金融稳定政策是紧密交织在一起的"。

## 第二节 汇率、房价与宏观经济政策

第一节研究发现对金融交易的确能起到稳定金融市场的作用，但同时也可能对实体经济稳定性产生不利影响。在房地产市场上，学术界和一些国家监管当局都认为贷款价值比（Loan to Value，LTV）是稳定房地产市场较好的宏观审慎政策工具，如 Igan 和 Kang（2011）、Mendicino 和 Punzi（2014）、Zhang 和 Zoli（2016）、Viziniuc（2017）等。当然，也有一些研究认为只要货币政策对房价作出反应就足以稳定房地产市场，如 Taylor（2007）等。这一节将在第二章研究的基础上，结合第四章实证研究，将根据已有相关研究，考虑分别针对房地产市场和外汇市场的两种宏观审慎政策：调整 LTV 和对外汇交易征税，以及在货币政策规则中加入房价和汇率因素，进而分析宏观经济政策的社会福利效应，及其对于隔离汇率与房价之间关联的能力。

### 一、货币政策规则

与本章第一节相同，在式（2.136）的基础上，考虑如下三种货币政策规则：

$$\text{MP1} \quad r_n = \hbar_r r_{n-1} + \psi_\pi \pi_n + \psi_y y_n + \psi_q \Delta q_n + \epsilon_n^r \quad (6.10)$$

$$\text{MP2} \quad r_n = \hbar_r r_{n-1} + \psi_\pi \pi_n + \psi_y y_n - \psi_e \Delta e_n + \epsilon_n^r \quad (6.11)$$

$$\text{MP3} \quad r_n = \hbar_r r_{n-1} + \psi_\pi \pi_n + \psi_y y_n + \psi_q \Delta q_n - \psi_e \Delta e_n + \epsilon_n^r \quad (6.12)$$

其中,$\psi_q$、$\psi_e > 0$。式(6.10)~式(6.12)分别表示仅对房价变动作出响应的利率规则、仅对汇率变动作出响应的利率规则,以及同时对房价变化和汇率变动作出响应的利率规则。一般而言,如 Taylor(2007)的研究结论,利率应与房价变动保持同向变化;但对于汇率变动,为稳定汇率,利率应与汇率变动呈反向变动关系。

## 二、对外汇交易征税

本书同样假定仅对单纯短期频繁外汇交易进行双向征税[①],假设税率为 $\tau$,外汇市场基本面和技术交易者的利润中就需要扣除所缴纳的交易税,因此一笔完整交易包括买和卖两个部分,各自吸引力函数就变为:

$$B_t^C = [\exp(e_t) - \exp(e_{t-1})] D_{t-2}^C - \tau[\exp(e_t) + \exp(e_{t-1})] |D_{t-2}^C| + \varphi B_{t-1}^C \quad (6.13)$$

$$B_t^F = [\exp(e_t) - \exp(e_{t-1})] D_{t-2}^F - \tau[\exp(e_t) + \exp(e_{t-1})] |D_{t-2}^F| + \varphi B_{t-1}^F \quad (6.14)$$

政府征税的交易税总额即:

$$\text{Tax}_t = \tau[\exp(e_t) + \exp(e_{t+1})](\omega_{t-2}^C |D_{t-2}^C| + \omega_{t-2}^F |D_{t-2}^F|) \quad (6.15)$$

这里,与第二章稍有区别,考虑到外汇市场上可能存在其他类型交易者,并将所有其他类型交易者的吸引力函数设定为 0,那么外汇市场上两类异质性交易者的市场占比就变成:

$$\omega_t^j = \frac{\exp(\varepsilon B_t^j)}{1 + \exp(\varepsilon B_t^C) + \exp(\varepsilon B_t^F)}, j \in \{C, F\} \quad (6.16)$$

---

① 这意味着对跨境房产投资而产生的外汇需求不征税。

## 三、LTV

如式（2.99）所示的借贷约束，m 即表示 LTV。在房地产市场上，1 - m 可理解为买房者的自付比例。由式（2.99）知，如果其他条件不变，降低 m 将直接减少购房者能获取的贷款额。因此，通过调整 m，一方面可以降低购买者的杠杆比例；另一方面能够降低发放贷款的金融机构的风险暴露。根据住房需求方程（2.109），通过调整 m 可以影响家庭部门的住房需求，进而通过房价形成方程（2.121）影响房价。为分析 LTV 政策调节房地产市场效应以及宏观经济效应，后面将设定不同 m 值对模型进行模拟和比较。

## 四、政府（央行）损失函数

与第一节相同，定义政府（央行）的损失函数为：

$$L = vol(\pi) + 0.5vol(y) + 0.2vol(q) + 0.1vol(e) \qquad (6.17)$$

## 五、数值模拟与政策分析

结合第四章实证结果和第二章理论模型分析，对相关参数作如表6.3所示设定。

表6.3　　　　　　　　　　参数设定

| 房地产与外汇市场 | | 实体宏观经济 | |
| --- | --- | --- | --- |
| $\beta, \beta'$ | 0.9925, 0.96 | $\tau$ | 0.5 |
| $\eta$ | 0.5 | $\vartheta$ | 0.23 |
| $\delta$ | 0.0058 | $\zeta_y, \zeta_\pi$ | 0.3, 0.39 |
| $d$ | 1 | $\kappa$ | 0.85 |
| $m, \alpha$ | 0.6, 0.7 | $\hbar_r, \psi_\pi, \psi_y$ | 0.3, 1.5, 0.5 |
| $a^{HC}, b^{HF}$ | 0.01 | $u, \nu$ | 1, 2 |
| $g_c, g_d$ | 1.001, 0.995 | $l, \delta$ | 10 |
| $\mu^h$ | 0.0007 | $\lambda^y, \lambda^\pi$ | 0.5 |

续表

| 房地产与外汇市场 | | 实体宏观经济 | |
| --- | --- | --- | --- |
| $\gamma$, $n$ | 0.5, 0.975 | $\chi^q$, $\chi^e$ | 1 |
| $\theta$, $\varepsilon$ | 10, 300 | $\sigma^q$ | 0.1 |
| $\beta^C$, $\beta^F$ | 0.05, 0.02 | $\sigma^e$ | 0.01 |
| | | $\sigma^y$, $\sigma^\pi$, $\sigma^r$ | 0.15 |

本节将针对国内房地产市场存在国外投资者的情形进行分析，即设定参数 $a^{AC} = b^{AF} = 0.0001$，$l^{AC} = l^{AF} = 0$。设计如下两种政策情景：（1）仅依靠货币政策来稳定房地产市场和外汇市场，不采取调整 LTV 和对外汇交易征税的宏观审慎政策；（2）货币政策专注于通胀和产出缺口，而利用 LTV 和外汇交易征税的政策稳定房地产市场和金融市场。设置（0.1，0.3，0.5，0.7，0.9）五个 LTV 参数分析不同信贷政策环境下的政策效应。

### （一）货币政策关注房价和/汇率稳定

根据式（6.10）~式（6.12），考虑三种货币政策环境，设定响应系数 $\psi_{q/e} \in [0, 0.5]$，分别模拟重复试验 100 次。

**1. 仅关注房价变动**

图 6.13 显示了五种不同 LTV 参数下，货币政策对房价变动作出响应后模型主要变量的稳定性。从图中可以看到，随着利率对房价变动的响应程度提高并不能起到稳定房价的作用，但当响应系数为 0.2 和 0.3 时能降低汇率的波动率；而货币政策响应于房价变动会造成产出缺口稳定性受损，但能起到稳定通胀的作用。此外，不同 LTV 参数环境下，货币政策响应房价变动对经济的稳定效应基本相同。

随着反应系数提高，汇市中基本面交易者超过技术交易者的程度有所提高，但并没有完全主导市场；汇率与房价从负相关（0~0.2）变为正相关（0.3~0.4），在 0.5 时又呈负相关，但总体上相关系数较小，尽管从概率上是显著的，但两者相关程度并不高。最后，从央行损失函数角度，随着反应系数提高，央行损失所有减少。

**2. 仅关注汇率变动**

如果货币政策不对房价变动作出反应，而关注汇率变动，从图 6.15 中可

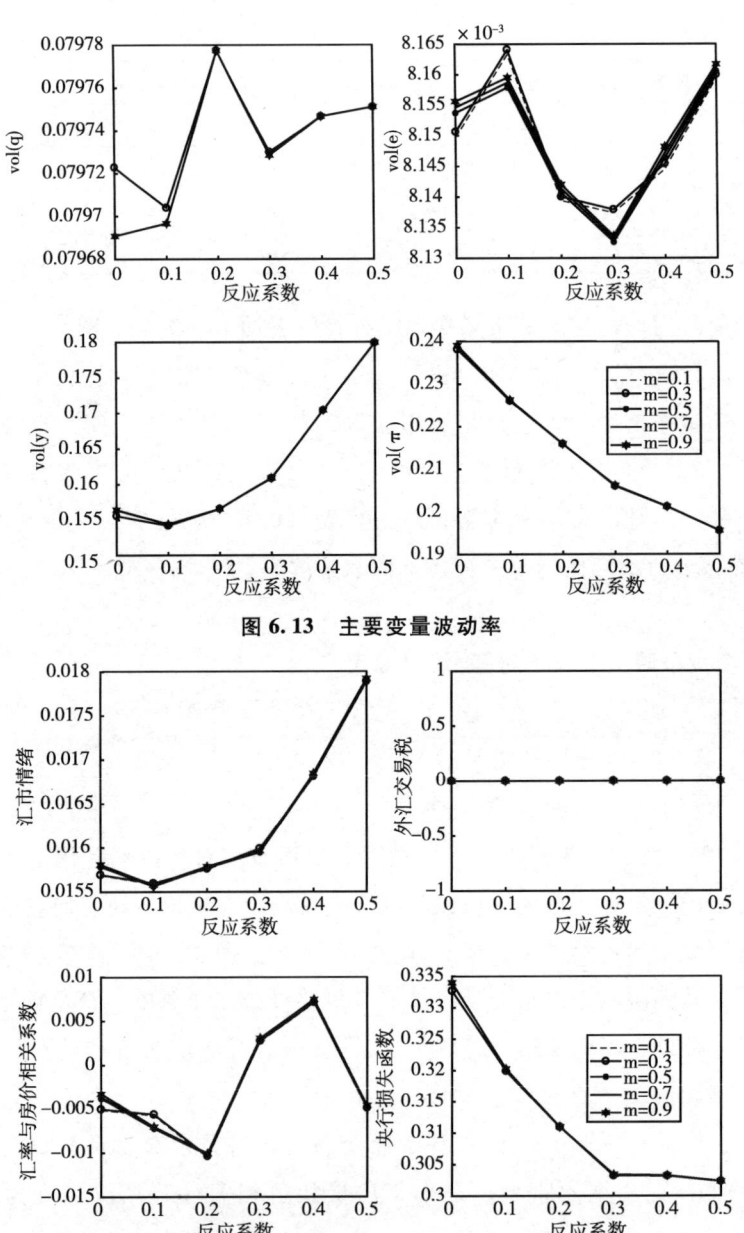

图 6.13 主要变量波动率

图 6.14 汇市情绪、汇率与房价相关性与央行损失函数

注：图中汇市情绪为市场上基本面交易者占比与技术交易者占比之差。

以看到并不一定会起到稳定汇率的作用，同时却会加重房价波动，此外，对于产出缺口和通胀稳定性的作用也具有不确定性。因此，货币政策对汇率变动响应程度越高并不一定会导致汇率、产出缺口和通胀越稳定。

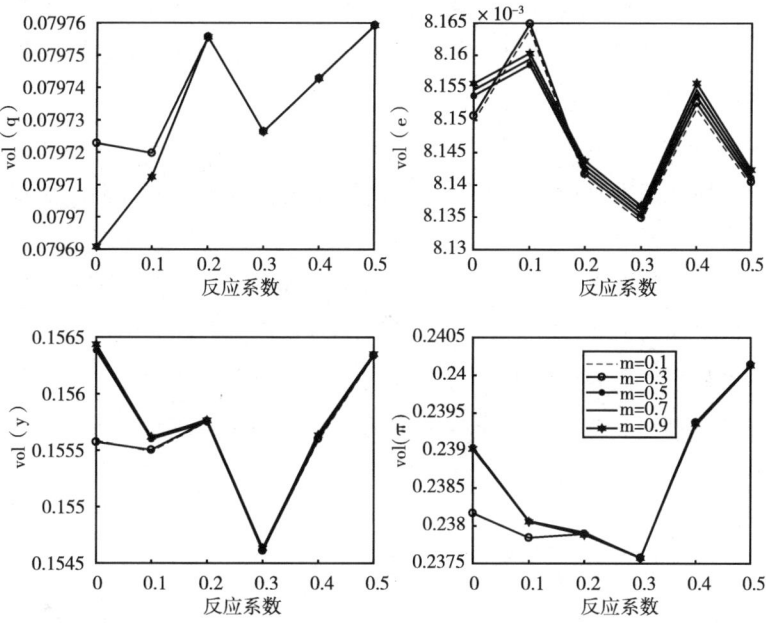

图 6.15　主要变量波动率

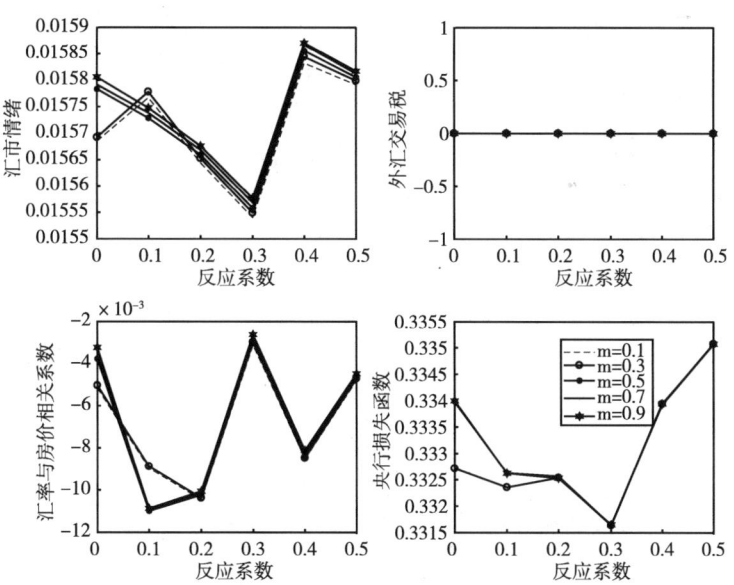

图 6.16　汇市情绪、汇率与房价相关性与央行损失函数

在该货币政策环境下,随着对汇率变动的反应程度加深,汇率与房价的相关系数波动较大,但一直为负相关。从央行损失角度,央行损失函数与反应程度呈"U"型曲线态势,当响应系数为0.3时央行损失最小,此时汇率、产出缺口和通胀的波动率都相对较小。

3. 同时关注房价和汇率变动

设定货币政策对房价和汇率变动同时做出响应,为分析方便,假设利率规则方程中房价变动和汇率变动的系数相同,设置0~0.5的区间,并考虑不同LTV,重复模拟试验得到如图6.17和图6.18的结果。从稳定房地产和外汇市场看,同时对房价和汇率变动的货币政策环境并不具有较好的政策效应;但从稳定宏观经济看,随着反应程度加深,能在保持产出波动性相对不变的前提下降低通胀的波动率,然而一旦响应程度超过0.2,稳定通胀的同时却造成产出缺口波动加大。

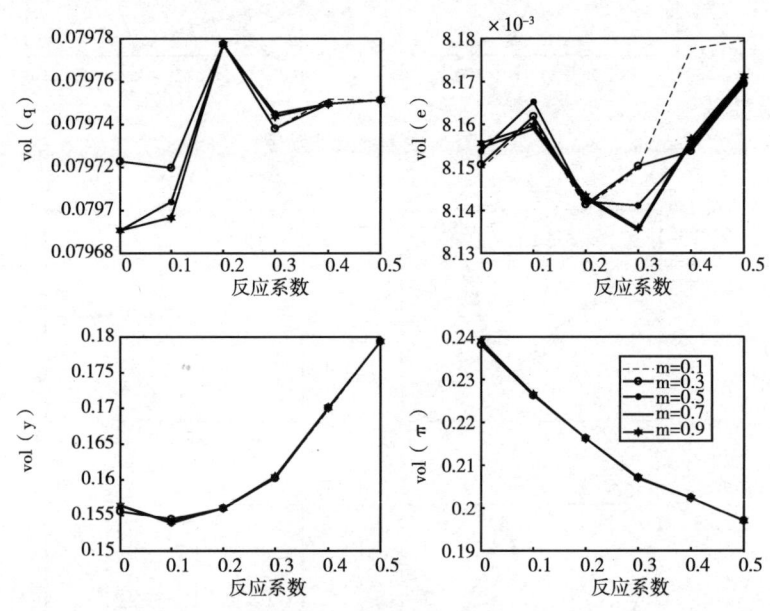

图6.17 主要变量波动率

对于汇率与房价的相关性,以0.2为分界,随着反应系数增加,两者相关系数由负转正,但相关系数值都很小。而央行损失函数则随着反应系数增加呈不断减少态势,当反应系数大于0.3时,变化幅度减弱。因此,在一定程度上货币政策同时对房价和汇率变动作出响应可以降低央行损失。

第六章　汇率、资产价格与宏观经济政策

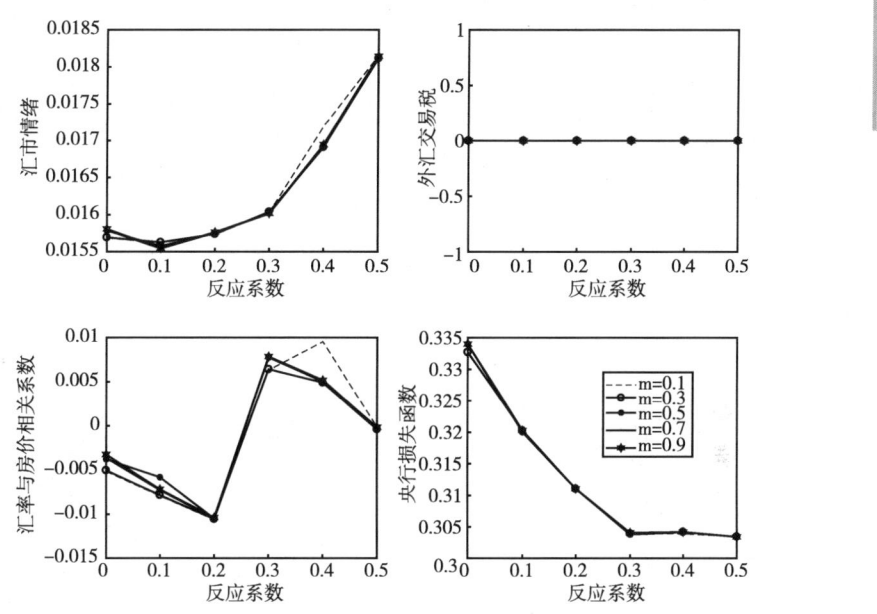

图 6.18　汇市情绪、汇率与房价相关性与央行损失函数

## （二）对外汇交易征税

为分析对外汇交易征税的效应，设定 FTT 税率范围为 [0，0.01]，重复模拟试验①得到如图 6.19 和图 6.20 所示的结果。从模拟的结果看，不同 LTV 下对外汇交易征税的效应基本一致。可以看到，对外汇交易按 FTT 征税可以降低房价和汇率的波动率，如当 FTT 税率为 0.4% 时，与模型初始状态相比，房价和汇率波动率都有所降低，同时还能起到稳定通胀的作用，但要以产出缺口稳健性一定程度的变差作为代价。此外，当税率为 0.4% 时，汇率与房价的相关性相对较弱，且央行损失较不征税也有所减轻。

从前面分析可以看到，货币政策直接对房价作出响应并不能一定起到稳定房价的作用，反而可能增加房价波动，但却可以降低宏观经济波动，减少央行损失。而货币政策直接对汇率作出响应的效应则不如对外汇交易征税政策。此外，似乎调整的 LTV 政策并不能起到稳定房地产市场作用，较低的 LTV 还可

---

① 设置 FTT 使得模型变得更加复杂，尝试模拟 100 次后发现在某些税率状态下无法计算得出结果，因而降低模拟次数为 10 次。因为模拟次数差异，使在模型初始状态（即税率为 0）与前面有所差异。

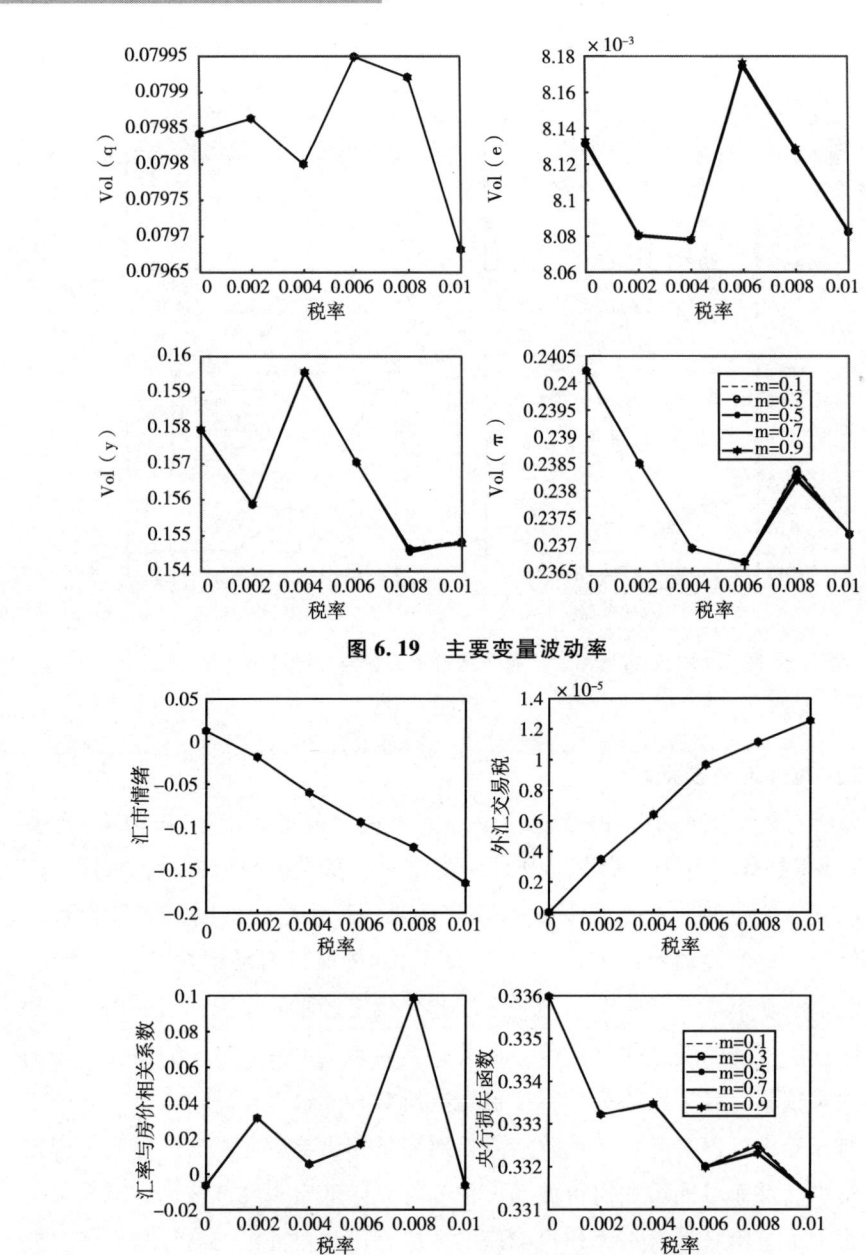

图 6.19 主要变量波动率

图 6.20 汇市情绪、汇率与房价相关性与央行损失函数

注：由于设置 FTT 税率较小，图中并未体现拉弗曲线效应。

能使房价波动率较大，正如 Canuto 和 Ghosh（2013）针对韩国研究后发现降低 LTV 仅在短期内可以使房价下降，但之后房价又回重新上涨，如此反而加重了房价的波动性，因此他们认为实施 LTV 的效果有限。但从银行等发放住房抵押贷款的金融机构角度来看，降低 LTV 在控制信贷规模上的确能起到一定的作用，从而可以降低信贷风险。为检验不同 LTV 的政策效应，特别的，设定外汇交易 FTT 税率为 0.2%，同时利率规则对房价变动做出响应，利率规则方程中房价变动系数为 0.1，设定不同 LTV，重复模拟试验 100 次得到如图 6.21 所示的结果。

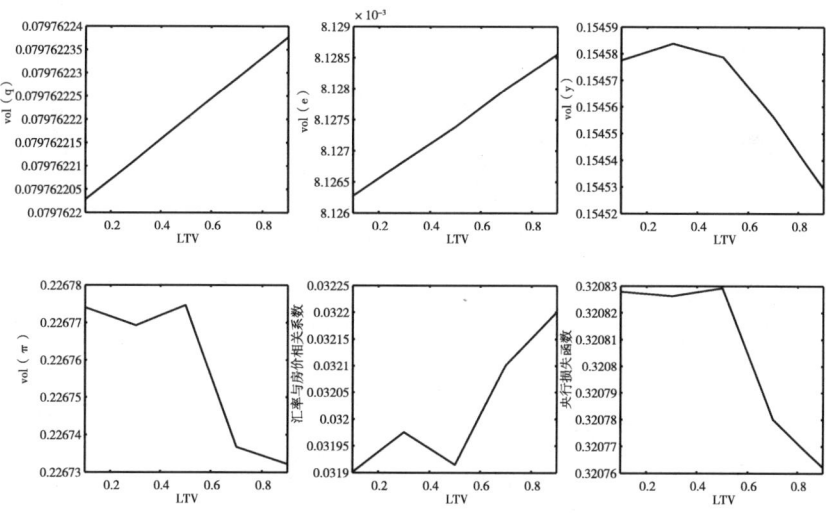

**图 6.21　主要变量波动率、汇率与房价相关系数和央行损失函数**

结果表明，LTV 越大，房价和汇率的波动率也就越高，但变化幅度并不大，这也就说明，调节 LTV 稳定房价的效应相对有限；总体上，随着 LTV 变化，房价与汇率的相关系数保持同向变化，但相关系数仍在 0.033 以内，房价与汇率的相关性相对较弱；但 LTV 变大，产出缺口和通胀稳定性却能得到增强，从而央行损失也变小，但改善幅度并不是很大。因此，总体而言，调整 LTV 的政策效果相对有所局限。

## 本章小结

本章以第二章和第四章为基础，利用数值模拟分析研究在特定模型框架下宏观经济政策（货币政策及宏观审慎政策）的社会福利效应。对于货币政策是否应直接关注汇率与资产价格,学术界一直存在争论。但 2008 年金融危机爆发前各国央行都有一个共识,即货币政策只需要关注通胀和产出,而不需要对汇率与资产价格作出响应。本章研究结果也表明,货币政策直接对汇率和/或资产价格直接作出响应并不能带来较好的社会福利效应,反而可能增加宏观经济波动,不利于传统货币政策目标的实现。2008 年危机再次凸显了过度发展的金融部门对宏观经济巨大负面作用,各国政府也开始纷纷制定各种金融稳定政策,强调金融稳定的积极效应。IMF 建议应采用宏观审慎工具以稳定金融市场。各国政府的实践也不断扩展宏观审慎工具类型。为了达到更好的政策效果,货币政策应与宏观审慎工具相结合和协调。本章研究认为对于汇率与股价框架,实施 FTT 政策与泰勒规则相结合能起到稳定金融市场的作用,且不会对宏观经济产生较大冲击,能降低央行损失;而在汇率与房价框架下,对于货币政策而言,适度关注房价变动可以起到稳定宏观经济的作用,且不会造成房价波动性加大,而同时实施外汇交易 FTT 能降低汇率波动性,但实施 LTV 政策稳定房价的作用可能相对有限。因此,货币政策与宏观审慎政策相互搭配与协调可能会带来较好的经济效果和社会福利效应。目前,各国对于货币政策如何与宏观审慎政策相互协调尚处于探索阶段,不断优化和丰富宏观审慎工具选择项,研究和加强政策间如何搭配以达到最优的政策效应是包括中国在内各国政府当前和未来重点关注的内容之一。本章研究依赖于设定的宏观经济框架,对于政策设定上为了研究方便也做了一些可能过于严格的设定,但本章的研究仍能为政策相互搭配和协调提供一定的理论依据和参考。

# 第七章

# 主要结论与政策建议

## 第一节

### 主要结论

本书以研究汇率与资产价格的互动关系为主线,采取理论建模分析与计量实证检验相结合的基本方法,鉴于股价和房价特殊性,在异质性经济主体的假设下,重点研究和检验了汇率与股价、汇率与房价的互动关系;同时考虑到投资者资产组合配置的问题,利用大样本计量模型纳入可能的资产价格,对我国人民币汇率与国内资产价格的关系展开了实证研究。此外,本书还利用美国的数据进行实证研究,分析成熟市场上汇率与股价及房价的动态关系。最后,在理论研究和实证检验的基础上,从宏观经济政策角度经过详细的建模分析了如何制定政策以达到提高社会福利,隔断汇率与资产价格关联。

在异质性经济主体的设定下,放弃传统理性预期的假设,构造了包含股票市场(房地产市场)、外汇市场和宏观实体经济的以经济主体为基础(agent-based)的行为金融—宏观经济模型,通过数值模拟分析,得到如下几点理论上的结论:

第一,总体上看,汇率与资产价格之间的关系取决于模型中参数,考虑到制度变迁、经济结构转型、经济金融偶发性危机,以及经济主体异质性等因素影响使模型中参数可能并不是常态值而出现结构性突变或时变特性,因而汇率与资产价格的关系也可能是具有时变特征的。

第二,在纳入汇率和资产价格与宏观实体经济之间的反馈作用后,在构造的模型框架下,数值模拟分析结果表明模型系统会内生性产生汇率、资产价格以及宏观实体经济的波动，而且与汇率和股价不同，房价会以高于基本面价值的较大偏离进行变动。针对有无跨境股票（或房地产）投资情境数值模拟分析得到，总体上，不管是否存在跨境股票投资，汇率与股价都呈正相关关系，当国内股市无国外投资者时，股价与汇率存在相互促进的作用，但股价对汇率的影响可能并不显著；而当国内股市存在国外投资者时，股价与汇率间的关系呈反向抑制，即股价上涨将导致汇率贬值；或汇率升值将导致股价下跌。但对于汇率与房价的关系，在不存在跨境投资时，汇率与房价呈反向关系，汇率升（贬）将会引起房价下跌（上涨），但在存在跨境房地产投资时，汇率与房价的关系变得不显著。通过设定不同情境的分析进一步证明汇率与资产价格的关系并不是固定不变的。

第三，通过理论建模发现，汇率与资产价格的互联机制有直接和间接两种方式。直接互联机制即是由于跨境投资（短期国际资本流动）引起的，通常在实行浮动汇率制度的经济体，伴随短期国际资本流入（流出），会出现汇率升值（贬值）与资产价格上涨（下跌）共存的局面。而间接互联机制主要是宏观实体经济的传导，如产出、通胀和利率等。这就是理论模型分析所表明的，即使不存在跨境投资，汇率与资产价格之间也可能存在显著的关联。但间接机制是否存在要依赖于汇率和资产价格与宏观实体经济之间是否存在显著的反馈作用。但值得注意的是，在跨境投资而引起的短期国际资本流动的情形下，汇率与资产价格的关系由于直接和间接的共同作用具有不确定性。

在理论研究的基础上，考虑到可能存在的时变性因素，运用时变参数模型重点对人民币汇率与国内资产价格的动态关系展开了实证检验。经过以线性 VAR 模型作为基准模型，利用基于时变参数 VAR 模型的时变脉冲响应技术分析后得到如下几点主要的实证结论：

第一，线性 VAR 模型的回归结果显示存在"股价（股市收益）—利率—汇率（汇市收益）—汇市情绪—股价（股市收益）—股市情绪"的影响路径，但基于线性 VAR 模型的脉冲响应分析并未发现汇率与股价之间具有显著的冲击—响应关系。而利用 TVP - VAR 模型分析表明模型系统中参数的确存在一定程度的时变性，特别是具有显著的时变波动率特征，回归结果并未发现汇率与股价之间具有显著的动态关联效应，但却发现在某些时间段汇市情绪将通过股市收益的传导对股市情绪产生显著作用，但 3D 时变脉冲响应分析得到汇率与股价之间存在"汇率升值（贬值）—股价上涨（下跌）"的冲击响应关系，然而这层关系可能并不显著。

第二，线性 VAR 模型回归结果表明仅存在房价对汇率的单向影响，即房价上涨（下跌）将导致汇率升值（贬值）。而如果考虑时变因素，TVP-VAR 模型的回归结果则表明 2012 年开始存在汇率对房价的显著影响，即汇率升值（贬值）将引致房价上涨（下跌），但并未发现房价对汇率的显著作用。但基于线性和时变参数 VAR 模型的脉冲响应分析都认为房价与汇率之间不存在显著的冲击响应关系。

第三，将可能的金融资产价格纳入实证框架，应用 TVP-FAVAR 模型分析发现资产价格上涨并不一定会引起汇率升值，在某些时点上还可能导致汇率贬值。反过来，汇率对资产价格的影响方面，在一些时期汇率升值反而会导致股票市场、商品期货市场下跌和房地产市场下跌，但会导致债券市场和基金市场行情上涨。

从实证结果可以看到，汇率与资产价格的关系异常复杂，利用对中国数据的检验和分析也并没有一般性结论，其中一个很重要的原因是样本区间、变量设定、模型设定不同都可能导致结论不一致甚至相佐。此外，本书还利用美国的数据进行实证，以作比较研究，线性 VAR 模型的结果显示短期内存在从"股价（股市收益）上涨—房价（房市收益）上涨—利率上升—汇率（汇率收益）贬值"的影响路径，反之则反。但基于 TVP-VAR 模型的实证结果并未发现该条路径。

最后，在实证研究的基础上，结合理论模型，对理论模型作了适当拓展，对如何制定宏观经济政策（包括宏观审慎政策）以稳定金融市场和房地产市场，提高社会福利，隔断汇率与资产价格（股价和房价）可能的关联研究得出：实施 FTT 政策与泰勒规则相结合能起到稳定金融市场的作用，且不会对宏观经济产生较大冲击，能降低央行损失；而货币政策适度关注房价变动可以起到稳定宏观经济的作用，且不会造成房价波动性加大，而同时实施外汇交易 FTT 能降低汇率波动性，但实施 LTV 政策稳定房价的作用可能相对有限。因此总结认为货币政策应对房价波动作出响应，但不需要关注汇率和股价波动，采取对金融交易征税的措施可以缓解金融市场短期交易行为，抑制过度波动，提高金融市场稳定性，同时能阻断汇率与资产价格的关联。

## 第二节

### 政策建议

根据本书研究的结论，结合我国经济金融发展的现状和未来趋势，提出以下几点政策建议：

#### （一）加强投资者交易，提倡理性长期投资

随着我国金融市场不断成熟完善，提高投资者素质，增强投资者信心，是我国金融市场规范发展的重要基础性条件，也是我国金融市场建设和完善过程中的长期任务和关键环节。即使没有外生冲击，采取不同交易策略的热衷于短期交易的投资者也会使金融市场产生内生性波动，甚至可能出现金融市场的暴涨暴跌。通过政策手段（如对交易征税）在减少短期投机交易的同时，也能起到稳定市场的作用。因此，应加强投资者交易，摒弃短期炒作思路，培养长期理性视野的投资思维。加强投资者交易，一方面要加强对投资者关于投资理念、投资目的与投资风险的专业教育，引导正确的投资理财模式；另一方面要建立健全相关市场信息供给准则与法律法规，规范资本市场信息提供机构（如各类型投资中介机构）的信息发布（如研究报告）制度，打击和抑制披着合法外衣的虚假信息与过度自信或悲观信息，避免由于虚假信息引起投资者信心波动，引发市场过度反应。

#### （二）进一步完善多层次资本市场建设，拓宽投资渠道

伴随着我国经济的快速增长，居民可支配收入明显增加，由此产生了较大的理财和投资需求。随着市场经济体制逐步确立和金融市场的完善，2004年至今，中国家庭资产配置呈现出非金融资产减少、金融资产增加的趋势，但从资产配置的结构看，仍以房地产等实物资产为主。在可投资资产范围有限的状况下，极易出现"羊群行为"，造成资产价格的暴涨暴跌。当前，为应对居民的投资理财需求，应进一步完善多层次资本市场建设，在充分分析相关风险的基础和条件下，加强金融创新，拓宽居民可投资的资产品种和范围。但同时需要注意加强金融风险的管控与化解，政策制定部门和监管部门应先于市场作出政策调控和监管，未雨绸缪，防患于未然，切不可"开闸式"放开。此外，

仍须加强相关法律法规建设，对扰乱市场的行为予以严厉惩罚，净化市场投资氛围。针对每个不同的市场，加强对于相关风险的披露和投资者交易。

### （三）审慎开放资本与金融账户，加强资本流动有效监测与管理

近年来，我国金融市场进入对外开放的快节奏。大量的研究和历史上的危机告诉我们，国际资本流动或多或少刺激着汇率和资产价格的暴涨暴跌。跨境投资（短期国际资本流动）是使汇率与国内资产价格存在直接关联的重要渠道。在我国金融体系尚不完善，应对外部冲击能力仍需强化的背景下，应谨慎开放资本与金融账户。资本与金融账户的开放要以国内金融安全与金融稳定为前提。目前，我国逐步放开外资进入国内金融市场的限制，加强与国际市场联系是必然趋势，但要加强相关风险的防控，加强市场监管。此外，一些国际资本可能会通过其他非正规渠道流动，因而应加强对资本流动的有效监测和管理，特别是通过合法渠道隐性资本流动的监测。加强资本流动管理也是一种有效的宏观审慎工具（Galati and Moessner，2013）。

### （四）进一步完善人民币汇率形成机制，破除汇率单边预期

汇率预期（或汇市情绪）可能引起资本流动，进而对资产价格和汇率产生影响。汇率预期在某种程度上还可能具有自我实现的机制。2005年汇率改革后，人民币汇率形成机制不断完善，但2014年以来人民币汇率改变单边走势，双向浮动特征日趋明显。2017年8月央行在人民币汇率中间价形成机制中加入"逆周期调节因子"，进一步完善了人民币汇率形成机制。目前，我国货币当局是通过设定汇率中间价，允许汇率在2%的范围内波动，从而达到稳定汇率的目的。但是，人民币汇率中间价是根据外汇市场上做市商的报价加权平均得到，可能不能真实反映人民币的均衡汇率。因此，应进一步强化人民币汇率形成机制，尽可能让汇率中间价反映真实的均衡汇率水平，围绕均衡汇率设定汇率目标区间，破除汇率单向变动带来的预期效应。此外，必要时可适当干预外汇市场，维护外汇市场的稳定。

### （五）强化住房的消费属性，遏制投机行为

针对房地产市场，强化住房的消费属性，弱化地方财政对房地产的过度依赖，遏制投机行为，净化房地产市场，引导居民合理与理性的房地产消费。对

外资进入房地产市场领域要严格把控。在保护耕地的前提下，增加城市住房供给，推进政府公共住房和租房制度。通过扩大供给和保障真实消费需求，以达到稳定房地产市场的目的，将汇率与房价可能的联系脱钩。

## （六）以汇率市场化为基础，有机提高货币政策独立性

"不可能三角形"表明在开放经济下，汇率稳定、资本自由流动和货币政策独立性三者中只能同时实现两个目标。在我国当前和未来较长时间里，汇率的相对稳定是必然要求，但汇率市场化进程不断突破，所以要提高我国货币政策独立性，避免国外货币政策对国内货币政策的溢出效应，就需要放弃资本自由流动，这也是为何要加强资本流动管理的原因之一。提高货币政策独立性，一方面可以根据国内经济形势有针对性的相对独立的进行自主调节，另一方面也可以避免由于资本自由流动引起的货币政策困境①。但在国际金融一体化的趋势下，如何有效地对资本流动进行管理是货币当局重要任务。

# 本章小结

本章对本书研究的汇率与资产价格关系得到的主要结论进行总结。根据研究得到的主要结论，并结合我国经济金融发展的现状和趋势，从宏观和微观层面提出六个方面政策建议。汇率与资产价格关系并非如"1 + 1 = 2"般简单，特别是在考虑金融市场与宏观实体经济的反馈机制，以及经济主体异质性后，汇率与资产价格的关系更加复杂，也具有较大的不确定性。这也是已有相关研究对于汇率与资产价格关系的实证检验都尚未有一致结论的原因所在。当然，本书研究也并未完美无瑕，还有很多问题需要进一步研究。

---

① 按照利率平价理论，一国单方面调整利率将可能引起资本流动，进而引起汇率变动。假如货币政策应对国内房价上涨而上调利率，但如果资本自由流动，可能上调利率的政策在国际资本进入所导致的刺激作用所抵消，反而起不到遏制房价的作用，还导致汇率升值的后果。

# 参 考 文 献

[1] Abhyankar, A., L. Sarno, G. Valente, 2005. Exchange Rates and Fundamentals: Evidence on the Economic Value of Predictability [J]. Journal of International Economics, 66 (2): 325 – 348.

[2] Abouwafia, H. E., M. J. Chambers, 2015. Monetary Policy, Exchange Rates and Stock Prices in the Middle East Region [J]. International Review of Financial Analysis, 37: 14 – 28.

[3] Adam, K., P. Kuang, A. Marcet, 2012. House Price Booms and the Current Account [J]. NBER Macroeconomics Annual, 26 (1): 77 – 122.

[4] Addoum, J. M., 2016. Household Portfolio Choice and Retirement [J]. The Review of Economics and Statistics, 99 (5): 870 – 883.

[5] Adolfson, M., 2007. Incomplete Exchange Rate Pass – through and Simple Monetary Policy Rules [J]. Journal of International Money and Finance, 26 (3): 468 – 494.

[6] Airaudo, M., S. Nisticò, L. – F. Zanna, 2015. Learning, Monetary Policy, and Asset Prices [J]. Journal of Money, Credit and Banking, 47 (7): 1273 – 1307.

[7] Ajaz, T., M. Z. Nain, B. Kamaiah, N. K. Sharma, 2017. Stock Prices, Exchange Rate and Interest Rate: Evidence beyond Symmetry [J]. Journal of Financial Economic Policy, 9 (1): 2 – 19.

[8] Akram, Q. F., G. Bårdsen, Ø. Eitrheim, 2006. Monetary Policy and Asset Prices: To Respond or Not? [J]. International Journal of Finance & Economics, 11 (3): 279 – 292.

[9] Alagidede, P., T. Panagiotidis, X. Zhang, 2011. Causal Relationship between Stock Prices and Exchange Rates [J]. Journal of International Trade & Economic Development, 20 (1): 67 – 86.

[10] Ang, A., G. Bekaert, 2002. International Asset Allocation With Regime Shifts [J]. The Review of Financial Studies, 15 (4): 1137 – 1187.

[11] Apergis, N., 2015. Financial Portfolio Choice: Do Business Cycle Regimes Matter? Panel Evidence from International Household Surveys [J]. Journal of International Financial Markets, Institutions and Money, 34 (Supplement C): 14 – 27.

[12] Apergis, N., 2017. Monetary Policy and Macroprudential Policy: New Evidence from a World Panel of Countries [J]. Oxford Bulletin of Economics and Statistics, 79 (3): 395 – 410.

[13] Arestis, P., P. O. Demetriades, K. B. Luintel, 2001. Financial Development and Economic Growth: The Role of Stock Markets [J]. Journal of Money, Credit and Banking, 33 (1): 16 – 41.

[14] Ascari, G., N. Pecora, A. Spelta, 2017. Booms and Busts In A Housing Market with Heterogeneous Agents [J]. Macroeconomic Dynamics, (Online Version) 1 – 17.

[15] Aslanidis, N., D. Osborn, M. Sensier, 2002. Smooth Transition Regression Models in UK Stock Returns [EB/OL], Royal Economic Society Annual Conference, No. 11.

[16] Attanasio, O. P., L. Blow, R. Hamilton, A. Leicester, 2009. Booms and Busts: Consumption, House Prices and Expectations [J]. Economica, 76 (301): 20 – 50.

[17] Bacon, D. W., D. G. Watts, 1971. Estimating the Transition between Two Intersecting Straight Lines [J]. Biometrika, 58 (3): 525 – 534.

[18] Baek, J., 2007. The J – Curve Effect and the US – Canada Forest Products Trade [J]. Journal of Forest Economics, 13 (4): 245 – 258.

[19] Bahmani – Oskooee, M., S. Saha, 2016. Do Exchange Rate Changes Have Symmetric or Asymmetric Effects on Stock Prices? [J]. Global Finance Journal, 31: 57 – 72.

[20] Baker, M., J. Wurgler, 2006. Investor Sentiment and the Cross – Section of Stock Returns [J]. The Journal of Finance, 61 (4): 1645 – 1680.

[21] Baker, M., J. Wurgler, 2007. Investor Sentiment in the Stock Market

[J]. Journal of Economic Perspectives, 21 (2): 129 – 152.

[22] Balassa, B., 1964. The Purchasing – Power Parity Doctrine: A Reappraisal [J]. Journal of political Economy, 72 (6): 584 – 596.

[23] Balke, N. S., 2000. Credit and Economic Activity: Credit Regimes and Nonlinear Propagation of Shocks [J]. The Review of Economics and Statistics, 82 (2): 344 – 349.

[24] Ball, L., 1. Efficient Rules for Monetary Policy [J]. International Finance, 2 (1): 63 – 83.

[25] Ball, L. M., 2010. The Performance of Alternative Monetary Regimes [EB/OL], Working Paper No. 16124, National Bureau of Economic Research.

[26] Bandopadhyaya, A., A. L. Jones, 2008. Measures of Investor Sentiment: A Comparative Analysis Put – Call Ratio vs. Volatility Index [J]. Journal of Business & Economics Research, 6 (8): 27 – 34.

[27] Banerjee, P. S., J. S. Doran, D. R. Peterson, 2007. Implied Volatility and Future Portfolio Returns [J]. Journal of Banking & Finance, 31 (10): 3183 – 3199.

[28] Bask, M., 2012. Asset Price Misalignments and Monetary Policy [J]. International Journal of Finance & Economics, 17 (3): 221 – 241.

[29] Bernanke, B., M. Gertler, 2000. Monetary Policy and Asset Price Volatility [EB/OL], Working Paper No. 7559, National Bureau of Economic Research.

[30] Bernanke, B. S., J. Boivin, P. Eliasz, 2005. Measuring the Effects of Monetary Policy: A Factor – Augmented Vector Autoregressive (FAVAR) Approach [J]. The Quarterly Journal of Economics, 120 (1): 387 – 422.

[31] Bernanke, B. S., M. Gertler, 2001. Should Central Banks Respond to Movements in Asset Prices? [J]. The American Economic Review, 91 (2): 253 – 257.

[32] Billio, M., R. Casarin, F. Ravazzolo, H. K. Van Dijk, 2016. Interconnections Between Eurozone and Us Booms and Busts Using a Bayesian Panel Markov – Switching VAR Model [J]. Journal of Applied Econometrics, 31 (7): 1352 – 1370.

[33] Bjornland, H. C., J. I. Halvorsen, 2014. How Does Monetary Policy

Respond to Exchange Rate Movements? New International Evidence [J]. Oxford Bulletin of Economics and Statistics, 76 (2): 208 – 232.

[34] Boako, G., M. Omane – Adjepong, J. M. Frimpong, 2016. Stock Returns and Exchange Rate Nexus in Ghana: A Bayesian Quantile Regression Approach [J]. South African Journal of Economics, 84 (1): 149 – 179.

[35] Bordo, M. D., O. Jeanne, 2002. Monetary Policy and Asset Prices: Does "Benign Neglect" Make Sense? [J]. International Finance, 5 (2): 139 – 164.

[36] Branson, W. H., 1983. Macroeconomic Determinants of Real Exchange Risk, in Herring, R. J. (eds.), Managing Foreign Exchange Risk [M]. Cambridge University Press, Cambridge.

[37] Brock, W. A., C. H. Hommes, 1997. A Rational Route to Randomness [J]. Econometrica, 65 (5): 1059 – 1095.

[38] Calvo, G. A., L. Leiderman, C. M. Reinhart, 1996. Inflows of Capital to Developing Countries in the 1990s [J]. The Journal of Economic Perspectives, 10 (2): 123 – 139.

[39] Camacho, M., 2004. Vector Smooth Transition Regression Models for US GDP and the Composite Index of Leading Indicators [J]. Journal of Forecasting, 23 (3): 173 – 196.

[40] Campbell, J. Y., 2000. Asset Pricing at the Millennium [J]. The Journal of Finance, 55 (4): 1515 – 1567.

[41] Canuto, O., S. Ghosheditor, 2013. Dealing with the Challenges of Macro Financial Linkages in Emerging Markets [M], World Bank Publications.

[42] Cao, G., 2012. Time – Varying Effects of Changes in the Interest Rate and the RMB Exchange Rate on the Stock Market of China: Evidence from the Long – Memory TVP – VAR Model [J]. Emerging Markets Finance and Trade, 48: 230 – 248.

[43] Caporale, G. M., J. Hunter, F. M. Ali, 2014. On the Linkages between Stock Prices and Exchange Rates: Evidence from the Banking Crisis of 2007 – 2010 [J]. International Review of Financial Analysis, 33: 87 – 103.

[44] Case, K. E., J. M. Quigley, 2008. How Housing Booms Unwind: Income Effects, Wealth Effects, and Feedbacks through Financial Markets [J]. International Journal of Housing Policy, 8 (2): 161 – 180.

[45] Case, K. E., J. M. Quigley, R. J. Shiller, 2005. Comparing Wealth Effects: The Stock Market versus the Housing Market [J]. Advances in Macroeconomics, (Online) 5 (1).

[46] Case, K. E., R. J. Shiller, 1989. The Efficiency of the Market for Single – Family Homes [J]. The American Economic Review, 79 (1): 125 – 137.

[47] Chadha, J. S., L. Sarno, G. Valente, 2004. Monetary Policy Rules, Asset Prices, and Exchange Rates [EB/OL], IMF Staff Papers, 51 (3): 529 – 552.

[48] Chai, J., R. Maurer, O. S. Mitchell, R. Rogalla, 2011. Lifecycle Impacts of the Financial and Economic Crisis on Household Optimal Consumption, Portfolio Choice, and Labor Supply [EB/OL], Working Paper No. 17134, National Bureau of Economic Research.

[49] Chaudhry, S. M., A. Mullineux, N. Agarwal, 2015. Balancing the Regulation and Taxation of Banking [J]. International Review of Financial Analysis, 42 (Supplement C): 38 – 52.

[50] Cheah, S. – P., T. – H. Yiew, C. – F. Ng, 2017. A Nonlinear ARDL Analysis on the Relation between Stock Price and Exchange Rate in Malaysia [J]. Economics Bulletin, 37 (1): 336 – 346.

[51] Chkili, W., C. Aloui, D. K. Nguyen, 2012. Asymmetric Effects and Long Memory in Dynamic Volatility Relationships between Stock Returns and Exchange Rates [J]. Journal of International Financial Markets Institutions & Money, 22 (4): 738 – 757.

[52] Christiano, L. J., M. Eichenbaum, C. L. Evans, 1. Monetary policy shocks: What have we learned and to what end? [M]. in: Handbook of Macroeconomics, vol. 1, 65 – 148.

[53] Chudik, A., K. Mohaddes, M. H. Pesaran, M. Raissi, 2016. Is There a Debt – Threshold Effect on Output Growth? [J]. The Review of Economics and Statistics, 99 (1): 135 – 150.

[54] Clancy, D., 2013. Output Gap Estimation Uncertainty: Extracting the TFP Cycle Using an Aggregated PMI Series [J]. The Economic and Social Review, 44 (1): 1 – 18.

[55] Clayton, J., D. C. Ling, A. Naranjo, 2009. Commercial Real Estate

Valuation: Fundamentals Versus Investor Sentiment [J]. The Journal of Real Estate Finance and Economics, 38 (1): 5 – 37.

[56] Cocco, J. F., 2005. Portfolio Choice in the Presence of Housing [J]. The Review of Financial Studies, 18 (2): 535 – 567.

[57] Cocriş, V., A. Elena Nucu, 2013. Monetary Policy and Financial Stability: Empirical Evidence from Central and Eastern European Countries [J]. Baltic Journal of Economics, 13 (1): 75 – 98.

[58] Cogley, T., T. J. Sargent, 2001. Evolving Post – World War II US Inflation Dynamics [J]. NBER Macroeconomics Annual, 16: 331 – 373.

[59] Cogley, T., T. J. Sargent, 2005. Drifts and Volatilities: Monetary Policies and Outcomes in the Post WWIIUS [J]. Review of Economic Dynamics, 8: 262 – 302.

[60] Crockett, A., 1996. The Theory and Practice of Financial Stability [J]. De Economist, 144 (4): 531 – 568.

[61] Da, Z., J. Engelberg, P. Gao, 2014. The Sum of All FEARS Investor Sentiment and Asset Prices [J]. The Review of Financial Studies, 28 (1): 1 – 32.

[62] Darby, M. R., 1975. The Financial and Tax Effects of Monetary Policy on Interest Rates [J]. Economic Inquiry, 13 (2): 266 – 276.

[63] Dash, S., M. T. Moran, 2005. VIX as a Companion for Hedge Fund Portfolios [J]. The Journal of Alternative Investments, 8 (3): 75 – 80.

[64] Davis, M. A., J. Heathcote, 2005. Housing and the Business Cycle [J]. International Economic Review, 46 (3): 751 – 784.

[65] Day, R. H., W. Huang, 1990. Bulls, Bears and Market Sheep [J]. Journal of Economic Behavior & Organization, 14 (3): 299 – 329.

[66] de Andrade, J. P., J. A. Divino, 2005. Monetary Policy of the Bank of Japan – Inflation Target versus Exchange Rate Target [J]. Japan and the World Economy, 17 (2): 189 – 208.

[67] De Grauwe, P., 2011. Animal Spirits and Monetary Policy [J]. Economic theory, 47 (2 – 3): 423 – 457.

[68] Del Negro, M., C. Otrok, 2008. Dynamic Factor Models with Time – Varying Parameters: Measuring Changes in International Business Cycles [EB/OL],

SSRN Working Paper.

［69］Di Giorgio, G., S. Nistico, 2007. Monetary Policy and Stock Prices in an Open Economy ［J］. Journal of Money Credit and Banking, 39（8）：1947 – 1985.

［70］Diamandis, P. F., A. A. Drakos, 2011. Financial Liberalization, Exchange Rates and Stock Prices：Exogenous Shocks in Four Latin America Countries ［J］. Journal of Policy Modeling, 33（3）：381 – 394.

［71］Dieci, R., F. Westerhoff, 2010. Heterogeneous Speculators, Endogenous Fluctuations and Interacting Markets：A Model of Stock Prices and Exchange Rates ［J］. Journal of Economic Dynamics and Control, 34（4）：743 – 764.

［72］Dieci, R., F. Westerhoff, 2012. A Simple Model of a Speculative Housing Market ［J］. Journal of Evolutionary Economics, 22（2）：303 – 329.

［73］Dieci, R., F. Westerhoff, 2013a. On the Inherent Instability of International Financial Markets：Natural Nonlinear Interactions between Stock and Foreign Exchange Markets ［J］. Applied Mathematics and Computation, 221：306 – 328.

［74］Dieci, R., F. Westerhoff, 2013b. Modeling House Price Dynamics With Heterogeneous Speculators, in：Global Analysis of Dynamic Models in Economics and Finance ［M］, Springer, 35 – 61.

［75］Dimmock, S. G., R. Kouwenberg, 2010. Loss – Aversion and Household Portfolio Choice ［J］. Journal of Empirical Finance, 17（3）：441 – 459.

［76］Dimmock, S. G., R. Kouwenberg, O. S. Mitchell, K. Peijnenburg, 2016. Ambiguity Aversion and Household Portfolio Choice Puzzles：Empirical Evidence ［J］. Journal of Financial Economics, 119（3）：559 – 577.

［77］Dornbusch, R., S. Fischer, 1980. Exchange Rates and the Current Account ［J］. The American Economic Review, 70（5）：960 – 971.

［78］Eberhardt, M., F. Teal, 2011. Econometrics for Grumblers：A New Look at the Literature on Cross – Country Growth Empirics ［J］. Journal of Economic Surveys, 25（1）：109 – 155.

［79］Eisenstat, E., J. C. C. Chan, R. W. Strachan, 2016. Stochastic Model Specification Search for Time – Varying Parameter VARs ［J］. Econometric Reviews, 35（8 – 10）：1638 – 1665.

［80］Engel, C., 2016. Macroprudential Policy under High Capital Mobility：

Policy Implications from an Academic Perspective [J]. Journal of the Japanese and International Economies, 42: 162 – 172.

[81] Engel, C., K. D. West, 2005. Exchange Rates and Fundamentals [J]. Journal of Political Economy, 113 (3): 485 – 517.

[82] Engel, C., K. D. West, 2006. Taylor Rules and the Deutschmark: Dollar Real Exchange Rate [J]. Journal of Money, Credit and Banking, 38 (5): 1175 – 1194.

[83] Faia, E., T. Monacelli, 2007. Optimal Interest Rate Rules, Asset Prices, and Credit Frictions [J]. Journal of Economic Dynamics and control, 31 (10): 3228 – 3254.

[84] Farmer, J. D., D. Foley, 2009. The Economy Needs Agent – Based Modelling [J]. Nature, 460 (7256): 685 – 686.

[85] Farmer, J. D., M. Gallegati, C. Hommes, A. Kirman, P. Ormerod, S. Cincotti, A. Sánchez, D. Helbing, 2012. A Complex Systems Approach to Constructing Better Models for Managing Financial Markets and the Economy.

[86] Filipe, S. F., 2012. Equity Order Flow and Exchange Rate Dynamics [J]. Journal of Empirical Finance, 19 (3): 359 – 381.

[87] Fisher, L. A., H. Huh, 2016. Monetary Policy and Exchange Rates: Further Evidence Using a New Method for Implementing Sign Restrictions [J]. Journal of Macroeconomics, 49: 177 – 191.

[88] Fowowe, B., 2015. The Relationship between Stock Prices and Exchange Rates in South Africa and Nigeria: Structural Breaks Analysis [J]. International Review of Applied Economics, 29 (1): 1 – 14.

[89] Franke, R., F. Westerhoff, 2012. Structural Stochastic Volatility in Asset Pricing Dynamics: Estimation and Model Contest [J]. Journal of Economic Dynamics and Control, 36 (8): 1193 – 1211.

[90] Frankel, J. A., 1983. Monetary and Portfolio – Balance Models of Exchange Rate Determination [EB/OL], Working Paper No. 387, National Bureau of Economic Research.

[91] Friberg, R., S. Nydahl, 1. Openness and the Exchange Rate Exposure of National Stock Markets [J]. International Journal of Finance & Economics, 4

(1): 55.

[92] Gala, P., 2008. Real Exchange Rate Levels and Economic Development: Theoretical Analysis and Econometric Evidence [J]. Cambridge Journal of Economics, 32 (2): 273 – 288.

[93] Galati, G., R. Moessner, 2013. Macroprudential Policy – A Literature Review [J]. Journal of Economic Surveys, 27 (5): 846 – 878.

[94] Gali, J., 2008. Monetary Policy, Inflation, and the Business Cycle: An Introduction to the New Keynesian Framework [M], Princeton University Press, Princeton, N. J.

[95] Galí, J., 2014. Monetary Policy and Rational Asset Price Bubbles [J]. American Economic Review, 104 (3): 721 – 752.

[96] Gali, J., T. Monacelli, 2005. Monetary Policy and Exchange Rate Volatility in a Small Open Economy [J]. The Review of Economic Studies, 72 (3): 707 – 734.

[97] Garcia, C. J., W. D. Gonzalez, 2014. Why Does Monetary Policy Respond to the Real Exchange Rate in Small Open Economies? A Bayesian Perspective [J]. Empirical Economics, 46 (3): 789 – 825.

[98] Gelain, P., K. J. Lansing, C. Mendicino, 2013. House Prices, Credit Growth, and Excess Volatility: Implications for Monetary and Macroprudential Policy [J]. International Journal of Central Banking, 9 (2): 219 – 276.

[99] Gili, M., M. Roca, S. Basu, M. McKee, D. Stuckler, 2012. The Mental Health Risks of Economic Crisis in Spain: Evidence from Primary Care Centres, 2006 and 2010 [J]. The European Journal of Public Health, 23 (1): 103 – 108.

[100] Glaeser, E. L., C. G. Nathanson, 2014. Housing Bubbles [EB/OL], Working Paper No. 20426, National Bureau of Economic Research.

[101] González, A., T. Teräsvirta, D. van Dijk, 2005. Panel Smooth Transition Regression Models [EB/OL], SSE/EFI Working Paper Series in Economics and Finance No. 604, Stockholm School of Economics.

[102] Goodhart, C., 2001. What Weight Should Be Given to Asset Prices in the Measurement of Inflation? [J]. The Economic Journal, 111 (472): 335 – 356.

[103] Goodhart, C., B. Hofmann, 2000. Do Asset Prices Help to Predict Consumer Price Inflation? [J]. The Manchester School, 68: 122 – 140.

[104] Goodhart, C., B. Hofmann, 2007. House Prices and the Macroeconomy: Implications for Banking and Price Stability [M], OUP Oxford.

[105] Graham, B., D. Dodd, 2002. Security Analysis: Principles and Techniques [M], McGraw – Hill Education, New York; London.

[106] Grambovas, C. A., 2003. Exchange Rate Volatility and Equity Markets [J]. Eastern European Economics, 41 (5): 24 – 48.

[107] Granger, C. W., 2008. Non – Linear Models: Where Do We Go next – Time Varying Parameter Models? [J]. Studies in Nonlinear Dynamics & Econometrics, 12 (3): 1639.

[108] Granger, C. W., B. N. Huangb, C. W. Yang, 2000. A Bivariate Causality between Stock Prices and Exchange Rates: Evidence from Recent Asianflu [J]. The Quarterly Review of Economics and Finance, 40 (3): 337 – 354.

[109] Grinblatt, M., M. Keloharju, 2000. The Investment Behavior and Performance of Various Investor Types: A Study of Finland's Unique Data Set [J]. Journal of Financial Economics, 55 (1): 43 – 67.

[110] Groenewold, N., J. E. H. Paterson, 2013. Stock Prices and Exchange Rates in Australia: Are Commodity Prices the Missing Link? [J]. Australian Economic Papers, 52 (3 – 4): 159 – 170.

[111] Gu, L., P. D. McNelis, 2013. Yen/Dollar Volatility and Chinese Fear of Floating: Pressures from the NDF Market [J]. Pacific – Basin Finance Journal, 22 (Supplement C): 37 – 49.

[112] Guiso, L., P. Sapienza, L. Zingales, 2013. Time Varying Risk Aversion [EB/OL], Working Paper No. 19284, National Bureau of Economic Research.

[113] Gupta, R., F. Hartley, 2013. The Role of Asset Prices in Forecasting Inflation and Output in South Africa [J]. Journal of Emerging Market Finance, 12 (3): 239 – 291.

[114] Gürkaynak, R. S., 2008. Econometric Tests of Asset Price Bubbles: Taking Stock [J]. Journal of Economic Surveys, 22 (1): 166 – 186.

[115] Hacker, R. S., A. Hatemi‐J, 2003. Is the J‐Curve Effect Observable for Small North European Economies? [J]. Open Economies Review, 14 (2): 119–134.

[116] Halevy, Y., 2015. Time Consistency: Stationarity and Time Invariance [J]. Econometrica, 83 (1): 335–352.

[117] Hallett, A. H., J. Libich, P. Stehlik, 2011. Macroprudential Policies and Financial Stability [J]. Economic Record, 87 (277): 318–334.

[118] Hamilton, J. D., 1989. A New Approach to the Economic Analysis of Nonstationary Time Series and the Business Cycle [J]. Econometrica: Journal of the Econometric Society, : 357–384.

[119] Han, Y., X. Zhou, 2017. The Relationship Between Stock and Exchange Rates for Brics Countries Pre‐ and Post‐Crisis: A Mixed C‐Vine Copula Model [J]. Romanian Journal of Economic Forecasting, 20 (1): 38–59.

[120] Hansen, B. E., 1. Threshold Effects in Non‐Dynamic Panels: Estimation, Testing, and Inference [J]. Journal of Econometrics, 93 (2): 345–368.

[121] Hanson, S. G., A. K. Kashyap, J. C. Stein, 2011. A Macroprudential Approach to Financial Regulation [J]. Journal of Economic Perspectives, 25 (1): 3–28.

[122] Harrison, R., 2011. Asset Purchase Policies and Portfolio Balance Effects: A DSGE Analysis, in Chadha, J. S., S. Holly, Interest Rates, Prices and Liquidity: Lessons from the Financial Crisis [M], Cambridge University Press, 117: 143.

[123] Hartmann, D., C. Pierdzioch, 2007. Exchange Rates, Interventions, and the Predictability of Stock Returns in Japan [J]. Journal of Multinational Financial Management, 17 (2): 155–172.

[124] Hatemi‐J, A., M. Irandoust, 2002. On the Causality between Exchange Rates and Stock Prices: A Note [J]. Bulletin of Economic Research, 54 (2): 197–203.

[125] Hau, H., H. Rey, 2004. Can Portfolio Rebalancing Explain the Dynamics of Equity Returns, Equity Flows, and Exchange Rates? [J]. The American Economic Review, 94 (2): 126–133.

[126] Hau, H., H. Rey, 2006. Exchange Rates, Equity Prices, and Capital

Flows [J]. The Review of Financial Studies, 19 (1): 273 – 317.

[127] He, X. Z., F. H. Westerhoff, 2005. Commodity Markets, Price Limiters and Speculative Price Dynamics [J]. Journal of Economic Dynamics and Control, 29 (9): 1577 – 1596.

[128] Heemeijer, P., C. Hommes, J. Sonnemans, J. Tuinstra, 2009. Price Stability and Volatility in Markets with Positive and Negative Expectations Feedback: An Experimental Investigation [J]. Journal of Economic Dynamics and Control, 33 (5): 1052 – 1072.

[129] Ho, L. C., C. H. Huang, 2015. The Nonlinear Relationships between Stock Indexes and Exchange Rates [J]. Japan and the World Economy, 33: 20 – 27.

[130] Hommes, C., 2011. The Heterogeneous Expectations Hypothesis: Some Evidence from the Lab [J]. Journal of Economic Dynamics and Control, 35 (1): 1 – 24.

[131] Hommes, C., T. Bao, T. Assenza, D. Massaro, 2014. Experiments on Expectations in Macroeconomics and Finance, in: Experiments in Macroeconomics [M], Vol. 17, Emerald Group Publishing Limited, 11 – 70.

[132] Hommes, C., H. Huang, D. Wang, 2005. A Robust Rational Route to Randomness in a Simple Asset Pricing Model [J]. Journal of Economic Dynamics and Control, 29 (6): 1043 – 1072.

[133] Hondroyiannis, G., P. A. V. B. Swamy, G. S. Tavlas, 2009. The New Keynesian Phillips Curve In A Time – Varying Coefficient Environment: Some European Evidence [J]. Macroeconomic Dynamics, 13 (2): 149 – 166.

[134] Hsing, H. – M., 2005. Re – Examination of J – Curve Effect for Japan, Korea and Taiwan [J]. Japan and the World Economy, 17 (1): 43 – 58.

[135] Hua, X., A. C. Johansson, X. Wang, 2017. National and Regional Financial Openness in China [J]. Journal of Chinese Economic and Business Studies, 15 (2): 127 – 140.

[136] Hudson, Y., C. J. Green, 2015. Is Investor Sentiment Contagious? International Sentiment and UK Equity Returns [J]. Journal of Behavioral and Experimental Finance, 5: 46 – 59.

[137] Hueng, C. J., 1. Money Demand in an Open – Economy Shopping –

Time Model: An out – of – Sample – Prediction Application to Canada [J]. Journal of Economics and Business, 51 (6): 489 – 503.

[138] Hui, E. C. M., Z. Dong, S. Jia, C. H. L. Lam, 2017. How Does Sentiment Affect Returns of Urban Housing? [J]. Habitat International, 64 (Supplement C): 71 – 84.

[139] Hunter, W. C., G. G. Kaufman, M. Pomerleano, 2003. Asset Price Bubbles: The Implications for Monetary, Regulatory and International Policies [M]. MIT Press, Cambridge.

[140] Hwang, J. K., 1. The Relationship between Stock Prices and Exchange Rates: Evidence from Canada [J]. International Advances in Economic Research, 5 (3): 397 – 397.

[141] Iacoviello, M., 2005. House Prices, Borrowing Constraints, and Monetary Policy in the Business Cycle [J]. American Economic Review, 95 (3): 739 – 764.

[142] Iacoviello, M., S. Neri, 2010. Housing Market Spillovers: Evidence from an Estimated DSGE Model [J]. American Economic Journal: Macroeconomics, 2 (2): 125 – 164.

[143] Igan, D., H. Kang, 2011. Do Loan – To – Value and Debt – To – Income Limits Work? Evidence From Korea [EB/OL], IMF Working Paper, No. 11/297.

[144] IMF, 2010. Substantial Contribution by the Financial Sector [EB/OL], Interim IMF Report for G20.

[145] Inci, A. C., B. S. Lee, 2014. Dynamic Relations between Stock Returns and Exchange Rate Changes [J]. European Financial Management, 20 (1): 71 – 106.

[146] Iqbal, J., W. Nadeem, M. M. Tanveer, M. Zakriya, 2012. Stock Price and Exchange Rate Relationship: Pre – and Post Financial Crisis (2007) Analysis [J]. Actual Problems of Economics, (130): 175 – 179.

[147] Issing, O., 2011. Lessons for Monetary Policy: What Should the Consensus Be? [EB/OL], IMF Working Paper, No. 11/97.

[148] Jara, A., E. Olaberría, 2013. Housing Prices and Capital Inflows: The Role of Composition [EB/OL], Central Bank of Chile Working Paper, No. 696.

[149] Jiang, X. Q., G. Kitagawa, 1993. A Time – Varying Coefficient Vector AR Modeling of Nonstationary Covariance Time – Series [J]. Signal Processing, 33: 315 – 331.

[150] Jin, C., G. Soydemir, A. Tidwell, 2014. The U. S. Housing Market and the Pricing of Risk: Fundamental Analysis and Market Sentiment [J]. Journal of Real Estate Research, 36 (2): 187 – 219.

[151] Justiniano, A., B. Preston, 2010. Monetary Policy and Uncertainty in an Empirical Small Open – Economy Model [J]. Journal of Applied Econometrics, 25 (1): 93 – 128.

[152] Kanas, A., 2000. Volatility Spillovers between Stock Returns and Exchange Rate Changes: International Evidence [J]. Journal of Business Finance & Accounting, 27 (3 – 4): 447 – 467.

[153] Keller, C., M. Siegrist, 2006. Investing in Stocks: The Influence of Financial Risk Attitude and Values – Related Money and Stock Market Attitudes [J]. Journal of Economic Psychology, 27 (2): 285 – 303.

[154] Kiyotaki, N., J. Moore, 1997. Credit Cycles [J]. Journal of Political Economy, 105 (2): 211 – 248.

[155] Kollias, C., N. Mylonidis, S. – M. Paleologou, 2012. The Nexus between Exchange Rates and Stock Markets: Evidence from the Euro – Dollar Rate and Composite European Stock Indices Using Rolling Analysis [J]. Journal of Economics and Finance, 36 (1): 136 – 147.

[156] Kollias, C., S. Papadamou, C. Siriopoulos, 2016. Stock Markets and Effective Exchange Rates in European Countries: Threshold Cointegration Findings [J]. Eurasian Economic Review, 6 (2): 215 – 274.

[157] Kontonikas, A., C. Ioannidis, 2005. Should Monetary Policy Respond to Asset Price Misalignments? [J]. Economic Modelling, 22 (6): 1105 – 1121.

[158] Kontonikas, A., A. Montagnoli, 2006. Optimal Monetary Policy and Asset Price Misalignments [J]. Scottish Journal of Political Economy, 53 (5): 636 – 654.

[159] Koop, G., D. Korobilis, 2013. Large Time – Varying Parameter VARs [J]. Journal of Econometrics, 177: 185 – 198.

[160] Koop, G., R. Leon – Gonzalez, R. W. Strachan, 2009. On the Evolution of the Monetary Policy Transmission Mechanism [J]. Journal of Economic Dynamics & Control, 33: 997 – 1017.

[161] Korobilis, D., 2013. Assessing the Transmission of Monetary Policy Using Time – Varying Parameter Dynamic Factor Models [J]. Oxford Bulletin of Economics and Statistics, 75 (2): 157 – 179.

[162] Koulakiotis, A., A. Kiohos, V. Babalos, 2015. Exploring the Interaction between Stock Price Index and Exchange Rates: An Asymmetric Threshold Approach [J]. Applied Economics, 47 (13): 1273 – 1285.

[163] Krolzig, H. M., 1997. Markov – Switching Vector Autoregressions: Modelling, Statistical Inference, and Application to Business Cycle AnalysisSpringer, Berlin; New York

[164] Kumar, M. S., A. Persaud, 2002. Pure Contagion and Investors' Shifting Risk Appetite: Analytical Issues and Empirical Evidence [J]. International Finance, 5 (3): 401 – 436.

[165] Lean, H. H., P. Narayan, R. Smyth, 2011. Exchange Rate and Stock Price Interaction in Major Asian Markets: Evidence for Individual Countries and Panels Allowing for Structural Breaks [J]. Singapore Economic Review, 56 (2): 255 – 277.

[166] Lee, T. H., H. White, C. W. J. Granger, 1993. Testing for Neglected Nonlinearity in Time Series Models [J]. Journal of Econometrics, 56 (3): 269 – 290.

[167] Lee, Y. M., K. M. Wang, 2015. Dynamic Heterogeneous Panel Analysis of the Correlation between Stock Prices and Exchange Rates [J]. Economic Research – Ekonomska Istrazivanja, 28 (1): 749 – 772.

[168] Leitemo, K., U. Soderstrom, 2005. Simple Monetary Policy Rules and Exchange Rate Uncertainty [J]. Journal of International Money and Finance, 24 (3): 481 – 507.

[169] Lengnick, M., H. W. Wohltmann, 2013. Agent – Based Financial Markets and New Keynesian Macroeconomics: A Synthesis [J]. Journal of Economic Interaction and Coordination, 8 (1): 1 – 32.

[170] Lengnick, M., H. W. Wohltmann, 2016. Optimal Monetary Policy in a

New Keynesian Model with Animal Spirits and Financial Markets [J]. Journal of Economic Dynamics and Control, 64: 148 – 165.

[171] Liang, C. C., M. Y. Chen, C. -H. Yang, 2015. The Interactions of Stock Prices and Exchange Rates in the ASEAN – 5 Countries: New Evidence Using a Bootstrap Panel Granger Causality Approach [J]. Global Economic Review, 44 (3): 324 – 334.

[172] Liang, C. C., J. B. Lin, H. C. Hsu, 2013. Reexamining the Relationships between Stock Prices and Exchange Rates in ASEAN – 5 Using Panel Granger Causality Approach [J]. Economic Modelling, 32: 560 – 563.

[173] Lin, C. H., 2012. The Comovement between Exchange Rates and Stock Prices in the Asian Emerging Markets [J]. International Review of Economics & Finance, 22 (1): 161 – 172.

[174] Ling, D. C., J. T. L. Ooi, T. T. T. Le, 2015. Explaining House Price Dynamics: Isolating the Role of Nonfundamentals [J]. Journal of Money, Credit and Banking, 47 (S1): 87 – 125.

[175] Liu, L., J. Wan, 2012. The Relationships between Shanghai Stock Market and CNY/USD Exchange Rate: New Evidence Based on Cross – Correlation Analysis, Structural Cointegration and Nonlinear Causality Test [J]. Physica A – Statistical Mechanics and Its Applications, 391 (23): 6051 – 6059.

[176] Lubik, T. A., F. Schorfheide, 2007. Do Central Banks Respond to Exchange Rate Movements? A Structural Investigation [J]. Journal of Monetary Economics, 54 (4): 1069 – 1087.

[177] Lubik, T., C. Matthes, Federal Reserve Bank of Richmond, 2016. Time – Varying Parameter Vector Autoregressions: Specification, Estimation, and an Application [J]. Economic Quarterly, 101 (04): 323 – 352.

[178] Ludwig, A., T. Sløk, 2004. The Relationship between Stock Prices, House Prices and Consumption in OECD Countries [J]. Topics in Macroeconomics, 4 (1).

[179] Lupu, D., M. Asandului, 2014. Considerations on the Relationship Between Exchange Rates and Stock Markets in Eastern Europe in Time of Crisis [J]. Transformations in Business & Economics, 13 (3C): 430 – 445.

[180] Mahalik, M. K., H. Mallick, 2011. What Causes Asset Price Bubble in an Emerging Economy? Some Empirical Evidence in the Housing Sector of India [J]. International Economic Journal, 25 (2): 215 – 237.

[181] Mark, N. C., 1995. Exchange Rates and Fundamentals: Evidence on Long – Horizon Predictability [J]. The American Economic Review, 85 (1): 201 – 218.

[182] Mark, N. C., 2009. Changing Monetary Policy Rules, Learning, and Real Exchange Rate Dynamics [J]. Journal of Money Credit and Banking, 41 (6): 1047 – 1070.

[183] Mendicino, C., M. T. Punzi, 2014. House Prices, Capital Inflows and Macroprudential Policy [J]. Journal of Banking & Finance, 49: 337 – 355.

[184] Menkhoff, L., R. R. Rebitzky, M. Schröder, 2009. Heterogeneity in Exchange Rate Expectations: Evidence on the Chartist – fundamentalist Approach [J]. Journal of Economic Behavior & Organization, 70 (1): 241 – 252.

[185] Menkhoff, L., M. P. Taylor, 2007. The Obstinate Passion of Foreign Exchange Professionals: Technical Analysis [J]. Journal of Economic Literature, 45 (4): 936 – 972.

[186] Milne, A., 2009. Macroprudential Policy: What Can It Achieve? [J]. Oxford Review of Economic Policy, 25 (4): 608 – 629.

[187] Mishkin, F. S., 2002. Prudential Supervision: What Works and What Doesn't [M]. University of Chicago Press.

[188] Mishkin, F. S., 2011. Monetary Policy Strategy: Lessons from the Crisis [EB/OL], Working Paper No. 16755, National Bureau of Economic Research.

[189] Modigliani, F., R. A. Cohn, 1979. Inflation, Rational Valuation and the Market [J]. Financial Analysts Journal, 35 (2): 24 – 44.

[190] Moore, T., P. Wang, 2014. Dynamic Linkage between Real Exchange Rates and Stock Prices: Evidence from Developed and Emerging Asian Markets [J]. International Review of Economics & Finance, 29: 1 – 11.

[191] Murphy, J. J., Study Guide to Technical Analysis of the Financial Markets: A Comprehensive Guide to Trading Methods and Applications [M], New York Institute of Finance, New York.

[192] Mussa, M., 1981. Sticky Prices and Disequilibrium Adjustment in a

Rational Model of the Inflationary Process [J]. The American Economic Review, 71 (5): 1020 – 1027.

[193] Naimzada, A., M. Pireddu, 2015. Real and Financial Interacting Markets: A Behavioral Macro – Model [J]. Chaos, Solitons & Fractals, 77: 111 – 131.

[194] Nakajima, J., M. Kasuya, T. Watanabe, 2011. Bayesian Analysis of Time – Varying Parameter Vector Autoregressive Model for the Japanese Economy and Monetary Policy [J]. Journal of the Japanese and International Economies, 25: 225 – 245.

[195] Nieh, C. C., C. F. Lee, 2002. Dynamic Relationship between Stock Prices and Exchange Rates for G – 7 Countries [J]. The Quarterly Review of Economics and Finance, 41 (4): 477 – 490.

[196] Nistico, S., 2012. Monetary Policy and Stock – Price Dynamics in a DSGE Framework [J]. Journal of Macroeconomics, 34 (1): 126 – 146.

[197] Ohno, S., J. Shimizu, 2015. Do Exchange Rate Arrangements and Capital Controls Influence International Capital Flows and Housing Prices in Asia? [J]. Journal of Asian Economics, 39: 1 – 18.

[198] Oreiro, J. L., 2005. Capital Mobility, Real Exchange Rate Appreciation, and Asset Price Bubbles in Emerging Economies: A Post Keynesian Macroeconomic Model for a Small Open Economy [J]. Journal of Post Keynesian Economics, 28 (2): 317 – 344.

[199] Pan, M. – S., R. C. – W. Fok, Y. A. Liu, 2007. Dynamic Linkages between Exchange Rates and Stock Prices: Evidence from East Asian Markets [J]. International Review of Economics & Finance, 16 (4): 503 – 520.

[200] Papademos, L., 2009. Monetary Policy and the "Great Crisis": Lessons and Challenges [EB/OL], Speech on the Conference of "Beyond the Crisis: Economic Policy in A New Macroeconomic Environment", Österreichische Nationalbank.

[201] Park, D., C. Rhee, 2001. Measuring the Degree of Currency Misalignment Using Offshore Forward Exchange Rates: The Case of the Korean Financial Crisis [J]. Journal of Asset Management, 2 (1): 84 – 95.

[202] Parsva, P., C. F. Tang, 2017. A Note on the Interaction between Stock Prices and Exchange Rates in Middle – East Economies [J]. Economic Research – Ekonomska Istrazivanja, 30 (1): 836 – 844.

[203] Pavlova, A., R. Rigobon, 2007. Asset Prices and Exchange Rates [J]. The Review of Financial Studies, 20 (4): 1139 – 1180.

[204] Perraudin, W. R. M., B. E. Sørensen, 2000. The Demand for Risky Assets: Sample Selection and Household Portfolios [J]. Journal of Econometrics, 97 (1): 117 – 144.

[205] Phylaktis, K., F. Ravazzolo, 2005. Stock Prices and Exchange Rate Dynamics [J]. Journal of International Money and Finance, 24 (7): 1031 – 1053.

[206] Primiceri, G. E., 2005. Time Varying Structural Vector Autoregressions and Monetary Policy [J]. Review of Economic Studies, 72 (3): 821 – 852.

[207] Rapp, D., 2014. Bubbles, Booms, and Busts: The Rise and Fall of Financial AssetsSpringer

[208] Reinhart, C. M., K. S. Rogoff, 2013. Banking Crises: An Equal Opportunity Menace [J]. Journal of Banking & Finance, 37 (11): 4557 – 4573.

[209] Richards, A., 2005. Big Fish in Small Ponds: The Trading Behavior and Price Impact of Foreign Investors in Asian Emerging Equity Markets [J]. Journal of Financial and Quantitative Analysis, 40 (1): 1 – 27.

[210] Saman, C., 2015. Asymmetric Interaction Between Stock Price Index and Exchange Rates: Empirical Evidence for Romania [J]. Romanian Journal of Economic Forecasting, 18 (4): 90 – 109.

[211] Samuelson, P. A., 1964. Theoretical Notes on Trade Problems [J]. The Review of Economics and Statistics, 46 (2): 145 – 154.

[212] Sarno, L., M. P. Taylor. Moral Hazard, Asset Price Bubbles, Capital Flows, and the East Asian Crisis:: The First Tests [J]. Journal of International Money and Finance, 18 (4): 637 – 657.

[213] Sato, J. R., P. A. Morettin, P. R. Arantes, E. Amaro, 2007. Wavelet Based Time – Varying Vector Autoregressive Modelling [J]. Computational Statistics & Data Analysis, 51: 5847 – 5866.

[214] Schmitt, N., F. Westerhoff, 2014. Speculative Behavior and the Dynamics of Interacting Stock Markets [J]. Journal of Economic Dynamics and Control, 45: 262 – 288.

[215] Shiller, R. J., 1990. Speculative Prices and Popular Models [J]. The

Journal of Economic Perspectives, 4 (2): 55 – 65.

[216] Sims, C. A., 1980. Macroeconomics and Reality [J]. Econometrica: Journal of the Econometric Society, 48 (1): 1 – 48.

[217] Sims, C. A., 2001. [Evolving Post – World War Ⅱ US Inflation Dynamics]: Comment [J]. NBER Macroeconomics Annual, 16: 373 – 379.

[218] Stavarek, D., 2005. Stock Prices and Exchange Rates in the EU and the United States: Evidence on Their Mutual Interactions [J]. Czech Journal of Economics and Finance, 55 (3 – 4): 141 – 161.

[219] Steinbach, M., P. Mathuloe, B. Smit, 2009. An Open Economy New Keynesian DSGE Model of the South African Economy [J]. South African Journal of Economics, 77 (2): 207 – 227.

[220] Stern, L. V., M. L. Stern, 2008. Expected Equity Returns and the Demand for Money [J]. The BE Journal of Macroeconomics, 8 (1).

[221] Sui, L., L. Sun, 2016. Spillover Effects between Exchange Rates and Stock Prices: Evidence from BRICS around the Recent Global Financial Crisis [J]. Research in International Business and Finance, 36: 459 – 471.

[222] Svensson, L. E., 2000. Open – Economy Inflation Targeting [J]. Journal of international economics, 50 (1): 155 – 183.

[223] Tabak, B. M., 2006. The Dynamic Relationship between Stock Prices and Exchange Rates: Evidence for Brazil [J]. International Journal of Theoretical and Applied Finance, 9 (08): 1377 – 1396.

[224] Taylor, J. B., 2007. Housing and Monetary Policy [EB/OL], Working Paper No. 13682, National Bureau of Economic Research.

[225] Taylor, M. P., D. A. Peel, 2000. Nonlinear Adjustment, Long – Run Equilibrium and Exchange Rate Fundamentals [J]. Journal of International Money and Finance, 19 (1): 33 – 53.

[226] Teräsvirta, T., D. Tjøstheim, C. W. J. Granger, 2010. Modelling Nonlinear Economic Time Series [M], OUP Oxford.

[227] Tin, J., 1998. Household Demand for Financial Assets: A Life – Cycle Analysis [J]. The Quarterly Review of Economics and Finance, 38 (4): 875 – 897.

[228] Tinbergen, J., 1952. On the Theory of Economic Policy [M], North –

Holland Publishing Company, Amsterdam.

[229] Tobin, J., 1978. A Proposal for International Monetary Reform [J]. Eastern Economic Journal, 4 (3/4): 153 – 159.

[230] Tong, H., 1978. On a Threshold Model, in: C. Chen (ed.), Pattern Recognition and Signal Processing [M], Sijthoff & Noordhoff, Netherlands, 575 – 586.

[231] Tsagkanos, A., C. Siriopoulos, 2013. A Long – Run Relationship between Stock Price Index and Exchange Rate: A Structural Nonparametric Cointegrating Regression Approach [J]. Journal of International Financial Markets Institutions & Money, 25: 106 – 118.

[232] Tsai, I. C., 2012. The Relationship between Stock Price Index and Exchange Rate in Asian Markets: A Quantile Regression Approach [J]. Journal of International Financial Markets Institutions & Money, 22 (3): 609 – 621.

[233] Tursoy, T., 2017. Causality between Stock Prices and Exchange Rates in Turkey: Empirical Evidence from the ARDL Bounds Test and a Combined Cointegration Approach [J]. International Journal of Financial Studies, 5 (1): 8.

[234] Unsal, D. F., 2013. Capital Flows and Financial Stability: Monetary Policy and Macroprudential Responses [J]. International Journal of Central Banking, 9 (1): 233 – 285.

[235] van den End, J. W., 2016. Quantitative Easing Tilts the Balance between Monetary and Macroprudential Policy [J]. Applied Economics Letters, 23 (10): 743 – 746.

[236] Viziniuc, M., 2017. Potential Gains from Cooperation Between Monetary and Macroprudential Policies: The Case of an Emerging Economy [J]. Eastern European Economics, 55 (5): 420 – 452.

[237] Vygodina, A. V., 2006. Effects of Size and International Exposure of the US Firms on the Relationship between Stock Prices and Exchange Rates [J]. Global Finance Journal, 17 (2): 214 – 223.

[238] Walid, C., A. Chaker, O. Masood, J. Fry, 2011. Stock Market Volatility and Exchange Rates in Emerging Countries: A Markov – State Switching Approach [J]. Emerging Markets Review, 12 (3): 272 – 292.

[239] Wei, C., 2010. Inflation and Stock Prices: No Illusion [J]. Journal of

Money, Credit and Banking, 42 (2 – 3): 325 – 345.

[240] Westerhoff, F. H., 2010. A Simple Agent – Based Financial Market Model: Direct Interactions and Comparisons of Trading Profits, in: Nonlinear Dynamics in Economics, Finance and Social Sciences [M], Springer, 313 – 332.

[241] Westerhoff, F. H., 2012. Interactions between the Real Economy and the Stock Market: A Simple Agent – Based Approach [J]. Discrete Dynamics in Nature and Society, 2012.

[242] Westerhoff, F. H., 2008. The Use of Agent – Based Financial Market Models to Test the Effectiveness of Regulatory Policies [J]. Jahrbücher Für Nationalökonomie und Statistik, 228 (2 – 3): 195 – 227.

[243] Westerhoff, F. H., R. Dieci, 2006. The Effectiveness of Keynes – Tobin Transaction Taxes When Heterogeneous Agents Can Trade in Different Markets: A Behavioral Finance Approach [J]. Journal of Economic Dynamics and Control, 30 (2): 293 – 322.

[244] Willman, A., K. Whelan, F. Altissimo, E. Georgiou, T. Sastre, M. T. Valderrama, G. Sterne, M. Stocker, M. Weth, 2005. Wealth and Asset Price Effects on Economic Activity [EB/OL], Occasional Paper Series No. 29, European Central Bank.

[245] Wong, H. T., 2017. Real Exchange Rate Returns and Real Stock Price Returns [J]. International Review of Economics & Finance, 49: 340 – 352.

[246] Wu, Y., 2000. Stock Prices and Exchange Rates in VEC Model—The Case of Singapore in the 1990s [J]. Journal of Economics and Finance, 24 (3): 260 – 274.

[247] Yang, Z., A. H. Tu, Y. Zeng, 2014. Dynamic Linkages between Asian Stock Prices and Exchange Rates: New Evidence from Causality in Quantiles [J]. Applied Economics, 46 (11): 1184 – 1201.

[248] Yau, H. Y., C. C. Nieh, 2006. Interrelationships among Stock Prices of Taiwan and Japan and NTD/Yen Exchange Rate [J]. Journal of Asian Economics, 17 (3): 535 – 552.

[249] Yau, H. Y., C. C. Nieh, 2009. Testing for Cointegration with Threshold Effect between Stock Prices and Exchange Rates in Japan and Taiwan [J]. Ja-

pan and the World Economy, 21 (3): 292 – 300.

[250] Zeren, F., M. Koc, 2016. Time Varying Causality between Stock Market and Exchange Rate: Evidence from Turkey, Japan and England [J]. Economic Research – Ekonomska Istrazivanja, 29 (1): 696 – 705.

[251] Zhang, L., E. Zoli, 2016. Leaning against the Wind: Macroprudential Policy in Asia [J]. Journal of Asian Economics, 42: 33 – 52.

[252] Zhang, Y., X. Hua, L. Zhao, 2012. Exploring Determinants of Housing Prices: A Case Study of Chinese Experience in 1 – 2010 [J]. Economic Modelling, 29 (6): 2349 – 2361.

[253] Zhao, H., 2010. Dynamic Relationship between Exchange Rate and Stock Price: Evidence from China [J]. Research in International Business and Finance, 24 (2): 103 – 112.

[254] Zheng, S., W. Sun, M. E. Kahn, 2016. Investor Confidence as a Determinant of China's Urban Housing Market Dynamics [J]. Real Estate Economics, 44 (4): 814 – 845.

[255] Zheng, T., H. Guo, 2013. Estimating a Small Open Economy DSGE Model with Indeterminacy: Evidence from China [J]. Economic Modelling, 31: 642 – 652.

[256] 巴曙松, 严敏. 股票价格与汇率之间的动态关系 [J]. 南开经济研究, 2009 (3): 46 – 62.

[257] 卞志村, 胡恒强. 粘性价格, 粘性信息与中国菲利普斯曲线 [J]. 世界经济, 2016 (4): 22 – 43.

[258] 普拉萨德埃斯瓦尔. 中建立场 [J]. IMF 金融与发展, 2017 (3): 30 – 33.

[259] 崔百胜. 中国货币政策应兼顾资产价格与人民币汇率目标吗——基于 LT – TVP – VAR 模型的实证分析 [J]. 国际贸易问题, 2017 (8): 165 – 176.

[260] 陈云. 人民币汇率与中美股市之间的信息溢出效应——基于内生结构突变的实证研究 [J]. 经济评论, 2013 (2): 112 – 120.

[261] 陈云, 陈浪南, 林鲁东. 人民币汇率与股票市场波动溢出效应研究 [J]. 管理科学, 2009 (6): 104 – 112.

[262] 陈伟忠, 黄炎龙. 货币政策、资产价格与金融稳定性 [J]. 当代

经济科学, 2011 (1): 1-12.

[263] 陈学彬, 余辰俊, 孙婧芳. 中国国际资本流入的影响因素实证分析 [J]. 国际金融研究, 2007 (12): 53-60.

[264] 陈浪南, 陈云. 人民币汇率, 资产价格与短期国际资本流动 [J]. 经济管理, 2009 (1): 1-6.

[265] 邓燊, 杨朝军. 汇率制度改革后中国股市与汇市关系——人民币名义汇率与上证综合指数的实证研究 [J]. 金融研究, 2007 (12): 55-64.

[266] 杜敏杰, 刘霞辉. 人民币升值预期与房地产价格变动 [J]. 世界经济, 2007 (1): 81-88.

[267] 杜莉, 沈建光, 潘春阳. 房价上升对城镇居民平均消费倾向的影响 [J]. 金融研究, 2013 (3): 44-57.

[268] 冯用富. 货币政策能对股价的过度波动做出反应吗? [J]. 经济研究, 2003 (1): 37-44.

[269] 宫健, 高铁梅. 我国房价波动对物价波动影响的实证研究 [J]. 上海经济研究, 2014 (1): 36-49.

[270] 郭子睿, 张明. 货币政策与宏观审慎政策的协调使用 [J]. 经济学家, 2017 (5): 68-75.

[271] 郭彦峰, 黄登仕, 魏宇. 人民币汇率形成机制改革后的股价和汇率相关性研究 [J]. 管理学报, 2008 (1): 49-53.

[272] 何启志, 范从来. 学习型预期与中国扩展的新菲利普斯曲线研究 [J]. 金融研究, 2014 (9): 34-52.

[273] 何国华, 李洁. 跨境资本流动、金融波动与货币政策选择 [J]. 国际金融研究, 2017 (9): 3-13.

[274] 何诚颖, 刘林, 徐向阳, 王占海. 外汇市场干预, 汇率变动与股票价格波动——基于投资者异质性的理论模型与实证研究 [J]. 经济研究, 2013a (10): 29-42.

[275] 韩鑫韬, 刘星. 汇率变化对房价波动存在溢出效应吗——来自1997~2015年中国房地产市场的证据 [J]. 中国管理科学, 2017 (4): 7-17.

[276] 黄润鹏, 左文明, 毕凌燕. 基于微博情绪信息的股票市场预测 [J]. 管理工程学报, 2015 (1): 47-52.

[277] 姜波克, 许少强, 李天栋. 经济增长中均衡汇率的实现与作用

[J]. 国际金融研究, 2004 (12): 51-57.

[278] 贾俊雪, 秦聪, 张静. 财政政策、货币政策与资产价格稳定 [J]. 世界经济, 2014 (12): 3-26.

[279] 李子奈, 周建. 宏观经济统计数据结构变化分析及其对中国的实证 [J]. 经济研究, 2005 (1): 15-26.

[280] 李成, 王彬, 马文涛. 资产价格、汇率波动与最优利率规则 [J]. 经济研究, 2010 (3): 91-103.

[281] 李永友. 房价上涨的需求驱动和涟漪效应 [J]. 经济学, 2014 (2): 443-464.

[282] 李芳, 李秋娟. 人民币汇率与房地产价格的互动关系——基于2005~2012年月度数据的 MS-VAR 模型分析 [J]. 国际金融研究, 2014 (3): 86-96.

[283] 林清泉, 孙国良. 新凯恩斯菲利普斯曲线的弱识别检验和稳健估计 [J]. 数量经济技术经济研究, 2014 (8): 147-160.

[284] 林辉, 裴平, 刘晓星. 中国股市波动引致国际游资冲击, 或是相反——来自2005~2011年样本数据的实证检验 [J]. 金融研究, 2012 (10): 75-85.

[285] 刘林, 倪玉娟. 人民币汇率与我国股价的非线性因果关系检验 [J]. 2011 (6): 27-35.

[286] 刘林, 孟烨, 杨坤. 结构变化, 人民币汇率与我国股票价格——理论解释与实证研究 [J]. 国际金融研究, 2015 (5): 3-14.

[287] 刘柏, 张艾莲. 中国股价与汇率非线性累积过程的非对称迭代影响 [J]. 国际金融研究, 2014 (10): 87-96.

[288] 刘莉, 万解秋. 我国股市与汇市之间关系的再检验——基于滚动时间窗口技术和阈值误差修正模型的证据 [J]. 国际金融研究, 2011 (7): 90-96.

[289] 刘莉亚. 境外"热钱"是否推动了股市, 房市的上涨?——来自中国市场的证据 [J]. 金融研究, 2008 (10): 48-70.

[290] 刘金全, 徐宁, 刘达禹. 资产价格错位与货币政策规则——基于修正 Q 理论的重新审视 [J]. 国际金融研究, 2017 (5): 25-35.

[291] 吕江林, 李明生, 石劲. 人民币升值对中国股市影响的实证分析

[J]. 金融研究, 2007 (6): 23-34.

[292] 陆前进. 最优货币政策规则参数的估计和中国货币状况指数的测度 [J]. 金融研究, 2016 (5): 35-50.

[293] 梅鹏军, 裴平. 外资潜入及其对中国股市的冲击——基于1994~2007年实际数据的分析 [J]. 国际金融研究, 2009 (3): 76-81.

[294] 钱小安. 资产价格变化对货币政策的影响 [J]. 经济研究, 1998 (1): 70-76.

[295] 唐齐鸣, 熊洁敏. 中国资产价格与货币政策反应函数模拟 [J]. 数量经济技术经济研究, 2009 (11): 104-115.

[296] 谭政勋, 刘少波. 开放条件下我国房价波动、货币政策立场识别及其反应研究 [J]. 金融研究, 2015 (5): 50-66.

[297] 吴丽华, 傅广敏. 人民币汇率、短期资本与股价互动 [J]. 经济研究, 2014 (11): 72-86.

[298] 吴志明, 谢欣甜, 杨胜刚. 汇率与股价关联的实证研究——基于汇改后中国大陆, 台湾, 香港的数据 [J]. 财经理论与实践, 2009, 30 (5): 17-21.

[299] 王世华, 何帆. 中国的短期国际资本流动: 现状, 流动途径和影响因素 [J]. 世界经济, 2007, 30 (7): 12-19.

[300] 王爱俭, 沈庆劼. 人民币汇率与房地产价格的关联性研究 [J]. 金融研究, 2007 (6): 13-22.

[301] 王虎, 王宇伟, 范从来. 股票价格具有货币政策指示器功能吗——来自中国1997~2006年的经验证据 [J]. 金融研究, 2008 (6): 94-108.

[302] 肖卫国, 袁威. 股票市场, 人民币汇率与中国货币需求 [J]. 金融研究, 2011 (4): 52-64.

[303] 袁东, 何秋谷, 赵波. 实际有效汇率、"热钱"流动与房屋价格——理论与实证 [J]. 金融研究, 2015 (9): 17-33.

[304] 袁怀宇, 张宗成. 宏观调控下的汇率与股价关系 [J]. 财经科学, 2009 (5): 32-38.

[305] 严武, 金涛. 我国股价和汇率的关联: 基于VAR—MGARCH模型的研究 [J]. 财贸经济, 2010 (2): 19-24.

[306] 杨光, 李力, 郝大鹏. 零利率下限、货币政策与金融稳定 [J].

财经研究，2017，43（1）：41-50.

[307] 杨冬，张月红. 人民币实际汇率、短期国际资本与资产价格——基于时变参数向量自回归模型[J]. 国际贸易问题，2014（7）：155-165.

[308] 张健华. 美国金融制度[M]，中国金融出版社，北京，2016.

[309] 张兵，封思贤，李心丹，汪慧建. 汇率与股价变动关系：基于汇改后数据的实证研究[J]. 经济研究，2008（9）：70-81.

[310] 张明，谭小芬. 中国短期资本流动的主要驱动因素：2000~2012[J]. 世界经济，2013（11）：93-116.

[311] 张碧琼，李越. 汇率对中国股票市场的影响是否存在：从自回归分布滞后模型 ARDL-ecm 得到的证明[J]. 金融研究，2002（7）：26-35.

[312] 张谊浩，沈晓华. 人民币升值，股价上涨和热钱流入关系的实证研究[J]. 金融研究，2008（11）：87-98.

[313] 赵然，苏治. 升值预期真的驱动国际游资流入中国了吗——基于四重套利和边限协整模型的新证据[J]. 金融研究，2012（6）：95-109.

[314] 赵进文，张敬思. 人民币汇率、短期国际资本流动与股票价格——基于汇改后数据的再检验[J]. 金融研究，2013（1）：9-23.

[315] 赵进文，高辉. 资产价格波动对中国货币政策的影响——基于1994—2006年季度数据的实证分析[J]. 中国社会科学，2009（2）：99-115.

[316] 朱孟楠，刘林. 短期国际资本流动，汇率与资产价格——基于汇改后数据的实证研究[J]. 2010a（5）：5-13.

[317] 朱孟楠，刘林. 中国外汇市场干预有效性的实证研究[J]. 2010b（1）：52-59.

[318] 朱孟楠，刘林，倪玉娟. 人民币汇率与我国房地产价格——基于 Markov 区制转换 VAR 模型的实证研究[J]. 2011（5）：58-71.

[319] 朱孟楠，闫帅. 异质性投资视角下短期国际资本流动与资产价格[J]. 国际金融研究，2017（2）：36-44.

# 后 记

　　电脑屏幕角落的日期提醒我,现已介于农历节气大雪和冬至之间。而我身居中大,天气转凉像极了家乡的深秋。书稿已完结,也终于能心安理得地期待归期。位于中大正校门走向图书馆必经之路上挺拔的古榕树依旧枝繁叶茂,和来时一样让人情不自禁心生敬意,用高大茂密的身躯投映出言载于《论语》中"子曰:君子博学于文,约之以礼,亦可以弗畔矣夫"的校训——"博文约礼",也只有亲身体验背起行囊、载着期盼离开亲人独自来此"将板凳坐穿"才能虔诚去感激见证这四字校训的一砖一瓦。离家之时,为此篇拙文确做了大量工作以供研习之需,然而来此后仍觉家无斗储。课题研习的"瓶颈"加之不太配合的身体状况,在这个面临吐露港、依山傍海的校园我确实历经了一段艰难与踯躅才得以继续前行于此。整篇研究过程正可运用"冬去冰须泮,春来草自生"来回望,此句出自古诗《天道》、作为我与爱人在此分别期间异地忙碌于各自工作的精神支柱,合情合实。

　　落笔至此:心中欢喜,可将我两年间难计其数地抓耳挠腮、摩拳擦掌换得一稿书篇成册。思绪不安,这一路走来收获知识的同时极为惶恐所学所书不够完善。自该是"得自然之数,不差毫末,出新意于法度之中,寄妙理于豪放之外,所谓游刃余地,运斤成风",现却只好以"合抱之木,生于毫末"来鼓励自己在国家政策日臻完善、国内金融市场蒸蒸日上的环境中保持进取之心勤勉研习、钝学累功。

　　近三年来的学习从时间、空间上可划分为两个阶段:于太原理工大学教学工作和旅居香港时幸得在香港中文大学访学的时光,对我而言自己走过的路每一步都算尺璧寸阴。然,得以饮水,必不敢忘记思源。拙文的研究学习,承蒙国家自然科学基金的资助,更有幸能得到多方倾心襄助。来港后,方觉祖国大好河山集百媚、纳千川,希望我作为人民教师能够将他人给予我的帮助和关怀以知识为载体传递下去,如松柏常青、梅花不老。

借用东坡先生言:"知者创物,能者述焉,非一人而成也",我极为渴望在今后的学习工作过程中能交得伙伴一起坚守在科研道路上,不抛弃、不放弃!

**作者**
2018 年 1 月
于香港中文大学伍宜孙书院